Paul Eßer/Torsten Eßer

unter Mitarbeit von
Burkhardt Gorissen und Ottmar Nagel

Viersener Köpfe

Bekannte Bürger(innen) unserer Stadt und ihre Geschichte(n)

Kater Literaturverlag

Besuchen Sie uns im Internet unter
www.kater-buch.de

Papier aus verantwortungsvollen Quellen.

Satz & Layout: Torsten Eßer
Titelbild: Entwurf/Grafiken - Renate Ettl, Idee - Torsten Eßer

Iris Kater Verlag & Medien GmbH © – Viersen

ISBN 978-3-944514-21-5

Inhalt

Die Farben zeigen die Herkunft aus den Stadtteilen Alt-Viersen, Boisheim, Dülken, Süchteln, Zugezogen.

Ein Wort zuvor

„Das Dunkel zu lichten, welches die Vorzeit einer Gemeinde verhüllt, ist eine dankbare, genußreiche Aufgabe.“

(Peter Norrenberg)[1]

Die Idee, ein Buch über bekannte Viersener Bürger - aus allen vier Stadtteilen - zu schreiben, schwebte schon seit rund zehn Jahren in unseren Köpfen herum, als Nebenprodukt der Arbeit an einem Personenlexikon Niederrhein (das bisher nicht erschienen ist). Andere Projekte hatten Vorrang, aber dann besuchte Torsten in Frechen Anfang des Jahres 2016 die Ausstellung „Frechener Köpfe“ des dortigen Heimatvereins. Das gab unserer Idee neuen Schub.
Aber warum braucht es in Zeiten von Wikipedia noch ein Buch über bedeutsame Persönlichkeiten einer Stadt? Eine Sammlung dieser Art lädt zum Schmökern ein, der Leser findet viele Informationen (evtl. auch Personen), nach denen er nicht gesucht hat, Biographen sind halt Jäger (nach Quellen) und Sammler. Auch für uns bargen viele Biographien überraschende Fakten, vor allem die lebenden Persönlichkeiten steuerten in Interviews/Gesprächen viele Details bei, die in anderen Publikationen nicht zu finden sind, und halfen auch bei der Suche nach unveröffentlichtem Bildmaterial. Im Gegensatz zu den Kurzbiografien der meisten lokalen Personenlexika (*Kölner Personenlexikon*, *Essener Köpfe* etc.) gehen unsere Porträts weit darüber hinaus. Die Texte genügen wissenschaftlichen Ansprüchen, gleichzeitig aber sind sie für jeden lesbar und oft unterhaltsam. Der Wechsel zwischen historischen und noch lebenden Persönlichkeiten erzeugt eine sonst so nicht vorhandene Abwechslung. Nicht zuletzt ist so ein Buch ein wunderbares Geschenk!
Ein Buch mit wichtigen Persönlichkeiten einer Stadt erfüllt aber noch einen weiteren Zweck: Will man die Geschichte eines Ortes kennenlernen, so muss man vor allem das Wirken der Personen betrachten, welche diesen geprägt haben. Nicht umsonst hat die deutschsprachige Geschichtswissenschaft in den letzten Jahrzehnten verstärkt die Personengeschichte für sich entdeckt.[2] Und ebenso wie ein Motto („Wir sind Vier“/„Vierfalt“), kann die Kenntnis über die Personen eines Ortes zu einem positiven Heimatgefühl beitragen. Nebenbei lernt man auch noch viel über die Geschichte der Stadt: wer weiß schon, dass in Viersen einst die bedeutendste Sammetfabrik Europas stand und auch eine der größten Schokoladenfabriken des Kontinents. Und natürlich hoffen wir auch, dass sich der ein oder andere mit den Büchern, Kunstwerken, der Musik etc. der portraitierten Viersener beschäftigt oder die genannten (Erinnerungs)Orte besucht. Wenn also durch dieses Buch bei der/dem einen oder anderen das Interesse an Stadtgeschichte wächst, so wäre das

schön. Wer durch die Straßen läuft, und weiß, nach wem sie benannt sind, hat wahrscheinlich eine höhere Identifikation mit seiner Heimatstadt als Andere, denn *„Straßennamen dienen der Orientierung, Orientierung in mancherlei Hinsicht."* [3]

Die Publikationen des Viersener Heimatvereins haben hier schon gute Arbeit geleistet, vor allem die Porträts einzelner Persönlichkeiten sowie die Publikationen bzgl. der Straßennamen sind zu empfehlen, aber die Porträts der Namensgeber fallen dort verständlicherweise relativ knapp aus. Besuchenswerte Veranstaltungen wie der „Südstadt-Talk" von Frank Bühler, bei dem u.a. schon Elmar Theveßen und Markus Orths aufgetreten sind, werden, außer in der Tagespresse, nicht dokumentiert. Nicht zuletzt soll unser Buch dazu beitragen, dass die nicht mehr lebenden Personen und ihr (Lebens)Werk nicht *„unaufhaltsam dem allmählichen Vergessen anheim gegeben"*[4] werden, sondern lebendiger Teil des Viersener „kulturellen Gedächtnisses" (Jan Assmann) bleiben oder werden, auf das die Menschen ihr Bewusstsein von Einheit und Eigenart stützen.[5]

In diesem Buch kommen auch Personen vor, die zur Entwicklung Viersens wenig oder nichts beigetragen haben, aber hier geboren wurden. Ebenso Persönlichkeiten, die nicht in Viersen geboren wurden, aber durch ihr Tun/Werk während ihrer Zeit vor Ort große Söhne oder Töchter der Stadt geworden sind, quasi durch „Adoption". Wie bei jedem Sammelwerk wird es auch hier Leser(innen) geben, die Personen vermissen und andere, die Einträge für nicht notwendig erachten. Damit müssen wir leben. Wer warum in diesem Buch (nicht) auftaucht, können Sie im **Nachwort** lesen. Darüber hinaus sind Anregungen für eine evtl. Neuauflage immer willkommen.

Wir haben viel gelernt über Viersen, während unserer Recherchen, denn über die (historischen) Personen wird *en passant* immer auch ein größeres Bild der Vergangenheit mittransportiert. Außerdem haben wir viele interessante und positiv gestimmte Menschen kennen gelernt. Viele von ihnen haben uns bei dieser Arbeit unterstützt. Neben den Porträtierten/ Interviewpartnern gilt unser Dank daher:

Markus Ewers/Franciska Lennartz & ihrem Team vom Stadtarchiv Viersen, Eri Krippner, Olaf Boes, Ernst-Joachim Küppers, Prof. Berndt Ostendorf, Ute Püll, Jutta Pitzen, Frank Brüggen, Renate Ettl, Leonie & Marita Bongartz, Dr. Albert Pauly, Renata Asmussen-Kaiser, Oliver Kaiser, Uli Gobbers, Dr. Thomas Schriefers, Holger Weimar, Stefan Schumacher, Herbert Pauen, Britta Hasemanns, Karl-Heinz „Becki" Becker, Jürgen Pankarz, Helmuth Jennrich, Björn Karlsson, und natürlich unserer Familie: Cécile, Mercedes und Arthur, die ihre Zeitansprüche an uns stark herunterfahren mussten.

Paul Eßer / Torsten Eßer

Franz-Josef Antwerpes

Politiker, Autor, Entertainer

„Sehr geehrtes Arschloch!", so lautete die Anrede im Brief eines genervten Bürgers an den Kölner Regierungspräsidenten Franz-Josef Antwerpes (*24.11.1934), die dieser dann später humorvoll zu einem Buchtitel machte. Beliebtheit und Abneigung sind die beiden Pole seines beruflichen Lebens und so lautet der Titel seiner Autobiographie denn auch „Zwischen allen Stühlen".

Franz-Josef Antwerpes stammt aus Viersen, sein Geburtshaus steht auf der Süchtelner Str. 148. Seine Vorfahren waren Ende des 16. Jhs. aus Antwerpen geflohen und siedelten sich in Wegberg und Dülken an.[1] Als 16-jähriger betrieb Antwerpes Ahnenforschung und fand heraus, dass der erste urkundlich erfasste Antwerpes im Jahr 1622 Zunftmeister der Bäcker in Dülken war, ein weiterer 1655 dort Bürgermeister. Die Familie gelangte um 1880 von Dülken über Wegberg nach Alt-Viersen.[2] Sein Großvater und Vater waren Bäcker (der Betrieb auf der Süchtelner Str. wurde 1960 verkauft), aber der Vater wollte nicht, dass auch sein Sohn diesen Beruf erlernte (*„wegen der Gesundheit"*). Franz-Josef Antwerpes hat trotzdem gelernt professionell Brot zu backen, und war so vernarrt in gutes Brot, dass er noch bis Ende der 90er Jahre, als er schon Jahrzehnte nicht mehr in Viersen lebte, bei seinem Cousin Walter in Dülken seine Jahresration von 300 Brötchen holte, um sie einzufrieren.[3]

Gleichzeitig war der Vater aber auch kein Freund der akademischen Welt, so dass die Mutter den Ausschlag gab und ihren Sohn auf dem Humanistischen Gymnasium in Viersen anmeldete. *„Erzkonservativ"* nennt Antwerpes seine ehemalige Schule, im Betragen hatte er oft eine schlechte Note. *„Auf der Schule waren viele Lehrer aus den ehemaligen Ostgebieten und die erzählten nicht nur von den Kriegserlebnissen, sondern schlugen auch oft sehr nationale, wenn nicht sogar nationalsozialistische Töne an."*[4] Dafür spielte er erfolgreich in der Handballmannschaft, die Zuschauer feuerten „Fanny" (so sein Spitzname) an.[5] Zu dieser Zeit stand Franz-Josef Antwerpes einmal wegen Schmuggelei vor Gericht: Drei kg Kaffee hatte er unter seinem Duffelcoat versucht über die deutsch-holländische Grenze zu bringen, das brachte ihm 20 Mark Bußgeld ein.[6] Fast jeder Viersener schmuggelte nach dem Krieg Kaffee, Zigaretten etc. über die Grenze, da in Venlo alles viel billiger war, *„auch*

Lieferwagen der Fa. Antwerpes

meine Eltern", so Antwerpes.[7] Im Jahr 1956 machte er Abitur und trat im gleichen Jahr in die SPD ein, wegen ihrer Anti-Atomkampagne.[8] Vier Jahre später wählte man ihn zum Vorsitzenden der rund 130 Viersener SPD-Mitglieder, was er bis 1968 blieb. Einmal versuchte er eine Wahlkampfzeitung („*Der Punkt*") in Viersen heraus zu geben, als Gegengewicht zur Rheinischen Post *„einem damals wahrhaft schwarzen Blatt!"* [9], brachte es aber nur auf eine Ausgabe. Antwerpes war Messdiener, hat aber sein Leben lang ein „gesundes" Verhältnis zum Katholizismus gepflegt und lag später mit dem Kölner Kardinal Meisner oft im Clinch *(„Warum ist DER Kardinal in meiner Kirche, ich habe ihn doch gar nicht gewählt?")*.[10]

Nach seinem VWL- und Jurastudium, das er 1960 mit der Promotion[11] beendete, fand er eine Stelle im Marketing des „Internationalen Wollsekretariats" in Düsseldorf und später bei den Stadtwerken und der Stadtverwaltung Duisburg (1962-1975). Parallel dazu trieb er seine politische Karriere voran: Er saß im Rat der Stadt Viersen (1961-1969), wo er u.a. zwei Entscheidungen anregte, deren Ergebnisse die Viersener noch heute „sehen" können (siehe Interview) und war seit 1970 Landtagsabgeordneter seiner Heimatstadt, von der er 1976 den Ehrenring verliehen bekam. Neben anderen parteiinternen Posten war er von 1965-1970 Juso-Vorsitzender von NRW und von 1970 bis 2000 Mitglied des Landesvorstandes der SPD.

1975 bot man ihm einen „sicheren" Wahlkreis in Duisburg an, wo er von 1972-79 wohnte. Er gewann das Direktmandat, schied aus der Verwaltung aus und saß bis 1978 im Landtag. Dort war er u.a. an der kommunalen Neuordnung NRW's beteiligt. Er sprach sich gegen den Kreis Heinsberg aus, so wie er heute existiert, und wollte einen

Viersener Familienalbum (1956-1960)

O B E R P R I M A

Jetzt wird die Klasse Mann für Mann
galant durch den Kakao gezogen.
Die Wahrheit steht ganz vornean,
und hintenan wird auch gelogen.

Zur Tafel:

A n t w e r p e s (Fanny)

Noch steckt die Heimat voll "Befreier",
noch ist e i n Deutschland nur ein Wahn.
Man merkt den Staat nur an der Steuer,
doch wächst ein MdB+ heran,
der ähnlich wie die Poujadisten
im kränkelnden Westfrankenreich
bereit ist, alles auszumisten
im staatlichen Gesetzbereich.
Er ist sehr wild und unerbittlich,
kommt ihm ein Pauker allzu dumm,
doch reagiert er unterschiedlich
auf Gegenwart und Altertum.
Sowohl im Osten wie im Westen
ist er stets bestens orjentiert.
Mit Redeschwall und vielen Gesten
wird von im alles diskutiert.
Aus "Überblicken", "Bulletine"
baut er sich manches Resumée.
An Tonfall und an trotzger Miene
sieht man: da steht ein MdB.
(Gar mancher Schüler macht's euch schwerer,
euch, die ihr doch so wenig wißt.
Weint deshalb bitte nicht ihr Lehrer,
auch wenn er "krank"- in Duisburg ist.)

+MdB = Mitglied des Bundestages

Vorahnung aus der Abi-Zeitung

Umlandkreis zu Mönchengladbach und Krefeld formen, bestehend aus den alten Kreisen Erkelenz, Kempen-Krefeld und Teilen von Geldern: *„Ich hatte mir vorgestellt, dass Viersen die Kreisstadt des Kreises würde, der von Geldern bis etwa Hückelhoven reichte. Aber das war zu groß und so konnte ich das nicht durchsetzen.“* [12]

Vom Kommunalbeamten zum „Kurfürsten“

Mit dem Antritt des Amtes als Regierungspräsident des Bezirks Köln (1978-1999) begann auch die „mediale“ Karriere von Antwerpes. Er blieb ein streitbarer, mutiger, auch eitler Mann, der nach eigenem Bekunden ein Vertreter *„des kleinen Mannes“* sein wollte und das später tatsächlich im Radio und Fernsehen umsetzte (s.u.). Die *Zeit* schrieb über ihn: *„Antwerpes ist zunächst Beamter, als solcher zur Unparteilichkeit verpflichtet, doch in der Praxis geht er, aggressiv und offensiv, bis an die Grenzen. Wo er die entscheidenden Sachargumente hinter sich vermutet, legt er sich für seine Ziele mit allen und jedem an.“*[13] Er liebte an seiner Arbeit besonders *„die ungeheure Vielfalt der Aufgaben: von der Autobahnpolizei über die Schulaufsicht bis zur Genehmigung von Verkehrstarifen bietet das Regierungspräsidium als ‚Gemischtwarenladen‘ eine ungeheuer große Auswahl.“*[14] Und viele dieser „Aufgaben“ erregten auch öffentliches Interesse, weil sie sich von der „grauen“ Verwaltungsarbeit abhoben: So regte er im Kreis Heinsberg an, den westlichsten Punkt Deutschlands in der Gemeinde Selfkant, mit einem Markierungsstein zu versehen.[15] Antwerpes sorgte auch dafür, dass auf Mozzarella-Verpackungen ein Verfallsdatum gedruckt wurde, obwohl das nach EU-Recht nicht erforderlich war, indem er den norditalienischen Exporteuren mit Ärger durch seine Lebensmittelaufsicht drohte. Anlass: in

F.-J. Antwerpes und Jochen Häntsch

seinem Kühlschrank wurde der Mozzarella oft schlecht.[16] *„Die Spannbreite der Kritik an seiner Amtsführung reicht von wüsten Beschimpfungen bis zu von langer Hand vorbereiteten Versuchen, ihn über die übergeordnete Behörde des Landes-Innenministers in den ‚politischen Wartestand‘ stellen zu lassen.“*[17] Aber Antwerpes machte unbeeindruckt weiter. Dabei half ihm auch sein unerschütterlicher, trockener Humor, der u.a. 1999 zur Ernennung zum „Dr. humoris causa“ durch die Dülkener Narrenakademie führte.

Mit der Stadt Köln und Kölner Institutionen bzw. Vereinen lag Antwerpes besonders oft über Kreuz, und erhielt so den Spitznamen „Kurfürst von Köln“.[18] Hier einige Beispiele: Er klagte gegen die s.E. unrechtmäßige Erweiterung der Plätze des renommierten Kölner Hockey-Clubs Blau-Weiß, sowie gegen den Bau eines Hafens in Worringen. Er schaffte den Rosenmontagsempfang für Honoratioren in seinem Präsidium ab und setzte das Jugendarbeitsschutzgesetz im Karneval durch,[19] und auch mit dem Zoodirektor legte er sich an, wegen der halbwilden Nachkommen eines Weißstorches namens „Hansi“.[20] Nachdem er Tempo 100 auf den Kölner Autobahnringen durchgesetzt hatte (s.u.), nahm er, selbst passionierter Radler, 1988 auch die Radfahrer ins Visier: nach einer Tour durch Köln forderte er eine

Geschwindigkeitsbegrenzung von 15km/h als Maßnahme gegen rücksichtslose Fahrradfahrer.[21] Und sieben Jahre lang (1991-98) stritten die Stadt und Antwerpes um das „Flügelauto" des Künstlers H.A. Schult, das anlässlich einer Ausstellung auf das denkmalgeschützte Stadtmuseum montiert worden war (s.o.) und dann dort verblieb; zu Unrecht, weil gegen den Denkmalschutz, fand Antwerpes. Sogar mit zwei Landesministern, die den Verbleib immer wieder per Erlass verlängerten, legte er sich deswegen an.[22] *„Don Quichotte Antwerpes und das Flügelauto"* titelte der *Express,*[23] und die Rap-Gruppe *5010* aus Bergheim schrieb ein Spottlied über ihn.[24]

In die nationalen Medien gelangte Antwerpes aber vor allem mit folgenden Geschichten: dem Weinanbau an seinem Amtssitz; den Sperrungen von Autobahnen um Köln sowie spektakulären Verkehrskontrollen dort und anderswo; der Auseinandersetzung mit der Kelly-Familie; der Verleihung eines Ordens durch Fidel Castro; und nicht zuletzt beim Skandal um die Kölner Müllverbrennungsanlage.

1981 pflanzte Antwerpes, nachdem er gehört hatte, dass Mönche im Mittelalter an gleicher Stelle Weinbau betrieben hatten, 20 Rebstöcke Spätburgunder an die Südfassade seines Amtssitzes. Zu seinem Ärger hatte ein Neubau des Amtssitzes, der übrigens vom in Viersen geborenen Architekten Joachim Schürmann (siehe S. 236) stammt, zu glatte Fassaden für den Weinanbau, so dass es bei diesen 20 blieb.[25] Gleichzeitig ließ Antwerpes neue Beete anlegen und rettete die verkümmernden Bäume im Hof. 1984 fand die erste Lese des „Klein-Kölnhausener Zuckerbergs" statt, es wurden 20 Flaschen, von Kollegen verächtlich als „suure Hung" („saurer Hund") bezeichnet. *„Was Antwerpes aber nie verstehen wird, ‚ist die Skepsis der Öffentlichkeit gegenüber meinem Wein' [...]. Das trifft ihn wirklich. Denn der Genußmensch Antwerpes schätzt alles, was die Sinne anregt – eine gute Zigarre, besten Darjeeling-Tee und das Selbstgekochte."*[26] Die Menge steigerte sich bis auf 100kg und rund 30 Flaschen im Jahr 1999. Sie wurden meist zugunsten der AIDS-Hilfe versteigert (Flaschenpreise bis zu 2.500 Mark), was z.B. in den Jahren 1998 und 1999 je rund 30.000 DM erzielte. Der beste Jahrgang, 1995, erreichte 81 Öchsle und wurde von Antwerpes „Cuvée Kardinal Melchers" getauft, zu Ehren desjenigen, der 100 Jahre zuvor angeblich den letzten Weinstock der Mönche gepflegt hatte. Bis ins Jahr 2004 pflegte Antwerpes seine Weinstöcke noch, schließlich wurden sie von seiner Nachfolgerin 2012, aufgrund von Kanalarbeiten, gerodet.[27]

Im Jahr 1984 wurde Antwerpes' Initiative, Tempo 100 auf dem Kölner Ring einzuführen, stark bekämpft, u.a. vom ADAC. Aber der Rückgang der Unfallopfer gab ihm schließlich Recht. Ebenso bei seinen Maßnahmen bei Nebel: nachdem es an fünf Nebeltagen zwischen 1985-87 hohe Opferzahlen durch Massenkarambolagen rund um Köln gegeben hatte, wobei immer überhöhte Geschwindigkeit die Ursache gewesen war, ließ Antwerpes die Autobahnen sperren, wieder gegen viel Widerstand, u.a. vom Bundesverkehrsminister, aber auch dort nahmen die Unfallzahlen ab.[28] Antwerpes selbst nahm an vielen, auch nächtlichen Kontrollen auf Autobahnen etc. teil. Alkoholpegel, Bereifung, Fahrzeiten, Ladungen, Tiertransporte, Schulbusse, aber auch Kindersitze uvm. wurden dabei von der Polizei und Experten kontrolliert. Und die Medien waren fast immer dabei, als Abschreckung für die Zukunft. Die meisten Fahrer reagierten verständnisvoll, aber natürlich gab es auch Meckerer. Er selbst beschrieb es so: *„Haben Sie einen über den Durst getrunken und sich hinter das Steuer gesetzt? Da kann ich Sie nur warnen. Denn mit einiger Sicherheit geraten Sie in eine meiner beliebten Alkoholkontrollen […]. Da haben Sie die einmalige Chance mich persönlich kennenzulernen, mit Rat und Tat, auch morgens gegen fünf. Ich nenne das Service. Andere empfinden das seltsamerweise als Schikane. Gottlob nur eine Minderheit.“* [29]

Die in den 90er Jahren sehr bekannte Musikgruppe *The Kelly-Family* lebte seit 1990 auf einem Hausboot im Köln-Mühlheimer Hafen. 1995 ließ sie dort eine Mauer errichten, zum Schutz ihrer Privatsphäre, da unzählige Fans auf dem Gelände übernachteten und in das Boot einzudringen versuchten. Der Chef und Vater der Familie, Dan, schickte keines seiner Kinder zur Schule, sondern gab ihnen Privatunterricht. Anfang 1996 ging deswegen beim Schulamt der Stadt Köln ein Antrag ein, dieses zu genehmigen, auch für den damals 14jährigen Sohn Angelo. Der Antrag landete beim Regierungspräsidenten, dessen Dezernat erst einmal feststellte, dass keines der Kinder in Köln gemeldet war. Antwerpes sah, anders als seine Beamten, keine Notwendigkeit einer Ausnahmegenehmigung (wie z.B. bei Schaustellerkindern), und wollte für Angelo die Schulpflicht durchsetzen. Die Presse bekam Wind von der Sache, und ein Sturm der Entrüstung brach los, Fans (aus ganz Deutschland) befürchteten, dass Antwerpes die Kelly-Familie aus Deutschland vertriebe, schrieben tausende Briefe und demonstrierten vor dem Regierungspräsidium. Schließlich schaltete sich das NRW-Schulministerium ein und befreite Angelo vom Regelunterricht. Antwerpes blieb aber dran - die Presse nannte ihn den „Highlander vom Rhein“ - und versuchte eine Schule für ihn zu finden, denn auch befreite Kinder brauchen eine Schule, an der sie pro forma angemeldet sind, um irgendwann einmal die Prüfungen machen zu können. Darüber wurde Angelo aber 16 und rutschte so aus der Schulpflicht, außerdem verließen die Kellys 1998 Köln und zogen ins nahegelegene Schloss Gymnich.[30]

Im Jahr 1987 reiste Antwerpes als Tourist nach Kuba, der Sonne wegen. Während des zweiten Aufenthalts musste sein wenige Monate alter Sohn aus dritter Ehe mit einer Mittelohrentzündung zum Arzt. Dort erfuhr Antwerpes vom Mangel an Medikamenten und medizinischem Gerät. Bei den nächsten Besuchen nahm die Familie größere Mengen Medikamente als Spenden mit, dann auch Kindernahrung und Schulhefte und Stifte. Dann kaufte Antwerpes von seinen Honoraren und von Spenden im Rheinland ausrangierte Busse, die nun durch Havanna und Santiago de Cuba fuhren, und manchen Touristen verwirrten, der die Symbole der Aachener oder Kölner Verkehrsbetriebe sah.[31] Aber damit nicht genug: Als 1995 in seinem Präsidium eine Palette Medikamente von einer für Ungarn bestimmten Hilfslieferung stehen blieb, erbat er sie für Kuba und erfuhr so gleichzeitig von der Auflösung der Hilfskrankenhäuser, Relikten aus dem Kalten Krieg, in ganz Deutschland. Er fand heraus, dass das Bundesinnenministerium die zuständige Behörde war und bot sich dort als „seriöse Adresse" für Hilfslieferungen an. So gelangten nach und nach, und mit Hilfe der Deutsch-Kubanischen-Freundschaftsgesellschaft, mehr als 250 Container mit rund 2.000 Betten, 3.600 OP-Bestecken, Decken, Medikamenten etc. nach Kuba. Antwerpes lernte so immer mehr Funktionäre in Kuba kennen. Von der Presse blieben diese Hilfsaktionen weitgehend unbeachtet. Aber dann folgte der 2. Teil der Geschichte: Während eines Kuba-Aufenthalts, 1998, bat man Antwerpes und seine Frau zweimal ins Gesundheitsministerium und fuhr sie von dort ins Regierungsviertel: beim 2. Mal zum Palast der Revolution, wo sie von Fidel Castro empfangen wurden, der Antwerpes' humanitäres Engagement lobte, ihm den „Orden der Freundschaft" verlieh, und schließlich zu einem vierstündigen Gespräch mit Dinner und Zigarren (die Antwerpes sehr schätzt) einlud.[32] Der Orden, so hatte Antwerpes schon vermutet, sorgte dann noch für großen Ärger: denn ein deutsches Gesetz verlangt, dass Bundesbürger, die einen im Ausland verliehenen Orden tragen wollen, dafür eine Erlaubnis vom Bundespräsidenten brauchen. Und die ließ bei Antwerpes auf sich warten. Antwerpes vermutete schon *„Willkür, Zensur und Kalter-Krieg-Gehabe"* und stellte in Aussicht, den Orden einfach mal zu tragen, um zu sehen was passiert. Unterstützung erhielt er u.a. von Kabarettist Jürgen Becker, der ihn aufforderte sich über das Verbot hinwegzusetzen, und für ihn eine Collage anfertigte, die aus einem Porträt von Antwerpes und dem bekannten Porträt Ché Guevaras bestand. Erst Anfang 1999 bekam Antwerpes von Bundespräsident Roman Herzog schließlich die Erlaubnis, den Orden öffentlich zu tragen.[33]

Eine eher unrühmliche Rolle spielte Antwerpes beim Bau der Kölner Müllverbrennungsanlage, der mit einem riesigen Bestechungsskandal endete. Er pflegte über Jahre engen Kontakt zu den später wegen Bestechlichkeit zu Bewährungsstrafen verurteilten SPD-Politikern Heugel und Rüther.[34] Antwerpes war zwar nicht bestechlich, aber es klingt unwahrscheinlich, dass er von den Vorgängen zumindest nichts geahnt haben soll.

Er kannte nämlich auch den später ebenfalls verurteilten Viersener Müllunternehmer Hellmut Trienekens gut, der die fertige Anlage gemeinsam mit der Stadt Köln betreiben sollte, sowie dessen Methode, rheinische Lokalpolitiker über Jobs in seinem Unternehmen an sich zu binden: *„Diese Trienekens-Geschichte ist eine ulkige Sache. Der hatte sich überall politisch Verantwortliche als Geschäftsführer oder an anderer einflußreicher Stelle in sein Unternehmen geholt. Ob CDU, SPD oder FDP, der hatte überall seine Leute. Eigentlich war der ja ein netter Mensch, aber er versuchte seine Leute in die genehme Richtung zu lenken, im rheinisch-bergischen Kreis den CDU-Kreisvorsitzenden, im Erftkreis einen SPD-Mann, in Erkelenz wieder die CDU usw.“*[35] Und Antwerpes hatte zu Beginn der Planungen der Anlage (1992) in einem Telefonat mit dem Oberstadtdirektor Kölns, die Gummersbacher Firma Steinmüller, deren Manager später als Drahtzieher der Bestechungen zu drei Jahren Haft verurteilt wurde, als Bauunternehmen empfohlen,[36] sowie ein Bürgerbegehren gegen die Anlage verhindert.[37] Auch verweigerte er sich einer Anweisung zum Baustopp der NRW-Umweltministerin Bärbel Höhn (Grüne), die die Anlage für überdimensioniert hielt, und mit der Braunkohlefreund Antwerpes ohnehin im Dauerclinch lag.[38]

Nach einigen Jahren im Amt traf zu, was der *Rheinische Merkur* schrieb: *„Was ein Regierungspräsident ist, wußte man in der Republik eine Zeitlang nur halbwegs. [...] Aber seitdem es Franz-Josef Antwerpes gibt, hat sich [...] das Informationsdefizit über dieses Amt erstaunlich reduziert: Antwerpes ist nicht bekannt durch das Amt des Regierungspräsidenten - das Amt des Regierungspräsidenten ist bekannt durch Franz-Josef Antwerpes!“*[39] Aber der Bekanntheitsgrad war noch steigerungsfähig, v.a. nachdem er im November 1999 aus dem Amt geschieden war.[40]

„Achtung Antwerpes“ - Medien-Star

Franz-Josef Antwerpes kocht gerne und war 1997 konsequenterweise Gast in Alfred Bioleks Sendung „alfredissimo“. Sie kochten dort zusammen sein Lieblingsrezept „Perlhuhn mit Mirabellen“. Dazu gab es drei verschiedene Weine, u.a. seinen Cuveé (s.o.). Dort kam es auch zu folgendem legendären Dialog: Biolek: „Sind Sie eitel?“/ Antwerpes: „Wer fragt mich das?“ [41] Mit Biolek war Antwerpes auch privat befreundet. Biolek lud ihn mit seiner Tochter Sarah 1999 in seine Sendung „Boulevard Bio“ ein, wo sie u.a. erzählte, dass er gerne auf dem Klo Gameboy spielt.[42] Seine Lieblingsrezepte präsentiert Antwerpes auch hier und da in seinen Büchern (s.u.). Und im Jahr 2001 veröffentlichte er einen „subjektiven" Führer durch rund 100 Restaurants in Köln.[43]

Noch als Regierungspräsident versorgte Antwerpes von 1995 bis 1999 auf *Radio Köln* seine Zuhörer mit heiter-ironischen Beiträgen zu Alltagsthemen. Nach Ende seiner Amtszeit ging er selbst ins Fernsehen und zeigte dort in der Serie „Achtung Antwerpes" bei „WDRpunktKöln" einmal mehr sein besonderes Talent als „Anwalt des kleinen Mannes": In den Jahren 2000-2003 deckte er einmal wöchentlich Missstände in Köln auf, wie z.B. eine zu langsame Finanzverwaltung oder kaputte Radwege. Diese Rolle als "strenger, aber gerechter Herr" füge dem „Kurfürsten" den „Ombudsmann" hinzu, schrieb die *Zeit*.[44]

Auch als Gastgeber trat er im Fernsehen auf: Gemeinsam mit der niederländischen Moderatorin Marijke Amado moderierte er von 1999-2001 15 mal „Amado und Antwerpes – Die Talkshow für Genießer". 90 Minuten talkten sie mit Gästen wie Montserrat Caballè oder Dirk Bach. Die Show wurde trotz guter Quoten eingestellt, weil *„die Amado immer etwas anderes machte, als wir besprochen hatten. Und sie hatte die Unterstützung des Redakteurs"*.[45] Also verließ Antwerpes die Sendung vom einem Tag auf den anderen. Danach war er noch oft Gast in TV-Sendungen, u.a. bei „Zimmer frei!" (2007), „Beste Freunde" (2009) oder „Menschen bei Maischberger" (2010). In Jahr 2001 reiste Antwerpes mit einem Fernsehteam des *WDR* nach Viersen und stellte in „NRW am Mittag" kurz seine Heimatstadt vor. Dabei erinnerte er sich, vor seinem Geburtshaus stehend, an Bombennächte im Keller, fühlte sich dort aber nicht mehr *„wirklich zuhause"*, da sich *„zu viel verändert habe"*.[46]

Seine Bücher (siehe Kasten) drehen sich vor allem um ihn, seine Arbeit als Regierungspräsident oder geben den Lesern humorvolle Ratschläge. Die originelle Idee, an ihn gerichtete (Schmäh)Briefe in Buchform zu veröffentlichen, hatte aber ein anderer:

„Ein Lektor von Kiepenheuer & Witsch hat mich auf die Idee gebracht, daraus ein Buch zu machen. Die Briefe an mich hatte ich immer gesammelt, aber nicht mit der Idee, mal ein Buch daraus zu machen. Es hat sich sogar jemand im Amt beschwert, dass ich diese Ordner bei meiner Pensionierung aus dem Büro mitgenommen hatte. Es seien keine Bezirksregierungsäußerungen dabei und private Äußerungen Dritter dürfe man mitnehmen, habe ich das dann rechtlich begründet. Das ist natürlich totaler Quatsch, aber so haben sie geglaubt, das sei rechtlich geboten und ich hab's einfach mitgenommen." [47] (te)

Freundlich begrüßt mich Franz-Josef Antwerpes in seiner Köln-Müngersdorfer Wohnung. Auf dem Sofa entwickelt sich schnell ein Gespräch über alte Viersener Zeiten, gerne redet er über seine Jugend und seine Schulzeit, als wir in der Abi-Zeitung von 1954 blättern.

Wann waren Sie zuletzt in Viersen?
Vorige Woche, in Dülken, um meine angeheiratete Cousine zu besuchen, deren Mann vor zwei bis drei Jahren gestorben ist. Dort leben auch noch ein Cousin und eine Cousine, die Bäcker waren.

Wie gefällt Ihnen die Innenstadt in Dülken? Und die Fußgängerzone in Viersen?
Die Viersener Hauptstraße besteht m.E. zum größten Teil nur noch aus Filialisten, es gibt kaum noch individuelle Geschäfte, das macht sie austauschbar und unpersönlich, aber das ist heute ein Problem vieler Gemeinden dieser Größe, selbst Mönchengladbach und Krefeld leiden darunter, dass Düsseldorf das attraktivere Ziel ist. Die Leute fühlen sich in Großstädten anscheinend angesprochener. Das gilt eben auch für Dülken und Süchteln, wobei Letzteres sich m.E. etwas besser gehalten hat. In Dülken liegt es natürlich auch daran, dass mit der Kommunalreform die Viersener viele Funktionen übernommen haben, in der Stadtverwaltung z.B., als Geschäftszentrum etc. Man sieht das gut auf der Lange Str., wie viele Geschäfte da dicht gemacht haben. So gesehen haben die Dülkener einen schlechten Schnitt gemacht, mit der Eingemeindung. Sie werden noch in 100 Jahren sagen, dass sie Dülkener und nicht Viersener sind

Antwerpes blättert in der Abi-Zeitung (2019)

An was erinnern Sie sich in ihrer Kindheit in Viersen?
An den ersten Kuss auf der Landwehr zwischen Viersen und Dülken. Das war im Sommer 1950. Wir haben da gespielt und da waren auch andere Jugendliche und ein Mädchen kam auf mich zu und hat mich geküsst, einfach so. Und auch daran, dass ich mit einem Klassenkameraden in einer stillgelegten Ziegelei [Süchtelner Str.] Tonpfeifen mit Anis drin geraucht habe. Wir wurden beobachtet und ich musste das dann Pastor Lambertz beichten. Dort hatten wir auch einen improvisierten Sportplatz gebaut, wo wir Hand- und Fußball spielten, und Leichtathletik trieben (siehe Theo Püll S. 218). Leider lagen dort noch ein paar Schienen für die Loren, da bin ich einmal drin hängen geblieben und habe mir das Wadenbein gebrochen. Ich musste drei Wochen im Krankenhaus bleiben und habe u.a. deswegen in diesem Jahr meine Versetzung nicht geschafft.

Haben Sie ihre erste Frau in Viersen kennen gelernt?
Nein, in der Gymnasialzeit hatte ich zwar ein paar Freundinnen, die erste hieß Marlies Zander. Als ich mich von ihr trennte, schrieb sie mir einen

„Die Dülkener haben sehr darunter gelitten, dass sie nach Viersen gekommen sind."

Brief, den ich noch heute besitze. Danach war ich mit ihrer Freundin zusammen, die wiederum dann mich verlassen hat. Aber meine erste Frau habe ich 1954 in Duisburg kennen gelernt und 1960 geheiratet.

Ihre politische Karriere begann in Viersen…
Ja, von 1961-70 saß ich für die SPD im Stadtrat, unter Oberbürgermeister Hermann Hülser. Der saß dem Rat in einer patriarchalischen Art vor, und musste sich erst an meinen - für ihn wohl unverschämten - Fragestil gewöhnen. Ich habe einmal seinen Haushalt angezweifelt, das war wohl neu für ihn.

Erinnern Sie sich noch an Entscheidungen im Rat, deren Auswirkungen noch heute in Viersen sichtbar sind?
Ich erinnere mich sehr gut daran, dass ich lange darum gekämpft habe, dass die Straßenschilder in Viersen ordentlich sein sollten. 1967 war es dann soweit, seitdem hat die Stadt diese eingefassten Schilder an jeder Straßenecke, vorher herrschte ein großes Durcheinander. Es hat lange gedauert das durchzusetzen, auch weil es teuer war. Straßenschilder sind übrigens keine Kleinigkeit, sondern eine Frage der Außendarstellung einer Stadt.
Und die Wasserskulptur vor der Sparkasse habe ich nach Viersen gebracht. Ich hatte in Karlsruhe im Schlosspark Stelen von Johannes Peter Hölzinger gesehen und sofort gedacht, der soll sie für Viersen erstellen. Ich war damals im Bauausschuss des Sparkassenrates - dort hatten die Direktoren etwas Respekt vor mir, weil ich immer an ihren Wertberichtigungen herummäkelte, da ich im Gegensatz zu vielen anderen dort die Bilanzen verstehen konnte - und sie sind meiner Idee gefolgt.

Sie kommen aus einer Altbierstadt. Wie überlebt man dann in einer Kölschstadt und kommt dann auch noch auf die Idee dort Wein anzubauen?
Ich trinke tatsächlich auch immer noch Alt, diese Tage noch ein Bolten-Uralt. Das ist übrigens schwer zu kriegen hier in Köln. Aber ich hatte immer schon auch eine große Neigung zum Wein. So bin ich auf den Gedanken gekommen, an der Südfassade der Bezirksregierung 20 Weinstöcke zu setzen, die dort rund 30 Jahre gestanden haben, bis die jetzige Präsidentin sie wegen Kanalarbeiten hat ausreißen lassen. Das nehme ich ihr einerseits übel, andererseits wurde mir die Arbeit auch zu anstrengend, denn ich habe das ja nach meiner Pensionierung fortgeführt.

Ein neuerer Teil des Regierungsbaus stammt vom in Viersen geborenen Architekten Joachim Schürmann, war aber für den Weinanbau ungeeignet…
Ja, leider. Der war übrigens ein sturer Hund. Es ging einmal um einige Änderungswünsche an seinem „Glaspalast", den er für die Schulabteilung errichtet hatte, worauf er sich aber nicht einließ. Bei einer anderen Erweiterung konnte ich noch Dinge einbringen, aber der war echt stur. Aus Viersen kannte ich ihn übrigens nicht.

Waren Sie froh, als Viersen Kreisstadt geworden ist?
Ja, denn dafür hatte ich mich ja eingesetzt, es liegt ja auch in der Mitte. Aber dass man dann dort das Kreishaus in einem kackgelben Stein gebaut hat, damit kann ich mich nicht abfinden, grauenhaft.

Obwohl Sie Präsident des Regierungsbezirks Köln waren, bekamen Sie auch Briefe von Bewohnern anderer Bezirke. Wieso?
Ich war doch zuständig für ganz Deutschland, oder (lacht!)? Aber manchmal stimmte das sogar: Ich habe einmal meine Kollegen aus Koblenz, Darmstadt und Karlsruhe zusammengerufen, um mit ihnen über die Verschmutzung des Rheins und entsprechende Gegenmaßnahmen zu sprechen. Denn in meinem Bezirk war bei Bayer lange keine Verschmutzung mehr vorgekommen, aber bei BASF, Höchst etc. passierte dauernd etwas. Wir in Köln hatten einen Katalog mit zulässigen Einleitungen und Verboten erarbeitet, denn es gab damals keine Regelung auf Bundesebene. Und ich habe dann die anderen RP's ermuntert, unsere Kriterien auch anzuwenden. Diese Tat halte ich übrigens für wichtiger, als alle meine Verkehrskontrollen, was sich in den Medien natürlich anders darstellte.

Das Interview führte Torsten Eßer im Oktober 2019 in Köln.

<u>Antwerpes Bücher:</u>

Lügen haben lange Beine, Köln 2002.

Gnadenlos genießen..., Köln 2001.

(Hg.). *„Sehr geehrtes Arschloch!“ Briefe an den Regierungspräsidenten*, Köln 2000.

Zwischen allen Stühlen. Ungezähmte Erinnerungen eines Regierungspräsidenten (Autobiographie), Köln 1999.

Antworten auf nicht gestellte Fragen, Köln 1997.

Teresa Bock

Sozialwissenschaftlerin und Hochschulrektorin

Hochdekoriert und trotzdem bescheiden, galt ihr lebenslanges Engagement der Professionalisierung der sozialen Arbeit in Deutschland.

Teresa Bock, geboren am 21.10.1927 in Viersen, verbrachte ihre Jugend erst auf der Kaiserstrasse und dann ab 1935 bei der Familie ihrer Mutter (Boeken) auf der Löhstrasse, da der Vater in diesem Jahr überraschend verstorben war. Sie besuchte die Städtische Oberschule für Mädchen und leistete zwischen September und November 1944 ihren „Kriegsdienst" im Irmgardis-Krankenhaus in Süchteln ab.[1] 1947 legte sie ihr Abitur am Lyzeum ab und arbeitete dann im freiwilligen Sozialen Werkdienst im Hedwig-Dransfeld-Haus in Bendorf, da sie keinen Studienplatz für Medizin bekam. „*Schon hier wird ihre Begeisterung für ehrenamtliches Engagement erkennbar, das sie zeitlebens nicht mehr aufgab.*" [2] So leitete sie z.B. von 1947-51 die Viersener Sektion des Jugendbundes, zu dessen Bundesführerin sie 1952 gewählt wurde. In Bendorf lernte sie mit Helene Weber eine Frau kennen, die nicht nur eine der vier Mütter des Grundgesetzes gewesen war, sondern sich schon zu Zeiten des Kaiserreichs sehr für die Bildung von Frauen eingesetzt hatte. Dieses Thema beeinflusste stark Bocks' beruflichen Werdegang.

Ehrenamtliche Tätigkeiten
(Auswahl)[6]

Vizepräsidentin des Deutschen Caritasverbandes (1972-2002)
Vorsitzende des Deutschen Verbandes Katholischer Mädchen Sozialarbeit (1976-1991)
Mitglied der Studienreformkommission „Pädagogik/ Sozialpädagogik/ Sozialarbeit" der Kulturministerkonferenz NRW (1980-1985)
Vorsitzende des Deutschen Vereins für öffentliche und private Fürsorge (1990-1994)
Beraterin der Kommission „Gesellschaftliche und sozial-caritative Fragen" der Deutschen Bischofskonferenz

Nach einer Ausbildung zur Wohlfahrtspflegerin in Aachen (1949-51), studierte Teresa Bock Wirtschafts- und Sozialwissenschaften in Köln und Frankfurt und schrieb ihre Diplomarbeit zum Thema „Reform der öffentlichen Armenpflege im 20.Jahrhundert". Ihre erste Stelle trat sie 1955 als Referentin für politische Bildung im Hedwig-Dransfeld-Haus an. Anschließend promovierte sie an der Universität Frankfurt. Nach u.a. zwei Direktorenposten an den Fachschulen für Sozialarbeit in Düsseldorf und Aachen berief man Dr. Teresa Bock 1970 zur Gründungsrektorin der Katholischen Fachhochschule Nordrhein-Westfalen, wo sie bis 1977 Rektorin war, um dann dort als Professorin für Sozialarbeit bis zu ihrer Emeritierung 1990 tätig zu sein. Nebenher entwickelte sie Weiterbildungsmaßnahmen und Modellstudiengänge (für berufstätige Frauen) sowie eine Konzeption für Freiwilligen-Zentren für den Caritasverband. Denn die ehrenamtliche Arbeit lag ihr besonders am Herzen, auch in ihrer wissenschaftlichen Arbeit: „*Den vorhandenen ethischen und sozialen Ressourcen in der Gesellschaft muss mehr Aufmerksamkeit geschenkt werden. Dies betrifft vor allem soziale Netzwerke und Dienste [...]*", schrieb sie im Jahr 2000.[3] Damit meinte sie die „sekundären Netzwerke" mit neuen Formen des freiwilligen Engagements.

Im Jahr 1990 ging sie in den Ruhestand, bzw. was sie dafür hielt, und zog in ihre Heimatstadt zurück, auf die Rektoratstrasse. Sie hörte gerne klassische Musik oder wanderte mit Freundinnen durch die Felder bei Helenabrunn. Eine bescheidene, christliche Lebensführung war ihr wichtig, Kirchgang und Tischgebet gehörten selbstverständlich dazu. Zu ihrer Familie - Geschwister und deren Kinder - pflegte sie ein sehr gutes Verhältnis.[4]

In den Jahren 1992 und 2000, wie auch schon 1988, verantwortete sie die Armutsstudien des „Deutschen Caritasverbandes". Ihre erfolgreiche Arbeit führte dann dazu, dass sie nach der Wiedervereinigung vom Berliner Bischof Georg Sterzinsky 1991 zur Gründungsrektorin der Katholischen Fachhochschule Berlin berufen wurde, ein Amt, das sie bis 1993 bekleidete. Ein Schwerpunkt ihrer Arbeit lag dabei auf der Vereinheitlichung der sozialpädagogischen Ausbildung in Ost- und Westdeutschland.

Teresa Bock wurde 1992 mit dem Bundesverdienstkreuz 1.Klasse ausgezeichnet. Fünf Jahre später ernannte Papst Paul II. sie aufgrund ihrer Verdienste um den katholischen Glauben zur Komtur-Dame des Silvesterordens. Im Jahr 2011 wählte sie der Caritasverband für die Region Kempen-Viersen zum Ehrenmitglied. Teresa Bock starb am 15.10.2012 in Viersen, wo im Jahr 2017 auf Anregung des Vereins „EUREGIA - Frauenwege zwischen Rhein und Maas e.V." eine Straße nach ihr benannt wurde.

Im Jahr 2013 verlieh die Caritas-Gemeinschaftsstiftung im Bistum Aachen erstmalig den mit 10.000€ dotierten Teresa-Bock-Preis. Alle zwei Jahre wird so das soziale Engagement von, auch nicht-kirchlichen, Projekten und Menschen ausgezeichnet, die durch ihre Arbeit zu einer menschenfreundlichen und gerechteren Gesellschaft beitragen. 2019 lautete das Thema „Mit*Mensch*lichkeit - sozial trifft digital!".[5] (te)

Schriften von Teresa Bock (Auswahl)

Probleme der Berufserziehung gefährdeter weiblicher Jugend. Eine Untersuchung über die Rolle der Arbeit in der Heimerziehung, Frankfurt 1960 (Dissertation).

(mit Louis Lowy/ Monika Pankoke). *Kooperation freitätiger und beruflicher Mitarbeiter in sozialen Diensten*, hrsg. von der Kath. Fachhochschule, Freiburg i.B. 1980.

(mit Margarete Breuer/ Edeltraud Lukoschek). *Sozialarbeit mit ausländischen Familien*, Freiburg i.B. 1994.

Grundlagen, Aufgaben und Organisation eines Instituts für Sozialhilfe- und Lebenslagenforschung (ISL), Stuttgart 1997.

„Vom Laienhelfer zum freiwilligen Experten. Dynamik und Struktur des Volunteering", in: D. Rosenkranz/ A. Weber. *Freiwilligenarbeit: Einführung in das Management von Ehrenamtlichen in der sozialen Arbeit*, München 2002.

Mirja Boes

Comedian, Sängerin, Schauspielerin

Vom Funkenmariechen und dem Fauth-Ballett war es ein weiter Weg auf den deutschen Comedy-Olymp. Aber Mirja Boes hat ihn erklommen und wurde inzwischen auch vielfach prämiert. Zu ihrer Heimat hält sie engen Kontakt und engagiert sich oft für Viersener Hilfsvereine.

„Je länger ich in meinen Kisten nach Erinnerungen krame, desto mehr Kuriositäten fallen mir in die Hände“, beginnt ein Kapitel in Mirja Boes‘ Buch *Boese Tagebücher. Unaussprechlich peinlich.*[1] Liebesbriefe, Kinotickets, geliehene Groschenstücke und *„vollgerotzte Taschentücher“* sind darunter, aber vor allem ihre Tagebücher aus Kinder- und Teeniezeiten, aus denen ich hier und da noch zitieren werde. Sie stammt aus Boesheim[2] - Verzeihung Boisheim - und wurde am 3. September 1971 im Dülkener Krankenhaus geboren. Und weil sie dort auch zur Schule ging, in die Paul-Weyers-Grundschule und auf das Städtische Gymnasium (heute Clara-Schumann-Gymnasium), vereinnahmen die Dülkener sie auch gerne als Tochter ihrer Stadt. Wobei…, sie findet das auch gut, denn sie verteidigt Dülken gerne gegen Viersen: *„Dülken und Viersen, das ist wie Köln und Düsseldorf. Das Schöne an Dülken sind die Menschen. Die Dülkener sind ja, wie die Kölner, ganz herzliche Menschen, die feiern gerne, die haben Spaß... Die haben ja auch eine National-, äh, Stadthymne, „Gloria Tibi Dülken“ [Ehre sei Dir Dülken]. Viersen, das ist die böse Stadt, na ja, so böse ist die eigentlich auch nicht...“.*[3]

Mirja Boes war kein Klassenclown, wie man vermuten könnte, eher eine unauffällige Schülerin. Aber schon in der Grundschule gewöhnte sie sich daran, vor Leuten zu reden und zu tanzen: *„Auf meiner sehr traditionell orientierten Grundschule wurde Karneval groß geschrieben. Da habe ich bei den Funkenmariechen getanzt. Und jedes Jahr gab es eine Sitzung mit Prinzenpaar, da war ich immer als Pippi Langstrumpf verkleidet und habe eine Büttenrede gehalten, die mein Vater geschrieben hatte.“*[4] Auch bei anderen Aktivitäten lernte sie früh, auf einer Bühne zu stehen: Seit ihrem vierten Lebensjahr tanzte sie Ballett in der Tanzschule Fauth (die Generationen von Viersenern durchlaufen haben), und hatte eine Rolle - wohl als Schneeflocke - im Ballettweihnachtsmärchen, welches jedes Jahr in der Festhalle aufgeführt wurde. Daraus entwickelte sich die „Mitgliedschaft“ im Fauth-Ballett: *„Da habe ich viele Jahre getanzt. Im Nachhinein nenne ich das die Crazy-Horse-Show, mit Federn am Kopf und am*

Po, und mit den ‚Eva-Dancers' auch auf Karnevalssitzungen."[5] Bei Fauth fand sonntagsnachmittags auch eine Jugend-Disco statt, *„als Kontaktbörse die absolute Nummer eins in Viersen"*.[6] Die sich daraus ergebenden und andere „Jungsgeschichten" lesen Sie aber besser in Mirjas Buch nach…

Das Schulorchester, bzw. das *Jugendsymphonie-orchester am Städt. Gymnasium Dülken*[7], bot die nächste Gelegenheit zur Bühnenerfahrung. Nach Blockflöte folgte dort… das Fagott, ein eher ungewöhnliches Instrument für einen Teenager (siehe Interview).[8] Nach dem Abitur sollte die Bühnenkarriere professionell fortgesetzt werden, erhielt aber zunächst einen Dämpfer, denn die Folkwang-Schule in Essen, wo sie sich für Gesang und Tanz beworben hatte, lehnte sie ab: *„Eigentlich eine Frechheit. Ich sollte mich nachträglich beschweren."*[9]

Also studierte sie erst einmal Italienisch, Spanisch und Medienwissenschaften. *„Ehrlicherweise muss man sagen, dass das kein ernstes Ziel hatte. Da zuhause alle Italienisch sprechen - wegen der vielen Urlaube dort - habe ich das mal angefangen. Aber sobald es ging, bin ich nach Leipzig gegangen und habe dort auf der Hochschule für Musik und Theater „Musical" studiert. Danach habe ich zwar nochmal in Bonn Sprachen weiter studiert, aber dann kam erfreulicherweise schon das Fernsehen dazwischen."*[10]

Gliedgut von der Ballerfrau [11]

Vor dem ersten eigenen Fernsehauftritt lagen allerdings noch viele Bühnenauftritte mit anderen Ensembles. In Bonn spielte sie zuerst im Ensemble „Compagnia 82", dann folgte ein mehrjähriges Gastspiel bei der Musikgruppe *Die Fabulösen Thekenschlampen*, wo sie zum ersten Mal Bekanntschaft mit den Charts machte (siehe Interview). Als Mitglied des Improvisationstheaters „Frizzles" verbesserte sie ihr Theaterspiel, vor allem aber wurde sie dort für ihre erste Fernsehrolle entdeckt. Denn der Produzent von „Die dreisten Drei" (*Sat 1*) saß eines Abends im Publikum und sah *„die Frau, die eigentlich keine Frau, sondern eher ein Kumpel war. Eine Frau, die am Ende des Abends immer noch am Tresen saß, wenn alle anderen schon nicht mehr konnten."*[12] Sie spielte von 2003-2005 in dieser Comedysendung. Parallel dazu trat sie seit 2001 unter dem Künstlernamen *Möhre* auf und sang vor allem „Penislieder": „20 Zentimeter", „Pack ihn ein (la la la)" oder „Wir ham doch keine Zeit" kamen vor allem auf Mallorca in Lokalen wie dem „Oberbayern" oder dem „Ballermann" sehr gut an, und verschafften ihr Bekanntheit, Geld und viel Spaß: *„Man hat dort vom Publikum her die größte Schnittmenge von Gesamtdeutschland,* *aus professioneller Sicht ein perfekter Boden, um einen Hit zu verbreiten. Ich habe aber auch immer dort gefeiert.“* [13]

Es folgten für Mirja Boes die Hauptrolle in der *RTL*-Serie „Angie“ (2006-2008) und dann die eigene Comedysendung „Ich bin Boes“ (2010-2013), in der sie ihr Verwandlungstalent in unterschiedlichen Rollen zeigen konnte. Und wie das bei einer Frau so ist, die ungeduldig und schnell gelangweilt (siehe Interview) und gleichzeitig dabei ist prominent zu werden, ergaben sich im weiten Feld des *Showbusiness* auf einmal vielfältige Angebote und Möglichkeiten (von denen hier nur einige genannt werden können): Im Fernsehen moderierte sie viele Shows - u.a. „Ballermann-Hits“ (*RTL II*)/ „Karneval hoch drei“ (*ZDF*)/ „Jungen gegen Mädchen“ (*RTL*)/ „Deine Sitzung“ (*WDR*) - und war Gast in unzähligen anderen Sendungen, von „Beckmann“ (*ARD*) bis zum „Quatsch Comedy Club“ (*Pro7*). Sie spielte Rollen in den Komödien „Siegfried“ (2005), „Urmel aus dem Eis“ (2005) und „African Race“ (2008), und bekam eine Comedy-Radioshow im Radio bei *1Live* („Alles Lüge mit Mirja Boes“). Sie synchronisierte Charaktere in Kinderfilmen und sprach verschiedene Hörbücher ein, z.B. „Hugo Pepper und der fliegende Schlitten“ oder „Gegensätze ziehen sich aus“, und wurde so auch zur Stimme für viele Werke der Erfolgsautorin Kerstin Gier. Bei den Hörbüchern für Kinder hatte sie evtl. den Hintergedanken, dass sie abends im Zimmer ihrer Söhne nur den CD-Spieler einschalten muss, um dann…

Und auch Bühne und Theater kamen nicht zu kurz: In den Jahren von 2007 bis 2019 reiste sie mit sechs Programmen über die Bühnen der Republik, mit Titeln wie „Morgen mach ich Schluss!...Wahrscheinlich!“ (2007), „Erwachsen werde ich nächste Woche“ (2009) oder „Das Leben ist kein Ponyschlecken“ (2014), bei dem sie von ihrer Musikertruppe *Honkey Donkeys* begleitet wurde und das auch in Viersen zu sehen war. Hinzu kommen diverse Gala- und Eventauftritte - von AUDI bis Tupperware - die das Portemonnaie zusätzlich füllen. In der Komödie in Düsseldorf spielte sie 2014 an der Seite von Jörg Schüttauf die Hauptrolle im Stück „Doppelfehler“, das gute Kritiken erhielt. Regisseur Helmuth Fuschl bezeichnete Boes im Vorfeld als *„Schauspielentdeckung der Spielzeit“*.[14]

Und wenn es einmal läuft, dann richtig: Seit Anfang 2018 steht Mirja Boes für die Sitcom „Beste Schwestern“ (*RTL*) vor der Kamera, tourt seit 2019 mit „Auf Wiedersehen! HALLO!“ durch die Lande, und sitzt neben Reiner Calmund und Christian Rach in der Jury der Kochshow „Grill den Henssler“ (*Vox*), wo sie schlemmen und Gerichte bewerten kann. Letzteres passt zu ihr und ihrem Restaurant „Villa Vue“ in Essen, wo sie seit 2012 Mitinhaberin ist. Außerdem moderiert sie noch die Familien-Gameshow „Herrlich ehrlich – kennst Du dein Kind?“ bei *Vox*, in der (Semi)Promis mit ihren Kindern auftreten und deren Entscheidungen erraten sollen. Gefragt, wie gut sie ihre eigenen Söhne - Michel und Matti - einschätzen könne, antwortete Boes: *„Ich glaube, dass ich die beiden ganz gut einschätzen kann. Ich habe zwei sehr unterschiedliche Kinder – was ja auch gut ist, denn jeder ist sein eigener Herr. Mein älterer Sohn ist jetzt acht Jahre alt und macht viele Dinge sehr korrekt und ist sogar ein bisschen spießig. Der Kleinere [...] würde sich eher Anweisungen von einem Erwachsenen widersetzen und den Knopf drücken, wenn ihm gesagt werden würde, er solle es bitte nicht tun."*[15] Auch ihre Rolle als Mutter setzt sie seit ihrer „Vermehrungszeit" (2010-2012) komödiantisch ein, sowohl auf der Bühne als auch bei *Radio Teddy* oder bei ihrem ersten Kinderalbum „In meiner Fantasie".

Prominenz für den guten Zweck

Nicht erst seitdem sie Mutter ist, stellt Mirja Boes ihren Promibonus für gute Zwecke zur Verfügung. So nahm sie für die AIDS-Hilfe Köln ein Hörbuch auf, warb für die „Informationsgemeinschaft Deutsches Ei e. V." und engagierte sich für die Tierschutz-Organisation PETA. Für die Aktion „*RTL*-Wir helfen Kindern" reiste sie 2017 nach Sierra Leone und besuchte dort sehbehinderte Kinder, für die eine Kinder-Augenklinik gebaut werden sollte. Die Klink steht inzwischen und ihre beiden Patenkinder wurden erfolgreich behandelt. Das Geld dafür sammelte sie beim *RTL*-Spendenmarathon ein.[16]

Vor allem aber Projekte in Viersen profitieren von ihrem Engagement, denn Mirja Boes unterstützt generell gerne karitative Zwecke in ihrer Heimatstadt.[17] Seit vielen Jahren ist sie Mitglied in der „Aktionsgemeinschaft Viersen-West-Afrika" (AWA), die seit 1980 Ausbildungs- und Sozialprojekte in Benin und Togo unterstützt. Sie nimmt an den Jubiläumsfeiern teil, betätigt sich zum guten Zweck als Bildauktionatorin, spendet auch mal den Erlös aus dem Verkauf ihrer Bücher und ist auch selbst Patin eines Kindes.[18] *„Wenn man ein Promi ist, wird man natürlich häufig angefragt, das kann ich gar nicht alles machen, zumal auch nicht alles sinnvoll erscheint. Aber für die AWA engagiere ich mich schon lange. Und wenn ich bei (Spenden)Quizshows auftrete, dann bekommt die AWA immer Geld, vorausgesetzt ich gewinne."*[19] Für das „Kinderdorf Bethanien" (Waldniel) wiederum sammelte sie Geld ein bei einer Comedy-Veranstaltung in der Kirche St. Cornelius in Dülken, die sie aus Jugendzeiten als Messdienerin kennt, und die dann auch die Hälfte des Erlöses gespendet bekam. Mit dem Mönchengladbacher Musiker René Pütz und Kindern aus Bethanien nahm sie für das Kinderdorf außerdem eine Benefiz-CD mit einem Weihnachtshörspiel auf.[20]

Auszeichnungen (Auswahl):

2018	Der Deutsche Comedy Preis („Beste Schwestern")
2015	Der Deutsche Comedy Preis („Mein bestes Jahr - Comedy mit Rückblick")
2009	Der Deutsche Comedy Preis („Quatsch goes Christmas")
2008	Spitze Feder
2008	Der Deutsche Comedy Preis (Beste Komikerin)
2007	Der Deutsche Comedy Preis („Frei Schnauze XXL")

Und für den Verein „Lebenshilfe“, der sich um behinderte Menschen kümmert, fungierte sie zu dessen 50jährigem Bestehen als Verkäuferin von Sonderbriefmarken.[21] Als sie im August 2019 erneut in der Festhalle gastierte, mit ihrem Programm „Auf Wiedersehen! HALLO!“, spendete sie den Reinerlös der ausverkauften Veranstaltung dem „Zonta-Club Viersen“, der sich um die Verbesserung der Lebensverhältnisse von Frauen und Kindern kümmert.[22]

Heimatverbundenheit

Wie schon zuvor erwähnt, bleibt Mirja Boes ihrer Heimatstadt sehr verbunden: *„Freunden beschreibe ich meine Heimat immer so: Wie Köln, aber mit sehr viel mehr Grün. Und bislang waren alle Leute, die ich mal zu meinen Eltern geschleift habe, begeistert von der Gegend.“*[23] Allerdings bemängelt sie - in rheinischer Manier - den Zustand ihrer Heimatstadt: *„Eigentlich ist Dülken ja nicht mehr so schön.“*[24] Die Heimatliebe hat sie auch von ihren Eltern: Ihre Mutter engagiert sich seit Jahrzehnten für die lokale Mundart im Heimatverein.[25] *„Ich verstehe Platt, aber sprechen kann ich es nicht. Dafür singe ich manchmal mit meinem Bruder unsere Nationalhymne: Gloria tibi Dülken“*, erklärt Mirja Boes.[26] Auch für ihre alte Schule kommt sie immer gerne nach Dülken zurück. In der Fernsehshow „Back to school“ (*RTL*), in der Promis u.a. ehemalige Mitschüler treffen, gewann Boes im Jahr 2015 5.000 € für ihr ehemaliges Gymnasium. Das Preisgeld wurde ein Jahr später u.a. für ein Schulfest verwendet, dessen Programm sie mitgestaltete.[27] Endgültig nach Dülken zurückkehren wird sie dann nach ihrem Tod (siehe Interview). (te)

Veröffentlichungen (Auswahl):

CD/DVD: Für Geld tun wir alles (2017).

Hörbuch: Kleine Scheißer in großen Gärten (2015).

CD/DVD: Das Leben ist kein Ponyschlecken (2014).

Hörbuch: In meiner Fantasie (2011).

CD/DVD: Morgen mach ich Schluß!... Wahrscheinlich!? (2009).

CD: Ich kann auch anders (als *Möhre*) (2004).

CD: *Die Fabulösen Thekenschlampen.* Titten, Theken, Temperamente (1995).

Im Café einer ansonsten leeren Hotellobby in Köln-Weiden, direkt bei Mirja Boes um die Ecke, treffen wir uns in wegen Corona gespannter Gesamtlage zum entspannten Gespräch, in dem sie u.a. erklärt, warum und wie sie nach ihrem Tod nach Dülken zurückkehren wird.

Die Schulzeit! Spaß oder Qual?
Spaß! Ich bin ja ein Lehrerkind und war eher ein braves, unauffälliges Schulmädchen, das nicht viel gesprochen hat, und kein Klassenclown, wonach ich heute wegen meiner Arbeit oft gefragt werde. Ich war neben dem Schulorchester noch im Chor und habe mal ein wenig im Schultheater mitgemacht, aber nichts besonders Auffälliges.

Wie kommt man als Jugendliche darauf Fagott im Schulorchester zu spielen?
Ja, Fagott… Wir haben sogar Konzertreisen mit dem Orchester gemacht und hatten eine Audienz bei Papst Johannes Paul II in Rom. Ich wollte natürlich, wie jedes Mädchen, lieber Querflöte oder Geige spielen, aber es wurden Fagotte gesucht. Und da der Dirigent - Werner Tillmann - mit meinen Eltern zusammen im Tennisclub war, hat er sie und mich dazu überredet, dass ich Fagott lerne. Horror, ich habe es noch im Keller stehen… Ein Rieseninstrument, total schwer auseinander zu bauen. Alle waren immer schon an der Bar, und ich hatte mein Instrument immer noch in der Hand…

Es eignet sich heute aber besser für die Comedy-Verarbeitung als eine Geige, oder?
Stimmt, aber ich habe es nie mehr gespielt, nur einmal noch, mit Götz Alsmann bei „Zimmer frei!“, als wir zusammen ein klassisches Stück spielen sollten.

Und wo hast Du als Teenie deine Freizeit in Viersen verbracht? Bei „Conny's Come In“ in Boisheim oder im „Fohlenkeller“ in Dülken?
Als Lehrerkind durfte ich eher wenig, aber ab 18 haben wir's dann krachen lassen. Das „Passe Partout“ war mein zweiter Wohnsitz, und dann das „BaCa“ in Kaldenkirchen, eher als „Conny“, und natürlich im „Doppelpunkt“. Der war für die Coolen.

Es gibt den Spruch „Lehrers Kinder, Pfarrers Vieh, gedeihen selten oder nie“. Haben deine Lehrer-Eltern das so empfunden als es Richtung Musical ging?
Meine Eltern haben erfreulicherweise alles mitgetragen und mich immer unterstützt. Sie haben ja auch noch meinen Bruder, der etwas Anständiges [Arzt] gelernt hat (lacht).

Hat deine Herkunft vom Niederrhein mit der Art deines Humors zu tun?
Ja, ich würde es aber rheinisch nennen. Fünfe mal gerade sein lassen, nicht alles so schwer nehmen. Ich bin kein Mensch, der privat immer lustig ist, aber immer fröhlich. Mein Glas ist immer halb voll. Ich glaube, das ist es, was mit der Herkunft zu tun hat und meinen Humor auszeichnet.

Also eher ein Charakterzug, als eine berufliche Strategie?
Ja, das ist ein bisschen Glück, und auch Erziehungssache, denn eine total positive Lebenseinstellung ist mir in die Wiege gelegt worden.

Hanns-Dieter Hüsch oder Helge Schneider?
Beide, aber nicht gleichzeitig. Ich bin jetzt zum dritten Mal Jurorin beim „Schwarzen Schaf“ [Der niederrheinische Kabarettpreis, gegründet von

Hanns-Dieter Hüsch]. Da fühlte ich mich geehrt, denn ich bin ja Comedian und das ist doch ein Unterschied. Ich habe mal gesagt, gesellschaftlich betrachtet bohrt der Kabarettist in den Wunden und ich schmiere da Wund- und Heilsalbe drauf.

Wie kamst Du zu den *Fabulösen Thekenschlampen*, die dann mit einer Hymne über den Fußballspieler Toni Polster einen Überraschungshit landeten?
Ich war nach dem Studium in Leipzig wieder in Bonn und habe mich während des Sprachenstudiums in der Theaterszene umgeschaut. Der Pianist der Truppe, bei der ich mitgespielt habe, erzählte mir davon, dass bei den *Thekenschlampen* der Posten für eine Schlampe frei wäre. Da ich die Band nicht kannte, habe ich den erst mal schräg angeguckt und gesagt, dass ich „so etwas" nicht mache. Nach seiner Aufklärung bin ich dann doch zum *Casting* gegangen und habe dort mit einer aufblasbaren Gitarre vorgesungen und sie „zerschmettert". Das machte Eindruck und ich wurde genommen. Es begann eine wilde Rock ‚n' Roll-Zeit während des Studiums. Und „Toni, lass es polstern" kam dann wirklich in die Charts.

Und dann kam *Möhre*…
Ja, der Gitarrist der *Thekenschlampen* wurde später der Produzent von *Möhre*. Mit ihm habe ich meine Stücke gemacht. Und heute produziert Mike Röttgens fast alle Ballermann-Hits.

Ist der Ballermann wirklich lustig für diejenigen, die dort auftreten, oder muss man das rein kommerziell betrachten?
Beides. Einerseits hat man dort vom Publikum her die größte Schnittmenge von Gesamtdeutschland, aus professioneller Sicht ein perfekter Boden, um einen Hit zu verbreiten. Ich habe aber auch immer dort gefeiert. Allerdings habe ich auch Jahre damit verbracht, da abends hinzufliegen, Auftritt bis vier Uhr, und morgens um sieben Uhr wieder zurück zu fliegen, weil ich hier andere Jobs hatte. Eine harte Phase. Ich bin aber auch mal mit Freunden einfach so hingefahren, um denen das zu zeigen und abzufeiern. Ich habe ein romantisches Gefühl für die Leute, die da hinfahren, irgendwie ist es da putzig. Und weniger aggressiv als bei jedem Scheunenfest in Deutschland.

Zeichnung: Jürgen Pankarz

Komikerin, Sängerin, Schauspielerin und auch Autorin. Was davon gefällt Dir am besten?
Das Gemisch. Ich bin ein rasend ungeduldiger Mensch, und langweile mich schnell. Ich denke oft, jetzt muss aber mal etwas passieren! Und darum bin ich sehr dankbar, dass ich so unterschiedliche Sachen machen kann. Meine Mutter hat immer gesagt, wenn ich nach den Mathe-Hausaufgaben keine Lust mehr hatte Deutsch zu machen: „Im Wechsel der Arbeit liegt Erholung!". Daran glaube ich immer noch.

Zurück in die Heimat. Kennst Du die Bedeutungszuweisung der Düssel*doofer* für das VIE-Kennzeichen?
Nö…

Vollidioten im Einsatz!
Ach, das wusste ich nicht.

Alt oder Kölsch?
Pils! Und dann erst Kölsch!

Welche Viersener „Promis" kennst Du?
(Lange Pause) Ali Haurand, aber auch erst im Nachhinein, weil fast alle Musiker aus meiner Band auch Jazzer sind, und ihn und das Festival kennen bzw. kannten. Das ist der Einzige der mir spontan einfällt.

Tritts Du gerne in Viersen auf?
Es geht so. In die Heimat zurück komme ich lieber privat. Ich finde es immer so seltsam, wenn die Leute Berührungsängste bekommen, weil ich nun diese Arbeit mache und einen „Promistatus" habe. Oder wenn Leute, die ich kenne, um ein Autogramm bitten. Dann frage ich immer: „Hey, wir kennen uns doch, was soll das?

Auf einer DVD des Viersener Heimatvereins hältst Du ein Steckenpferd in der Hand, während Du über Dülken erzählst. Was hat es damit auf sich?
Da ging es wohl um den Ritt um die Narrenmühle, den ich erkläre.

Apropos Narrenmühle, könntest Du die erste Frau werden, die den Narrenorden bekommt, oder nominieren die nur Männer?
Das weiß ich nicht, aber der Karneval ist ja generell eine Männerdomäne, der ist nicht emanzipiert.

Kennen deine Kinder schon etwas von Viersen, über die Großeltern hinaus?
Interessante Frage, in der Tat wenig. Dadurch, dass auch mein Bruder mit seiner Familie in Köln lebt, verlagerte sich das Familienleben irgendwann hierhin. Ich könnte ihnen mal die Grundschule zeigen…

Könntest Du Dir vorstellen als Rentnerin wieder in Viersen zu leben?
Nein, als Rentnerin stelle ich mir einen Strand mit Bude und einem Liegestuhl vor. Aber ich werde nach meinem Tod nach Dülken zurückkehren! Das habe ich mit einer Freundin in der Grundschule verabredet. Die Schule war sehr katholisch und wir haben im Religionsunterricht mal darüber gesprochen, dass wir wieder auferstehen werden. Und da haben Gabi und ich, da wir ja nicht wissen, wo wir auferstehen werden, vereinbart, uns an der Mariensäule in Dülken zu treffen. Im Nachthemd, weil wir glauben, dass wir im Nachthemd sterben. Also erst Strand, dann Mariensäule!

Dieter Bongartz

Schriftsteller und Regisseur

Erst im Jahr 1980 wechselte Dieter Bongartz in den Beruf, der für ihn Berufung war: Geschichtenerzähler für Klein und Groß, in Büchern, im Radio und Fernsehen.

„Auf der Moselstraße in Dülken war in meiner Kindheit in einer kleinen Wohnung die Bibliothek des Borromäusvereins untergebracht. Dort lieh ich mir an jedem Wochenende vier Bücher aus, mehr waren nicht erlaubt. Sonntags durften wir nicht draußen spielen, und ich las stattdessen diese Bücher. Damals wuchs in mir die Faszination für die

Welt der Geschichten, für eine fiktionale, ausgedachte Welt, die ihre eigene Realität hat.“ So erklärte Dieter Bongartz, geboren am 25. März 1951 in Dülken, im Jahr 2014 in einem Interview seine Neigung zum Geschichtenerzählen.[1] Aber zunächst schlug der aus einer alteingesessenen Anstreicherfamilie[2] stammende Junge eine andere Karriere ein. Nachdem er die Volkschule in Dülken und dann das Humanistische Gymnasium in Viersen besucht und seinen Wehrdienst abgeleistet hatte, studierte er in Bonn Germanistik und Pädagogik. Er war Mitglied im „Marxistischen Studentenbund Spartakus“, politisch geprägt von der 68er-Zeit, den Konflikten um den Vietnamkrieg, die Notstandsgesetze und die atomare Aufrüstung. Anschließend arbeitete er einige Jahre für ein wissenschaftliches Softwareprojekt.[3] Zugleich beschäftigte er sich intensiv mit der NS-Zeit und gab 1979 den Band *Zurück geschossen. 1933 und die Zeit danach* heraus, zu dem auch Heinrich Böll einen Artikel beisteuerte. Es folgte die Mitarbeit an den didaktischen Materialien *Filme, Satiren, Jugendbücher im antifaschistischen Unterricht* (1980). Das Thema Rechtsradikalismus lag ihm auch später sehr am Herzen.

1979 realisierte er seinen Kindertraum und begann zu Schreiben, zu dieser Zeit zog er auch nach Köln. *„Nach Adornos Satz, dass es ‚kein richtiges Leben im falschen' gibt, habe ich mich zu diesem inneren Auftrag bekannt. Als erstes schrieb ich zwei Sachbücher, um mich an die Schreibarbeit heranzutasten. Ich schrieb auch Reportagen für Wochenzeitungen, später kamen erste Dokumentarfilme fürs Fernsehen hinzu. Meine Reportagen nutzte ich teilweise als Grundlage für fiktionale Geschichten"*, erklärte Bongartz in einem Interview.[4] Die beiden Sachbücher, die er zusammen mit dem Journalisten Alexander Goeb veröffentlichte, behandelten zwei Themen - Drogensucht und Psychiatrie - die ihn auch später in seinen Filmen beschäftigen sollten.[5] Es folgten zwei Lyrikbände mit persönlichen und politischen Gedichten, aber die Lyrik gab er wieder auf, da sie ihm *„zu harte Arbeit"* war.[6] Was ihn nicht davon abhielt, seine Gedichte an den von ihm geschätzten DDR-Autor Stephan Hermlin zu schicken, der ihn daraufhin zu sich einlud. Aus diesem Besuch, 1986, entstand ein Radiobeitrag über den Autor.[7]

Bongartz' Bücher, Drehbücher, Radiobeiträge, Fernsehdokumentationen und Filme drehen sich meistens um Außenseiter in unserer Gesellschaft, Behinderte, (rechts)radikale Jugendliche, Einzelgänger, sowie um seine Heimat(stadt). Dass er viele Bücher/ Filme über behinderte Menschen produzierte, hängt wohl mit der Kriegsbehinderung seines Vaters zusammen (s.u.), die für Dieter Bongartz den Alltag mitbestimmte, einerseits als Normalität, andererseits als Belastung, was er dann später unbewusst verarbeitete: So gingen seine Töchter beide in Sürth in einen integrativen Kindergarten für Behinderte und Nichtbehinderte Kinder, der dann später Gegenstand einer Filmdokumentation wurde.[8] Mit dem Buch „Chronik einer Dienstentfernung „(1985) griff Bongartz ein Thema auf, das ihn selbst betroffen hatte. Es ging darin um das Verfahren gegen den in Viersen geborenen Lehrer Udo Paulus[9], 1984 vor dem Verwaltungsgericht Hannover, den die damalige niedersächsische CDU-Landesregierung wegen seiner DKP-Mitgliedschaft aus dem Dienst an einer Gesamtschule in Hildesheim entfernen lassen wollte und das auch erreichte. Bongartz selbst war als linker Aktivist wegen einer „staatsfeindlichen" Aktion während seines Studiums in Bonn ebenfalls mit einem Berufsverbot belegt worden, klagte aber erfolgreich dagegen.[10]

Es folgten die beiden Jugendromane „Blumen für Angie" (1994), die anrührende Geschichte eines Mädchens im Heim (in Dülken), das sich als Ersatzvater das steinerne Denkmal des Siegfried aussucht, und das später als Theaterstück aufgeführt wurde,[11] sowie „Humpelstilzchen" (1995), in dem ein leicht körperbehindertes Mädchen sich von seiner Mutter emanzipieren muss. Letzterer wurde 2011 unter dem Titel „Geliebtes Kind" für den *WDR* verfilmt.

„Makadam. Chronik eines Mordes" erschien 1997 [12] und beschreibt drei Tage im Leben einer Gruppe junger Skinheads, die erst aus Langeweile einen Mord begehen, und dann einen der ihren töten. Dieser Roman, beruhend auf einem von Bongartz recherchierten, echten Fall, erhielt u.a. aufgrund seiner *„Tiefenschärfe"*, die erzielt wird durch die Montage der verschiedenen Sichtweisen der Handelnden mit den eingeschobenen Aussagen beim Polizeiverhör, gute Kritiken.[13] Die *Süddeutsche* urteilte: *„Ein Roman von der Härte und Brillanz eines Edelsteins."* Der reale Fall lag auch einem Radio-Feature zugrunde, das Bongartz 1989 für den *WDR* produzierte, sowie dem Film „Kahlschlag" (1993), für den er das Drehbuch anfertigte, in dessen Vorwort er schreibt: *„Wenn wir sie ausgrenzen aus unserer Gemeinschaft, machen wir es uns einfach. Ich bin in Kahlschlag einen anderen Weg gegangen [...]: Hinschauen ohne Verdrängen, Verstehen ohne falsches Verständnis, Dialog ohne Nachgiebigkeit."* Der Film, dessen Grundfrage lautet „Wie wird ein Jugendlicher zum Skinhead?" hat - im Gegensatz zum Buch - ein zaghaftes Happy-End.[14]

Mit „Der zehnte Sommer des Kalli Spielplatz" folgte 1999 das Buch, das als Film ein großer Erfolg werden sollte (s.u.), und das einmal mehr seine Verortung in Dülken hat: *„Immer wenn ich beim Schreiben kindliche Helden im Blick habe, formt sich wie automatisch der biografische Hintergrund dieser Stadt bei mir. Nicht nur ‚Der zehnte Sommer' ist klar dort angesiedelt, auch eine andere Geschichte, „Blumen für Angie". In der Erzählung „Humpelstilzchen" gibt es ebenfalls Motive, die dort verortet sind. Das ist eine Prägung, die sehr tief ist und die mich auch veranlasst hat, Dokumentarfilme zu drehen, die sich mit dem Alltag und der Geschichte des Niederrheins beschäftigen. Ich bin kein bisschen national gesinnt, was mein Vater immer sehr bedauert hat, aber ich bin ein totaler Lokalpatriot"*, erklärte Dieter Bongartz.[15]

Bald schrieb er auch Drehbücher für Dokumentarfilme, Komödien und Märchenfilme. Für die Dokumentationen hatten Bongartz und sein Kollege Wolfram Seeger den Anspruch an sich selbst, vor den Filmarbeiten mindestens zwei Wochen am Leben der Protagonisten teilgenommen zu haben, wenn möglich.[16] So mieteten sie sich 1988 zwecks Recherchen in eine Wohnung im „Kölnberg" ein, einer Siedlung in Köln-Meschenich, die zu dieser Zeit ein Problemviertel war. Viele der 1400 Wohneinheiten standen leer, dienten Drogensüchtigen und Kriminellen als Unterschlupf, Müll und Zerstörung überall prägten das Bild der Siedlung. Unter dem Titel „Die versteckte Stadt" drehten sie eine Dokumentation über die Sorgen und Nöte der Bewohner. Dann übernahm ein neuer Verwalter den Hochhauskomplex. Was seine Maßnahmen, u.a. Selbstorganisation, ständige Kontrollen und Reinigung, bewirkten, konnten die beiden Journalisten im Jahr 2000 in einem zweiten Film präsentieren: „Von Kopf bis

Fuß unter Kontrolle“ zeigte die Verbesserungen und den „Preis“, den die Bewohner dafür zahlen mussten.[17] „Die versteckte Stadt“ wurde 1988 für den Adolf-Grimme-Preis nominiert, genauso wie vier Jahre zuvor der Film „Braut Christi“, über das Leben einer jungen Nonne im Kloster. Auch die Doku-Reihe „Ein Sommer und eine Liebe“ (*WDR*, 1999) kam auf die Nominierungsliste. Dabei probierten Bongartz und das Team ein für Deutschland relativ neues Konzept aus: die Doku-Soap, bei der die Protagonisten, hier eine Behinderten-WG in Köln-Weiden, unkommentiert in ihrem Alltag begleitet werden.[18] Zu den fiktiven Stoffen kam er nach dem Drehbuch zu „Kahlschlag“, weil Regisseure ihn anfragten. Im Jahr 2006 schrieb er das Drehbuch zu „Der beste Lehrer der Welt“(*ZDF*), einer Fernsehkomödie mit Uwe Ochsenknecht, die den Schulalltag in Zeiten der PISA-Hysterie karikiert. Sie erhielt gemischte Kritiken, die positiven meinten, dass *„dieser Film in die Lehrmittelsammlung jeder deutschen Schule gehört.“*[19] Danach folgten sieben Märchenfilme, u.a. „Der gestiefelte Kater“ und „Hans im Glück“, für die *ARD*-Märchenfilmreihe.[20] Sie schrieb er gemeinsam mit seiner Tochter Leonie. Und auch bei den Märchendrehbüchern hat er versucht, die Gesellschaftskritik (an den Mächtigen), die ja ohnehin in vielen Märchen vorhanden ist, herauszuarbeiten, und musste darüber oft mit den Produzenten streiten.[21]

Schreib- und Filmwerkstätten

An der „Internationalen Filmschule Köln“ lehrte Dieter Bongartz im Bereich Drehbuch. Aber schon seit 1998 führte er, anfangs mit seiner Frau Marita, Schreibwerkstätten an Kölner Schulen durch. Dabei legte er Wert darauf, dass er Schriftsteller ist, der die Texte der Jugendlichen präzisiert, und kein Therapeut, auch wenn das Schreiben eine heilsame Kraft entwickeln kann: *„Nach der Schreibwerkstatt habe ich mehr den Menschen gesehen“*, sagte eine Teilnehmerin über Mitschüler, die sie zuvor verachtet hatte.[22] Aus rund 40 Workshops mit etwa 120 Teilnehmern wählte Bongartz Texte aus, die er im Jahr 2002 im Band „Ganz anders als du denkst“ veröffentlichte, über den *Die Welt* schrieb: *„Selten gab in letzter Zeit ein Buch so direkt das Lebensgefühl junger Menschen in der Bundesrepublik wieder.“*[23] Im Jahr 2002 startete Bongartz dann die „Kölner Schreibschule für Jugendliche“, gemeinsam mit der „SK-Stiftung für Kultur“.

Das Werkstatt-Prinzip übernahm Bongartz auch für die filmische Arbeit. Ab dem Jahr 2006 realisierte er Filmworkshops an Kölner und Umland-Schulen. Vier Jahre später führte er auf

Anregung des NRW-Familienministeriums, u.a. mit seiner Tochter Vera Schöpfer, internationale Dokumentarfilmprojekte durch: Ein Austausch zwischen deutschen und israelischen Jugendlichen bildete 2010 den Auftakt. Sie besuchten sich gegenseitig in ihren Ländern und drehten Kurzfilme zu persönlichen Themen, die dann zu einem Dokumentarfilm („Ein Tag in deinem Leben") geschnitten und öffentlich aufgeführt wurden.[24] Es folgten ähnliche Projekte mit einer deutsch-griechischen Gruppe („Fremdes Leben", 2012) während der Wirtschaftskrise, *„um dem zunehmenden Populismus [...] etwas entgegenzusetzen"*[25], sowie 2013 mit deutsch-spanischen Teilnehmern („Generation Krise").[26] *„Charisma, Empathie, Schelmenhaftigkeit und Wissen vereinten sich in ihm, das zog junge Menschen an"*, schrieb Uli Kreikebaum über Dieter Bongartz.[27]

Lokalpatriot

In einer Rede bei einer Veranstaltung des Heimatvereins im Jahr 2011 in Dülken, sagte Dieter Bongartz: *„Ich bin Lokalpatriot, und Dülken ist eine viel zu unbekannte, schöne Stadt mit eigenartigen närrischen Traditionen."*[28] *„Wenn er mit den Kindern auf dem Rücksitz an einem Ortsschild vorbei fuhr, auf dem stand ‚Viersen. Ortsteil Dülken', dann fragte er die Kinder immer: ‚wie heißt die Hauptstadt von Viersen?', worauf von hinten dann unisono ‚Dülken' erklang"*, erzählt seine Frau.[29] Seine „Heimatliebe" dokumentierte sich auch in seiner Anhängerschaft für den Fußballverein Borussia Mönchengladbach, von dem er eine Dauerkarte besaß: *„Stehplatz Nordkurve, Block 17"*. Er fühlte sich seiner Heimat zwar verbunden - *„ich habe zehn Jahre in Bonn gewohnt, lebe seit über 30 Jahren in Köln. Aber weder in Köln noch in Bonn habe ich so ein Heimatgefühl entwickelt, wie ich es hier empfinde"*[30] - aber in kritischer Distanz: In seinem Film über die Nettetaler Wochenzeitung *Grenzland-Nachrichten* kommentiert er: *„Ich mag diese Heimat und hab' keinen Platz mehr darin."*[31] Dort zeichnet Bongartz, der auch immer wieder selbst im Film auftritt, ein kritisches Bild der „provinziellen" Gesellschaft.

„Ich mag diese Heimat und hab' keinen Platz mehr darin."

In seinem Film über die Bewohner der Dammstr. in Dülken entwirft er das Porträt einer Siedlung, die in der Nachkriegszeit für Vertriebene und Flüchtlinge gebaut wurde. Gefragt nach seinem Lieblingsort in Dülken, antwortete er einmal: *„Ich mag besonders die Gasse, die von der Moselstraße zur Rückseite der St.-Cornelius-Kirche führt. Auch den Blick vom Alten Markt die heutige Kreuzherrenstraße - früher Klosterstraße - entlang, wo an der Stirnseite ein schönes altes Gebäude steht, die Wälle, die Stadtmauer mit dem Gefangenenturm, das alte Waisenhaus. Und ich finde es klasse, dass es in dieser Stadt eine ‚Narrenmühle' gibt, die der Sitz einer Narrenakademie ist."*[32]

Einige dieser Orte sind nun auch mit seinem größten filmischen Erfolg verbunden: In „Der zehnte Sommer" (2003), der Verfilmung seines gleichnamigen Buches, geht es um den kleinen

Jungen Kalli Spielplatz, der in seinem Städtchen am Niederrhein einen Sommer der wechselnden Gefühle erlebt. Die Gewissheiten seines Lebens geraten aus den Fugen, aber am Ende nimmt alles einen guten Verlauf. Eine *Coming-of-Age*-Geschichte in der der Charakter des Vaters, Bongartz' eigenem Vater nachempfunden ist, der auch nach einem Kopfschuss an der Ostfront halbseitig gelähmt aus dem Krieg zurückkehrte und Versicherungsvertreter wurde, da er den Anstreicherberuf nicht mehr ausüben konnte.[33] Und nicht nur das: gedreht wurde v.a. in der Straße, in der Bongartz als Kind gelebt hatte.[34] Bongartz über seinen Film: *„In dem Moment, in dem ich Kalli sah, bewegte er sich in Dülken zu drehen, habe ich mich sehr gefreut. Außerdem gibt es jetzt wenigstens einen Ort auf der Welt, wo ich als Drehbuchautor berühmt bin! Aus meinem Buch wurde ein schöner, humorvoller und bewegender Film. Das hat mich sehr froh gemacht, denn natürlich hatte ich Angst, dass Unfälle beim Transport vom Wort ins Bild passieren.*"[35] Am Ende des Films tritt Dieter Bongartz selbst kurz auf, als Fahrer eines Zoo-Transportwagens. Das hat er häufiger gemacht, so wie Alfred Hitchcock, der auch in jedem seiner Filme einen Kurzauftritt hatte. Mit „Der zehnte Sommer" hat Bongartz seiner Heimatstadt einen großen Dienst erwiesen, sie nämlich (inter)national bekannt gemacht (und

in den Straßenzügen, die ich aus meiner eigenen Kindheit kenne, und in einer Atmosphäre, die mir aus meiner Erfahrung vertraut ist. Das geht mir eigentlich bei vielen Geschichten so, in denen ich kindlichen Helden begegne. Sie führen mich in die Welt meiner eigenen Kindheit zurück. In ‚Der zehnte Sommer' war das aber auch dramatisch notwendig, weil die Geschichte aus dem Konflikt zwischen der kleinbürgerlich-bornierten Lebensweise und einer offeneren Einstellung lebt. Die Handlung musste in einem engen, katholischen Milieu angesiedelt werden. Als die Produktion beschloss, den Film tatsächlich

viel Spaß bei den Dreharbeiten gehabt).[36] Im September des Jahres 2015 erfuhr Dieter Bongartz eine besondere Ehrung: Die „Erleuchtete Mondsuniversität, die Berittene Akademie der Künste und Wissenschaften zu Dülken" promovierte am 155. Tag des Jahres 461 ihres Bestehens den Autor und Regisseur Dieter Bongartz zum „Doctor humoris causa". Rector magnificus, Dr. Volker Müller, freute sich, *„dass Dieter Bongartz es als wichtige Aufgabe ansieht, seine Vaterstadt weltberühmt zu machen. Ich bin sehr stolz, dass diesmal ein Dülkener geehrt werden soll."*[37]

Schon bei der Verleihung des „Narrenordens" war Dieter Bongartz schwer krank, er starb am 18. November 2015 in Köln. Bis zum letzten Tag behielt er seinen schwarzen Humor und blieb ein Mensch, der *„jegliche Form von Gleichschaltung und systembedingter Enge zu unterlaufen suchte."* [38] In den letzten Monaten seines Lebens erfreute er sich noch an seinem Ferienhaus in Spanien, wo er an einem weiteren Roman arbeitete, der unveröffentlicht blieb. (te)

Werke mit Regionalbezug [39]

Der zehnte Sommer (Kinofilm 2003)
Querköpfe: Ewald Lienen. Ein Linksaußen im Umbruch (*WDR* TV 1991)
Wasserland [Niederrheinimpressionen] (*WDR* TV 1990)
Die Herren der Platte – Kirmes, Schausteller und Gehilfen [Kirmes in Viersen] (*WDR* TV 1990)
Hirte in Hülm (*WDR* TV 1990)
Die Straße [Dammstr. in Dülken] (*WDR* TV 1988)
Nachrichten aus dem Hinterland [Grenzland-Nachrichten] (*WDR* TV 1987)

Till Brönner

Musiker, Produzent, Fotograf

Deutschlands „schönster, bestgekleideter und erfolgreichster" [1] Jazzmusiker lächelt einen vom Titelbild des Fachmagazins *jazzthing* ebenso an, wie aus der Männerzeitschrift *GQ*.[2] Er spielt bei Barack Obama im Weißen Haus und weltweit auf Festivals, auch in Viersen. In seiner Geburtsstadt hat er auch schon mal Schallplatten verkauft, die er nicht mochte.

Am 6. Mai 1971 kam Till Brönner in Viersen auf die Welt. Im ersten Lebensjahr jedoch zog er mit seinen Eltern von der Lindenstrasse für fünf Jahre nach Rom, wo beide als Lehrer an einer deutschen Auslandsschule arbeiteten. Aber sie hielten immer Kontakt zur Heimat, denn seine Familie mütterlicherseits stammt von dort, Till bekam sogar in Viersen seine erste Trompete. Seine Tante betrieb das allseits bekannte „Musikhaus Pauly". Das Vorgängergeschäft, 1949 in Anrath gegründet, gehörte Brönners Großeltern, Käthe und Heinrich Pauly. Der Großvater, den er nicht kennen gelernt hat, war Kirchenmusiker. Dieser kaufte später ein Haus auf der Hauptstr. in Viersen und eröffnete dort das Musikhaus, nebst einer Reparaturwerkstatt für Instrumente. 1970 übernahm Tochter Doris das Geschäft, die Schwester von Brönners Mutter Edith.[3] *„Tante Doris hatte ein Musikgeschäft in Viersen, eine richtige Musikalienhandlung, wo man praktisch alles bekam, Noten, Instrumente, Orgeln, Platten, es gab dort die sog. Musikbar, wo man sich auf Hocker setzte und zwei telefonhörerhafte Kopfhörer an die Ohren drücken musste, wenn man in eine Platte hinein hören wollte, und hinten hatte Herr Meskes seine Werkstatt, wo jedes Instrument, von der Gitarre bis zur Trompete, repariert wurde. Der Laden war für mich das Paradies, ich konnte auf Orgeltasten drücken, auf dem Schlagzeug herum klopfen, Schallplatten hören, ich habe, als ich etwas älter war, in diesem Laden auch gearbeitet, ein Ferienjob, der dann nicht mehr so paradiesisch war, weil ständig Leute kamen und genau die Musik kauften, die ich hasste [...]. Und dort, in Tante Doris' Musikgeschäft, habe ich auch meine erste Trompete bekommen; sie war ein Geschenk zur Erstkommunion, und das hieß, dass ich sie mir natürlich selber aussuchen durfte, im Laden."* [4]

In Italien geht Till Brönner in den Kindergarten und saugt den italienischen Lebensstil auf (s.u.). Von Rom zog die Familie - Till Brönner hat noch einen Bruder und eine Schwester - 1976 nach Bonn-Bad Godesberg. Die Familie ist musikalisch, die Mutter spielt Klavier, der Vater Cello, und er holt den Sohn auch schon mal nachts aus dem Bett, wenn ein interessantes Konzert im Fernsehen gezeigt wird. Die erste Musik die Brönner „aufsog", waren Volkslieder, die er häufig mit seiner Mutter im Auto sang. Sie waren so prägend, dass es ihm als Teenager nicht peinlich war, sie auf der Trompete zu spielen. Und es führte sogar dazu, dass er sich auf seinem dritten Album mit dieser Musik auseinandersetzte („German songs", 1996), aus tiefster Überzeugung, nicht aus Anbiederung. Brönner begann mit Blockflöte und klimperte selbst etwas auf dem Klavier herum. Als er im Alter von neun Jahren anfing Trompetenunterricht zu nehmen, war damit noch kein Berufswunsch verbunden, zu dieser Zeit wollte er noch Pilot werden.[5] Aber über das Instrument war er sich immer im Klaren: *„Trompete ist einfach das stilistisch übergreifende Instrument, das man immer hört. Sie wird auch die ‚Königin des Jazz' genannt."* [6]

In Bonn besuchte er das von Jesuiten geleitete Aloisiuskolleg, spielte dort in der *AKO-Big Band*, aber auch in einer Schulband mit Stefan Raab, der vier Klassen über ihm war. So kam es, dass sie auch manchmal in Raabs Keller in Köln-Sülz zusammen jammten, *„Funk mit kölschen Tönen, wir nannten unseren Stil ‚Kölsch-Floor' und unsere Band ‚Schäng and the Gang'"*. Raab spielte Synthesizer und Drum-Computer. Jahre später nahmen sie zusammen einige Titel auf und ließen die *RIAS-Big Band* (s.u.) darüber spielen. Die Bänder wurden nicht veröffentlicht, fanden später aber teilweise Verwendung auf Brönners Album „Midnight" (1996), das er mit US-Musikern einspielte.[7] Als Trompeter und Nicht-Fußballer nahm Till unter den Jungs seiner Klasse eine Außenseiterrolle ein, zumal er mit zeitgenössischer Rock- und Popmusik nichts anzufangen wusste. Gezwungenermaßen ging er zwar auf Schülerparties, aber die Musik war eine Qual für ihn, dazu tanzen konnte er ohnehin nicht. Er stand auf Swing und Big Band-Musik und lehnte den Pop und Rock der 80er von *Depeche Mode* oder *U2* als überkandidelt ab, den Rock der 60er und 70er genauso, denn *„das klang in meinen Ohren immer nach einer Rebellion, die nicht meine war."* [8] Einzig funkige Sounds fanden sein Gehör, *Level 42* z.B., aber v.a. schwarzer Discosound von *Earth, Wind & Fire* oder *Kool & The Gang*.

Der Drang Jazz zu spielen war stärker als der Drang dazuzugehören.[9] Im Auto des Bassisten der Schul-Big Band hörte er 1981/ 1982 eine Cassette mit der Musik von Charlie Parker und war überwältigt: doppelt so schnell und doppelt so komplex wie der Swing! Nun war ihm die Richtung klar.[10] Etwa 1985 verabschiedete er sich vom klassischen Spiel der Trompete, mit dem er zweimal unwillig am Wettbewerb „Jugend musiziert" teilgenommen und jeweils den 2. Platz belegt hatte, und entschloss sich, den Wettbewerb „Jugend jazzt" zu gewinnen. Er meldete sich an, übte den Titel „A night in Tunesia" und gewann 1986 den ersten Preis, sowie einen Platz im *Landesjugendjazzorchester NRW*. In dieser Zeit spielte er auch schon manchmal mit der Big Band der Kölner Musikhochschule, denn deren Leiter, Jiggs Whigham, hatte ihn eingeladen, nachdem er ihn auf einem Sankt-Martinszug hatte spielen hören.

Danach wechselte er ins 1987 gegründete *Bundesjazzorchester* unter der Leitung von Peter Herbolzheimer. Er hatte dort gute Lehrer, reiste viel und stand auf großen Bühnen. Er spielte auch mit Herbolzheimers Gruppe *Rhythm Combination & Brass* und begleitete Stars wie Chaka Khan oder Caterina Valente, die ihm eine „mütterliche" Freundin wurde.[11] Till Brönner, der schon als Kind Herbolzheimers Auftritte in „Bios Bahnhof" bewundert hatte, blieb Herbolzheimer für immer verbunden und schrieb ihm zum 70. Geburtstag einen lobenden Artikel in *Der Welt*.[12]

Mit etwa 17 geriet Brönner in eine tiefe Krise: trotz guter Lehrer und stetigen Übens wurde sein Spiel schlechter. Er hatte sich zu Beginn eine falsche Blastechnik zugelegt und das hatte bis dahin keiner bemerkt. *„Ich habe das Mundstück nicht richtig angesetzt. Daher zeigte ich nach ca. zehn, zwanzig Minuten Ermüdungserscheinungen und verlor die Kontrolle über das Instrument."* Erst der Rat von „Trompetendoktor" Malte Burba brachte ihn auf die richtige Spur und nach einem Jahr intensiven Trainings zurück auf die Bühnen (mit Professor Burba teilt er sich übrigens seit 2009/2010 die Professur für Jazztrompete an der Hochschule in Dresden).[13]

Brönner nahm nach dem Abitur (1990) ein Studium an der Musikhochschule Köln auf, brach es aber im 3. Semester ab, als in Berlin für das *RIAS-Tanzorchester* von Horst Jankowski ein festangestellter Trompeter gesucht wurde. Er bewarb sich dort und zog nach erfolgreicher Vorstellung 1991 nach Berlin.

Berlin, Berlin…

Mit der umbenannten *RIAS-Big Band* von Horst Jankowski, *„einem jener Ensembles, in denen sich die letzten Spurenelemente der US-amerikanischen Reeducation mit öffentlich-rechtlichen Subventionsgeldern vermischten"*[14], begleitete er acht Jahre lang Stars wie Harry Belafonte, Clark Terry, Tony Bennett, Nana Mouskouri oder Gilbert Bécaud. Er lernte in diesen Jahren noch einmal ganz andere Dinge als auf der Musikhochschule, nahm das Flügelhorn als Instrument hinzu, und *„verdiente gut und hatte trotzdem extrem viel Zeit."* Das Geld investierte er fast ausschließlich in eine Plattensammlung.[15] Und er lernte viele Leute kennen, mit denen er später zusammen arbeitete: der Bassist Ray Brown z.B., einer der Erfinder des Bebop, spielte auf Brönners erstem Album mit, das er 1993 aufnahm: „Generations of Jazz", das direkt den „Preis der Deutschen Schallplattenkritik" gewann. Aber es spaltete die Hörer und Kritiker in zwei Lager: *„Es gab die einen, die freuten sich darüber, dass diese Musik hörbar war. Und es gab die anderen, die störte genau das."* [16]

Das sollte sich im Laufe seiner Karriere nicht mehr ändern (s.u.). Brönner erkannte schnell, dass wenn sich für seine - zweifellos großartigen Klänge - nur die Jazzgemeinde interessierte, er nicht viel erreichen würde, denn die ist klein in Deutschland. Also modifizierte er seinen „Jazz" stetig soweit, bis ihn auch die Mehrheit der Menschen verstehen bzw. hören konnte, und kaufte.[17] Seinen kommerziellen Durchbruch erlebte er mit seinem 5. Album „Love“ (1998) für das Label „Verve/ Universal“, auf dem er mit deutschen und amerikanischen Musikern Balladen spielt, und eine Goldene Schallplatte erhielt.[18] Es folgten u.a. die ebenfalls erfolgreichen Alben „Chattin‘ with Chet“ (2000), auf dem Brönner Chet Baker huldigt, und „Blue eyed soul“ (2002), mit starken elektronischen Klängen und HipHop-Anleihen, das zum ersten Mal mehrheitlich positive Kritiken erhielt, sehr zu Brönners Erstaunen.[19]

Das Album „That Summer“ (2004) wurde von der Musikindustrie mit Platin ausgezeichnet, seine vier Vorgänger immerhin mit Gold. „Oceana“ (2006) war dann musikalisch wieder ein versöhnliches Album, mit zwölf „drückend-schwülen“ Titeln, das sowohl die „jazzferne Anhängerschaft“ erfreut, als auch den „Improvisations-Fundamentalisten“ ein Angebot macht.[20] Ein Jahr später folgte sein Christmas-Album (2007), auf lange Sicht wohl das bestverkaufende, auf dem er versucht hat, allseits bekannten Standards durch seine Interpretation eine „neue Dimension“ zu verleihen.[21] Das Label spendierte dann für das Album, „Rio“ (2008), ein größeres Budget, ließ Brönner für eine Woche nach Rio de Janeiro reisen und engagierte den berühmten Produzenten Larry Klein. Brönner konnte so seine Vorliebe für brasilianische Sounds ausleben und mit dortigen Musikern spielen, darunter Legenden wie Sergio Mendes oder Milton Nascimento. Er wählte Stücke brasilianischer Komponisten aus, und lud die Sängerinnen Annie Lennox (*Eurythmics*) und Madeleine Peyroux ein, die ihre Gesangsspuren per E-Mail beisteuerten. Der Bossa sollte „möglichst angenehm dahinplätschern“, schrieb ein Kritiker, und weiter: *„Nichts auf der Platte ist neu. Aber es gibt nicht viele Trompeter mit einem solchen Gespür für Melodik.“*[22] Fast alle Alben seit „Blue eyed soul“ schafften es auch in die deutschen Charts.[23]

Brönner und seine Kritiker

Die musikalischen Einflüsse von Till Brönner stammen v.a. aus dem Elternhaus: Dort wurde viel Musik gehört , Gilbert Bécaud, *The Beatles* usw., allerdings aus der Zeit vor 1968, denn *„Männer mit Gitarren und langen Haaren, das mochten sie beide nicht.“* Das Lieblingsalbum des Vaters war „Soft and Swinging“ von André Previn mit seinem Orchester. Desweiteren waren für Brönner TV-Erlebnisse prägend: z.B. die Auftritte von Dizzy Gillespie oder von Sammy Davis Jr. mit der Big Band von Peter Herbolzheimer in der Sendung „Bio’s Bahnhof“. Aber auch das Radiohören war wichtig: so nahm er „Night train“ von Oscar Peterson auf und versuchte es auf dem Piano nachzuspielen, die Sendung „Swing und Balladen“ (*WDR*) hat er geradezu aufgesogen, seine Lieblingsaufnahme stammt vom Saxophonisten Ben Webster mit Harry Edison an der Trompete, dessen Spiel auch ein Vorbild für Brönner wurde. Aber er verneigt sich auch vor Bach und spielt ihn immer mal wieder gerne. Seine anfangs klassische Ausbildung kommt ihm da zugute. Er findet, bei Bach sei die Improvisation des Jazz in vielen Stücken schon enthalten.

Brönner liebte als Kind aber auch das Aussehen von Musikern: so z.B. die schönen Anzüge der Big Band-Trompeter, die immer ganz oben saßen. Das Leben der großen Jazzmusiker, von denen viele jung an Drogenmissbrauch u.ä. gestorben sind, zuvor ständig von Geldsorgen und Gesundheitsproblemen geplagt, das gilt ihm nicht als Vorbild. Seine Droge ist der Jazz selbst.[24] Eine „spektakulär unspektakuläre Biografie“, wie ein Kommentator schreibt, *„der alte Jazzmythos, dass interessante Musik ein Leben am Rand der Gesellschaft voraussetze, zerbröselt zu Staub.“* [25] Damit setzte er sich beim Publikum und erst Recht bei den Kritikern (der sog. „Jazzpolizei“) natürlich dem Verdacht aus, kein „richtiger“ Jazzer zu sein: *„Manchmal kommt es mir so vor, als hätten sich die radikalsten Freunde und Gegner des Jazz verschworen, als ob sie gemeinsam alles dafür täten, das Jazz, dieses schöne Wort, für eine Sache steht, die anstrengend ist, weder schick noch gut gelaunt, eine Musik, die sich nur an ein paar Eingeweihte richtet [...]“* [26] *„Jazz, der heute Avantgarde ist, klingt wie Avantgarde von 1968 oder 1975.“ Es geht heute nicht mehr darum, die bahnbrechenden neuen Wege zu gehen, wie sie ein John Coltrane gegangen ist. Der konnte noch Gesetze brechen, wir können das heute nicht mehr.“* [27] Um mehr Menschen zu erreichen, ist er bereit Kompromisse einzugehen. *„Das Risiko ist etwas, dass man dem Jazz in seiner live gespielten Form sehr viel leichter abgewinnen kann als auf einer Platte. Ich trenne sehr stark zwischen live und Studio.“* [28] Zu Beginn seiner Karriere hat ihn die Kritik, seine Musik sei zu glatt etc., noch verstört: *„...meine einzige Zielsetzung war es, die Musik zu spielen, die mir gefällt, und das möglichst perfekt.“* Er hätte lieber in der Zeit der Crooner (wie Sinatra) gelebt, weil es da nach seiner Ansicht großartigere Musiker gab und eben „leichtere“ Musik.[29] Folgerichtig begann er irgendwann auch zu singen, auch wenn er sich der Begrenztheit seiner Stimme bewusst ist.

Inzwischen perlt Kritik an ihm ab, nach dem Motto, der Erfolg gibt einem Recht: *„Mein Kerngeschäft ist zwar der Jazz, aber ich gehöre nicht zu den Fundamentalisten, weder als Musiker noch als Fan.“* [30] *„Jazz ist in deren Augen etwas, das per se nicht erfolgreich sein darf, sonst ist da was verdächtig.“* [31] Tatsächlich ist Erfolg in Deutschland immer ein zweischneidiges Schwert, schnell treten die Neider auf den Plan, vor allem aber die Kritiker, die „Verrat an der Sache“ wittern, sei es bei *BAP*, den *Toten Hosen* oder eben bei Till Brönner. Und Brönners Kritiker, ob nun „Jazzpolizei“ oder nicht, spalteten sich von Beginn in zwei Lager, pro und contra: Von Roger Willemsen ob seiner „dringlichen musikalischen Mitteilung“ gelobt,[32] erhielt Brönner auch Verständnis für sein geplantes Vorgehen: *„Brönners Ansatz ist konzeptionell nicht übel. Mit den Kommerzalben schafft er sich die Freiheit, die er für die künstlerisch interessanteren Sachen braucht.“*

Aber Sätze wie *„die Leute hören Musik zum Kochen oder zum Autofahren: immer also nur ZU etwas. Das muss man eben beim CD-Produzieren berücksichtigen“*,[33] brachten die Hardcore-Jazzfans auf die Palme: *„Er*

schiebt den Teil der Jazzgeschichte, der seinen Präferenzen zuwiderläuft, das Ungesicherte, also den experimentellen oder Free Jazz, gerne ins Reich der Brillenträger mit Cordhosen und sonstiger Nerds, intellektuell, schlecht angezogen, rebellisch, alles, was er nicht leiden kann."[34] Denn beim Jazz gehe es vor allem darum *„Gegenden zu erkunden, die noch niemand kartographiert hat, wo richtig und falsch noch keine ausgemachten Sachen sind. Das ist das Glück, das so viele Jazzmusiker dazu gebracht hat, auf das große Geld zu verzichten [...]*", schrieb ein Kritiker; Brönner war wohl auch mal auf der Suche, heute sitzt jede Note an ihrem Platz, kaum ist ein Stück zu Ende, hat man es schon wieder vergessen.[35]
Brönner *„hat ein Stück Vergangenheit genommen und es nicht rekreiert, sondern perfektioniert.*"[36] Über einen Auftritt in Berlin urteilte ein Journalist, die Band habe ihre Stücke „brönnerisiert", sie in einer Mischung aus Expertentum und Banalisierung wie mit einem Milchschäumer bearbeitet.[37]   
Ein Kritiker schrieb, dass es für das gleichzeitige Spielen der zwei Rollen, die des seriösen Jazzers und die des „Frohsinn-Dienstleisters", kein Vorbild in Deutschland gäbe, wo die U- und die E-Musik sich noch immer unversöhnlich gegenüberständen, ganz im Gegensatz zu den USA.[38] Aber das stimmt nicht, denn schon Klaus Doldinger hat es so gemacht: einerseits den Jazz auf hohem Niveau spielen, andererseits mit TV- und Filmmusiken, Pop und Unterhaltungsmusik die kommerziellen Interessen verfolgen (allerdings in den ersten Jahren unter Pseudonym). Und Doldinger war es auch, der über Brönner sagte, er sei einer der wenigen heutigen Jazzmusiker, *„der ein Publikum überhaupt noch ansprechen und begeistern kann.*"[39]
Brönners Antwort an die Kritiker: *„Als Jazzmusiker hat man einen Vorteil: Man ist Kummer gewohnt. [...] Ich sehe mich als Missionar für eine Musik, die* ***auch*** *den zeitgenössischen Jazz beinhaltet.*"[40] Außerdem „entschärfte" er die Argumente seiner Kritiker zusätzlich dadurch, dass er immer auch Projekte mit Musikern machte, die weit vom Kommerzverdacht entfernt sind, wie der Bassist Dieter Ilg oder der Free-Jazz-Drummer Günter „Baby" Sommer, den Brönner im Jahr 2009 kennen lernte und mit dem er inzwischen ein Album eingespielt hat („Baby's Party", 2018), auf dem er ein ganzes

„Ich sehe mich als Missionar für eine Musik, die auch den zeitgenössischen Jazz beinhaltet."

Stück im Dialog mit einer Maultrommel spielt. Das Album „Nightfall" (2018), das Brönner im Duo mit Dieter Ilg einspielte, wurde für seinen „Minimalismus" gefeiert. Sie interpretieren neben eigenen, Stücke von den *Beatles*, Britney Spears und Leonard Cohen sowie von Bach, in einer virtuosen und gleichzeitig reduzierten Spielweise.[41]

Los Angeles / House of Jazz

Ein weiterer Lebensabschnitt begann im Jahr 2013, als Till Brönner seinen Zweitwohnsitz in Los Angeles nahm, um dort u.a. die „lebendige Geschichte des Jazz" zu erleben, dauerhaft gutes Wetter inklusive. Das war sicherlich für seine Lieblingsmusik, den Big Band- und Crooner-Jazz der 50er bis 70er-Jahre (sowohl als Fan als auch als Musiker), eine gute Entscheidung, denn in L.A. kann er die wenigen Überlebenden dieser Phase noch treffen, die Atmosphäre der Landschaft, des Lifestyles sowie der alten Studios (wenn noch vorhanden) aufsaugen, Kontakte knüpfen, die ihn z.B. ins Weiße Haus führen (s.u.), und er hat Ruhe vor der deutschen „Jazzpolizei" und dem deutschen Neid: *„In Deutschland ist Erfolg bis zu einem gewissen Punkt ok, danach erntet man Häme. In den USA ist der Erfolgreiche immer willkommen, denn in gewisser Weise ist der Erfolg des Nachbarn auch mein Erfolg."* [42]

Im Jahr 2014 erschien „The Movie Album", u.a. mit dem Sänger Gregory Porter, und aufgenommen in den legendären „Eastwest-Studios". Ausgewählt dafür hat Brönner v.a. Titel aus älteren US-Spielfilmen, weil er gute Melodien suchte, die es seiner Ansicht nach in neuen Filmen kaum noch gibt.[43] Auch „The Good Life" (2016) und „On Vacation" (2020) hat er mit US-Musikern und kalifornischer Leichtigkeit eingespielt, schon für das Label „Sony Masterworks New York", denn nach über 15 Jahren bei „Verve/ Universal" unterzeichnete Brönner 2016 dort einen Vertrag. Im gleichen Jahr erhielt er als einziger Deutscher eine Einladung ins Weiße Haus. Dort veranstaltete Barack Obama - bekennender Jazzfan - zum „International Jazz Day" der UNESCO ein Konzert mit 45 Musikern aus den USA und anderen Staaten, darunter Aretha Franklin, Sting, Pat Metheny, Diana Krall, Chick Corea, Al Jarreau, Paquito D'Rivera und der Organisator Herbie Hancock.[44] Eine „Zugabe" von Brönner erhielt der US-Präsident im November des gleichen Jahres: Bei einem Essen im Kanzleramt spielte Brönner für Angela Merkel und Barack Obama zu Beginn des Abendessens u.a. „Take Five".[45]

Seine Kontakte in die Politik nutzte Brönner auch, um eines seiner wichtigsten Projekte voran zu treiben: die Eröffnung eines Jazz-Zentrums in Deutschland, vorzugsweise in Berlin. Das von Brönner unter dem Titel „House of Jazz" entwickelte Projekt mit eigenem Orchester, Konzertsaal, Unterrichtsräumen, Tonstudio usw., sorgte viele Jahre für Diskussionen in der Hauptstadt. Im November 2016 stand in einem Presseartikel über Kulturpolitik u.a.: *„Der Jazz wird in Berlin einen eigenen Ort bekommen. Für Pläne, die* Alte Münze *[...] in ein ‚House Of Jazz' zu verwandeln, werden vom Bundestag 12,5 Millionen Euro bereitgestellt, die allerdings noch unter dem Vorbehalt eines stimmigen Konzeptes stehen."* Brönner und sein Bruder Pino, der viele Jahre sein Manager war, hatten mit Unterstützung des Hamburger CDU-

Bundestagsabgeordneten Rüdiger Kruse und des Berliner Kulturstaatssekretärs Tim Renner (SPD) das Projekt auf den Weg gebracht.[46] Alles war schon in trockenen Tüchern, doch dann kam ein Regierungswechsel und man überließ das Kulturressort der Linkspartei. Dadurch, sowie durch die kritische Haltung anderer Jazzmusiker, vertreten durch die *IG Jazz Berlin*, die zunächst positiv gestimmt gewesen waren, geriet das Projekt ins Stocken. Berlins neuer Senator für Kultur und Europa, Klaus Lederer (Die Linke), wollte nun ein „Haus der Basiskultur" oder wenigstens ein „Haus für die Musik des 21. Jahrhunderts" schaffen. Und der Regierende Bürgermeister Michael Müller (SPD) hatte nicht den Mut, das Projekt zu retten und zu seinem früheren Wort zu stehen.

Brönner, der kein gutes Verhältnis zu Lederer aufbauen konnte, verlor irgendwann die Geduld und brachte Michael Müller in große Verlegenheit: während des Abschlusskonzerts beim „Classic Open Air" auf dem Gendarmenmarkt im Sommer 2017 trat Brönner mitten im Spiel an den Rand der Bühne und rief ins Publikum: „Sie lieben Jazz?" Ein lautes „Ja!" kam von den rund 4.000 Zuhörern zurück. Der Musiker deutete auf Michael Müller, der in der ersten Reihe saß. „Warum bekommen wir dann in Berlin kein House of Jazz? Wir kommunizieren ja nur über die Presse", rief er Müller zu, „darf man in diese Stadt noch Sponsoren mitbringen oder wird man gleich davon gejagt?". Müller lachte laut und verlegen auf.[47] Dann kam aber doch ein Runder Tisch mit allen Akteuren inkl. der *Deutschen Jazzunion*, *IG Jazz Berlin* und der Senatsverwaltung zusammen, der ein Konsenspapier entwickelte.

Im Mai 2018 beschloss dann der Bundestag, die Alte Münze als Kultur- und Kreativstandort zu sichern und zu entwickeln. Die Senatsverwaltung fasste dann im Januar 2020 einen Beschluss: Entstehen solle dort nun ein Zentrum für Jazz und improvisierte Musik mit internationaler Strahlkraft.[48]

Der „Allesbrönner"[49]

Till Brönner, der als Perfektionist gilt, und auch gerne mal eine Stunde lang sucht, wenn der (Bühnen)Ton nicht stimmt,[50] hat bisher 20 eigene Alben veröffentlicht, darunter zwei Filmmusiken für „Jazz Seen" (2001) sowie „Höllentour" (2004). Er war Gast auf Alben von so unterschiedlichen Künstlern wie George Benson, Sergio Mendes, Götz Alsmann, *Yello*, *Take6*, Udo Lindenberg, Melody Gardot oder Jeff Goldblum (von denen sich einige mit Gastauftritten auf seinen Alben revanchierten), und stand u.a. mit James Moody, Klaus Doldinger, Nils Landgren, Leslie Mandoki, Daniel Barenboim oder dem Klassik-Trompeter Sergei Nakariakov auf der Bühne. Außerdem produzierte er Alben von u.a. Hildegard Knef, Manfred Krug, Frank Chastenier, Thomas Quasthoff, *No Angels*, Helen Schneider oder Mark Murphy. Wie bei Letzterem ergab sich daraus öfter eine langjährige Zusammenarbeit, manchmal sogar Freundschaft.[51]

Zwei Staffeln lang - von 2010 bis 2011 - war Brönner Juror in der *VOX*-Castingshow „X-Factor": *„Ich kann dort über Musik reden - insofern ist das einfach eine weitere Facette meines Schaffens."* Später riet er angehenden Künstlern von der Teilnahme an Castingshows ab: vielen Kandidaten sei leider nicht klar, worauf sie sich einließen. Das Interesse am Talent sei in einer Unterhaltungsshow dann doch nachrangig.[52] Seinem eigenen Bekanntheitsgrad (und seinen Verkäufen) hat dieses Engagement sehr genützt. Aber Brönner hat Zeit für noch viel mehr, z.B. Charity-Projekte: Gemeinsam mit dem

Landespolizeiorchester NRW spielte Brönner im Jahr 2019 in Essen ein Benefizkonzert zugunsten eines Adveniat-Projekts in Bolivien. Oder er engagiert sich für Nachwuchstalente, z.B. beim Bundeswettbewerb „Jugend jazzt".[53] Und für seinen langjährigen Einsatz für eine Musiktherapie in Witten erhielt er im Mai 2019 den NRW-Verdienstorden.[54] Von 2004 bis 2010 spielte und moderierte er die Gesprächskonzertreihe *Talkin' Jazz* in der Kunst- und Ausstellungshalle der Bundesrepublik Deutschland in Bonn mit seiner Band und ausgewählten Gästen, darunter Rolf Kühn, Paul Kuhn, Anke Engelke, Nana Mouskouri oder Peter Kraus. 2017 nahm er diese Idee wieder auf und setzte die Reihe in Berlin fort. In der Barenboim-Said-Akademie traf er bisher u.a. Nils Petter Molvær, Al Di Meola oder Anna Depenbusch. Er moderiert wöchentlich die „Till-Brönner-Show" auf *Radio Klassik Berlin* bei der er Musik vorstellt, die ihm gefällt, verbunden durch kurze Anekdötchen: *„Das ist der pure Luxus für mich. Ich darf zwei Stunden meine Musik machen, mit ein paar persönlichen Kommentaren dazwischen. Da versuche ich, Miles Davis mit der Gegenwart zu verknüpfen."*[55] Denn das Formatradio in Deutschland hält er, zu Recht, für mutlos und langweilig, obwohl er selbst meistens formatradiotaugliche Musik spielt.[56] Und seit 2016 bringt er Stars der internationalen Jazz-Szene auf die Open-air-Bühne im Kampener Strönwai, wo auch Deutschlands nördlichste Luxusshoppingmeile liegt. Der Musikgenuss beim „Kampen Jazz by Till Brönner" von eher leicht konsumierbaren Acts wie *Shakatak* oder Bob James ist dank der Sponsoren kostenlos.[57]

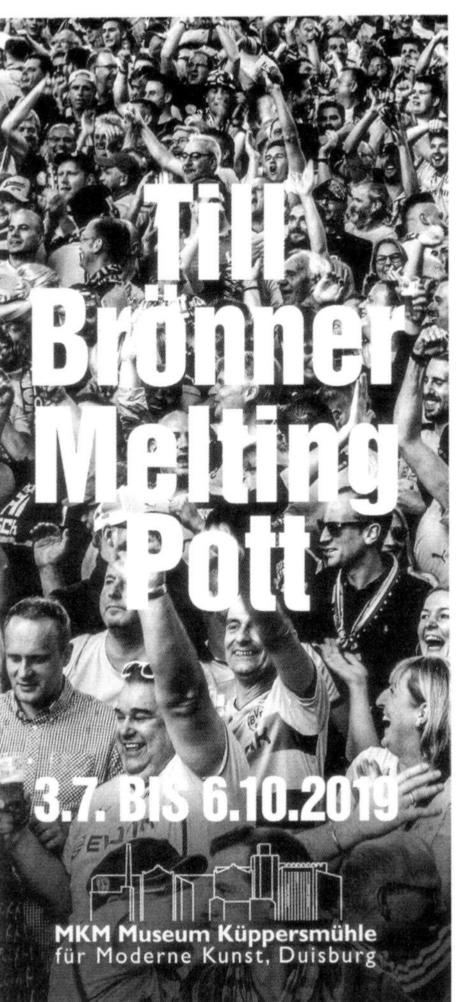

Etwa seit dem Jahr 2009 ist er auch noch in einem weiteren Metier unterwegs: Musik und Fotografie hätten viele Gemeinsamkeiten sagt Brönner, der sich zu einem anerkannten Fotografen, vor allem für Porträts, entwickelt hat. Als er den Soundtrack zu „Jazz Seen" schrieb, einem Film über William Claxton, ebenfalls Jazzmusiker und Fotograf, freundete er sich mit diesem an und erkor ihn zu seinem Vorbild. Im Jahr 2014 erschien Brönners Bildband „Faces of Talent", in dem er schwarz-weiß (Promi-)Porträts zeigt, darunter Sergio Mendes, Beth Dito oder Armin Müller-Stahl.[58] Unter dem originellen Titel „Melting Pott" fand 2019 in Duisburg eine Ausstellung von Till Brönner statt.[59] Sie war das Ergebnis einer Auftragsarbeit für die Brost-Stiftung, die Brönner um einen „frischen Blick" auf das Ruhrgebiet gebeten hatte. Er reiste ein Jahr lang immer wieder durch die Region, war zunächst nicht begeistert, aber dann wuchs sie ihm „ans Herz". Er nannte es „das Amerika von Deutschland", weil dort ähnlich viele Kulturen und Stile zusammen existieren. Neben viel Lob bemängelten Kritiker, dass viele der Aufnahmen erwartbar traditionell gewesen seien, *„er hat wieder nur fotografiert, was schon viele andere vor ihm fotografierten, die ‚klassische Ruhrgebietserzählung'"*: Bergwerk Haniel, Zeche Zollverein, Taubenzüchter, Currywurstbude, auf Schalke, Promifotos von u.a. Mario Götze und Atze Schröder etc. Das aktuelle Ruhrgebiet, das inzwischen auch ein Hightech-Standort ist, sei zu kurz gekommen.[60]

Life/ Lifestyle

Äußerlich passt Till Brönner, der als Kind gerne wie Lex Barker gewesen wäre, nicht ins Klischee-Bild des Jazzmusikers (obwohl die junge Generation von Jazzern inzwischen mehr Wert auf Design und Style legt): er trägt meistens Maßanzüge der Marke „Eduard Dressler" (für die er auch Model ist), sammelt Krawatten (rund 500 sollen es sein), und lässt sich für seine eigenen Cover - u.a. vom Fotografen Jim Rakete - gerne im Frank-Sinatra-Style ablichten. Pflege- oder Bekleidungstipps gibt er bereitwillig in *GQ* oder im *manager magazin.*[61] So schafft er es auch regelmäßig auf die Seiten von Frauen- oder Lifestylemagazinen. Er selbst sagt: *„Die Marke muss gepflegt werden."* [62] Till Brönner im Jazz als Pendant zu Til Schweiger im Film! Das ist natürlich gut für die Tonträgerverkäufe, denn nur im *Jazzpodium* o.ä. besprochen zu werden, bringt einen kaum über die Grenze dessen, was ein Jazzalbum i.d.R. in Deutschland so verkauft, traurige 300-1.000 Einheiten. So aber bekommt er auch Interviews und Rezensionen in *Brigitte*, *Bunte* und *Madame*. Aber Brönner sieht es auch als Chance, Leute für Jazz zu interessieren, die ansonsten diese Musik nicht hören würden. Seine Jugend und die vielen späteren Aufenthalte in Italien haben beim Lifestyle wohl Spuren hinterlassen: *„Ich glaube, das war die glücklichste Zeit meines Lebens: die Farben, das Licht, die Wärme, leckeres Essen, die Herzlichkeit der Leute, all das habe ich noch in Erinnerung."* [63] Dazu passt auch, dass er italienische Restaurants liebt und leidenschaftlich gerne kocht. Ein Hobby, dass er auch schon zweimal (2001/ 2007) mit Alfred Biolek in dessen Kochshow „alfredissimo!" ausleben konnte.[64]

Darüber hinaus hält er sein Privatleben vor der Öffentlichkeit verborgen. Im Jahr 2004 wurde er Vater eines Sohnes; mit seiner Freundin Nadia Dassouki, die auf seinem Album „On Vacation" (2020) das Cover ziert, hat er Ende 2020 eine

Auszeichnungen (Auswahl):
7x Jazz Award (für mehr als 10.000 verkaufte Einheiten)
5x „Jazz-Echo" (2007, 2008, 2009, 2011, 2014)
Joachim-Ernst-Berendt-Ehrenpreis der Stadt Baden-Baden (2014)
Sonderpreis für den gepflegtesten Prominenten, *GQ Magazin* (2017)
Landesverdienstorden Nordrhein-Westfalen (2019)

Filme über Till Brönner:
Deutschland deine Künstler: Till Brönner (*ARD*, 2012)
Till Brönner - ein Portrait (*3sat*, 2018)

kleine Tochter bekommen. Seine Eltern sind von Bonn nach Berlin gezogen, um die Enkel häufiger zu sehen.[65]

Brönner in der alten Heimat

Viele Jahre kam Till Brönner nur privat nach Viersen, um seine Familie zu besuchen: *„Wenn sich die Verwandten trafen, hat man beim Erzählen mit stoischer Selbstverständlichkeit da weitergemacht, wo man beim letzten Treffen aufgehört hat.“* Das „Niederrheinische“ ist ihm sympathisch, *„sehr lässig im Umgang und sehr gastfreundlich“*, auch Hanns-Dieter Hüsch schätzt er (er selbst hat sich allerdings inzwischen von dieser Mentalität eher entfernt und zu einem Dandy mit Lippenversicherung, sowie einem Management wie ein Hollywood-Star gewandelt).[66] Im Jahr 2009 trat er dann zum ersten Mal beim „Internationalen Jazzfestival Viersen“ auf. Er spielte mit einem Sextett in der Festhalle. Vier Jahre später kam er mit einem Quintett wieder, und im Jahr 2018 hatte er im Duo mit dem Bassisten Dieter Ilg (siehe Foto) einen umjubelten Auftritt. Zum 25jährigen Jubiläum schrieb er den Festivalmachern ins Jubiläumsbuch: *„Dass insbesondere der Jazz meine alte Heimat heute so bereichert und repräsentiert, stimmt mich als Jazzer umso glücklicher, und ich wünsche der Stadt und Ali Haurand noch viele, viele Jahre mit einer der lebendigsten Kunstformen überhaupt.“*[67] Ali Haurand (siehe S. 105) interviewte Brönner 2009 für den *WDR*, und beide führten bei dieser Gelegenheit auf den Stufen der Festhalle auch ein Gespräch für eine DVD-Produktion des Heimatvereins.[68] Ein Jahr später „revanchierte“ Brönner sich, als er für das Fernsehen die „ECHO-Jazzpreise“ moderierte, und interviewte Haurand.[69] (te)

Hilde Bruch
Ärztin und Psychoanalytikerin

Hilde Bruch war seit den 60er Jahren des letzten Jahrhunderts eine hoch geachtete Autorität in der Erforschung von Essstörungen. Nach wie vor zählt sie zu den renommiertesten Forscherinnen ihres Fachs.

Geboren wurde (Brun)Hilde Bruch in Dülken, am 11. März 1904, als drittes Kind des Viehhändlers Hirsch Bruch und seiner Frau Adele (geb. Rath). Sie wuchs behütet mit sechs Geschwistern auf. Ihr Vater war Mitglied des Synagogengesangsvereins und starb 1920, mit 55 Jahren.[1] Hilde Bruch besuchte die jüdische Elementarschule. Als sie 1923 an der Mönchengladbacher „Staatlichen Studienanstalt der Mädchen" ihr Abitur ablegte, machte die junge Weimarer Republik eine ihrer schwersten Bewährungsproben durch. Deutschlands Wirtschaft lag in Scherben, der Staat war pleite, auch das vererbte Vermögen von Hildes Vater wurde vernichtet. Um die Zahlungsfähigkeit aufrecht zu erhalten, wurde immer neues Geld in den Markt gepumpt, die Folgen waren fatal. Mit einem Putschversuch am 9. November wollte Adolf Hitler die chaotische Lage ausnutzen. Während der Konflikt zwischen Bayern und dem Reich bedrohlich eskalierte und immer mehr rechtsgerichtete Wehrverbände einen bewaffneten „Marsch nach Berlin" forderten, wurde in Aachen eine separatistische Rheinische Republik ausgerufen. Das politische Chaos förderte die Vorurteile weiter Bevölkerungsteile gegen demokratische und freisinnige Kräfte. Der seit Jahrhunderten virulente Judenhass keimte erneut auf.

Bruchs Wunsch war ursprünglich Mathematikerin zu werden. Unter den Bedingungen der Weimarer Republik schien ihr als Frau und Jüdin der Beruf der Ärztin aber bessere Perspektiven zu bieten. Auch ihr Onkel David Rath, ein in Düsseldorf praktizierender Arzt, beriet sie dahingehend. Trotz Geldmangels durfte sie studieren, denn in ihrer eher ländlich und traditionell orientierten Familie galt der Grundsatz: „Alles was der Erziehung und Ausbildung dient ist akzeptabel."[2] Sie studierte dann in Würzburg, Freiburg, München und Köln. 1928 schloss sie an der Freiburger Albert-Ludwigs-Universität mit dem Doktor in Medizin ab. Die Approbation wurde ihr ein Jahr später erteilt. In der Folge spezialisierte sie sich als Assistenzärztin in Kiel und Leipzig auf Kinderheilkunde,[3] und leistete ihr praktisches Jahr in Düsseldorf an der Frauenklinik der Städtischen Krankenanstalten ab. *„Doch blieb sie nur sechs Monate, weil sie dort als Jüdin starken Anfeindungen ausgesetzt war. Sie ging nach Kiel und dann nach Leipzig an eine Kinderklinik, doch änderte sich an*

der feindseligen Haltung ihr gegenüber nichts. Sie wurde von der überwiegend männlichen Ärzteschaft als lästige Konkurrentin um knappe Stellen begriffen.“ [4]
Aufgrund des sich epidemisch verstärkenden Antisemitismus gab sie ihre akademische Laufbahn auf und eröffnete 1932 in Ratingen eine Praxis. Schon am 5. April 1932 erschien in der Zeitung „Ratinger Beobachter“, von der NSDAP herausgegeben, der folgende Artikel: *„Etwas für das Wohlfahrtsamt. Es gibt in Ratingen eine Kinderärztin, welche eine Jüdin ist. Diese Kinderärztin ist nun bisher noch bei keiner Kasse zugelassen, sondern sie erhält nur ihre Patienten vom Wohlfahrtsamt zugewiesen, von der Privatkundschaft abgesehen, die aber dank des nationalsozialistischen Aufklärungsfeldzuges mit jedem Tag geringer wird. Wir verlangen nun vom Ratinger Wohlfahrtsamt, dass es gemäß eines Erlasses sofort der jüdischen Ärztin jede Zuwendung entzieht. Wir hoffen, dass diese kurze Notiz genügt, um das Wohlfahrtsamt darauf zu bringen, dass es sich an allgemeine höhere Anweisungen hält. Grundsätzlich hätten wir folgendes zu einer jüdischen Ärztin in Ratingen zu sagen. Für die paar Juden, die wir in Ratingen haben, ist eine besondere jüdische Ärztin wohl nicht nötig, und dass eine jüdische Ärztin deutsche Kinder behandeln soll, das ist auf keinen Fall nötig, schon deshalb, weil wir hier in Ratingen sehr tüchtige Kinderärzte haben. Wenn dem Prozentanteil der Ratinger Juden nach gerechnet würde, so müsste der hiesigen Jüdin sofort ihre weitere Betätigung hier in Ratingen untersagt werden. Wir hoffen, dass auch hier in nächster Zeit der Ratinger deutsch denkenden Bevölkerung Rechnung getragen wird.“* [5] Hilde Bruch gab nicht auf. *„Ihr Bruder stellte ihr ein Darlehen von 5.000 Mark zur Verfügung, und sie konnte innerhalb von drei Monaten über 30 Patienten in Ratingen gewinnen, so dass die neue Praxis auf einem guten Weg zu sein schien.“* [6]
Aber durch die Ernennung Hitlers zum Reichskanzler am 30. Januar 1933, fand diese Entwicklung ein jähes Ende. Es folgte ein immer fanatischer werdender Terror gegen sogenannte „Regimefeinde“, worunter die Nazis Kommunisten, Sozialisten, vor allem aber Juden verstanden. Am 1. April 1933, als in vielen deutschen Städten staatlich verordnete Boykottmaßnahmen jüdische Geschäfte und Einrichtungen erfolgten, hinderten *„zwei uniformierte Vertreter der NSDAP (...) ihre Patienten am Betreten des Wartezimmers.“* [7] So blieb Hilde Bruch nichts anderes übrig, als die Praxis zu schließen und zu ihrer Mutter zu ziehen.
Zurück in Dülken, wurde ihr klar, dass sich ihr auch in ihrer alten Heimat keine Lebensmöglichkeit mehr bot, geschweige denn die Chance, eine Praxis zu eröffnen, obwohl ihre Familie schon lange dort ansässig war. Sie erkannte früh, dass ihr einziger Ausweg die Flucht vor dem Nazi-Terror war. Im Juli 1933 nahm sie an einem Kinderheilkundekongress in London teil und nutzte die Möglichkeit zur Emigration. In London arbeitete sie dann mehrere Monate an einem jüdischen Wöchnerinnenhospital. Als Ärztin fachlich unterfordert, eruierte sie weitere Fluchtmöglichkeiten und emigrierte in die USA. *„Ein jüdischer Kollege, Jack Schloss, der ebenfalls durch die Nationalsozialisten mit seiner Praxis gescheitert war, hatte eine Stelle in einem medizinischen Labor in Boston gefunden. So konnte sie die aufwendigen Visabeschaffungen und das Stellen von amerikanischen Bürgen bis Ende September 1934 so weit vorbereiten, dass sie – aus Kostengründen per Frachtschiff – in die ‚neue Welt‘ aufbrechen konnte.“* [8]

In Boston wurde sie schnell heimisch, nicht zuletzt, weil sie sofort beruflich Anerkennung fand. Zudem akzeptierten die amerikanischen Behörden unbürokratisch ihre fachliche Vorbildung. Aufgrund ihres England-Aufenthaltes, entfiel auch die ansonsten angeordnete Sprachprüfung. Ihre Entscheidung Deutschland zu einem frühen Zeitpunkt nach der Einsetzung der Nazi-Regierung zu verlassen, erwies sich als richtig, *„denn ab 1936 wurde für Emigranten in den USA eine sehr anspruchsvolle medizinische Fachprüfung erforderlich."* [9]

Mit Verve ging die junge Ärztin ihre neuen Aufgaben an und widmete sich der psychiatrischen Forschung, die seinerzeit in den Vereinigten Staaten, im Gegensatz zu Europa, in den Kinderschuhen steckte. Einer ihrer Schwerpunkte lag in der Erforschung der Schizophrenie. Nicht zuletzt durch den Trennungsschmerz entwickelte sie sich zum Workaholic. Sie arbeitete lange, auch an Wochenenden, und gab sogar ihre Stadtwohnung zugunsten eines Zimmers auf dem Klinikgelände auf. Bald jedoch überschattete der Arbeitseifer ihr eigenes Seelenleben. Sie begann unter Schlaflosigkeit zu leiden, *„1935 unternahm sie einen Suizidversuch, der wohl verdeutlicht, wie ausweglos sie sich in der neuen Heimat fühlte."* [10]

Allen Widrigkeiten zum Trotz nahm sie nach sechs Monaten ihre Arbeit wieder auf. Sie spezialisierte sich auf Kinderpsychiatrie, ihr neuer Schwerpunkt lag auf der Problematik der Esssucht, auch, weil sie so erstaunt war über den hohen Anteil korpulenter Kinder auf der Straße, in Schulen usw.[11] Sie absolvierte eine psychoanalytische Ausbildung u.a. bei Frieda Fromm-Reichmann, der Ehefrau Erich Fromms, die ebenfalls aus Deutschland geflohen war. Das Thema „Essstörungen" begleitete sie von nun an ein Leben lang. Neben ihrer florierenden Privatpraxis in New York, die sie 1943 eröffnete, hielt sie einen Lehrstuhl an der Columbia-Universität und war in der Forschung aktiv. 1964 erhielt sie einen Ruf an das *Baylor College* in Houston, wo sie bis zu ihrer Emeritierung 1978 lehrte. Hilde Bruch lehnte jede Art von Autoritarismus ab und war eine ausgesprochene Individualistin: So erwarb sie vor ihrem Umzug nach Houston einen Rolls Royce, um sich *„nicht vor den texanischen Cadillacs verneigen zu müssen"*.[12]

Sie verfasste neben ihren Büchern rund 250 Fachartikel, die ihren Ruf als Autorität für Schizophrenie und Essstörungen festigten.[13] Als seit den 1960er Jahren die Magersucht (Anorexia Nervosa) dramatisch zunahm, beschäftigte sie sich vermehrt mit der Behandlung dieser Krankheit und zählte bald auch dort zu den weltweit führenden Experten. Zu ihren wichtigsten Arbeiten gehört das – auch ins

Deutsche übersetzte – Buch *The golden cage: The enigma of Anorexia Nervosa* aus dem Jahr 1978.[14] Im Vorwort schreibt Prof. Helm Stierlin, dass Bruch es schaffe, ihre Erkenntnisse *„in einer knappen und klaren Prosa"* zu präsentieren.[15]
Hervorzuheben ist, dass Hilde Bruch entscheidend zu einem Paradigmenwechsel in der psychoanalytischen und psychodynamischen Theoriebildung im Blick auf Essstörungen beitrug. Bruch machte die Erfahrung, dass das veränderte Körpererleben von Anorektikerinnen mit klassischen triebtheoretischen Ansätzen nicht erklärt und behandelt werden konnte.[16] *„Mit den neu gewonnenen Erkenntnissen entwickelte sie ihren interpersonell fokussierten psychoanalytischen Zugang weiter, der in der Therapie von Menschen mit Essstörungen auf einer intensiven Therapiebeziehung im Einzelsetting unter ggf. ergänzender Einbeziehung von Angehörigen aufbaute."* [17]

Bruch sieht nach ihren Beobachtungen die zentralen Wurzeln der ‚Essstörungen' in einer spezifischen Störung der Mutter-Kind-Interaktion. *„Zur Erklärung verwendet sie Elemente von Freuds Konzept der infantilen Oralität und verbindet sie mit Theorien sozialen Lernens. So entsteht die These, dass ‚Essstörungen' mit einer falschen Hungerwahrnehmung in Verbindung stünden."*[18] Ihre Grundannahme ist, dass Hunger kein angeborenes Wissen ist. *„Die therapeutische Aufgabe besteht darin, der anorektischen Patientin bei ihrer Suche nach Autonomie und selbstbestimmter Identität zu helfen und ihre Wahrnehmung für Gefühle und Impulse zu schärfen."* So wird in ihren Arbeiten deutlich, dass sie *„im Erzählen eine Quelle für das Verstehen der Problematik nicht nur seitens der Professionellen, sondern auch bei den betroffenen Menschen selbst sieht. Die Therapie wird so auf Bereiche der Arbeit an Ressourcen ausgedehnt. Das Verdienst Bruchs besteht insbesondere darin, das Phänomen ‚Essstörung' nicht isoliert zu betrachten, sondern als Ausdruck einer komplexen Problemlage des Individuums."*[19] Fettleibigkeit und Magersucht sind keine rein biologischen Probleme, schon gar keine rassenabhängigen, wie die Nazis propagierten, sondern entstehen in einem komplexen Zusammenspiel von Biologie, Psyche und Gesellschaft.[20]
In ihrer letzten, unvollendeten und 1988 posthum veröffentlichten Arbeit *Conversations with Anorexics* beschrieb sie ihre persönliche Verwirrung, als sie essgestörte Frauen klassisch psychoanalytisch behandeln wollte. *„Tatsächlich war sie auf einen wunden Punkt der psychoanalytischen Triebtheorie gestoßen."* [21] In Bruchs Sicht konnte die magersüchtige Patientin

entscheidende Fortschritte machen, *„wenn sich zwischen ihr und dem Therapeuten eine warmherzige, menschliche Beziehung entwickelt und wenn ihr verbaler Austausch die Offenheit und Direktheit der gewöhnlichen Konversation annimmt."*[22] Bruchs Begriffserweiterung und ihr Abrücken von der klassischen trieborientierten Psychoanalyse wurde von vielen amerikanischen Psychoanalytikern nachvollzogen. In der Folge wurden die Behandlungskonzepte bei Essstörungen entscheidend erweitert.

Während Hilde Bruch beruflich in den USA Fuß fasste, waren auch ihre in Deutschland gebliebenen Familienmitglieder gezwungen, das Land zu verlassen. Ihre Schwester Erna wanderte 1933 nach Palästina aus und zog später in die USA. Die Brüder Ernst und Kurt emigrierten in die USA, wohin Hilde Bruch 1941 auch ihre Mutter holte. Bruder Artur floh nach Großbritannien. Zwei ihrer Geschwister wurden mit ihren Familien von den Nazis ermordet: Ihr Bruder Rudolf, noch 1939 in Dülkens Nachbargemeinde Kempen als Viehhändler ansässig, starb 1942 in einem KZ in Riga; die ältere Schwester Auguste wurde ein Jahr später in Sobibor getötet. Rudolfs Sohn Herbert hatte vorher flüchten können. Hilde Bruch holte ihren Neffen 1946 in die USA und adoptierte ihn.[23] Einige ihrer Bücher widmete die weltberühmte Psychoanalytikerin ihren ermordeten Familienmitgliedern.[24] Sie kehrte für mehrere Besuche nach Deutschland zurück, fühlte sich dort aber nie richtig wohl, auch wenn sie sich gern an ihre Kindheit in Dülken erinnerte.[25]

Ab 1972 litt Hilde Bruch unter der Parkinson-Krankheit, aber bis zu ihrem 80. Lebensjahr empfing sie weiterhin Patienten und arbeitete an der Fakultät mit. Sie starb am 15. Dezember 1984 in Houston, Texas. Sie blieb unverheiratet und kinderlos, die Frau ihres Neffen Herbert, Joanne Hatch Bruch, veröffentlichte 1996 eine Biografie über sie.[26] In Dülken wurde im Jahr 2017 auf Anregung des Vereins „EUREGIA - Frauenwege zwischen Rhein und Maas e.V." eine Straße nach ihr benannt.[27] Drei Forschungspreise tragen ihren Namen: Der „Hilde-Bruch-Award", den die Baylor-Universität jährlich seit 1984 für herausragende Leistungen in der Psychiatrie vergibt, der „Hilde-Bruch-Forschungspreis" für hervorragende Arbeiten auf dem Gebiet anorektischer und bulimischer Essstörungen, zum ersten Mal verliehen 2009 von der Deutschen Gesellschaft für Essstörungen e.V., sowie der „Hilde-Bruch-Lecture-Award" des Kompetenzzentrums für Essstörungen des Universitätsklinikums Tübingen, der seit dem Jahr 2014 vergeben wird. (bg)

Weitere Publikationen

„Gaswechseluntersuchungen über die Erholung nach Arbeit bei einigen gesunden und kranken Kindern", in: *Jahrbuch für Kinderheilkunde* 121/ 1928, S. 7-28.
Don't be afraid of your child. A guide for perplexed parents, New York 1952.
The importance of overweight, New York 1957.
Studies in schizophrenia, Kopenhagen 1959.
Essstörungen. Zur Psychologie und Therapie von Übergewicht und Magersucht, Frankfurt 1991 [Org. 1974].

Auszeichnungen

1978 Ehrendoktor der *Baylor University*, Texas.
1978 "William A. Schonfeld Award" der *American Society for Adolescent Psychiatry.*
1979 Goldmedaille der *Mount Airy Foundation* für hervorragende Verdienste in der Psychiatrie.
1980 "Nolan D.C. Lewis Award" der *American Psychiatric Association.*
1981 „Joseph B. Goldberger Award" der *American Medical Association,* als erste Psychiaterin.

Will Brüll
Bildhauer, Maler, Zeichn

Der Künstler war Flieger im II. Weltkrieg, Freund von Joseph Beuys und Günter Grass, und lebte in einer Windmühle in Osterath. Seine Skulpturen und Werke befinden sich in vielen Städten Deutschlands.

Das Notburga-Haus in Viersen-Rahser war die Geburtsstätte von Karl Wilhelm, der dort am 20. November 1922 als erstes von sechs Kindern von Agnes und Arnold Brüll das Licht der Welt erblickte. Arnold Brüll, Rektor der Grundschule in Viersen-Rahser, aus einer Eupener Arbeiterfamilie stammend, hatte sich „hochgearbeitet" und legte Wert darauf, dass man sich alles erarbeitete: so mussten die Kinder für zehn Pfennig Kirmes-geld die großen Gemüsebeete von Unkraut befreien. Als strenger Katholik äußerte er einmal den Wunsch, dass Wilhelm, genannt Will, Geistlicher werden solle, als dieser im Alter von neun Jahren Messdiener wurde.[1] Aber Will zeichnete und schnitzte gerne, spielte gern Klavier, und wollte schon früh Künstler werden. Ob Maler, Bildhauer, Musiker oder Schauspieler, das wechselte immer mal wieder.[2] Einmal fertigte er die Figuren für die Weihnachtskrippe an, ein anderes Mal ein Hindenburg-Porträt und gewann damit sogar einen Preis: richtiges Schnitzwerkzeug! Seither ging es in Richtung Bildhauerei. Mit solchen Figuren bewarb er sich nach dem Krieg erfolgreich an der Düsseldorfer Kunstakademie. Während seiner Zeit auf dem Humanistischen Gymnasium, wo er 1941 das Abitur ablegte, gründete er mit Freunden eine Tanzkapelle, um ein wenig Geld zu verdienen, indem sie auf Bällen u.ä. spielten.[3]

Zu Kriegsbeginn meldete sich Will Brüll freiwillig zur Luftwaffe und erlebte bei der Ausbildung zum Piloten in Frankreich erst einmal Momente der Freiheit, *„die Weite des Himmels, des Raumes"*. Stationiert wurde er dann in Russland und lernte bald die hässlichen Seiten des Krieges kennen.

1945 bekam er noch rechtzeitig einen Marschbefehl und schlug sich zu Fuß von Königsberg nach Viersen durch. Dort traf er alle Familienmitglieder lebend an.[4] Bald schloss er sich in Viersen einer Gruppe von Künstlern an, dem sog. Pölli-Heckmann-Kreis, benannt nach dem Fabrikantensohn Pölli Heckmann. Ihm gehörten u.a. auch Hanns-Josef Kaiser (siehe Seite 145) und Hans Otto Janssen an. Letzterer, der später als Grafiker u.a. das Logo der Marke „Rotbäckchen" entwarf, wurde ein lebenslanger Freund. In diesem Umfeld kam Brüll zum ersten Mal mit vielen aktuellen Themen der internationalen Kunst und Musik in Berührung. Das war insofern von Bedeutung, als dass durch die Nazi-Herrschaft die deutschen Künstler von den weltweiten Entwicklungen abgeschnitten worden waren und lange nur die Kataloge des Münchener „Hauses der Kunst" als Maßstab hatten.[5]

An der Düsseldorfer Kunstakademie, die Will Brüll seit Ende 1945 besuchte, wurden die jungen Studenten u.a. vom berühmten Bildhauer Ewald Mataré unterrichtet, der, nach seiner Entfernung aus dem Amt durch die Nazis, zurückberufen worden war. Aber schon bald wechselte Brüll aus der Mataré-Klasse in die Klasse des Bildhauers Joseph Enseling, der u.a. Schüler des großen Bildhauers der klassischen Moderne, Aristide Maillol, gewesen war, der *„von der Natur ausgehend lehrte"*.[6] Dieser Einfluss war für Brüll immens wichtig, Maillols Konzept der klaren Konturen inspirierte seine Plastiken aus den Akademiejahren nachhaltig, ebenso wie die von ihm bewunderten Künstler Henry Moore und Marino Marini. Weitere Anregungen brachte ein vierwöchiger Paris-Aufenthalt (1949) mit Besuch aller wichtigen Museen. In der Enseling-Klasse studierte er ein Jahr lang mit Joseph Beuys zusammen, bevor dieser in die Mataré-Klasse wechselte. Sie freundeten sich an und unternahmen auch privat etwas zusammen, fuhren z.B. nach Köln, um das von Mataré und Beuys gestaltete Domportal zu besichtigen. Und sie teilten die Kriegserfahrungen als Flieger.

Auch der Bildhauer Will Elfes und der Dichter Adam Rainer Lynen waren Kommilitonen und Freunde an der Akademie. In der Bildhauerklasse von Prof. Mages studierte ab 1947 Günter Grass, mit dem sich Brüll anfreundete.[7] In der Zeit auf der Akademie hat Brüll sich alle handwerklichen Praktiken der Bildhauerei angeeignet. Dazu gehörten auch Mosaikarbeiten von denen zwei in Viersen stehen: Für das Grab seiner früh verstorbenen Schwester schuf er 1948 eine Pietà, die heute in der Totenhalle des Löh-Friedhofs zu sehen ist (Abb. rechts). Und im neu gestalteten Anbau der Festhalle steht die „Flötenspielerin", eine 1,50m hohe Figurengruppe in Betonguss mit farbigen Mosaiksteinen, die ursprünglich 1953 im Casinogarten aufgestellt worden war, von dort aber nach schweren Beschädigungen im Jahr 1990 in die Musikschule umziehen musste.

Seine figurativen Bronzeplastiken aus den Jahren 1945-1963, die als Motive vor allem weibliche

Akte, Mutter & Kind, Paare oder Familien haben, verkörpern oft Schutz und Geborgenheit, Innigkeit und Verbundenheit, in einer Zeit, geprägt von den Schrecken und Nachwirkungen des Krieges. Unter dem Einfluss von Mataré zeichnen sie sich durch glatte Oberflächen und geschlossene Konturen aus, Handschmeichlern gleich, die die Mulde des Handtellers füllen.[8] Obwohl sie sich auf den ersten Blick sehr von den späteren Edelstahlplastiken unterscheiden, lassen sich von ihnen Entwicklungslinien dorthin ziehen, einerseits thematischer Art (Schutz, Mütterlichkeit, Keimung etc.), sowie in der Behandlung des Leervolumens.[9]

Der beschwerliche Weg von Viersen nach Düsseldorf, den Will Brüll auf einer alten Vespa zurücklegte, sowie die zunehmende (geistige) Enge in seinem Elternhaus, veranlassten ihn 1947 eine Bleibe in Düsseldorf zu suchen. Schließlich kaufte er für zehn Mark eine zerlegbare Baubaracke und baute sie in einem noch voll Trümmern liegenden Hinterhof auf. Auch seine zukünftige Frau, Anneliese Holte-Houfer, fand eine kleine Wohnung in der Stadt. Sie hatte Will noch im Hause der Eltern kennen gelernt, aber dessen Vater war gegen diese Verbindung, denn sie war älter als Will. Außerdem war sie Witwe und… evangelisch!

1950 beendete Will sein Studium an der Akademie und fünf Jahre später erwarb er - gegen alle Warnungen - die Ruine einer Turmwindmühle in Osterath, die er häufig auf seinem Weg nach Düsseldorf gesehen hatte: *„Die will ich haben!“* hatte er schon da gedacht, und nennt diese Entscheidung später eine der wichtigsten in seinem Leben. Das Geld hatte er mit Auftragsarbeiten verdient, v.a. mit Heiligenfiguren für Kirchen, da diese nach dem

Krieg als erste wieder aufgebaut wurden.[10] Sein Bruder Karl, Architekt, half entscheidend beim Ausbau der Ruine, eine niederländische Firma rekonstruierte das Mühlendach. Erst 1965 konnte Will die Nebengebäude hinzukaufen, so dass die Mühle sich im Laufe seines Lebens zu einem Gesamtkunstwerk entwickelte. Wills' Vater, bewandert im Gärtnern, kümmerte sich anfangs um die Bepflanzung des Mühlengrundstücks, das zunächst ein Acker war und über die Jahrzehnte zu einem Garten bzw. Freilandmuseum für rund 100 Edelstahl- und Großplastiken werden sollte. Siegfried Salzmann, vom Lehmbruck-Museum in Duisburg, stellte sogar einen Zusammenhang zwischen Brülls Lebensraum und seiner Kunst her: *„So werden auch windbewegte Plastiken geschaffen [...]. Der Künstler lebt und arbeitet in einer Windmühle der Niederrheinlandschaft [...], wo die Weite des Raumes und des Horizonts stimulierend wirken."* [11]

Brülls Frau Anneliese organisierte - sobald die Mühle renoviert und sie dort eingezogen war - in den Räumen Feste, kleine Konzerte und Ausstellungen. Auch Brülls ehemaliger Viersener Musiklehrer, Ernst Klusen (siehe S. 158), nahm öfters an diesen Festivitäten teil, zu denen manchmal bis zu 100 Gäste kamen: alte Freunde genauso wie Galeristen und Kunstliebhaber.[12] Diavorträge über Brülls Reisen, z.B. zu Annelieses Bruder in Kolumbien, ergänzten das Programm. Die neue Sesshaftigkeit fiel zusammen mit einer Befreiung in der Kunst, seiner Hinwendung zur Abstraktion: Plastiken wie „Daphne" (1958), „Sitzend sich umarmendes Paar" (1959) oder „Miniakt-monumental" (1959) zeigen schon die schleichende Loslösung von der Gegenständlichkeit und der Volumenplastik. Noch probierte Brüll verschiedene Materialien aus: er schuf Objekte aus Industriekeramik, Bronze- und Kupferblechen oder Eisenteilen.

Als Zäsur lässt sich im Jahr 1960 der Auftrag für eine Brunnengestaltung der Stadt Aachen ansehen. Brüll reichte für den Wettbewerb das Modell einer Raumstele aus konkaven und konvexen Messingblechen ein, durch welche Luft und Thermaldämpfe zirkulieren konnten.[13] Das Material hätte den aggressiven, schwefelhaltigen Dämpfen jedoch nicht lange standgehalten, so dass Brüll für die Ausführung auf Edelstahl auswich (Abb. oben). Und damit kam es zu einer weiteren wichtigen Wende in seinem künstlerischen Schaffen: Der Bearbeitung von Edelstahl. Er fand zu einem Material, *„dass der industrialisierten Welt von heute entspricht."* [14] Da er Schweißen und Schleifen nicht beherrschte, und auch nicht die nötigen Maschinen besaß, ging er bei einer Firma in Willich, die Edelstahlkessel produzierte, in die „Lehre", und lernte dort alles was nötig war, um Bleche zu bearbeiten. Und so erstellte er dort auch den Brunnen für Aachen. Später kaufte er sich alle notwendigen Maschinen und stellte sie in den Nebengebäuden der Mühle auf.

Aus Edelstahlblechen entstanden nun seine verschiedenen „Wirbelskulpturen", Objekte, die in vielen Städten z.B. als „Raumwirbel" auf Freiflächen stehen: *„Ihr wichtigstes Charakteristikum ist ihre Schwerelosigkeit [...]. Durch eine leichte Wölbung seiner Formelemente erzielt er dabei Wir-kungen, die an geblähte Segel oder aufwirbelndes Laub erinnern"*, schreibt 1975 Professor Manfred Fath zur Ausstellungseröffnung im Mannheimer Kunstverein, und weiter: *„Brüll nutzt dabei die kühle Glätte des Materials und seine Lichtempfindlichkeit [...], um raumgreifende Gebilde zu schaffen, die im Wechsel zwischen [...] offenen und geschlossenen Elementen den Raum rhythmisieren."* [15] Eine Skulptur, die fünf Meter hohe „Raumzirkulation", steht seit 1965 vor dem heutigen Clara-Schumann-Gymnasium in Dülken. Die Wirbelobjekte erregten bald Aufmerksamkeit und führten Ende 1965 zur ersten Ausstellung von Will Brüll in der Galerie Vömel in Düsseldorf und zur Beteiligung an der 5. Internationalen Bildhauer-Ausstellung in Arnheim/ Sonsbeek 1966.

Es folgten viele Ausstellungen, auf denen er nicht nur seine Wirbelobjekte ausstellte, sondern auch Schlaufenreliefs und aufgeschnittene Volumenplastiken, die er beide zu Beginn der 70er Jahre entwickelte. Eine besondere Freude für Will Brüll war die Einladung zu einer Ausstellung in seiner Heimatstadt Viersen 1985.[16] Sie fand in der „Städtischen Galerie im Park" statt. Repräsentative Objekte aus allen Schaffensphasen wurden gezeigt, die großen Skulpturen nur als Modelle bzw. im Bild. Bronzeplastiken, Licht- und Luftfänger sowie Flächenausbrüche standen nebeneinander, besondere Aufmerksamkeit erzielten „humorvolle" Objekte wie „Wolke in Ketten" in denen sich *„Brüll von einer mehr spielerischen, manchmal lustigen Seite"* zeigte.[17] Den Katalog gestalteten die Fotografin Ruth Kaiser (siehe S. 144) und Brülls alter Freund Hans Otto Janssen.

Die religiöse Erziehung und der Krieg scheinen immer wieder in Brülls Werk auf, so beim „Mahnmal für die Bombenopfer des Krieges" auf dem Zentralfriedhof in Krefeld oder beim „Trauermal" in Meerbusch-Osterrath (1987/88).

In den 90er Jahren erschuf Will Brüll verschiedene Skulpturen einer Werkgruppe mit dem Thema „Keimung-Keimling-Schutzgebung“, von denen eine in Anrath steht, sowie seit dem Jahr 2000 in Viersen, am Dechant-Frenken-Platz, die „Große offene Keimung“. Einer weiteren Werkgruppe gab er das Leitmotiv „Kugel mit Schwung“.
Viel Energie und Zeit steckte er in die „Große Raumschwinge“, die 1997 in Meerbusch errichtet wurde, und deren kleineres Pendant in Meerbuschs bretonischer Partnerstadt Fouesnant steht.[18] Seiner Vaterstadt Viersen schenkte er im Jahr 2003 die „Große Harfe“, die vor der Kreismusikschule aufgestellt wurde. Damit wollte Brüll auch an den Vater und Großvater seiner Frau erinnern (Heinrich Houfer sen./ jun.), die beide in der zweiten Hälfte des 19. Jahrhunderts das Musikleben Viersens geprägt hatten.[19] Ab dem Jahr 2005 musste er sich um seine schwer kranke Frau kümmern, die 2010 verstarb. Noch im Jahr ihrer Erkrankung fassten beide den Entschluss, das „Gesamtkunstwerk“, also ihre Mühle samt Inhalt, in die Hände einer Stiftung zu legen: Die so gegründete „Brüll-Houfer-Stiftung“ wird von der Stadt Meerbusch treuhänderisch verwaltet und vergibt einen Förderpreis an junge Bildhauer.
Die letzten Ausstellungen von Brüll fanden im Jahr 2009 in der Teloy-Mühle in Meerbusch sowie 2013, als Gemeinschaftsausstellung, in der Galerie Vömel statt, dort wo 1965 seine erste Ausstellung eröffnet worden war.[20] Im Jahr 2013 begann seitens der Stiftung die Inventarisierung von Brülls Werken, rund 1.600 wurden erfasst. Kunstwerke von Will Brüll, der am 22. August 2019 verstarb, stehen - neben Meerbusch und Viersen - u.a. in Aachen, Bremen, Duisburg, Düsseldorf, Essen, Fouesnant (F), München, Wiesbaden und Wuppertal, Brunnenplastiken in Dormagen, Krefeld und Siegen. (te)

Ausstellungen (Auswahl):

Internationale Bildhauer-Ausstellung, Arnheim (1966)
„Junge deutsche Plastik“, Kaiserslautern (1968)
Retrospektive, Kunstverein Mannheim (1975)
Retrospektive, Dorenburg Grefrath (1976)
Retrospektive, Viersen (1985)
Retrospektive, Meerbusch (2009)

Brüll-Skulptur, Schlosspark Neersen

Bücher:

Eri Krippner. *Will Brüll. Leben im Gesamtkunstwerk*, Düsseldorf 2014.
Kirsten Lammertz-Lang. *Will Brüll. Großplastiken im öffentlichen Raum*, Meerbusch 2007.
Will Brüll. *Die frühen Bronzen*, Mönchengladbach 1998a.
Will Brüll. *Skulpturen. Werkgruppen II*, Mönchengladbach 1998b.
Will Brüll. *Werkgruppen 1945-1995*, Mönchengladbach 1995.
Kulturamt der Stadt Viersen (Hg.). *Will Brüll. Skulpturen*, Viersen 1985.

„Meine Reduktion lautet also: Die gebogene Quadratfläche ist der Punkt Null der Plastik. Sie umfasst den Raum, ist also Raumplastik - im Gegensatz zur Volumenplastik.“

(Will Brüll)

„Was an Poesie in seinen Metallplastiken steckt, ist dem technoiden Material abgelauscht, [...]. Sie sind ein Bekenntnis zum technischen Zeitalter, zur spezifischen Schönheit der industrialisierten Welt, die für uns längst zur zweiten Natur geworden ist.“

(Karl Ruhrberg)

Friedrich (von) Diergardt Unternehmer, Politiker, Wohltäter

Der bedeutendste Viersener Bürger, gemessen an seinen Taten für die Allgemeinheit, war der Unternehmer Friedrich von Diergardt, denn noch heute profitieren Menschen von seiner Weitsicht und seinem Vermögen.

Am 25. März 1795 in Moers als Sohn eines evangelischen Predigers geboren, besuchte Friedrich Diergardt Schulen in Moers und Düsseldorf, und absolvierte ab 1810 eine Lehre in der Samtfabrik seines späteren Schwiegervaters F.W. Deussen in Süchteln. Mit seinem Schwager in spe, Theodor Kaentzeler, gründete er im Jahr 1813 in St. Tönis das Verlagsgeschäft für Samt und Samtband „Kaentzeler & Co.“. Denn an die Stelle der Leineweberei trat zu dieser Zeit die „Sammet-, Seiden- und Baumwollen-Industrie“, die große Geschäfte versprach. In Viersen wuchs die Zahl der mit Textilien befassten Unternehmen von elf (1815) auf 32 (1840), und auf rund 2.500 Webstühle.[1]

Dabei profitierten die Unternehmer auch von den Folgen der französischen Besatzung: Im Jahr 1794 besetzten die Franzosen die linksrheinischen Gebiete und fanden in dem annektierten Gebiet u.a. eine unüberschaubare Rechtszersplitterung vor. Die politische Landkarte glich einem bunten Flickenteppich, und stellte ein verkleinertes Abbild des Reiches dar. Um 1790 gab es in „Deutschland“ z.B. rund 1.800 Zollgrenzen. Die Franzosen beendeten das rückständige System, bildeten Departements (im Falle von Viersen das Département de la Roer)[2], führten einheitliche Maße und Gewichte ein, sowie die Gewerbe- und Religionsfreiheit. Das bedeutete das Ende der Benachteiligung von Protestanten und Juden sowie die Entmachtung der Zünfte, und hatte eine Belebung des Wirtschaftslebens zur Folge. Gleichermaßen positiv wirkte sich die Einführung eines Bürgerlichen Gesetzbuches (1804), eines Handels- (1807) und eines Strafgesetzbuches (1810) aus, denn nun genossen alle Bürger Rechtssicherheit. Arbeits- und Handelsgerichte sowie Handelskammern wurden gegründet, und die Verlegung der Zollgrenze an den Rhein (1798) gab der Wirtschaft zusätzlich Schub. Den rheinischen Unternehmern stand mit einem Male der ganze französische Wirtschaftsraum als Absatzgebiet zur Verfügung, die hohen Zölle am Rhein schützten zudem vor der Konkurrenz aus den rechtsrheinischen Gebieten.

Als 1815 die Zeit des französischen Einflusses endete, wehrte sich die Bevölkerung dagegen, diese Errungenschaften der neuen preußischen Staatsangehörigkeit zu opfern. Schließlich entstand auf dieser Basis 1834 der Deutsche Zollverein, ein Zusammenschluss von Staaten des Deutschen Bundes für den Bereich der Zoll- und Handelspolitik.[3] *„Der Deutsche Zollverein bietet einen eklatanten Beweis, wie sehr die allgemeine Wohlfahrt des Volkes durch Erleichterung des gegenseitigen Verkehrs steigt und wie durch diese materiellen Vorteile die Bewohner verschiedener Länder immer befreundeter werden“*, kommentierte ihn Friedrich Diergardt.[4]

Nach dem überraschenden Tod seines Partners (1815) und einem Umzug an den Alten Markt in Viersen im Jahr 1816, führte Diergardt das Unternehmen unter eigenem Namen weiter. Er heiratete im Jahr 1819 Julie Deussen und wurde ein Jahr später Vater eines Sohnes. Diergardt erhielt 1823 ein preußisches Patent zur Einführung neuer Geräte zur Herstellung doppelt gewebter Sammetbänder und baute in Viersen-Rahser eine Fabrik. Schon vier Jahre später bekam er die „Silberne Medaille" der Berliner Industrieausstellung für seine Produkte verliehen. Handelskontakte nach Russland, Großbritannien und in die USA wurden schon in den ersten Jahren geknüpft, ab Mitte der 1830er Jahre werden Geschäftsbeziehungen auch nach Indien, China und Brasilien aufgenommen; Dreiviertel der Produktion wird nun exportiert. Um 1840 herum beschäftigte die Firma Diergardt rund 3.200 Personen, v.a. Hausweber, in den Regierungsbezirken Aachen und Düsseldorf, 1844 ist seine Sammetfabrik die bedeutendste Europas[5], dokumentiert durch eine Vielzahl von Auszeichnungen: u.a. erhält das Sammetwaren-Untenehmen Diergardt 1842 auf der 1. Deutschen Industrieausstellung in Mainz den 1. Preis und die Medaille; 1844 den Ersten Preis der Ausstellung in Berlin, 1853 in New York, 1854 in München, 1862 in London. Durch den Gewinn von Medaillen auf den Messen in Brüssel

„Je höher der Mensch im Leben steht, je größer sind seine Pflichten."

(1841), London (1851), und Paris (1855) werden Diergardt zudem Einladungen der jeweiligen Regenten zuteil, mit denen er Handelsfragen erörtert. In Paris, wo er als bedeutendster Teilnehmer bezeichnet wird, wird ihm zusätzlich

das Offizierskreuz der Ehrenlegion verliehen, in Lissabon 1858 die Große Goldene Medaille der Königin von Portugal. 1867 erhielt er auf der Großen Pariser Ausstellung einen (Geld)Preis für Verdienste um die Gewerbe, den er umgehend an seine Arbeiter- und Pensionskasse stiftete.

Das war ein weiterer wichtiger Wesenszug des Viersener Unternehmers (Abb. s.o.: 1863): Im Gegensatz zu vielen anderen Unternehmern seiner Zeit dachte er immer auch an seine Mitarbeiter. Diergardt gelang es wieder und wieder mit seinen Ideen, seiner Fürsorge und seiner Großzügigkeit, die Existenznot der niederrheinischen Weber und die seiner Angestellten abzumildern: Er eröffnete den Leinenwebern, als diese nach 1815 durch billige Maschinenleinwand aus Großbritannien unter Druck gerieten, die Möglichkeit auf die Sammetweberei auszuweichen. Auch in Jahren schlechten Absatzes (1830 und 1840), als die Stoffe fast nur für das Lager produziert werden konnten, beschäftigte er seine Weber weiter; er gründete in Viersen eine Arbeiterkrankenlade

(1816, Beitrag: ein Silbergroschen) und zahlte Krankengeld (20 Silbertaler pro Woche). Als im Jahr 1836 das preußische Kronprinzenpaar die Rheinlande bereist, besucht es die Diergardtsche Lehrfabrik in Viersen-Rahser. Zur Erinnerung daran stiftete dieser 5.000 Taler für ein Krankenhaus in Viersen.[6] Später wird er ein gefragter Berater des Prinzregenten Wilhelm in Wirtschaftsfragen. Diergardt gründete und finanzierte zum großen Teil auch die Krankenhäuser in Brüggen und Moers sowie in Düren eine Stiftung für Blindenunterricht; er rief in Viersen eine Webschule (1839) ins Leben und unterstützte dort die Gewerbeschule; 1863, zum 50jährigen Geschäftsjubiläum, spendete er 10.000 Taler zur Unterstützung alter Arbeiter seines Unternehmens; 1868 stellte er 50.000 Taler zur Verfügung, für eine Stiftung zur Unterstützung seiner alten und armen Arbeiter im Einzugsgebiet des Gladbacher Gewerbegerichts sowie entfernter Familien. Die Verwaltung der „Diergardt-Familienstiftung“ vertraute er damals dem Kölner Gymnasial- und Stiftungsfonds (KGStF) an, in dem heute annähernd 300 Stiftungen zusammengefasst sind. Die Industrie- und Handelskammer Mittlerer Niederrhein ist die einzige noch verbliebene in der Stiftungsurkunde genannte Institution, die über die Vergabe des Geldes entscheiden kann, das sie vom KGStF überwiesen bekommt. Nachdem Inflationen und Währungsumstellungen das Kapital der Stiftung fast auf Null gebracht hatten und in den Büchern über Jahrzehnte nur noch ein Erinnerungsposten stand, zahlt sie seit Mitte der 1990er Jahre wieder Spenden an Institutionen aus. So flossen seit dem Jahr 2000 in der Region rund 400.000 € an karitative Einrichtungen.[7] U.a. erhielten die „Initiative gegen Arbeitslosigkeit Region Kempen-Viersen“ (13.000 €/ 2012-2015) und das Altenwohnprojekt „Domizil Plan A“ in Willich (3.000 €/ 2013) Spenden[8], so dass die Menschen in Viersen, Mönchengladbach und Umgebung noch heute von der Großzügigkeit und vom Weitblick Friedrich von Diergardts profitieren.

Wohnhaus Diergardt, Alter Markt Viersen (H.J. Kaiser)

Berater und Schmuggler

Als das preußische Handelsministerium ihm 1835 einen neuartigen Seidenwebstuhl zu Testzwecken zur Verfügung stellt, lässt der weitsichtige Unternehmer ihn anstatt in einem seiner Werke im Rathaus Krefeld aufstellen, in der Hoffnung, dass sich die neue Technik schneller verbreitet. Nach Errichtung des Fabrikengerichts in Gladbach (1836), das er selbst in Berlin vorgeschlagen hat, wird er für 23 Jahre dessen erster Präsident. Im Berliner Postministerium drängt er auf eine direkte Postverbindung von Viersen nach Düsseldorf, in den 1840er Jahren erarbeitet er Pläne zum Betrieb von Kreissparkassen in Gladbach und Kempen (1840) sowie einer Sparbank für die Rheinprovinz in Köln (1843). In der rheinischen Metropole unterstützt Diergardt auch die Pläne für eine Feuerversicherungsgesellschaft für das Rheinland (1852).[9]

Friedrich von Diergardt befasste sich auch mit Themen wie Straßenbau, Energie, Eisenbahn,

Zöllen, Schifffahrt oder Sparkassen. Er hat so Viersen und dem Rheinland große Dienste erwiesen (und natürlich auch selbst davon profitiert). Er förderte den Eisenbahnbau von Düsseldorf nach Elberfeld und saß in den Verwaltungsräten der Düsseldorf-Elberfelder- als auch der Krefeld-Ruhrorter-Eisenbahn. Er trieb gemeinsam mit den aus Dülken stammenden Unternehmern Gustav Mevissen (siehe S. 177) und Franz Wilhelm Koenigs (siehe S. 165) die Idee einer Bahnstrecke Viersen-Dülken-Venlo voran, aber die Revolution von 1848 bremste die Pläne zunächst. Die Strecke Homberg-Viersen wurde dann 1849 fertig gestellt, 1866 schließlich über Dülken bis Venlo verlängert.[10] 1835 erreichte er, dass die Schiffe der „Hamburger Dampfschifffahrt" auch in Rotterdam anlegten, zwei Jahre später beteiligte er sich an der Gründung einer deutsch-englischen Schifffahrtsgesellschaft und setzte sich für eine direkte Schifffahrtslinie zwischen Köln und London ein. Diergardt wird 1838 Aktionär der „Düsseldorfer Dampfschifffahrtsgesellschaft" und lässt Gutachten für den Bau von Schiffen anfertigen, die sowohl auf dem Meer als auch auf Flüssen fahren können. In Berlin plädiert er für die Schaffung einer preußischen Handelsflotte.[11] Im Jahr 1856 wird Diergardt Mitglied im „Köln-Müsener Bergwerksverein" und widmet er sich, wiederum gemeinsam mit Mevissen u.a., der Kohleerschließung am Niederrhein: Nach positiv verlaufenen Probebohrungen erhielt die Gruppe 1857 seitens der preußischen Regierung die Erlaubnis u.a. zur Ausbeutung des „Grubenfelds Humboldt" in Rheinhausen, mit einer Größe von rund 32 Millionen qm. Die Früchte dieser Aktivität konnten allerdings erst sein Sohn und seine Enkel ernten.[12]

„Obgleich kein Absatz der Gewebe besteht, habe ic
mit vielen Kindern oder anderen häuslichen Ve
gewöhnlich leiden, zahle ich den dritten Te
Fabrikanten, die dieses Opfer bringen könner

Friedrich Diergardt wird 1841 zum Mitglied des Rheinischen Landtages gewählt, sechs Jahre später Mitglied des Vereinigten Preußischen Landtages und schließlich Mitglied des Herrenhauses. Im Jahr 1848 reist er mit anderen rheinischen Abgeordneten nach Berlin und versucht den preußischen König auf die Gefahren eines Aufstandes hinzuweisen, was dieser ignoriert. Diergardt bemühte sich auch in dieser Situation um die Linderung der Not der Weber/Arbeiter und schrieb an Gustav Mevissen: *„Ich werde keine Opfer scheuen, um meine zahlreichen Arbeiter zu beschäftigen, obgleich mit jeder Post Briefe einlaufen, keine Waren abzusenden.“* Die Revolution findet schließlich statt und Diergardt reist als Abgeordneter des Landtages zur Nationalversammlung nach Frankfurt, wo auch Mevissen an den Debatten teilnimmt.[13] Als Mitglied des Landtages bzw. Herrenhauses bekam er von seinen rheinischen „Landsleuten“ viele Bitten mit nach Berlin geschickt, denn seit Ende der 1850er Jahre wurde so etwas wie „institutioneller Lobbyismus“ durch Gesellschaften und Verbände bekannt und genutzt: *„Fragen und Petitionen aus meiner Provinz beschäftigen mich bis spät in die Nacht“*, schrieb er an Gustav Mevissen, *„sie glauben, man könnte die Dinge hier so regeln wie im Rheinland, also sie bei einer Flasche Wein besprechen und dann machen.“* Aber auch Mevissen nutzte diesen „Kanal“, bis er 1865 selbst ins Herrenhaus einzog.[14]

Fest-Gruss

zur

fünfzigjährigen Geschäfts-Jubelfeier

des Nestors der Industrie im Rheinlande

Freiherrn

Friedrich von Diergardt

Königl. Geh. Commerzienrath und Ritter hoher Orden

in Viersen am 1. Januar 1863.

Du wackrer Mann, der schon vor fünfzig Jahren,
Verpflanzte nach St. Tönis Industrie,
Du hast im langen Wirken viel erfahren,
Jedoch verließ Dich große Thatkraft nie.
Dein Name ist bekannt in allen Landen,
Weil Du als Mann zu wirken hast verstanden.

Ein Menschenfreund warst Du in schweren Krisen,
Die hemmend wirkten beim Verkauf,
Der Arbeitssäle sahn wir nicht verschließen,
Du häuftest Waare für die Zukunft auf,
Und gabst gern Brod in schwerbedrängten Zeiten,
Sah'st nimmer gern den Armen Mangel leiden.

Dein Name ist deshalb bekannt geworden,
Am Rheinstrom, und im deutschen Vaterland;
Was gut und edel liebt man allerorten,
Und segnend wird es überall genannt;
So nennt man segnend Dich auch als Berather
Der Armen, als der Waisen Vater! — —

In Farben-Pracht, in Sammt und goldner Seide
Schuf'st Du den Stoff für uns're Damen-Welt;
Damit sie sich im wunderschönen Kleide
Auf Bällen, Assembleen wohlgefällt.
Dein Kunstsinn hat Dich immer hoch erhoben,
Davon gibt uns Dein Schaffen schönste Proben.

Bei Ausstellung von Waaren aller Lande,
Errang Dein Fabrikat ja stets den Preis;
Der Könige verlieh'n Dir Ordensbande
Für Deine Industrie und Deinen Fleiß
Gott segnete Dein rastlos hohes Streben,
In Deinem ganzen schönen Erdenleben.

Als Präsident von dem Gewerb-Gerichte,
Was Du zuerst in Gladbach eingeführt,
Wird man in Anerkennung gern entrichten
Den Dank, der reichlich Dir dafür gebührt.
Denn in dem Lauf von sechs und zwanzig Jahren
Hat man die Wohlthat des Gerichts erfahren.

Dem König treu, beliebt im Bürgerstande,
Schenkt dieser Dir ja gerne sein Vertrau'n;
Bei der Vertreter-Wahl im Vaterlande,
Konnt' man auf Diergardts Wort ja immer bau'n.
Als Abgeordneter gewählt, hatt'st Du den Willen,
Den Wunsch der Wähler redlich zu erfüllen.

Du warst stets freier Mann im Vaterlande,
Ein Freiherr wurdest Du durch Königs Macht;
Bleib' treuer Bürger stets in dem Verbande,
Ein Mann von Wort und That, der viel vollbracht!
Der Name „Diergardt“ wird nie untergehen,
Zu jeder Zeit wird er in Ehren stehen. —

Drum wandle, edler Greis, auf Blumen-Pfaden,
Und Gottes Segen bringe Dir stets Heil!
Er schenke Dir von seinen besten Gnaden,
Gesundheit bleibe stets Dein schönstes Theil.
Zufriedenheit erblüh' auf Deinen Wegen,
Wo Jung und Alt Dir freundlich tritt entgegen.

Als „Nestor“ großer Industrie am Rheine,
Begrüßt das Rheinland Dich als wackern Mann.
Der einzeln wirkte, und auch im Vereine
Als Bürger seine Schuldigkeit gethan.
Dir winkt dereinst für Deine Treu zum Lohne
Des Volkes Dank, — die goldne Himmelskrone!

Durch seine erfolgreichen Aktivitäten - vor allem im Außenhandel - entwickelte Diergardt sich zum Vertrauensmann des Handelsministeriums und des preußischen Prinzregenten Wilhelm persönlich, was sich nach außen hin in der Erhebung zum Freiherrn „von“ Diergardt (1860) dokumentiert. Und dass, obwohl er, gemeinsam mit Mevissen u.a., 1860 die preußische Armeereform scharf kritisierte.[15] Aber schon in der Flautezeit seiner Geschäfte (1830) baute er mit königlichem Geld und arbeitslosen Webern die Landstraße von Viersen Richtung Krefeld weiter, er verhandelte im Auftrag der preußischen Regierung mit Frankreich über Transiterleichterungen für Transporte (1839) und beriet sie über mögliche Handelsverträge mit den USA (1838) und Südamerika (1842). Und er schmuggelte für die Regierung 1832 Seidenbearbeitungsmaschinen aus England heraus, deren Ausfuhr bei Androhung der

*noch alle Weber in Arbeit gehalten, und für Familien
ältnissen, die durch die hohen Brotpreise mehr als
les nötigen Brotes auf meine Rechnung. Es gibt aber wenige
leshalb ist die Lage für viele trostlos."* (1847)

Deportation untersagt war: er fuhr selbst nach Manchester, machte den Techniker ausfindig, der die Anlage baute, und kaufte ihm ein Exemplar ab. Das brachte er außer Landes und übergab es dem Ministerium in Berlin.[16]

Diergardtschule (1912-1975)

Seine Erfolge als Unternehmer, Politiker, aber auch als Wohltäter, verhalfen ihm zu hohem Ansehen, was sich auch in den vielen Auszeichnungen ausdrückt, die er erhalten hat: u.a. für seine Bemühungen um die Arbeiter in Notzeiten die Ernennung zum Ritter des Ordens III. Klasse des Roten Adlers (1832) durch den preußischen König (es folgten 1855 II. Klasse, 1862 Kronenorden II. Klasse, 1863 Stern dazu). Die Ernennung zum Königlichen Kommerzienrat (1836), Königlichen Geheimen Kommerzienrat und die Verleihung der Goldenen Medaille der Königin von Preußen (1842), sowie des Ehrenbürgertitels seiner Geburtsstadt Moers (1855) rundeten seine Erfolgsgeschichte ab. Seinem Stand entsprechend kaufte er 1841 Rittergut Vinkenhorst und 1857 Schloss Morsbroich bei Leverkusen inkl. großer Ländereien, als Wohnsitze und zur Versorgung seiner direkten Nachkommen. Als er sah, dass sein Sohn aus Gesundheitsgründen das Unternehmen nicht würde weiterführen können, legte er die Führung in die Hände von langjährigen Freunden und seiner drei Prokuristen, die auch Gesellschafter waren.[17]

Trotz seines großen Reichtums blieb er ein bescheidener Mensch, der mit einer Zigarre und einer guten Flasche Wein seine langen Arbeitstage ausklingen ließ.[18] Er war ein typischer Vertreter des neu entstandenen Bürgertums, das *„beständig an seinem sozialen Status arbeitet und Kapital im weiteren Sinne akkumuliert: ökonomisches Kapital von Einkommen und Vermögen, kulturelles Kapital der Bildung, soziales Kapital der Beziehungen."* [19] 148.500 Taler aus seinem Vermögen wurden nach seinem Tod am 3. Mai 1869 für vielfältige wohltätige Zwecke gespendet, darunter 20.000 für die Gründung einer Alterssparkasse in Mönchengladbach (die bis 1974 bestand), 5.000 für den Neubau der evangelischen Kirche, heute „Kreuzkirche", in Viersen (hinter der, auf dem „Alten Friedhof", die Familiengrabstätte liegt), 2.500 für die Errichtung einer evang. Kleinkinderschule und 5.000 für ein Krankenhaus

„Wenn in Viersen etwas Ordentliches zu Stande kommen soll, so müssten sich außer den Fabrikanten und Kaufleuten bemittelte Bürger vereinigen, um einen Bau-Verein zu gründen." (1869)

in Süchteln. Noch kurz vor seinem Tod befasste er sich mit einem Projekt zum Bau „gesunder Wohnungen" in Viersen.[20] So kommt einem bei der Lektüre seiner Biographie der Gedanke: An Diergardts Weitsicht, Risikobereitschaft und Wohltaten könnten sich so manche moderne Unternehmer ein Beispiel nehmen. Natürlich hatte er auch Gegner und war nicht überall beliebt. So schrieb der Bankier und Politiker Ludolf Camphausen über ihn: *„Wenn in den Protokollen ein Abgeordneter von sich selbst, seinen Arbeiten, seiner Industrie, seiner Stadt, seiner Gegend, seinen Freunden und seinen Briefen spricht, so ist es dieser lange Esel [...]. Königlicher als ein König in spe Herr von Diergardt, vertrauter Rat aller ministeriellen Kabinette, die da waren, sind, und sein werden..."*.[21]

In Viersen erinnern Diergardt-Platz und -Straße sowie die Diergardt-Schule an ihn. Desweiteren sind nach Diergardt Straßen in Moers, Köln und Leverkusen benannt, sowie der Von-Diergardt-See in Köln und der Diergardtsche Wald im Naturpark Maas-Schwalm-Nette. 1973 widmete der Kreis Kempen-Krefeld ihm eine Gedenkmedaille. (te)

„Was Diergardt für das Wohl unserer Stadt und für den Aufschwung der Industrie in weiteren Kreisen, und was er ferner als Anreger und Förderer humaner und gemeinnütziger Unternehmungen getan, das sichert ihm ein stets dankbares Ansehen." (Viersener Stadtverordnetenversammlung, 1869)

Joseph Dommers-Vehling

Autor, Koch, Gewerkschaftsgründer

Von Dülken in die Welt: Joseph Vehling legte zwar nicht die typische „Tellerwäscher-Karriere" hin, aber er erwarb sich in seiner Nische Ansehen und Ruhm in Europa und den USA.

In den 1950er Jahren erwarb die Erbin der Statler-Hilton-Hotelgruppe, Alice Statler, eine 440 Objekte umfassende Sammlung von Kochbüchern und weiteren Gegenständen und schenkte sie der *School of Hotel Administration* an der *Cornell University New York*, wo sie sich heute als *JD Vehling Collection* befindet. Geschätzter Wert nach heutiger Kaufkraft: Eine Million US-$.[1] In der Sammlung befanden sich u.a. das Originalmanuskript von *Liber de arte coquinaria* („*Die Kunst des Kochens*") von Martino da Como (1430-1470), genannt Maestro Martino, Chefkoch des Patriarchen von Aquileia, sowie das darauf aufbauende, erste Kochbuch, das je gedruckt wurde (1474): *De honesta voluptae et valetudine* („*Über ehrliche Freuden und gute Gesundheit*") des italienischen Humanisten Bartolomeo Platina (1421-1481), der fast die Hälfte seines Buches von Martino übernahm. Darüber hinaus noch Speisekarten historischer Bankette in Europa, Holzschnitte uvm. Zusammengetragen hatte diese beeindruckende Sammlung … ein Dülkener.

Joseph Dommers-Vehling, der als Autor die Nachnamen beider Elternteile führte, wurde am 9. August 1879 in Dülken geboren. Er war ein „aufgeweckter Bursche" der auf dem Gymnasium gute Leistungen zeigte - v.a. in Griechisch und Latein - weswegen seine Lehrer ihn für das Priesteramt empfahlen. Aber seine Eltern nahmen ihn im Alter von 14 von der Schule und steckten ihn in eine Kochlehre. Er erfüllte seinen Eltern diesen Wunsch ohne zu murren, da er gutes Essen liebte. Außerdem konnte er so seine zweite Leidenschaft verwirklichen, das Reisen, und dem „langweiligen Dülken" entkommen. Er erlernte den Beruf auf Stellen in Deutschland, Belgien, Frankreich, Großbritannien und Skandinavien. Mit 24 Jahren bekleidete er eine Stelle als *assistant manager* im Hotel Bristol in Wien. Während seiner Lehr- und Wanderjahre nutze er seine freie Zeit oft für das Selbststudium in Bibliotheken und Museen, sowie für den Erwerb historischer Kochbücher und -utensilien. So fand er bei einem Aufenthalt in Italien auch schon Materialien, die er später

für seine Arbeit am römischen Kochbuch von Apicius (s.u.) nutzen konnte.[2]

In Wien überzeugte ihn ein Kollege in die USA auszuwandern, was er 1904 dann auch tat. Bei seiner Einreise gab er „Oberkellner" als Beruf an. Dort arbeitete er in verschiedenen Hotels und heiratete 1910 in New York Johanna Ostendorf aus dem niedersächsischen Dinklage, die schon 1896 in die USA gekommen war. Sie war ebenfalls ausgebildete Köchin und hatte verschiedene Positionen im Hotelfach bekleidet. Ab dem Jahr 1911 taucht Joseph Vehling dann vermehrt in der US-Presse auf, vor allem in der *New York Times*, denn er gründete mit seinem nachgekommenen Bruder Paul die „International Hotel Workers Union". Diese neue Hotelgewerkschaft sollte dazu dienen, den Beruf des Kochs *„auf das Niveau einer öffentlichen Anerkennung zu heben"*, wie Vehling in der ersten Ausgabe der Gewerkschaftszeitschrift *International Hotel Work* schrieb. Des weiteren wollte er die Kochkunst als *„vollgültige Profession unter allen anderen Berufen und Künsten und Industrien der Nation anerkannt wissen."*[3] Um das zu schaffen sei es zuerst nötig, eine feste und angemessene Bezahlung durch den Arbeitgeber zu erreichen und nicht - wie bisher üblich - vom Trinkgeld (*tip*) der Gäste abhängig zu sein. Darum müsse man dieses ablehnen. Mit seiner Gewerkschaft wollte Vehling - typisch Deutscher - aber keinen Unfrieden schüren und setzte auf Vernunft und den Rechtsweg, anstatt auf Aktionen und Streiks. Schon bald aber zerstritt er sich mit seinen Mitgliedern, denn die wollten erst auf *tips* verzichten, wenn der Mindestlohn durchgesetzt sei, und sie folgten auch einem Aufruf zum Generalstreik aller Hotelangestellten. So wurden Joseph und Paul schon ein Jahr später aus der Führung der Gewerkschaft abgewählt.[4]

Dichter und Historiker der Kochkunst

Schon 1910 veröffentlichte Vehling in einem Münchener Verlag ein Buch mit Dichtungen, Liedern und eigenen Zeichnungen. Einige seiner Texte waren leicht frivol, was auch Kritik hervorrief:

Die Witwe

Leichenpredigt, Totenfeier,
Tanten, sich die Nasen schneuzend,
Gott sei Dank! Es ist vorüber!
Wirklich, dieser Witwenschleier
Steht Dir, Herzchen, einfach reizend
Bieg' dich mehr nach hinten über
...

Drei Jahre später brachte er eine Aphorismensammlung heraus, die von Schopenhauers Weltschmerz und dem kritischen Freigeist Nietzsche inspiriert ist.[5] Ein ideologisches Selbstporträt, in dem sich Vehling *„in der Rolle des denkenden Dichters, der von der generellen Unmündigkeit seiner Umwelt ausgeht, die zu überwinden eine permanente Herausforderung ist"*, sieht. Vehling geht von der Überlegenheit der deutschen Geisteskultur aus, *„Anklänge eines amerikanisch-demokratischen Pragmatismus"* sind aber spürbar.[6] Allerdings hatten viele deutsche Einwanderer in den USA ähnliche Gefühle. 1853 klagt Franz Löher im Buch *Die deutschen Auswanderer der gebildeten Stände in Nord-Amerika*: *„...man empfindet das Unfreudige und streng Einförmige und Einseitige des amerikanischen Charakters; man merkt den Mangel tieferen geistigen Lebens, die Seltenheit wahrer Bildung bei aller äußeren Politur."* [7] Vehlings Aphorismen sind durchsetzt von Humor, Sarkasmus und Zynismus, schrappen manchmal aber auch knapp am Kitsch entlang.[8] Die darauf folgende Gedichtsammlung *Singender Sand* (1914) enthält einige Gedichte aus seinem 1910 veröffentlichten Buch, allerdings nicht die erotisch anzüglichen, die er dem amerikanischen Publikum nicht zumuten konnte. Neue Gedichte sind inspiriert von seinen vielen Reisen durch die USA und Kanada:

Die Himmelschaber

Sieh diese Ungetüme in der Menschenwüste!
Ein kalter Fels, ein stählernes Gerüst.
Wer möchte doch darinnen wohnen?
Blick nur hinan! Erfasst dich nicht ein Grausen?
So hoch schon bauten weise Pharaonen,
Doch nur, die Götter und die Toten zu behausen.
Ein Riesennest, ein Drängen und ein Wühlen
Ameisen flink, in menschlichen Gestalten.
In dem Gewoge kannst du recht den kalten
Griff grenzenloser Einsamkeiten fühlen.
Nicht eisiger ist's bei Götzen oder Toten,
Die starr erhaben, taubstumm für dein Wimmern
Die bleich und kalt, sich nimmer um dich kümmern.
Hier teilt nur deine Kraft des Lebens wirre Knoten…
(Broadway, New York)[9]

Nach Vehlings Meinung hat die deutsche Kultur die amerikanische Gesellschaft ebenso geprägt wie die angelsächsische, weswegen ihm das Verschwinden des Deutschtums aus der Öffentlichkeit nach dem I. Weltkrieg sehr nahe ging. Das beschreibt er später in seinem Buch *Niedergang des Deutschtums in Amerika.* Er gibt darin auch einer verfehlten deutschen Kulturpolitik die Schuld. Er selbst verließ die USA 1914 Richtung Montreal, wo er als Inspektor bei der „Canada Pacific Railway" arbeitete, um der anti-deutschen Hysterie zu entkommen, die nach

Kriegsbeginn um sich griff. Sein Engagement in einer linken Gewerkschaft und sein Amt als Präsident des eher nationalkonservativen deutschen Kriegervereins in den USA hatten wohl auch dazu beigetragen.[10] So konnte auch ein angekündigter Roman nicht erscheinen, der seither verschollen ist.

1918 kehrte das Ehepaar Vehling in die USA zurück, denn dort trat Joseph in Milwaukee eine Stelle als *manager of catering* im Pfister Hotel an und blieb fünf Jahre.[11] 1923 waren sie zurück in Chicago, wo Vehling wieder als Steward tätig war. Dort arbeitet er sich hoch, wird Manager der *Chef of Cuisine Association* und beginnt 1926 mit seiner Arbeit am Apicius (s.u.). 1930 haben die Eheleute einen schweren Autounfall, dessen Folgen es Joseph Vehling nicht mehr erlauben einer körperlich anstrengenden Arbeit nachzugehen. So nimmt er zwischen 1933-38 Lehraufträge zur „Kochkunst der Antike und Renaissance“ an der Hotelschule der „Cornell University“ an, und wird Herausgeber der Zeitschrift *Hotel Bulletin and the Nation's Chefs* (1932), in der er mehrere Artikel veröffentlicht. Er schreibt u.a., *„dass „Amerikaner die hohe Kunst der Küche entweder nicht kennen oder nicht schätzen. Um 1830 standen sie zum letzten Mal einer guten Küche nahe.“*[12] Joseph Vehlings sozialistische Einstellungen waren inzwischen einem deutschnationalen Denken gewichen, und er diente sich den Nazis als Vermittler ihrer Politik in den USA an. Die reagierten eher ablehnend, und so erledigte sich dieses Kapitel schnell. 1935 erfolgte die Einbürgerung Vehlings in die USA.

Er übersetzte nun das älteste bekannte „Kochbuch“ der Welt (aus dem 3. Jh.), eigentlich eine Sammlung von rund 470 Rezepten (von denen 200 Saucen betrafen), die wohl als Erinnerungsstütze in den Küchen dienen sollte. *De re coquinaria* (*„Über die Kochkunst“*) von Caelius Apicius, oder Macus Gavius Apicius, oder einem anderen römischen Feinschmecker gleichen Namens verfasst, übertrug er aus dem Vulgär-Latein ins Englische.[13] Bis dahin lagen Übersetzungen in Italienisch, Französisch und Deutsch aus den Jahren 1498-1922 vor, von denen Vehling einige besaß. Die Idee, etwas über römische Essgewohnheiten/ Rezepte zu veröffentlichen, hatte sich bei seinem ersten Italienbesuch in ihm festgesetzt, als er durch die Straßen von Pompeji wandelte. Er wollte das (Küchen)Wissen der Antike in unsere Zeit retten, und gleichzeitig reizte ihn die Aufgabe der kniffeligen Übersetzung.[14]

Das von Vehling auch noch selbst illustrierte Buch (siehe Zeichnungen in diesem Artikel) erschien 1936, wurde durchgängig bis 1977 neu aufgelegt und machte ihn unter Köchen, Gastronomen,

Antike- und Kochinteressierten im anglophonen Raum bekannt. Heute ist es wohl nur noch von historischem Interesse, denn es existieren bessere Übersetzungen.[15]

Dann schrieb Vehling ein Werk über das von ihm 1927 bei einem italienischen Antiquar erstandene Manuskript von Maestro Martino (s.o.) und bekräftigte darin seine Entdeckung, dass dieser Martino der gleiche war, den Platina für sein „Buch" als Quelle genannt hatte (s.o.). *Platina and the rebirth of man* erschien 1941. Beide Werke sind nach Professor Luigi Ballerini *„herausragende Beiträge zum Studium der historischen Gastronomie"*[16], Vehling habe dafür gesorgt, dass Maestro Martino und Platina der Vergessenheit entrissen worden seien.

Als letztes Werk veröffentlicht Dommers-Vehling 1950 mit *America's table* ein 882 Seiten starkes Handbuch der amerikanischen Küche. Er stirbt am 20. September des gleichen Jahres in Chicago. Mit seiner Sammlung und seinen Übersetzungen hat sich dieser große Individualist und Nonkonformist ein ewiges Denkmal gesetzt. (te)

Bücher von Joseph Dommers-Vehling

Aus Hohlwegen und von stillen Höhn, München 1910.

Das Vermächtnis des Einsamen. Aperçus, New York 1913.

Singender Sand. Schicksalslieder, New York 1914.

Niedergang des Deutschtums in Amerika, Chicago 1934.

Apicius. Cookery and Dining in Ancient Rome, Chicago 1936.

Platina and the Rebirth of Man, Chicago 1941.

America's table, Chicago 1950.

Ferdinand Emmerich

Abenteurer und Schriftsteller

Er erlebte auf seinen Forschungsreisen rund um die Welt wirklich, was Karl May sich nur ausgedacht hatte. Und obwohl er mit seinen Büchern zu seiner Zeit großen Erfolg hatte, ist über den Menschen Ferdinand Emmerich und sein Leben nur wenig bekannt.

Als Ferdinand Emmerich-Hoegen erblickte er am 8. Juli 1858 das Licht der Welt und lebte bis zum Ende seiner Schulzeit in Viersen-Hamm. Schon als Kind zeigte er großes Interesse an fernen Ländern. Dieses wurde nicht zuletzt geweckt vom weitgereisten Adolf Bastian, Arzt, Ethnologe und Gründungsdirektor des Museums für Völkerkunde in Berlin, der in Emmerichs Elternhaus verkehrte (aus welchem Grund, ist nicht bekannt). Emmerich verschlang auch die Bücher des Schriftstellers Friedrich Gerstäcker, der Teile von Kanada und den USA durchwandert hatte, und nahm mit ihm einen Briefwechsel auf.[1]

Ferdinand Emmerich studierte in Palermo auf Sizilien Medizin, unterbrach das Studium aber, um als Schiffsjunge nach China und in die Südsee zu reisen. Im Jahr 1886 schloss er sein Studium erfolgreich ab. Danach reiste er - manchmal wohl auch im Auftrag wissenschaftlicher Institutionen - um die Welt: Nord- und Südamerika, Nord- und Südafrika, China, Tibet, Burma, Ceylon [heute: Sri Lanka], Borneo uvm. In Südafrika nahm er am „Burenkrieg“ (1899-1902), der Auseinandersetzung zwischen Briten und holländischen Siedlern, teil, wohl auf Seite der „Buren“, die Deutschlands Sympathie genossen. Meist war er zu Pferd oder zu Fuß unterwegs, so durchwanderte er z.B. den Osten von Tibet. An sein Etappenziel Südtibet gelangte er bei dieser Reise nicht mehr, da der Ausbruch des I. Weltkriegs ihn daran hinderte und er 1915 nach Deutschland zurückkehren musste.[2]

Von der Reise an den Schreibtisch

Zurück in Deutschland ließ er sich in Pasing nieder (heute ein Stadtteil von München) und begann seine Abenteuer nieder zu schreiben. Zunächst veröffentlichte er seine Geschichten in Artikelform, u.a. in der „Bibliothek der Unterhaltung und des Wissens“ in der „Union Deutsche Verlagsgesellschaft“, wo 1916 zwischen sechs und 27 Seiten lange Erzählungen und Reiseberichte erschienen mit Titeln wie

„Postfahrt in Algerien", „Das Recht des Stärkeren" oder „Ein Besuch beim Stamme der Arawai in Südamerika", teilweise illustriert von A. Paul Weber (siehe Abb.). Ab 1918 publizierte er seine Abenteuer in Buchform. Sein Schreibstil ist eine Mischung aus dem eines Naturwissenschaftlers (Medizinstudium), der zur Erforschung der Landschaft und der Natur um die Welt reiste, und dem eines Abenteurers, der seine Geschichten - wie Karl May - inhaltlich und sprachlich phantasievoll „anreichert": *„Kurz darauf brach die Nacht herein, und die fahle Mondsichel schuf mit ihrem fahlen Licht recht phantastische Gebilde. Die hoch aufschießenden, langen Fetzen der vom Winde gepeitschten schäumenden Wellen hoben sich gespenstig vom Abendhimmel ab und glichen Furien, die ihre knochenlosen Polypenarme nach der sicheren Beute ausstreckten, und die an der Bordwand auflaufenden kurzen Wellen leckten wie gierige Zungen über die schmale Brüstung."* [3]

Abenteuer reiht sich an Abenteuer, Todesgefahr an Todesgefahr, egal ob Emmerich sich in Südamerika oder Asien befindet. Blutrünstige Kannibalenstämme jagen ihn, der Jaguar, der ihn angreift, ist der größte, das Nashorn, das schnellste seit Menschengedenken. Und immer geht Emmerich siegreich aus diesen Begegnungen hervor. Im Gegensatz zu seinen Reisebegleitern, die davon berichten könnten, aber bedauerlicherweise fast immer auf diesen Reisen tragisch ums Leben kommen oder später bei ähnlicher Gelegenheit sterben.[4] „Jenseits des Äquators" beginnt mit einer Überquerung der Anden in Peru Richtung Amazonas und endet in Südostasien, im „Einsiedler von Guyana" beschreibt er das Leben eines Aussteigers. Ferdinand Emmerich verfasste überwiegend solche (Jugend)Romane im Stil von Expeditions- und Abenteuerberichten, so erschien zwischen 1923-25 die zwölfbändige Reihe „Weltreisen und Forscher-Abenteuer", die sich trotz der schlechten wirtschaftlichen Situation in diesen Jahren gut verkaufte. Emmerich schrieb fast immer in der Ich-Form und taucht auch häufig mit seinem eigenen Namen in den Geschichten auf:

„‚Und wenn Sie jetzt auch noch den Hut abnehmen, dann will ich glauben, daß ich wirklich den Finanzminister der glorreichen Republik, Herrn Roche-Grellier, vor mir habe', unterbrach de Groot den Sprecher. ‚So, Herr Minister, womit kann ich Ihnen dienen? Sie können frei herausreden, denn der Herr Emmerich *hier interessiert sich ebenfalls für Geschäfte mit der Regierung.' Sich gegen mich verbeugend, sagte der Minister: ‚Ich schrieb Ihnen bereits, lieber Herr de Groot, daß meine Regierung wieder Geld braucht. Sie wissen ja, unsere Wohlfahrtseinrichtungen...' ‚Zur Sache, Herr Minister! Wieviel brauchen Sie?' ‚Zwanzigtausend Dollars!' De Groot pfiff durch die Zähne und legte sein Gesicht in ernste Falten..."* [5]

Die Darstellung der Einheimischen („Wilde“, „Neger“) ist stereotyp, wie zu dieser Zeit üblich. Sie waren für ihn fast immer verdächtig: mit Vorsicht zu genießen, denn sonst landete man in ihrem Topf, aber man(n) konnte mit ihnen klar kommen, wenn man sie zu nehmen wusste, also v.a. indem man seine Überlegenheit als *„energischer, furchtloser weißer Mann“*, demonstrierte. In der Regel waren sie ihm aber lästig: *„Wie schön wäre die Südsee, wenn die Kanaken [Ureinwohner Neukaledoniens] nicht wären.“* Aber auch Engländer („immer betrunken“) und Franzosen („weibisch“), die er auf seinen Reisen traf, kamen immer schlecht weg. Die deutsche Kultur galt ihm als die Höchste.[6] Darum versuchte Emmerich unterwegs, wenn er die verschiedenen Orte anlief, Deutsche zu finden, seien es Siedler, Missionare oder Kaufleute. Auch, weil er wohl nur schlecht Englisch sprach, auf der Schule hatte er Latein und Griechisch gelernt. Seine Reise-Erfahrungen fasste er auch in einem „Leitfaden für Auswanderer“ (1919) zusammen.

Der Wahrheitsgehalt seiner Werke ist umstritten, aber dass er - im Gegensatz zu Karl May - die Länder und Regionen tatsächlich bereist hat, über die er schreibt, zeigen die Detailfülle, zuverlässige naturwissenschaftliche Fakten sowie sehr präzise, historische Tatsachen, die überprüfbar sind:[7] *„Zum besseren Verständnis des Nachstehenden bemerke ich, daß die Präsidenten der „Vereinigten Staaten von Venezuela“ auf vier Jahre gewählt werden. Richtiger sich selbst wählen, denn höchst selten bleibt ein Präsident vier Jahre lang auf seinem Posten. In neuerer Zeit war es nur einer, Guzman Blanco, ein rücksichtsloser Gewaltmensch, aber ein erstklassiger Organisator, der sogar eine zweite Periode durchhielt.“* [8]

In „Auf den Antillen“ schrieb er: *„Die Welt beginnt sich nach und nach mit einem Netz von Eisenbahnen zu überziehen, das selbst die unberührteste Einsamkeit tropischer Urwälder erschließt. [...] Leider, muß ich sagen, denn das, was ich in den von des Weißen Fuß noch nicht entweihten Ländern erschauen durfte, wird in Zukunft den Forschern versagt bleiben. Die Kultur tötet es.“* Was würde er heute über das Internet denken? Ferdinand Emmerich starb am 2. August 1930 in Pasing. Seine über 20 Bücher, die inzwischen lizenzfrei nachgedruckt werden können, werden immer wieder von Verlagen mit Namen wie „Jazzybee“, „AsklepiosMedia“ oder „Salzwasser“ neu aufgelegt. Meistens werden sie als E-Books in Umlauf gebracht.[9] (pe)

11 Emmerich, Jenseits des Äquators

„Die Welt beginnt sich nach und nach mit einem Netz von Eisenbahnen zu überziehen, das selbst die unberührteste Einsamkeit tropischer Urwälder erschließt. [...] Leider, muß ich sagen, denn das, was ich in den von des Weißen Fuß noch nicht entweihten Ländern erschauen durfte, wird in Zukunft den Forschern versagt bleiben.
Die Kultur tötet es."

Emmerichs Bücher (Auswahl):

Auf Schleichwegen nach Tibet
Das Rätsel des Orinoko
Der Walfischfänger. Erlebnisse eines deutschen Seemanns
Durch die Pampas von Argentinien
Im Gran Chaco von Paraguay
Im Herzen Brasiliens
Im Reiche des Sonnengottes
In mexikanischen Urwäldern
Kopfjäger auf Borneo
Kulis, Tiger, Krokodile
Leitfaden für Auswanderer
Neuseeland
Quer durch Hawaii
Streifzüge durch Celebes
Unter den Wilden der Südsee

Georg Ettl

Künstler und Pädagoge

„Ich muss immer etwas Neues lernen, wenn ich es kann, dann interessiert es mich nicht mehr." **Das war ein Motto des vielseitigen Künstlers, der Viersen zu seiner Wahlheimat machte, und aus dem Bild der Stadt nicht mehr wegzudenken ist.**

Der Künstler Georg Ettl wurde am 31.3.1940 in Nittenau in Bayern geboren. Das ländlich geprägte Städtchen, seine nicht industrialisierte und zubetonierte Idylle, aber auch die Verhaltensweisen und konservativen Moralvorstellungen seiner Bewohner, nicht zuletzt der starke Katholizismus, prägten Ettls Jugend. Er war viele Jahre Ministrant und erlebte viele Hochämter in der Barock-Rokoko-Kirche mit, eine sinnliche Erfahrung, die Spuren hinterließ.[1] Die mangelnden (Weiter)Bildungschancen und die moralische und soziale Enge veranlassten ihn, im Alter von 17 Jahren seine Heimatstadt zu verlassen. Er besuchte das Gymnasium in Schwandorf, aber kurz vor dem Abitur schmiss „Schorsch" die Schule, weil es ihm zu langweilig wurde. Nach einer Zeit in München reist er 1959 in die USA, nach Detroit, um ein halbes Jahr bei einem Onkel zu leben. Daraus wurden zwölf Jahre. Größer könnte der Gegensatz kaum sein: hier das provinzielle Nittenau, dort die Weltstadt mit dem *american way of life*, also großen persönlichen und Vergnügungs-Möglichkeiten, aufgeklärtem Individualismus, aber auch Anonymität und Unüberschaubarkeit.[2] Georg Ettl holte sein Abitur bzw. den *highschool*-Abschluss nach, und machte gleichzeitig eine Lehre als Werkzeugmacher und technischer Zeichner bei der Firma „North Tool", was sich später an der immer exakten Ausführung seiner Werke bemerkbar macht. Er studierte ab 1961 Literatur und Philosophie in Detroit und begab sich 1963 nach Frankreich, um sein Studium erst in Poitiers und dann 1964/65 an der Sorbonne in Paris fortzusetzen. Nach Detroit zurückgekehrt (1966), nimmt er ein Kunststudium an der Wayne State University auf und schließt 1972 mit den *Masters of Fine Arts* ab. Parallel lehrt er Kunst und Geisteswissenschaften an dieser Universität sowie am Macomb-College in Detroit. Georg Ettl heiratet 1968 die Amerikanerin Dianne Gaspas, 1971 kommt ihre Tochter Renate zur Welt. Während seines Studiums in den USA lernt Ettl *Minimal Art* kennen, einen Kunststil, der sich dort zu Beginn der 1960er-Jahre als Gegenbewegung zum „Abstrakten Expressionismus" und zur *Pop Art* entwickelte. Charakteristisch für ihn sind die Verwendung elementarer, häufig geometrischer Formen, die serielle, wertungsfreie Anordnung der Raumkörper sowie der Einsatz industriell produzierter Materialien und Fertigungsweisen. Die Werke vermieden nicht nur jede individuelle Handschrift des Künstlers, sie verweigerten auch jegliche illusionistische, metaphorische oder symbolische Lesart: Das Werk ist, was es ist, Form und Inhalt fallen in eins: „*What you see is what you see*" (Frank Stella).[3] Ettls erste Arbeiten sind Teil dieser Kunstrichtung und im Jahr 1969 ist er in der Ausstellung „Other Ideas" am *Detroit Intitute of Arts* vertreten. Ist der Einfluss der *Minimal Art* in den Arbeiten der 70er Jahre offensichtlich, so sind es doch nur formelle Ähnlichkeiten. Ettl teilt nicht die depersonalisierte Vision des Werkes und er *„stellt die minimalistischen Dogmen wahrlich auf den Kopf"*[4], v.a. nach seiner Rückkehr nach Deutschland. Er lädt seine minimalistisch gearbeiteten Skulpturen wieder mit Symbolik auf, in seiner ständigen Suche *„nach dem verlorenen Inhalt der Kunst."*[5] Im Jahr 1973 zieht die Familie nach Deutschland, ins Rheinland, das damals aufgrund der modernen Museen in Düsseldorf, Krefeld, Mönchengladbach und Köln, in der Kunstszene einen guten Ruf genoss, der bis in die USA gelangt war. Nach Viersen zog Familie Ettl wegen einer Stelle als Kunsterzieher, die Georg Ettl am dortigen Mädchengymnasium, dem heutigen Erasmus-von-Rotterdam-Gymnasium, gefunden hatte.[6] Dort unterrichtet er von 1974 bis 1990. Ettl war ein beliebter Lehrer, da er „anders" war, als die meisten normalen Pädagogen. *„Das Geheimnis seiner Vermittlungskunst lag im Wunsch begründet, die eigene Begeisterung weiterzugeben."*[7] Neben seiner Arbeit als Lehrer richtete er sich ein Atelier ein, von 1974-78 in Dülken auf der Hospitalstr., *„ein idyllischer Ort, mit einem großen Garten"*[8], wo auch seine Tochter eigene Kunstwerke anfertigen durfte. Später dann in Mönchengladbach, im Atelierhaus auf der Albertusstraße.[9] Nachdem Ettl mehrfach dem Leiter des Städtischen Museums in Mönchengladbach, Johannes Cladders, seine Kunst ans Herz gelegt hatte, richtete dieser 1977 eine Einzelausstellung mit ihm aus. Nun hatte Ettl auch in Deutschland/ Europa mit seiner Kunst Fuß gefasst. In vielen seiner damaligen Arbeiten (und auch noch später) waren Provokation und Boshaftigkeit zu entdecken. Denn in den USA hatte er sich zu einem kritischen Intellektuellen entwickelt, durch das hautnahe Erleben der Rassenunruhen, der Folgen des Vietnamkriegs und der Kälte des US-amerikanischen Sozialsystems.[10] In den 70er und 80er-Jahren arbeitete Ettl mit vielen Materialien und so waren 1990 in einer Ausstellung im

Ettl-Serviette

Kunstverein Düsseldorf Skulpturen aus Beton, Aquarelle, Pferdeköpfe in Blattgold auf Resopal, mit Tusche auf Seide gemalte Motive uvm. zu sehen.[11] Ab 1986 entwickelte er zeichnend seinen Formenschatz an Figuren, die zu seinem Markenzeichen werden. Sie erscheinen als Holz- oder Scherenschnitt, als Marmorplatten und Metallplatten. Nach ei-nem Kopf im Profil entstehen Frau und Mann, Tiere und Häuser. Stilisierte Pferdeköpfe oder Häuser tauchten allerdings schon seit 1976 in seinem Werk auf. Ettl strebt in seinen Werken einen *„symbolhaften Urbild- und Zeichencharakter an...“* [12]. Eine universale Formensprache entsteht unter Verwendung von Siebdruck, Lasertechnik und Schablonen, eine zeitgenössische Bildsprache, die sich aus Piktogramm und Comic speist.[13] *„Das von ihm entwickelte Alphabet sichert ihm Freiheit und Unabhängigkeit unter Wahrung einer unverwechselbar eigenen künstlerischen Handschrift.“* [14] Georg Ettl gründete 1996 das „Atelier Ettl“, das ganz der Produktion von einfachen erschwinglichen Objekten gewidmet ist, wie zum Beispiel kleinen Holzfiguren, Teppichen, Krawatten, Pfannen oder Tischen (mit menschlichen Beinen), welche von Szenen des täglichen Lebens inspiriert sind. Seine Arbeiten in Serienanfertigung - Drucke, Objekte, Möbel, Haushaltsgeräte, Servietten u.a. - waren für ihn von gleicher Bedeutung wie seine übrigen Werke. Ettl verteidigt die Massenproduktion als künstlerisches Mittel und legitimiert diese, indem er sich auf unser Zeitalter der Industrie, in dem wir leben, bezieht. Besonders beliebt und erfolgreich sind seine Figuren aus Schichtholz, die anhand einer Konstruktions-zeichnung von einer Laser-Schneidemaschine geschnitten werden. Dass viele Viersener sie mögen, sieht man daran, dass sie in vielen Häusern der Stadt zuhause sind - bei meiner Mutter genauso, wie auf dem Schreibtisch der Bürgermeisterin. Die industrielle Fertigungsweise brachte es mit sich, dass diese Kunstwerke nicht limitiert sind. Eine Ausstellung im Jahr 1996 im Château d'Angers (s.u.) nahm er zum Anlass, eine „Babylon-Tapete“ zu entwerfen, die im Handel erhältlich ist.[15] Ab dem Jahr 2000 widmete sich Ettl einer neuen Werkgruppe, bei der er die Figuren zu ganzen Szenenbildern zusammenfügte, z.B. einem Zirkus, einer Straßenszene oder einem Bauernhof. Sie ähneln Modellen wie Bühnenbildner sie bauen oder dreidimensionalen Zeichnungen, wie bei Aufklapp-Kinderbüchern. Und der Teufel steckt auch hier im Detail, schaut man genau

hin, entdeckt man meist eine bittere Pointe: auf dem friedlichen Bauernhof köpft die Bäuerin ein Huhn, im Zirkus stehen Menschen ohne Kopf und vor der Arche Noah stehen die Tiere Schlange, da schon alle Plätze von Menschen besetzt sind.[16] *„Wer Ettls Arbeiten verstehen will, muss auf die Details schauen."* [17] Das gilt auch für einen 15m langen und 75cm hohen Wandteppich mit dem Titel „Untugenden des Menschen" aus dem Jahr 2002. Die (kämpfenden) Menschen auf diesem Werk haben eine Hauptaussage: Es geht immer „Mensch gegen Mensch", wie auf dem berühmten Teppich von Bayeux in Frankreich, den Ettl zum Vorbild nahm.[18] Ettls Zeichnungen eigneten sich gut zur Umsetzung in ein Gewebe: sie sind nicht zu detailgetreu, haben flächige Konturen und eine stilisierte Darstellung. Trotzdem musste der Teppich maschinell gewebt werden, vom Computer gesteuert, da eine traditionelle Webmaschine die Datenmenge nicht hätte verarbeiten können.[19]

Architekturprojekte im öffentlichen Raum

Seit etwa 1979/80 widmete sich Ettl auch Architekturprojekten, wovon das umfangreichste in Arbeit und Zeit, die Ausgestaltung der Heilig Geist Kirche in Neuss (1991-99) war. Dort hatte er die Gelegenheit, einen großen Raum als Ganzes zu gestalten, inhaltlich wie formal. Das Ergebnis war ein von in Pastelltönen gemalten Bildern bevölkerter Raum, der Szenen aus dem Alten und Neuen Testament präsentiert, wie den Einzug in die Arche, die Erweckung des Lazarus oder die Heilung der Kranken. Aber auch die Hölle und die Sünden, die auch durch moderne Motive z.B. eine Planierraupe oder einen Atompilz dargestellt werden, finden ihren Platz. Der Tanz um das Goldene Kalb sowie das Paradies sind mit farbenprächtigen Figuren über zwei Eingängen dargestellt. Die Rückwand, mit der Darstellung der Apokalypse, unter Einbeziehung der Orgel, wirkt besonders lebendig, von dort entwickeln sich die Wandszenen zum Guten hin und enden mit der Bergpredigt hinter dem Altar. Die Taufkapelle ist mit farbigen Darstellungen verschiedener Labyrinthe geschmückt. Die klare, reduzierte Formensprache Ettls macht die biblischen Geschichten leicht lesbar. In acht Jahren hat er ein heiteres Gesamtkunstwerk geschaffen, einen Kirchenraum, *„in dem der Mensch seine Verbindung zu Gott furchtlos und heiter herstellen kann"*, durch einen lebendigen Bezug zum heutigen Leben.[20] Auch in seiner Wahlheimat Viersen realisierte er verschiedene

Architekturprojekte: So errichtete er 1979/80 neben dem Gymnasium an dem er als Lehrer tätig war, ein „Amphitheater" aus Beton, als Begegnungsstätte der Schülerinnen und Schüler. Sie war v.a. aus Sicht der Schülerinnen notwendig geworden, weil 1979, durch den Umzug der Schule von der Lindenstr. in den Neubau an der Löh, der beliebte „Monte Quasselino" als Treffpunkt verloren gegangenen war.[21] Ettl baute eine runde gepflasterte Fläche, umgeben von Sitzbänken und Mauern mit Szenen aus gegossenem Beton, mit Motiven aus seiner Bilderwelt (Häuser, Pferdeköpfe), sowie von Säulenfragmenten, Findlingen und Bepflanzung. Sein nächstes Projekt betraf die Eingangshalle des neu errichteten Kreishauses in Viersen. Zwischen 1982-85 malte er sie aus. Ettl wählte dieses Projekt auch aus, weil die Halle eine Herausforderung war: *„wie kann es gelingen, aus diesem Unraum mit künstlerischen Mitteln einen Erlebnisraum zu machen, ihm eine ästhetische Qualität zu geben, die seine Benutzung angenehm, vielleicht auch ungewöhnlich macht?"* [22] *„Ich suche mir gerne Räume aus, die kaputt, hässlich sind, um sie zu verschönern"*, sagte er in einem Interview.[23] Es war vor allem eine technische Herausforderung, denn zehn Vierkantpfeiler im Raum erzeugen diffuse Blickachsen, man sieht immer nur Teile des Kunstwerks, und die vorhandenen Aufzüge, Türen, Steckdosen, Heizkörper mussten ins Werk integriert werden, was die Ausmalung schwierig machte.[24] Ettl entschied sich für ein Panoramagemälde am Stück: vom Boden bis zur Decke dargestellt sind klar gegliederte Gebäude, wie ein Torbogen oder eine Kapelle, minimalistisch ohne dekorative Details. Scheinarchitektur in Farbe und Form die Renaissancemalerei zitierend. Die Pfeiler bemalte er schließlich alle unterschiedlich. Der Grundton der Farben ist kühl, extreme Kontraste werden durch Pastellfarben vermieden. *„Nichts in seiner Kunst ist spontan, er bringt vielmehr alles mit Hingabe und nach unzähligen Entwürfen auf den Punkt, so dass jedes seiner Werke zur bestmöglichen Ausarbeitung eines Gedankens wird und so eine gewisse Zeitlosigkeit erhält."* [25] Im Jahr 2003/ 2004 malte Georg Ettl die Apsis der Remigiuskirche aus. Diese spätgotische Kirche stammt aus dem letzten Viertel des 15. Jhs., Vorgängerbauten reichen gesichert bis ins Jahr 843 zurück, als dort eine fränkische Saalkirche, geweiht dem Heiligen Remigius (437-533), Bischof von Reims, errichtet wurde. Früher waren fast ausschließlich Kirchen Orte der Kunst, seit dem 20. Jh. werden sie kaum noch mit Gegenwartskunst in Verbindung gebracht. Umso erstaunlicher war es, als Georg Ettl um den Entwurf einer Wandmalerei für die Apsis gebeten wurde, die nach einigen Umbauten kahl, nüchtern und trist wirkte.[26] Den Chorraum malte Ettl mit drei Opferszenen aus, mit den Hauptpersonen Abraham, Prophet Elija und Melchisedek. Die Hand Gottes ist die einzige Hand in diesen Bildern, alle Figuren haben keine Arme, kein Gesicht, keine Augen und sind nackt. Sie bieten viel Material zum Nachdenken über Religion, was der Agnostiker Ettl beabsichtigt hat. Szenen aus dem Leben des Heiligen Remigius, für die Ettl als Vorlage zehn Wandteppiche aus dem 16. Jh. im Museum von Reims studiert hatte, die das Leben des Heiligen erzählen, füllen die linke Seite der Apsis.[27] Ettl ignoriert die Tradition nicht, er nutzt sie für seine Arbeit. Die berühmteste Szene - die Taufe des Frankenkönigs Chlodwig durch Remigius - hat er modern umgesetzt und über alle anderen Lebensereignisse gestellt. Die rechte Seite der Apsis beschäftigt sich mit den vollbrachten „Wundern" des Heiligen, stellt aber auch seine Härte dar - als er der Legende nach ein widerspenstiges Dorf vernichten ließ, - und zeigt so Ettls' Absicht, sich auch kritisch mit dem Heiligen auseinanderzusetzen.[28] Ettl füllt die Apsis mit Gestalten, die seinem Prototypen entsprechen. Er legt seinen Figuren *„die Gleichheit aller Menschen zugrunde und unterscheidet sie nur durch ihre Attribute."* [29] Das erleichtert die „Lesbarkeit" seiner Aussagen für jeden Betrachter, eine Eigenschaft, die auch die mittelalterlichen Kirchenmalereien besitzen, waren doch die meisten Gottesdienstbesucher Analphabeten. Die Ausmalungen der beiden Kirchen belegen zweimal mehr, wie in Ettls Stil zwei Traditionen verschmelzen: *„die Entheiligung des schnell konsumierten Bildes"* durch die Minimal Art aus den USA, sowie das sakrale Wesen der Bilder und Altäre seiner Kindheit.[30] *„Das Leben eines so bedeutenden Heiligen, [...], in einem sehr modernen Kunstwerk den Gläubigen [...] nahezubringen, ist ein ungewöhnlicher und mutiger Schritt [...]"*, schreibt Jutta Pitzen[31] aber nicht alle Kirchenbesucher konnten/ können sich mit dem Kunstwerk anfreunden.[32] Es herrscht ein Mangel an Offenheit gegenüber modernen Darstellungsformen im Sakralraum, das zeigte auch der Streit um das „Pixelfenster" von Gerhard Richter im Kölner Dom.

Metallskulpturen

Ein Unikat, eine rund fünf Meter hohe Frau, geschnitten aus (inzwischen rostigem) Stahl, steht seit dem Jahr 2004 vor dem Kreishaus in Viersen. Sie ist die einzige Figuren-Skulptur **mit** Armen, was daraus resultierte, dass Ettl immer gefragt worden war, ob er nicht auch Figuren mit Armen erschaffen könne. Außerdem hat die Figur ein sichtbares zweites Bein in Bewegung und steht auf einem Sockel. Der erhobene Arm besitzt einen sehr ausgeprägten Bizeps. Mit dieser Figur zitierte Ettl Michelangelos Skulptur „David“, die - stellvertretend für die Bürger - vor dem Rathaus in Florenz steht, und erschuf mit der sog. „Starken Frau“ ein verschlüsseltes Symbol für eine starke Bürgerschaft.[33] Deren große Schwester (9,35m), allerdings ohne Arme, steht in Mönchengladbach am Fuß des Abteibergs. Ihre Realisierung hat Ettl dem Architekten Heinz Döhmen zu verdanken, mit dem er häufiger bei Bauprojekten zusammenarbeitete. Diese Figur erregte v.a. mediales Interesse, weil sie wenige Stunden nach der feierlichen Aufstellung umfiel, da der Fundamentbeton schlecht gearbeitet war.[34]

Frankreich

Im Jahr 2002 wurde Georg Ettl vom französischen Staat zum „Chevalier de l'Ordre des Arts et des Lettres“ erhoben, was v.a. daran lag, dass er verschiedene Projekte bei unseren Nachbarn realisiert hatte. Sein berühmtes Fresko *„Les Chevaux d'Oiron“* (Die Pferde von Oiron), welches er 1992 im Château d'Oiron erstellte, trug ihm große Anerkennung ein. Die aus dem 16. Jahrhundert stammende Schlossanlage wurde zu Beginn der 1990er Jahre einem umfassenden Restaurierungsprogramm unterzogen, einhergehend mit der Gründung eines Kunstzentrums. Künstler aus ganz Europa wurden mit exklusiven Arbeiten beauftragt. Ettl erhielt den Auftrag die Außenwand der gotischen Galerie neu zu gestalten. Der Künstler entschied sich, sich für seinen Fries am historischen Vorgängerwerk zu orientieren: eine Verzierung der Fassade aus dem 16. Jh., welche die schönsten Pferde aus dem königlichem Stall von Henri II. zeigte. Ettl malte in Anlehnung an die noch

sichtbaren schwarzen Linien der Gestütsmarken die Konturen von acht heraldischen Pferden direkt auf die Wand. Dazu benutzte er gemahlenes Pastell, das mit dem Pinsel direkt auf den alten Putz aufgetragen wurde. Auf dieser Weise entstand eine Reihe von verspielten, ironischen Pferde, die in verschiedenen Variationen entlang der Galerie abgebildet sind.[35] Das zweite große Projekt waren die sechs Fenster für die Stiftskirche Saint-Barnard in Romans, die er zwischen 1997-2000 schuf. Der Wettbewerb hatte die letzten beiden Kapitel der Apokalypse des Heiligen Johannes zum Thema. Mit der Hilfe eines Glasermeisters realisierte Ettl den Einzug der Menschen in Jerusalem, auf drei Fenstern aber auch Szenen aus der Hölle, die viel in der Kirche diskutiert wurden. Im Jahr 2000 schließlich erhielt Ettl vom Zentrum für Wandmalerei in der Abtei von Saint-Savin sur Gartempe den Auftrag für ein temporäres Kunstwerk. Er schlug vor, in Bezug auf das Wandgemälde „Das Gefecht der Könige“ (XI. Jh.), welches sich zur Restaurierung im Refektorium befand, eine Wandzeichnung in einem einfachen Bleistiftstrich über die gesamte Länge des Raumes (30m) zu verwirklichen, die biblische Geschichte von Abrahams Kampf gegen vier Könige darstellend. Das setzte er ironisch um, indem er seine schon bekannten modernen Figuren mit mittelalterlichen Accessoires (Kronen, Schwerter, etc.) ausstattete. Im selben Jahr gestaltete er noch eine Wandzeichnung mit seinen Figuren in der Jeanne-d'Arc-Kapelle in Thouars.[36] Mit Hilfe einiger Assistenten und einer Firma aus Kevelaer, nahm Ettl, schon stark von seiner Krankheit geschwächt, im Jahr 2013 noch einmal an einer Ausstellung für Glasfenster in Chartres teil.[37] Im Jahr 2011 verlieh die Stadt Viersen Georg Ettl die Silberne Stadtplakette. Bürgermeister Günter Thönnessen lobte u.a. Ettls Verbundenheit mit Viersen.[38] Da litt Ettl schon seit Jahren an Amyotropher Lateralsklerose (ALS) und wohnte im Altenheim Maria-Hilf. Mit Hilfe seines langjährigen Assistenten Carlos Gomes-Correia und des Freundes Heinz Döhmen ließ er aus Dank im Garten des Heims sein letztes Werk aufstellen: den auf einem Ettl-Tisch stehenden „Reiter der Apokalypse". Georg Ettl starb am 3.11.2014 und wurde im Familiengrab auf dem Pfarrfriedhof in Viechtach (Bayrischer Wald) beigesetzt. Dort steht ein großes Kreuz auf seinem Grab, das er eigentlich für die Ausgestaltung der Heilig-Geist-Kirche in Neuss geschaffen hatte. Gerda-Maria Voß, Besitzerin des Kunst- und Veranstaltungsraums „Villa V" in Viersen, richtete im Jahr 2015 und 2019 Ausstellungen mit seinen Werken aus. Sein Erbe wird von seiner in Frankreich lebenden Tochter Renate wach gehalten. Im Jahr 2021 eröffnete sie (wieder) in Viersen das „Atelier Ettl" sowie eine Ausstellung in der Städtischen Galerie im Park mit dem Titel „40 Jahre Kunst - Georg Ettl in Viersen". (pe/te)

https://www.georgettl.com

Objekte im öffentlichen Raum (Auswahl):

1985 St. Albertus, Mönchengladbach: Kirchenfassade
1989 Kirche St. Andreas und Matthias, Jülich: Altar
1995 Amtsgericht, Euskirchen: Fries (Stahl)
1995 Mäanderinsel, Grevenbroich: Schaufelrad (Stahlskulptur)
1997 Kaiser-Wilhelm-Museum, Krefeld: Krähenzaun (Stahl)
2003 Schloss Neersen: Reiterfiguren (Stahlskulptur)
2017 (posthum) Friedhof, Mönchengladbach: Reiterstandbild (Stahl)

Einzelausstellungen (Auswahl):

1971 Franklin Siden Gallery, Detroit
1973 Sill Gallery, eastern Michigan University, Ypsilanty, Michigan
1976 Galerie december, Düsseldorf
1977 Städtisches Museum Mönchengladbach
1983 Kaiser Wilhelm Museum, Krefeld
1987 Städtische Galerie im Cordonhaus, Cham/ Oberpfalz
1995 Galerie Dumont, Bordeaux
1996 Château d'Angers, Angers
2000 Frac Limousin, Limoges
2003 Städtische Galerie im Park, Viersen
2016 Jiri Svestka Gallery, Berlin

Kornelius Feyen

Maler und Lehrer

Ein niederrheinischer Maler, der sein Leben v.a. in Boisheim, Rheydt und Anrath verbrachte. Feyen, der „Lyriker mit Aquarellblock", schuf ein umfangreiches Werk, das aber in seiner Gesamtheit überregional weitgehend unbekannt blieb.

In Boisheim führten der Kleinhändler Peter Joseph Feyen und seine Frau Anna Catharina ein eher armseliges Leben. Darum zogen sie mit den dort geborenen Kindern Joseph Cornelius (später Kornelius), der am 17. April 1886 zur Welt gekommen war, und Anna nach Mönchengladbach. In der prosperierenden Textilstadt verdingte sich der Vater als Fabrikarbeiter. Aber schon 1896, im Alter von 42 Jahren, verstarb er, und die Familie zerfiel: Die Mutter zog zurück nach Boisheim, schickte aber aus wirtschaftlichen Gründen ihre beiden Söhne - 1891 war Peter geboren worden - zu Verwandten ihres Mannes, die in Dilkrath einen großen Hof besaßen. Die Schwester zog wohl nach Amern. Joseph Cornelius besuchte in Dilkrath die Volksschule. Dort entschied er sich, wohl unter Einfluss eines Lehrers und aufgrund guter Leistungen, den Beruf des Volkschullehrers anzustreben und die Ausbildung am Königlich-Preußischen Lehrerseminar in Odenkirchen anzutreten. Ein Entschluss, den die Familie mittragen musste, denn trotz möglicher staatlicher Unterstützung entstanden hohe Kosten für diese Ausbildung.[1]

Seine erst Stelle trat Kornelius Feyen 1906 an der katholischen Volksschule in Meerbeck (heute Moers) an. Dort lernte er als Kollegen sowohl den später bekannten Geologen und Heimatforscher Albert Steeger kennen, als auch seine spätere Frau Gertrud Niggemeyer, die dort „technische"

Lehrerin war, also Handarbeit, Hauswirtschaft etc. unterrichtete. Sie heirateten 1913. Seit dem Jahr 1905 hat Feyen nachweisbar kontinuierlich gemalt, aus Meerbeck sind die ersten Werke, kleinformatige Aquarelle mit Landschaftsmotiven sowie einige Porträts, überliefert.[2] Ab 1911 arbeitete Feyen als Lehrer an einer Volksschule in Rheydt, seine Frau folgte ihm 1913 dorthin und gab ihren Beruf auf. 1914 und 1915 wurden ihre Kinder Helene und Heinrich geboren (es folgten bis 1928 vier weitere Kinder, die alle vor dem 2. Lebensjahr verstarben). Helene Feyen schildert in ihren Erinnerungen ihren Vater als einen zugewandten und engagierten Vater, der viel mit seinen Kindern unternahm und sie auch zu Malexkursionen mitnahm.[3] Bei gemeinsamen Ausflügen malte Kornelius Feyen des Öfteren seine Familie. Während seiner Zeit in Rheydt entstanden eine Reihe von Stillleben, u.a. von Motiven in seiner Wohnung, sowie Darstellungen der Schlösser Liedberg und Myllendonk.

In Anrath

Im Jahr 1922 ließ Feyen sich auf eigenen Wunsch an die katholische Volkschule in Anrath versetzen und zog gleich mit seiner Familie dort hin. Vermutlich suchte er eine geeignetere Umgebung für seine Malerei, die nun wieder verstärkt als Hobby hinzu trat, und zog auch das kleine und überschaubare Städtchen der größeren Stadt Rheydt vor.[4] Sein Grundsatz als Lehrer lautete: „Man muss wie ein Vater zu den Kindern sein". Feyen wird von seinen ehemaligen Schülern als strenger, aber gerechter Lehrer beschrieben, der beliebt war, auch weil er einen möglichst lebendigen Unterricht zu gestalten vermochte. Darüber hinaus versuchte er auch bei für heutige Verhältnisse enormen Klassengrößen - bis zu 50 Schüler - kein Kind zurück zu lassen.[5] Neben seiner Lehrertätigkeit integrierte Feyen sich schnell in das Vereinsleben Anraths. Er wurde Mitglied des Kegelclubs und engagierte sich von 1924-1933 vor allem im Musikleben: Er gründete eine Blaskapelle und den Musikverein Anrath, dessen Orchester insbesondere bei Theateraufführungen und Gemeindeveranstaltungen spielte, und meistens von Feyen dirigiert wurde. Auch seine beiden Kinder traten dabei manchmal als Sänger(in) auf. Als Pianist und Sänger gab Feyen auch eigene Konzerte.[6] Er betätigte sich darüber hinaus als „Dorfpoet" und verfasste zu vielen offiziellen Feierlichkeiten so genannte Prologe, die er mit großem Pathos vorzutragen wusste. Einige seiner

Familie am Waldrand

Gedichte veröffentlichte er in der Lokalpresse.[7] Das „Feye-Männecke", ein Spitzname, der ihm aufgrund seiner geringen Körpergröße verliehen wurde, war in ganz Anrath wohl bekannt, auch weil er häufig mit seiner Staffelei im Stadtgebiet gesehen wurde. Denn in Anrath widmete sich Feyen nun intensiv der Malerei.

Kornelius Feyen malte sehr viele Anrather Motive: die Kirche, Ansichten aus seinem Fenster, Hinterhöfe. Vor allem aber das wilde Bruch zog ihn an, so dass der Journalist Hans Heinz

Molls ihn als *„den Maler der niederrheinischen Bruchlandschaft"* bezeichnete, als *„Bruchmaler"*.[8] Da er später für Gemeinschaftsausstellungen häufig solche Motive auswählte, festigte sich dieser Ruf. *„Die [...] typischen, charakterstarken Kopfweiden sind auf vielen Blättern Feyens die Hauptdarsteller"*, schreibt Eva Maria Willemsen in ihrem Buch über Feyen.[9] Ebenso waren die Wiesen und Felder Ziel seiner Malexkursionen, von denen er regelmäßig eine reiche Ausbeute nach Hause brachte. Die in diese Landschaft eingebetteten Bauernhäuser hielt er in einer Reihe von „Hofportraits" fest. Diese Gemälde bot er häufig den Besitzern zum Kauf an und verdiente sich so ein Zubrot bzw. tauschte sie in der Kriegszeit gegen Naturalien. Seine Sicht auf die Landschaft und seine sich in einem außergewöhnlichen Farbempfinden zeigende große Sensibilität für ihre jeweilige Atmosphäre trugen ihm auch die Bezeichnung „Lyriker mit Aquarellblock" ein. Aquarellmalerei hat den Vorteil, dass die Blätter schnell trocknen und so mehrere Bilder hintereinander gemalt werden können. Außerdem ist der Verlust eines Bildes bei Nichtgefallen nicht so teuer wie bei einer Leinwand. Wie viele niederrheinische Maler seiner Generation blieb Feyen Zeit seines Lebens der Malerei der „Düsseldorfer Malerschule" verhaftet. Die zeitgenössische Avantgarde der Malerei - wie z.B. die Gruppe „Blauer Reiter" - war ihm wesensfremd. Neben den Bildern vom Niederrhein schuf Feyen auf Reisen an Rhein, Mosel und Ahr zahlreiche weitere Gemälde.[10]

Ehepaar Feyen ca. 1913

Nazi- und Nachkriegszeit

Die Nazizeit lässt sich bei Feyen in zwei Ab-schnitte teilen. Von 1933 bis 36 betätigte er sich häufig als Dichter, Musiker und Redner auf Veranstaltungen der NSDAP, deren Mitglied er jedoch nie war. Er verfasste nationalistische Gedichte und Prologe (z.B. zum Erntedankfest) aus denen echte Begeisterung für die neuen Verhältnisse spricht, seine im Kaiserreich erworbene Erziehung und Bildung waren dafür wohl auch ein Grund. Er wurde Mitglied im „Nationalsozialistischen Lehrerbund" sowie der „Nationalsozialistischen Volkswohlfahrt", beide Unterorganisationen der NSDAP. Gegen Ende des Jahres 1936 scheint Feyen aus dem nationalen Rausch „erwacht" zu sein. Warum ist nicht bekannt, vermutlich hat der menschenverachtende Rassismus der Nazis ihn - den strenggläubigen Katholiken - abgestoßen.[11] Nun zog er sich aus dem von den Nazis dominierten öffentlichen Leben zurück und gab auch seine musikalischen Aktivitäten auf. Ein schwerer Schicksalsschlag traf ihn 1940, als sein Sohn als Angehöriger der Luftwaffe beim deutschen Überfall auf Belgien fiel.[12]

Der Rückzug aus der Öffentlichkeit kommt seiner Malerei zugute, für die er nun mehr Zeit hat. Seine Produktivität führt auch dazu, dass er 1941 zum ersten Mal mit seinen Werken an die Öffentlichkeit tritt. Eine dichte Folge von Ausstellungsbeteiligungen, vornehmlich in Viersen und Krefeld, sorgt dafür, dass er bis Kriegsende

Herbstlicher Waldrand/ Schloss Krickenbeck

große, lokale Anerkennung erfährt. Seine Bilder waren zum ersten Mal in der Ausstellung „Das schöne Viersen" (1941) zu sehen, danach u.a. im Kaiser-Wilhelm-Museum in Krefeld: *„Nur wenige andere Maler haben das Wesen dieser Landschaft [...] so tief begriffen und kongenial ausgedrückt, wie Cornelius Feyen"*, schrieb ein Kritiker dort.[13] Bei manchen Ausstellungen handelte es sich um Verkaufsausstellungen, so dass auch ein finanzieller Anreiz zur Teilnahme bestand. Dann, 1943, nahm er mit zwei Landschaftsaquarellen (Bruch) an der „Großen Deutschen Kunstausstellung" in München teil. Eine NS-Veranstaltung, aber *„an der publikumsstärksten Kunstausstellung Deutschlands beteiligt zu sein, war wohl neben der Chance auf einen Verkaufserlös zu verlockend."* [14] 650 Künstler stellten dort aus, die aus tausenden Bewerbern ausgewählt worden waren, für Feyen als nichtakademischen Maler eine doppelte Anerkennung. Im gleichen Jahr hatte Feyen seine erste Einzelausstellung, wiederum in Viersen, ausgerichtet vom „Verein Linker Niederrhein".[15]

Nach dem II. Weltkrieg arbeitete Feyen weiterhin als Lehrer in Anrath, bis zu seiner Pensionierung im Jahr 1951. Er verkaufte weiter „Hofgemälde" an Landwirte und blieb der Landschaftsmalerei treu, aber andere Landschaften traten hinzu. Denn es mehrten sich nun längere Aufenthalte an der Mosel, wo seine Tochter in Traben-Trarbach lebte, und der Ahr, zu Kuraufenthalten, bei denen ihn seine Malutensilien stets begleiteten. *„Dabei zeigt sich nicht der „typische Feyen“, der mit gleichsam entfärbter Palette die diesig nebelige und zumeist herbstlich karge niederrheinische Landschaft wiedergibt, sondern ein Maler, der sich von den sommerlichen, intensiven Farbtönen der Natur geradezu mitreißen lässt.“*[16]

Am 28. Juni 1957 verstarb Kornelius Feyen, während eines Kuraufenthaltes in Ahrweiler. Nach ihm wurde eine Straße in Anrath benannt, der Bürgerverein organisierte dort im Jahr 2002 eine Ausstellung mit vielen seiner Bilder. Feyen ist als Maler eine lokale Größe, die kaum über die Heimat hinaus gewirkt hat. Nur zwei Werke - Bruch-Darstellungen übrigens - befinden sich in öffentlichen Sammlungen (Krefeld/ Viersen), der Rest in Familien- und Privatbesitz, vor allem in Anrath und Umgebung. Die in manchen Quellen erwähnten, überregionalen Ausstellungen in Aachen, Hamburg, Stuttgart oder Venlo konnten nicht verifiziert werden, aber auch nicht widerlegt.[17] Aber auf Grund der Qualität und des Umfanges seines Werkes ist der Autodidakt Feyen nicht in die große Schar der gelegentlichen Hobby-Maler einzureihen. Seine im Jahr 2009 verstorbene Tochter Helene (Havenstein) arbeitete ebenfalls als Lehrerin und Malerin.[18] Feyens Enkelin, Juliana Havenstein-Klein (1947-2005), die er sehr liebte und als Dreijährige porträtierte, entwickelte die Idee zu dem Buch der Kempener Kunsthistorikerin Eva-Maria Willemsen, das im Jahr 2009 in Anrath der Öffentlichkeit präsentiert wurde. Zeitgleich organisierte der Heimatverein eine kleine Ausstellung einiger Werke von Kornelius Feyen, der wohl nie ein Bild von Boisheim angefertigt hat.[19] (pe)

Weidelandschaft mit Kopfweiden

Theodor Frings
Philologe

Der Mann, der sich zu seinen Seminarübungen ein Kissen voran und die Tasche hinterher tragen ließ, war einer der wichtigsten Germanisten des 20. Jahrhunderts. Seine interdisziplinären Forschungsansätze, ebenso wie viele seiner sprach- und literaturwissenschaftlichen Publikationen, waren wegweisend für ihr Fach.

„*Vorliegende Studie will zunächst die [...] Frage nach dem Zusammenhang zwischen Dialekt und Geschichte für meine Heimat beantworten. [...] Zunächst beobachtete ich die Lautverhältnisse meines Heimatortes, der Stadt Dülken westlich von Düsseldorf.*" So heißt es auf Seite zwei der Einleitung zur Dissertation von Theodor Frings, der mit dieser Arbeit 1911 eine beeindruckende wissenschaftliche Karriere begann. Und weiter: „*Der frappante Unterschied im Vocalismus von Dülken-Stadt und Dülken-Land regte zu einer Untersuchung der weiteren Umgebung meiner Heimatstadt an. [...] Und damit war der Plan meiner Arbeit gegeben: eine Ort für Ort vorrückende Durchprüfung der Lauterscheinungen meines Heimatortes für das weit ausgedehnte, mehr als 200 Ortschaften umfassende Gebiet [...]*".[1] Der junge Sprachwissenschaftler trug das Material auf mehrmonatigen Wanderungen zusammen.

Geboren wurde Theodor Frings als ältestes von vier Kindern am 23. Juli 1886 in Dülken, Sohn des Buchbinders Constantin Frings und seiner Frau Sophia (geb. Jansen), wie es seinem Lebenslauf zu entnehmen ist. Er besuchte die Volks- und Realschule seiner Heimatstadt, und danach die Oberrealschule in Mönchengladbach, wo er 1906 das Reifezeugnis erhielt. Er studierte dann in Marburg und Leipzig deutsche, englische und französische Philologie, musste aber zwischendurch noch eine Lateinprüfung in Koblenz nachholen, damit er 1910 in Marburg sein Examen ablegen konnte.[2] Von 1911-1917 hatte er als Lehramtskandidat bzw. Lehrer Stellungen an verschiedenen Bonner Schulen imme, und arbeitete zugleich am „Wörterbuch der Rheinischen Mundarten" von Professor Johannes Frank an der Universität Bonn mit. Dort habilitierte er sich 1915 bei Rudolf Meißner zum Thema „Die rheinische Accentuierung", und heiratete im gleichen Jahr Hedwig Schmitz. Sie hatten zwei Kinder, Gisela und Dietmar, aber die Tochter starb 14jährig an Leukämie, der Sohn ging im II. Weltkrieg mit einem U-Boot unter.[3] Schon 1917 erhielt er die Stelle eines außerordentlichen Professors in Bonn, zwei Jahre später wurde er auf den Lehrstuhl für deutsche Philologie - mit Schwerpunkt auf niederdeutscher und niederländischer Philologie, sowie Mundart - berufen, den er bis 1927 bekleidete, inkl. einer Gastprofessur in Amsterdam, in den Jahren 1922-23.

Frings war schon sehr früh davon überzeugt, dass die Sprachgeschichte ein wesentlicher Kern der Menschheitsgeschichte ist und nicht isoliert betrachtet werden sollte. Darum arbeitete er schon in Bonn mit Historikern, Volkskundlern, Niederlandisten und Romanisten zusammen, um

Kulturräume zu beschreiben. Sie gehören somit zu den Begründern der „Kulturmorphologie", einer Forschungsrichtung, in der die Dialektgeographie, die Landesgeschichte und weitere Wissenschaftsdisziplinen zu einer Zusammenarbeit fanden. Im interdisziplinär angelegten Werk „Kulturströmungen und Kulturprovinzen in den Rheinlanden", das er zusammen mit dem Historiker Hermann Aubin und dem Volkskundler Josef Müller verfasste, schreibt er: *„Der Sprachforscher [...] macht seine Sprachgeographie zur Unterabteilung der Kultur- und Geschichtsgeographie. Sie will zugleich dienen und regieren. [...] Sie heischt ihren Lohn in Gestalt einer tieferen Begründung der Zusammenhänge zwischen sprachlicher und politischer Geographie, die sie im übrigen bereits erkannt hat."*[4] Im Vorwort der unveränderten Neuauflage von 1966 wird das Werk als *„Grundlagenwerk der rheinischen Landesforschung"* und *„Denkmal der Wissenschaftsgeschichte"* bezeichnet.[5] *„Die lebenden Mundarten sind der heutigen Forschung sicherster Erkenntnisquell"*, schrieb er an anderer Stelle.[6] Über ihre Untersuchung gelangte er zu den Fragen (und Antworten) der Territorial- und Kulturgeschichte. Aber er setzte seine Vorstellungen nicht nur theoretisch um, sondern auch in der Praxis: 1920 gründete er mit Aubin in Bonn das „Institut für geschichtliche Landeskunde der Rheinlande", das, umbenannt, noch heute existiert.

Schon in seiner eingangs zitierten Dissertation hatte er die Ergebnisse anderer Wissenschaften mit einbezogen und zeichnete so *„das detaillierte und facettenreiche Bild einer Mundartlandschaft, die ein Übergangsgebiet formt zwischen dem niederfränkischen Niederrhein und dem ripuarischen Rheinland, und ihrer Geschichte."*[7] Dabei bot ihm das Rheinland als dialektgeographisch vielfach gefächerte Region das ideale Forschungsgebiet: denn hier existiert keine landschaftsumfassende Großmundart, sondern ein Flickenteppich von 314 Dialekten, sowie einigen pfälzischen Sprachinseln (Louisen- und Pfalzdorf) und Sondersprachen (Henese Fleck).[8] *„Eine einheitliche Sprache als unerläßliches Merkmal einer über das eigene Dorf hinausgehenden Gruppenidentität stand und steht dem Niederrheiner nicht zur Verfügung."*[9] Das macht es kompliziert, aber eben auch hochinteressant. In und um Dülken treffen kleverländische und kölsche Dialektformen aufeinander, beeinflusst wiederum von niederländisch-limburgischen Mundarten. Diese Konstellation hat Frings nachhaltig beeindruckt und sein Leben lang beschäftigt.[10] Aber seine

Arbeit glänzte nicht nur durch die Fülle des gesammelten und analysierten Materials, sondern er entwickelte das Erkenntnisinstrument der kulturhistorischen Karte/ Sprachkarte auf brillante Art weiter, als Gegenkonstrukt zur Karte der Verwaltungsgrenzen und administrativ definierten Raume.[11]

Grenzüberschreitung

(Sprach)Grenzen haben Frings immer gereizt, auch um sie zu überschreiten. Und so zog er für seine Forschungen auch das Französische als Vergleichsobjekt heran,[12] vor allem aber das Niederländische, als Nachbarsprache und Verwandter seiner eigenen Mundart. Im Kriegsjahr 1917 fasste Frings den Plan südniederländische Dialekte aufzuzeichnen, und zwar in einem Lager mit belgischen Kriegsgefangenen bei Göttingen. Dort traf er auf Jozef van den Heuvel, einen flämischen Germanisten, der dort seit einiger Zeit einsaß und zuvor über die west-ostflämische Dialektgrenze gearbeitet hatte. Frings schaffte es van den Heuvel aus dem Lager zu sich nach Bonn zu holen, wo sie zusammen arbeiteten. Danach besorgte ihm Frings eine Stelle als Mitarbeiter am „Deutschen Sprachatlas" bei Ferdinand Wrede in Marburg. Van den Heuvel kehrte mit Kriegsende nach Belgien zurück und Frings verlor zunächst den Kontakt.[13] Bei der Veröffentlichung des gemeinsamen Werkes „Die südniederländischen Mundarten" schrieb er im Vorwort: *„Freund van den Heuvel weiss nicht, dass die Arbeit, die ihm über manche leidvolle Stunde hinweggeholfen hat, gedruckt ist. Seit dem Ausgang des Krieges sind wir getrennt und ohne Verbindung. [...] Sollte ihn das Buch zufällig erreichen, so sei es ihm ein herzlicher Gruss."* [14] Kurz zuvor hatte Theodor Frings noch ein Buch über flämische Literatur veröffentlicht.[15]

Im Jahr 1927 folgte Theodor Frings einem Ruf als Professor für deutsche Sprache und Literatur an die Universität Leipzig, eine Stellung, die er bis zu seinem Ruhestand 1957 bekleidete (und wo er noch bis 1968 weiter dozierte). Drei Jahre später wurde er dort auch zum Mitglied der „Sächsischen Akademie der Wissenschaften" gewählt. Jetzt weitete er seine Forschung auf den ostmitteldeutschen Raum aus, den er mit den im Rheinland entwickelten Methoden untersuchte. Ausgehend von den lautlichen und morphologischen Gegebenheiten der Dialekte und von namenkundlichen Belegen rekonstruierte er ältere Sprachschichten, und konnte so zusammen mit dem Historiker Rudolf Kötzschke in dem Werk „Sprache und Siedlung im mitteldeutschen Osten" eine, die historischen Zeugnisse ergänzende Siedlungsgeschichte des ostmitteldeutschen Raumes belegen.[16] Auch richtete er in Leipzig bald nach seinem Amtsantritt eine Arbeitsstelle für ein „Obersächsisches Wörterbuch" ein[17] sowie eine weitere für das „Althochdeutsche Wörterbuch".

Machtergreifung

Als die Nazis an die Macht kamen, unterzeichnete Frings 1933 mit hunderten anderen Wissenschaftlern, das „Bekenntnis der Professoren an den deutschen Universitäten und Hochschulen zu Adolf Hitler und dem nationalsozialistischen Staat". In einem Vortrag zur „Europäischen Heldendichtung", den er im Mai 1936 in Groningen hielt, äußerte er sich positiv über das NS-Regime, und in Briefen schrieb er, das inzwischen von den Nazis vereinnahmte Bonner Institut sei eines „der wachsamsten Grenzinstitute deutscher Geschichtswissenschaft." [18] Theodor Frings, der nie Mitglied der NSDAP war, sich aber von Fall zu Fall mit den Nazis arrangierte, um seine Arbeit zu sichern, scheute aber auch keine Auseinandersetzung mit ihnen: er protestierte gegen Naziaufmärsche an der Universität, setzte sich für von den Nazis attackierte Wissenschaftler ein, und trat 1937 von seinem Posten als Vorsitzender Sekretär der Akademie zurück, weil er die Diskriminierung jüdischer Mitglieder der Akademie nicht verantworten wollte.[19] Nichtsdestotrotz wählte man ihn 1938 zum korrespondierenden Mitglied der „Bayerischen Akademie der Wissenschaften".

Eine gewisse „Anpassungsfähigkeit" bewies er auch nach dem Krieg: 1945-46 gab er ein kurzes Zwischenspiel an seinem alten Institut in Bonn, verfasste aber schon 1946 einen kurzen Aufsatz über Friedrich Engels als Philologe[20] und zog dann wieder nach Leipzig, in die sowjetische Besatzungszone, ohne jedoch jemals Mitglied der SED zu werden. Zurück in Leipzig wählte man ihn sofort zum Präsidenten der „Sächsischen Akademie der Wissenschaften" (bis 1965). Ab 1952 leitete er zusätzlich das „Institut für Deutsche Sprache und Literatur" in Ost-Berlin (bis 1964), wo er u.a. die Arbeiten am „Deutschen Wörterbuch der Brüder Grimm" verantwortete.

In Leipzig verstärkte Frings ein Forschungsfeld, dass er bis dahin weniger bearbeitet hatte: Die frühe deutsche Lyrik, den Minnesang. Seine Vorträge zur „Entstehung der deutschen Spielmannsepen" (1938) und über „Minnesinger und Troubadours" (1949) nennt Morenz *„Marksteine in der Erforschung des Minnesangs"*.[21] Frings Untersuchungen zur Helden- und Spielmannsepik sowie zum Minnesang lenkten den Blick der Germanisten auf europäische Zusammenhänge, so dass ganzen Forschungsbereichen neue Horizonte eröffnet wurden.[22] Dem Wegbereiter höfischer Epik, dem aus dem heutigen Limburg stammenden Minnesänger Heinrich von Veldeke (ca. 1150-1190), widmetet Frings einen großen Teil seiner Lebensarbeit: Er editierte dessen „Servatiuslegende" (6.000 Verse über den Maastrichter Lokalheiligen) und arbeitete seit den frühen 1950er Jahren an dessen „Eneasroman" (oder „Eneide"), der 13.500 Verse lang ist. Nach vielen Vorarbeiten gab er ihn schließlich zusammen mit Gabriele Schieb in drei Bänden in einer „zurückübersetzten" Fassung heraus, bei der sie Veldekes limburgischen Dialekt aus anderen Quellen rekonstruierten.[23] Das wird von der heutigen Forschung kontrovers betrachtet, da es keinen Beweis für eine originale Mundart-Version gibt. Wie bei seinen sprachlichen Untersuchungen drängte es Frings auch bei der literarischen Forschung vom Besonderen zum Allgemeinen, vom Einzelnen zur Grundlegung. *„Selten hat ein Forschungsbericht solche Berühmtheit erlangt wie der von 1950 zur Erforschung des Minnesangs."*[24] Eine Verbindung von Genauigkeit und Sorgfältigkeit im Einzelnen und von Großzügigkeit und klarer Einfachheit im Ganzen kennzeichnen hier, aber auch insgesamt die Arbeitsweise von Theodor Frings.[25]

Für sein wissenschaftliches Werk, rund 500 Publikationen, aber auch für seine Rolle als Wissenschaftsorganisator, der diverse Insti-tute und Arbeitsstellen gegründet, sowie wichtige Wörterbücher und Zeitschriften mit herausgegeben hat, erfuhr Frings vielfache Ehrungen: U.a. wurde er zum Ehrendoktor der Universitäten Amsterdam (1937), Gent (1963) und Leipzig (1966) ernannt, er erhielt zweimal den Nationalpreis der DDR für Wissenschaft und Technik (1949/1961) und den Vaterländischen Verdienstorden in Silber (1954) und Gold (1959). Er war darüber hinaus Mitglied in rund 20 wissenschaftlichen Gesellschaften im In- und Ausland. In der Festschrift zu seinem 70. Geburtstag steht folgende Widmung: Theodor Frings, dem *„unermüdlichen Kämpfer für die Weltweite der Wissenschaft und die geistige Verbundenheit ihrer Vertreter.“* [26] Sein Nachlass, fast 24m Akten, lagert im Archiv der „Berlin-Brandenburgischen Akademie der Wissenschaften“.[27]

Frings heute

Der Mann, der sich zu seinen Seminarübungen ein Kissen voran und die Tasche hinterher tragen ließ,[28] verlangte auch seinen Gegnern Respekt ab, Teile seines Werkes allerdings gelten als überholt, wie seine dialektgeographische Erklärung der Entstehung der neuhochdeutschen Einheitssprache. Auch dass die 2. Lautverschiebung schon lange vor der Herausbildung der Territorialstaaten stattgefunden hat und nicht Folge derselben war, steht inzwischen fest. Frings' Gesamtwerk bleibt indes bedeutend auch für heutige Forschungen.[29]
Das allerdings wird Frings‘ eigenen Dialekt und die Dialekte am Niederrhein nicht retten: Der Dialekt wird infolge der zunehmenden Urbanisierung und Industrialisierung sowie des rasanten Wandels der Kommunikationsformen ausgestorben sein, bevor eine aufgeklärtere Pädagogik als die herrschende ihn als private Zweitsprache bewahren oder wiederbeleben kann und ihn vielleicht sogar als eine Art „Goldreserve“ (Martin Walser) des Hochdeutschen zu würdigen lernt. Die dialektgeprägten Kinder vom Niederrhein erfuhren ihre Bilingualität in der Schule statt als Bereicherung stets nur als Belastung, und mussten erleben, wie die Hochsprache so zur Feindin der Mundarten wurde.[30]
Nach Theodor Frings, der noch 1966 bekannte, dass das Dülkener Platt seine niederrheinische Mundart sei, ist in Dülken die Theodor-Frings-Allee benannt. Kurz vor seinem Tod, am 6. Juni 1968, verlieh ihm die Dülkener Narrenakademie die Ehrendoktorwürde, und 1985 widmete der Kreis Viersen ihm eine Gedenkmedaille.[31] Die „Sächsische Akademie der Wissenschaften“ und die Universität Leipzig vergeben seit 1995 den „Theodor-Frings-Preis“, in Anerkennung hervorragender Leistungen auf dem Gebiet der germanistischen Sprach- und Literaturwissenschaft sowie für germanistische Forschungen mit interdisziplinärem Ansatz. Bis 2017 erhielten 15 Preisträger die Prämie in Höhe von 2.000,- €.[32] (pe)

Studien zur Dialektgeographie des Niederrheins zwischen Düsseldorf und Aachen.

(Teildruck).

Inaugural-Dissertation

zur

Erlangung der Doktorwürde

der

Hohen Philosophischen Fakultät der Universität Marburg

vorgelegt von

Theodor Frings

aus Dülken bei Krefeld.

Marburg.

R. Friedrich's Universitäts-Buchdruckerei, Inhaber Karl Gleiser.

1910.

Clemens Füsers

Schriftsteller, Journalist, Regisseur

Er fühlt sich dem Boxermilieu verbunden und viele seiner Geschichten wirken zunächst auch wie ein Schlag in die Magengrube. Aber Abwechslung durch Vielseitigkeit ist ein Lebensmotto von Füsers, und so finden sich auch viele humorvolle Werke in seinem Schaffen, bis hin zur Zusammenarbeit mit Didi Hallervorden.

„Toren besuchen im fremden Land die Museen, Weise gehen in die Tavernen.“ Getreu dem Motto Erich Kästners hat Clemens Füsers, geboren am 2. November 1955 in Viersen, viele urige (Eck)Kneipen in seiner Wahlheimat Berlin besucht und zwei von der Kritik gelobte Bücher über sie veröffentlicht.[1] Seine Stammkneipe, „Diener Tattersall“ am Savignyplatz in Charlottenburg, in der auch Till Brönner (siehe S. 37) ab und zu verkehrt, kommt darin auch vor. In Berliner Kneipen kann man Füsers Ansicht nach genauso gut Leute kennen lernen wie in niederrheinischen Lokalitäten, allerdings könnte man in Berlin dort auch seine Ruhe haben, was im Rheinland kaum möglich sei.[2]

Füsers verbrachte nur die ersten drei Lebensjahre in Viersen (auf der Remigiusstraße), dann zogen seine Eltern aus beruflichen Gründen nach Mönchengladbach. Dort besuchte er das Hugo-Junkers-Gymnasium, machte dann aber eine Ausbildung zum Fachpfleger für Geistes- und Nervenkranke sowie Therapeuten an der „Rheinischen Landesklinik Mönchengladbach“, wo er anschließend auch arbeitete. Aber seine Wochenenden verbrachte er noch lange auf dem Bauernhof seiner Großeltern in Süchteln-Sittard, den später sein Patenonkel weiter führte: *„Ich habe schöne Erinnerungen an Fangen spielen im Kuh- und Schweinestall mit Cousins und Cousinen, Trecker fahren, Hühner und Hasen schlachten, die dann gemeinsam abends gegessen wurden.“* [3]

1977 ging er nach Berlin, *„der Liebe wegen und auch wegen der Bundeswehr“*,[4] holte dort am Abendgymnasium sein Abitur nach und studierte Anglistik und Romanistik. Nach seinem Examen (1987) entschied er sich, als freier Journalist, Autor und Regisseur zu arbeiten: *„Mir war immer klar, ein Job, bei dem jeden Morgen um sieben der Wecker klingelt, ist nichts für mich. Und weil ich davon leben wollte, habe ich immer viele verschiedene Auftraggeber gehabt.*

Ich wollte nie jemand sein, der nur anspruchsvolle , sprich: unverkäufliche, Literatur/Lyrik schreibt, und deswegen Taxi fahren muss."[5] Er wurde freier Mitarbeiter der *Neuen Züricher Zeitung*, in deren Literaturbeilage er einige Erzählungen veröffentlichte,[6] und für die er als Reporter v.a. über Medienpolitik und für die Sparte Film und Medien mit dem Schwerpunkt Kinder- u. Jugendfilm schrieb, wobei er soziale Kritik daran nicht aussparte.[7] Füsers schrieb aber auch für andere Medien.[8] 1986 war er Co-Autor und Hauptdarsteller des Kurzfilms „585 KHZ" (*ZDF*), in dem ein junger Mann versehentlich in einem öffentlichen Schwimmbad eingeschlossen wird und darum ein wichtiges Rendezvous verpasst. Mit dem Boxerfilm „Chicago 6x6" (1989), der die Selbstüberschätzung eines jungen Boxers aus der Provinz thematisiert, und in dem Bubi Scholz eine Gastrolle als Trainer spielt, wandte er sich verstärkt Film und Fernsehen zu. Unter dem gleichen Titel erschien im Jahr 1997 sein erstes Buch mit sechs Erzählungen.

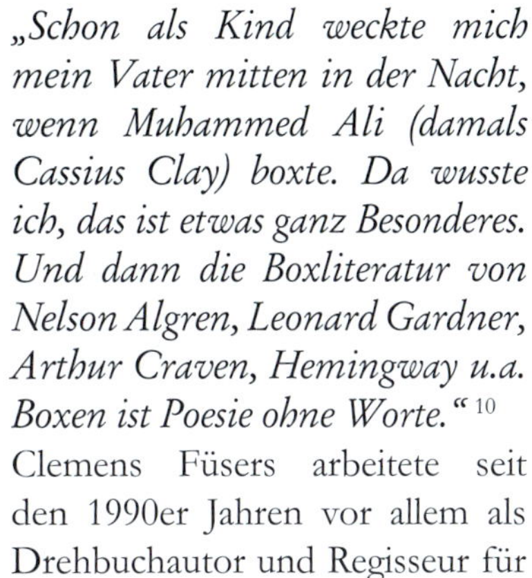

Dem Boxermilieu fühlt sich Clemens Füsers verbunden, wie sein zweiter Roman *Punchline* (2004) bestätigt, der von Fights und Faustrecht im Boxermilieu erzählt und gleichzeitig von der unmöglichen Liebe zwischen einer Türkin und einem Deutschen. *„Jeder Satz ein Treffer"*, schrieb der Verlag dazu, was die Rezensenten bestätigten.[9]

„Schon als Kind weckte mich mein Vater mitten in der Nacht, wenn Muhammed Ali (damals Cassius Clay) boxte. Da wusste ich, das ist etwas ganz Besonderes. Und dann die Boxliteratur von Nelson Algren, Leonard Gardner, Arthur Craven, Hemingway u.a. Boxen ist Poesie ohne Worte."[10]

Clemens Füsers arbeitete seit den 1990er Jahren vor allem als Drehbuchautor und Regisseur für verschiedene Fernsehsender: u.a. entstanden für *Deutsche Welle TV* Dokumentationen und eine Kurzkrimi-Serie, für *RTL2* schrieb er das Drehbuch zur Comedyshow „Mad in Germany". Mit Dieter Hallervorden arbeitete er an einigen Folgen der Kabarett-Show „Spott-Light" (*ARD*), und ebenfalls für die *ARD* schrieb er Drehbücher für einige Folgen der Serien „Pech & Schwefel" und „Die Boegers".[11] Und immer wieder testet Füsers die Grenzen des Mediensystems aus: Aufsehen erregt 1993 eine Reportage, in der eine Obduktion gezeigt wird, die von einem Maler künstlerisch begleitet wird. 1994 zeigt er den digital animierten Anus eines Hausschweins, das die deutsche Nationalhymne furzt, eine Musikproduktion des „wahren" Heino, der sich dafür vor Gericht verantworten musste. *DW TV* kündigt Füsers daraufhin

die Mitarbeit. Im gleichen Jahr realisiert er gemeinsam mit dem Werberegisseur Roman Kuhn die Verfilmung der legendären Hörspielreihe „Der Frauenarzt von Bischofsbrück", die *Pro7* nur in den Nachtstunden auszustrahlen wagte. Von den Drehbüchern und der Regie bei Film und Fernsehen war der Weg zur Bühne nicht weit, auch hier ist die Bandbreite seines Schaffens groß: Sie reicht von Dramoletten wie „Ein Kuss nach Ladenschluss" (Galaxy, Wien 2004), für das Füsers 2004 den „Drama X-Preis" erhielt, bis zum Musical „Blumenkinder" (Theater Brandenburg 2015). Für seine absurde Farce über die neue, zwangsverordnete Hauptstadt-Hysterie „Hauptstädter" erhielt Füsers im Jahr 2002 den „Emscher Drama-Preis", uraufgeführt wurde es 2003 in Bonn. Die sonst wohlmeinende Kritik der Aufführung bemängelte den etwas „dünnen Text" der Vorlage, der vom Regisseur aber geschickt aufgepeppt worden sei.[12] Im Jahr 1994 lernte Clemens Füsers die Kabarettistin Gabi Decker kennen und schrieb danach 16 Jahre lang die Texte für ihre Bühnenprogramme (z.B. „Ich wär so gerne Chauvinist", „Klassentreffen" oder „Deckerdenz").

Bei vielen seiner eigenen Stoffe stammen die Protagonisten von Rand der Gesellschaft, aus den unteren Gesellschaftsschichten, deren Probleme Füsers verarbeitet, wie übrigens auch Dieter Bongartz (siehe S. 30). In seinen beiden 2007 aufgeführten Dramoletten „Die Fischverkäuferin" und „Der Antrag" steht z.B. das Thema Arbeitslosigkeit im Mittelpunkt. Schon während seiner Arbeit in der Psychiatrie begann er zu schreiben und die Verwirrung des Geistes und die Zerrissenheit der Gefühle sind bis heute zentrale Eigenschaften seiner Charaktere. In seinen Erzählungen vermischt er häufig Reales und Surreales. Und auch für seine Lesungen sucht er sich manchmal „surreale“ Orte aus: Aus *Punchline* las er in der JVA Tegel, *Danke, gestorben* präsentierte er im Krematorium Wedding, gesponsert von einem Bestattungsunternehmen. Für die Kurzgeschichte „Vorovskogo Platz“ erhielt er im Jahr 2013 den Nordhessischen Literaturpreis „Holzhäuser Heckethaler“.[13] In ihrer Hörspielfassung wurde sie ebenfalls prämiert. Füsers verfasst aber auch Essays über Figuren der Zeitgeschichte bzw. des öffentlichen Lebens, wie auch zu literaturwissenschaftlichen Themen.[14]

Heimat riecht nach Bienenstich

Solange noch Verwandte in Viersen lebten, reiste Clemens Füsers drei- bis vier Mal pro Jahr in die Heimat, zuletzt im Jahr 2013. In Dülken, Willich und Mönchengladbach hat er schon aus seinen Werken gelesen, in der Viersener Literaturzeitschrift *Muschelhaufen* veröffentlicht.[15] Aber in seinem literarischen Werk spielt die niederrheinische Heimat erkennbar kaum eine Rolle, wobei „*gedanklich alle meine Protagonisten aus einer Kleinstadt am Niederrhein stammen. Ich habe das aber nur ein paar Mal auch so benannt.*“ [16] Aber wenn der Vater einer Tochter und schon zweifache Großvater in Berlin (oder sonst wo) das Autokennzeichen VIE erspäht, dann überkommt ihn ein „*warmes, euphorisches Zucken im Rücken, die frühe Erinnerung an den Geruch von Bohnenkaffee und Bienenstich, und einen Fußball in Mutters Spinatschüssel.*“ Außerdem konnte er sich nie für Hertha BSC begeistern und ist immer noch Borussia Mönchengladbach-Fan.[17] (te)

Werke (Auswahl):

Berliner Jahrhundertkneipen, Leipzig 2015 (Sachbuch)

Träume brauchen Anlauf, Berlin 2010 (Musical)

Berliner Eckkneipen, Tübingen 2009 (Sachbuch)

Vorovskogo Platz, Berlin 2008 (Hörspiel *rbb*)

Vom Schund zum Kult – Zur Geschichte der Nachkriegscomics in Ost und West, Halle 2008 (Essay)

Punchline, Berlin 2004 (Roman)

Hauptstädter, Bonn 2002 (Theaterstück)

Danke, gestorben, Berlin 2000 (Roman)

The Mariachi Hip-Hop-Club, 1998 (Texte CD)

Chicago 6x6, Berlin 1997 (Roman)

Das Geheimnis des Maltesers, 1993 (Kurzkrimi DW-TV)

Chicago 6x6, 1989 (Kurzfilm)

585 KHZ, 1986 (Kurzfilm *ZDF*)

Elmar Goerden

Theater- und Opernregisseur

Über 50 Inszenierungen an 14 Spielstätten im deutschsprachigen Raum stehen auf seinem Konto, Schauspieler wie Cornelia Froboess oder Bruno Ganz spielten unter seiner Regie. Und die *Talking Heads* bringen ihn wieder nach Viersen…

Elmar Goerden kam am 29. März 1963 im Hoser zur Welt. Er besuchte die Grundschule an der Zweitorstraße und verbrachte eine glückliche Zeit: *„Es gab Stoppelfelder, Kartoffelfeuer, Runkelrüben. Es gab den kriegsversehrten Schuster, die singende Kaiser's Kaffeekanne, im Winter Schnee und die ‚Todesbahn' am Lichtenberg, im Sommer kurze Hosen und Haus Kaiserbad. Vor allem aber gab es Zeit! Zeit ohne Ende, in einem großen, kleinen Haus mit Garten auf der Landwehrstraße 75. Es fehlte an nichts, außer an einem Bonanza-Rad mit Gangschaltung.“*[1] Goerden war viele Jahre Mitglied in der LGV, bekam ein Torwarttrikot von Wolfgang Kleff und „richtige“ Fußballschuhe geschenkt, spielte dann jeweils kurz bei Concordia, dem 1. FC Viersen und dem ASV Süchteln, und schließlich, bis zu seinem 16. Lebensjahr, im Jugendteam von Borussia Mönchengladbach. Er besuchte das Albertus-Magnus-Gymnasium (AMG) in Dülken und machte dort 1982 sein Abitur. Wie viele Viersener Jugendliche seiner Generation verbrachte er einen großen Teil seiner Freizeit am „Monte“: *„…der sagenumwobene ‚Monte', der sich praktischerweise unmittelbar vor dem Mädchengymnasium erhob. Hier stolperte man in die komplizierten Choreographien der Annäherung. Je nach Pubertätsstadium mal tollkühn, mal knieweich. Bei allem Durcheinander gab es dort klare Ordnungsprinzipien: Fauth oder Brinkmann, AMG oder Löh, Birkenstock oder Benetton. Über allem thronten in angestrengter Lässigkeit die ‚Abiturienten', bereits in ferne Sphären entrückt, das heißt mit Selbstgedrehten, festen Freundinnen, eigenem Auto und der immer ‚richtigen' Jeans*

(Wrangler, Levis, Lee, statt Palomino!).“ Als Teenager formte sich sein Geschmack in Musik und Literatur: *„Thomas Kessler (siehe S. 152) revolutionierte meinen Musikgeschmack. Verschämt und endgültig ‚erwachsen‘, ließ ich die Platten von Slade und Sweet aus meinem Kinderzimmer verschwinden, erwarb im Musikhaus Pauly meine erste Weather Report-LP, und quetschte mich in den Untergrund des Viersener Jazzkellers, wo Musiker wie Ali Haurand (siehe S. 105) oder der schillernde Frank Köllges ihr entfesseltes Unwesen trieben. Gelesen haben musste man: Fromm, Hesse, Camus und die Liebesgedichte von Erich Fried.“* Mit seinem Freund Marcel Hartges schrieb er sogar Gedichte, *„randvoll mit Weltschmerz, Einsamkeit und Tiefsinn, die im krassen Widerspruch zu unserem sehr gesunden und vergnüglichen Alltag standen.“* Die beiden 18jährigen veröffentlichten sie im Selbstverlag: *„Der Tag an dem unser erschienener Gedichtband („Ödland“) im Schaufenster der Buchhandlung Eckers lag, war unser Triumph über die Schwerkraft.“* Bald wurde Goerden Viersen zu eng. Mit der 50er-Vespa ging es abends u.a. nach Boisheim zu „Connys Come In“, dann mit dem Auto seiner Eltern nach Mönchengladbach ins „Sunrise“ oder „B’52“, schließlich nach Köln.[2]

Raus in die Welt

Nach dem Zivildienst zog Elmar Goerden dann zum Studium der Anglistik, Kunstgeschichte, Theater-, Film- und Fernsehwissenschaften nach Köln. Noch zu seiner Viersener Zeit hatte er mit seinem Deutschlehrer erste Theaterbesuche unternommen, sowie in der freien „Theatergruppe 407“ in Mönchengladbach mitgearbeitet. So reifte sein Entschluss, selbst zum Theater zu gehen. In Köln gründete er während des Studiums zusammen mit Karin Beier (heute Intendantin des Hamburger Schauspielhauses) die Theatergruppe „Countercheck Quarrelsome“, die neun originalsprachige Shakespeare-Aufführungen auf die Bühne brachte (1986-1991). Auslandssemester führten ihn nach Stratford-upon-Avon, Edinburgh, Birmingham und Rochester (USA), wo er 1988 mit einer Arbeit über „Shylock on the German Stage“ mit dem „Master of Arts“ abschloss.[3]

Elmar Goerdens Theaterlaufbahn begann als Regieassistent an der Berliner Schaubühne, wo er u.a. mit Luc Bondy, Peter Stein und Robert Wilson zusammenarbeitete. An der Schaubühne entstand mit „Liebestoll“ von Sam Shepard 1994 auch seine erste Regiearbeit. Ein Jahr später holte ihn der Stuttgarter Intendant Friedrich Schirmer als Gastregisseur an sein Schauspielhaus. Goerden brachte dann ab der Spielzeit 1996/97 als fester Hausregisseur u.a. Thomas Bernhards Monolog „Einfach kompliziert“ oder Tschechows „Ivanov“ auf die Bühne: *„Sehr geduldig und detailversessen erforscht der Regisseur Goerden die niederen Beweggründe dieser verunglückten Menschen; und doch wäre sein Iwanow nur ödes Beweisführungstheater, wenn er nicht auch Zuneigung für Tschechows Untergeher zeigen würde.“* Von der Kritik gefeiert wird 1996 seine düstere und akribische Inszenierung von „Blunt oder Der Gast“ (Karl Philipp Moritz)[4], mit der er zum Berliner Theatertreffen eingeladen wird.[5] Goerden, einer der *„Senkrechtstarter der jüngeren Generation“*, gilt in der Theaterszene als *„ein Moralist der Texte, ein präziser, ja besessener Tüftler, einer, der nichts mehr hasst als die Besserwisserei der Nachgeborenen und den Zynismus der Postmoderne.“ […] Für ihn ist die Bühne ‚der letzte utopische Ort der Gesellschaft‘“.*[6] Er führt 1999 in Stuttgart das Stück „Lessings Traum von Nathan dem Weisen“[7]

auf, und stellt darin die Frage, ob angesichts der geschichtlichen Ereignisse zweier Jahrhunderte Lessings Nathan mit seinem Traum von Frieden und Versöhnung der Religionen gescheitert sei. Der Jude Shylock jedenfalls - eigentlich ein Charakter aus Shakespears „Der Kaufmann von Venedig" - ist im Stück davon überzeugt.[8] Er wurde übrigens vom Schauspieler Thomas Loibl verkörpert, einem Jugendfreund Goerdens, gebürtig aus Brüggen. Sie arbeiteten in Stuttgart noch in weiteren Produktionen zusammen.

Nach einem kurzen Zwischenspiel, 1998/99, als Gastprofessor am Mozarteum in Salzburg, sowie mit Gastaufführungen am Thalia-Theater in Hamburg, begann Elmar Goerden im Jahr 2001 als Oberspielleiter und Regisseur am Residenztheater in München. In seinen vier Jahren dort inszenierte er u.a. „Rodogune" von Pierre Corneille und „Die Möwe" von Tschechow. Einer seiner größten Erfolge war die werktreue Inszenierung von Lessings „Nathan der Weise"; mit seiner Fassung von Eugene O'Neills „Eines langen Tages Reise in die Nacht" wurde er auch zu den Salzburger Festspielen eingeladen (2004).

Lost in Bochum

Seit der Spielzeit 2005/2006 bekleidete Elmar Goerden die Stelle des Intendanten des Bochumer Schauspielhauses und trat damit in „große" Fußstapfen, denn vor ihm hatten schon Peter Zadek, Claus Peymann oder Leander Hausmann das Haus geleitet. Unterstützt wurde er dabei u.a. von Dramaturg Holger Weimar, einem Freund aus Viersener Zeiten. Zum Einstand präsentierte Goerden zwei selbst inszenierte Stücke, Peter Handkes „Die Stunde da wir nichts voneinander wussten" und Goethes „Iphigenie auf Tauris". Ersteres fand die Zustimmung der Kritik, Letzteres weniger, da die Darsteller wohl mit Goerdens Text haderten.[9] Botho Strauß' Version des „Titus Andronicus" („Die Schändung") inszenierte Goerden mit Bruno Ganz in der Hauptrolle,[10] und mit Ibsens „Rosmersholm" feierte er im September 2006 endlich „den ersten Triumph seiner Intendanz".[11] Und das obwohl rund zwei Wochen zuvor das externe Depot des Schauspielhauses abgebrannt war, wobei der größte Teil der Bühnendekoration und Kostüme vernichtet wurde.[12] In den folgenden Spielzeiten schrieb vor allem die überregionale Presse das „Theater-Flaggschiff des Reviers" nieder und stellte die Kompetenz des Intendanten in Frage:[13] *„Die Arbeit auf der Bühne stand plötzlich nicht mehr im Zentrum, das Wesentliche ging verloren"*, kommentierte Goerden.[14] Auch die Zuschauerzahlen gingen zurück. Ende Mai 2008 dann, zwei Jahre vor Vertragsende, kündigte Goerden an, seinen Vertrag nicht verlängern zu wollen. In einer bemerkenswert offenen Erklärung teilte er der Presse und den Theaterkritikern mit: *„Die Personalie Goerden wirft einen zunehmend großen Schatten auf das Bochumer Schauspielhaus. Weder der Intendant noch der Regisseur werden seinem künstlerischen Ruf gerecht. Im Gegenteil, meine Arbeit schadet augenscheinlich der Reputation der Theaterstadt Bochum. [...] ein Intendant, der sich gegen schlechte Kritiken anders als durch überzeugende Arbeit wehrt, hat – zurecht! – schon verloren. Es sitzt aber kein von der Kritik zur Strecke gebrachtes Opfer vor Ihnen, kein Beleidigter, Unverstandener, sondern jemand, der entschieden darüber nachgedacht hat, ob er den Ansprüchen, die an einen Intendanten des Schauspielhauses Bochum gestellt werden, gerecht wird. Auch ob er seinen eigenen Ansprüchen, den veröffentlichten und den nicht sagbaren gerecht wird. [...] Ich eile mit dieser Entscheidung nicht meiner eigenen Demission voraus. [...]*

Das Fazit meiner drei ersten Spielzeiten ist kein Rückzugsignal, sondern beschreibt das Ziel der nächsten zwei." [15] Wohlmöglich hatte er zu viel selbst inszeniert und sich so überfordert, denn *„der Drang, immer auch inszenieren zu wollen, manchmal drei große Produktionen pro Spielzeit, hatte diese Aufgaben mehr und mehr erschwert"*, so Goerden, *„Zwei Bereiche, Intendant und Künstler, sind da schmutzig zusammengeflossen [...] Vielleicht werde ich als Regisseur den Intendanten nicht los und als Intendanten nicht den Regisseur. [...] Den Intendanten Goerden wird es zukünftig nicht mehr geben."* [16] In den beiden letzten Spielzeiten wurde die Kritik dann schwächer, die Erfolge nahmen zu. Mit einem Autorenfestival („Ohne alles"), bei dem er in einem Stück auch selbst in eine kleine Rolle schlüpfte, und einer „leisen" Inszenierung von „Nora" (Ibsen) verabschiedete sich Goerden aus dem Ruhrgebiet und bekam, gemeinsam mit seinen beiden Schauspielern, noch den Bochumer Theaterpreis verliehen.[17] Von Bochum bleibt ihm am besten in Erinnerung der Bolzplatz, wo sein Sohn trainierte, denn dort hatte Elmar Goerden viel Zeit nachzudenken.[18] Einer seiner Nachfolger wurde übrigens der ebenfalls in Viersen geborene Dramaturg und Regisseur Olaf Kröck.

Endlich frei!

Die meisten Kommentatoren und Kritiker heben in Bezug auf Elmar Goerden eines hervor: seine Qualitäten als *„textgenauer Schauspiel-Ermöglicher"*.[19] *„Er sieht sich als Diener des Textes, der ein Stück ‚abklopft' (auch in der Hoffnung, Tote und lebendig Begrabene zu wecken). [...] Dem Bühnenleben geht lange Lesearbeit voraus, und wenn Goerden etwas vorzuwerfen ist, dann vielleicht, dass man hinter manchen seiner Szenen den gelben Leuchtstift des Literaturstudenten ahnt. [...] [Er] erweckt im Gespräch den Eindruck von Souveränität und Gelassenheit; dies ist ein Leser, kein Streber. Er ist einer von jenen Menschen, die in Gruppen stets zu den Zentralgestalten gehören, aber auf eine wohltuende, zivilisierende Weise."*[20] Er selbst sieht sich in keiner (Regisseur)Tradition und arbeitet nach der Devise: *„ein frischer Zugriff auf bekanntes Material"*. Goerden bestätigt: *„Ich kann nur sagen, für mich sind Texte wichtig. Ich brauche sie als sprechendes Gegenüber."* [...] *„ich bin ja geradezu ein Literaturberserker, mein eigentlicher Beruf ist ja das Lesen."* [21] Goerden hat ein grandioses Vertrauen in seine Darsteller (was wohl daher kommt, dass er auch schon selbst gespielt hat), und hat schon manchen Schauspieler entdeckt bzw. wiederentdeckt.[22] Und er schätzt Kontinuität, wenn die Zusammenarbeit einmal gut war: so stammen unabhängig vom Aufführungsort seit Jahren viele seiner Bühnenbilder von Ulf Stengl und Silvia Merlo.

Schon bald nach seinem Weggang aus Bochum inszenierte Elmar Goerden mit „Le Nozze di Figaro" (Mozart) am Theater Basel seine erste Oper. Er verlegte seinen Arbeitsschwerpunkt erst einmal in die Schweiz und nach Österreich, brachte in Graz Klassiker von Hebbel und Lessing auf die Bühne, und in Basel drei weitere Opern („Wozzeck", 2011/ „Manon", 2013/ „Hoffmanns Erzählungen", 2014). Mit Henrik Ibsens „John Gabriel Borkman" gab er 2012 seinen Einstand am Theater in der Josefstadt, Wien, wo der danach u.a. ein Kafka-Projekt (2015) und 2016 „Die Verdammten", nach dem gleichnamigen Film von Luchino Visconti, realisierte. Dafür erhielt er im Jahr 2017 den renommierten Wiener Nestroy-Theaterpreis (siehe Foto). Im gleichen Jahr bringt er im Nationaltheater Mannheim den „Hamlet" auf

die Bühne: Hamlet wird in unsere Zeit versetzt, und fürchtet um sein Lebenswerk, seine Firma. *„Goerden liest die Klassiker wie Geschichten, die man wieder und wieder erzählen kann, aber nicht als Mär aus fernen Zeiten, sondern als etwas, was sich im Moment ereignet."* Hamlet hat er neu geschrieben, 18 Szenen, die sich zwar an das Original anlehnen, aber allenfalls seine Motive und Figurenkonstellationen übernehmen, *„kaum ein Satz fällt, den man kennt, dennoch ist fast alles drin."* Goerden erzählt die alte Geschichte *„ruppig, spannend und psychologisch aufregend neu."* [23]

In der Saison 2017 gibt er mit dem Schauspiel „Penelope" sein Debüt als Autor und Regisseur am Konzert Theater Bern. Es folgen dort „Die Irrfahrten des Odysseus" sowie „Der Sohn", als letzter Teil dieser Trilogie, die sich Homers Odyssee zur Ausgangslage nimmt. Goerden holt Penelope aus dem Schatten von Odysseus heraus und übersetzt ihre Geschichte in eine moderne Lebensart, als alleinerziehende Mutter, die seit zwanzig Jahren auf ihren Mann wartet. Eine temporeiche Inszenierung, *„witzig in Wort und Aktion"*, wie die Kritikerin schreibt, *„ein gedankenschwerer Stoff findet zu einer erträglichen Leichtigkeit"*.[24] Im Folgestück demontiert Goerden dann den Ehemann: ein Tribunal aus Frauen steht im Zentrum, das mit Homers' Helden abrechnet: der Heimkehrer versagt in verschiedenen Alltagssituationen, vom Ehebett bis zum Kinderspielplatz und wandelt sich zum Antihelden.[25] Nachdem mit Penelope und Odysseus die Eltern im Zentrum standen, legt Goerden im dritten Teil den Fokus auf die Figur des Telemachos. Goerden taucht in das Leben des Sohnes ein und schreibt auch dessen Geschichte mit Blick auf die Gegenwart neu. Dabei wirft er mit beißendem Humor ein Schlaglicht auf die Kuriositäten, die das Konstrukt der modernen Familie offenbart. Mit der Oper „Fierabras" von Franz Schubert wagte Elmar Goerden 2019 in Bern dann wieder etwas Neues: Es sei *„ein aufwendiges Projekt, eine kuriose Mischung aus verschiedenen musikalischen und literarischen Stilen"*, so Goerden. Zusammen mit Chefdirigent Mario Venzago überarbeitete er die Dialoge und unterlegte einige neu mit musikalischem Material von Schubert. Anders als im Original verortete er außerdem die Inszenierung nicht in einem konkreten historischen Rahmen, also kein Mittelalter, keine Romantik des 19. Jahrhunderts. Um in der Oper, wo die Musik das Primat hat, die Texte nicht untergehen zu lassen, probierte er mit den Darstellern verschiedene Spielweisen aus und war beeindruckt von ihrer Leistung.[26]

Im Jahr 2019 bringt Goerden vier weitere Stücke auf verschiedene Bühnen: In Stuttgart die „Wildente" von Ibsen (das er zuvor in Mannheim inszeniert hatte), bei der ein Kritiker Goerden bescheinigte *„mit der Machete durch den Text"* gegangen zu sein; Am Berliner Renaissance-Theater „Marias Testament" von Colm Tóibin (zuvor von ihm schon in Hamburg aufgeführt), welches die Kritik begeisterte. Der eineinhalbstündige Monolog *„einer Frau auf der Via Dolorosa ihrer Erinnerungen"*, in dem es um die sehr kritische Sichtweise Marias auf das Leben ihres Sohnes und den daraus entstandenen Bibeltext geht, trug Nicole Heesters virtuos vor; Und in Wien inszenierte er „Radetzkymarsch“ und „Rosmersholm“, die jeweils die österreichischen Kritiker in zwei Lager spalteten, sie lobten und kritisierten beide Aufführungen. Zu „Radetzkymarsch“ etwa hieß es: *„Den Roman über den Untergang der österreichisch-ungarischen Monarchie für das Theater zu adaptieren verlangt profundes Wissen über das Werk Joseph Roths, die Zeit und die historischen Fakten, aber ebenso viel Gespür, was im Theater möglich und wirksam ist. Elmar Goerden gelang die Umsetzung des Romans in ein Theaterstück perfekt!“*, aber auch: *„Wirklich unter die Haut gegangen ist dieser brave Abend nie. Und die Notwendigkeit, warum schon wieder dieser Roman von Roth gespielt wird, hat sich wahrlich nicht aufgetan.“* [27]

„Wenn ich mir mein Leben als Bild vorstelle, dann wäre Viersen die grundierte Leinwand. Sozusagen die Gemäldevoraussetzung, ohne die alles nur ein wirres Herumfuchteln in der Luft bliebe. Ich habe hier zwar nicht alles, bestimmt aber Wesentliches gelernt und erfahren.“

Der Maler

Neben seiner Theaterarbeit betätigt sich Elmar Goerden auch als Maler. So war er Gast der Villa Massimo in Rom, sowie Malerei-Stipendiat der Akademie Schloss Solitude in Stuttgart (1997). Über seine zweite Leidenschaft sagte er in einem Interview: *„Ich arbeite auf Holz, weil es grob ist. Ich brauche beim Malen einen Widerstand.“* Seine Bilder - z.B. eines mit dem Titel „transport of summer/verpackungsplan“, 2x3 Meter groß, in flächigem Weiß, durch das an manchen Stellen der rote Grund hervorbricht, erinnern an abstrakte, expressive Künstler wie Cy Twombly, Mark Rothko oder Anselm Kiefer. Im Jahr 2010 stellte er in der „Maschinenhalle Friedlicher Nachbar“ in Bochum aus.[28] Aber da er das Malen als *„Gegenpol zur Öffentlichkeit des Theaters“* betrachtet, stellt er nur selten aus, seine Bilder finden sich in einigen Privatsammlungen. Allerdings arbeitet Elmar Goerden an der Idee einer gemeinsamen Ausstellung mit seinem ältesten Sohn, der in Düsseldorf Kunst studiert und sich dafür mehr interessiert als für das Theater. Die beiden jüngeren Geschwister hingegen *„kennen sich bereits bestens in verschiedenen Theatern aus, für sie sind das große Abenteuerspielplätze und die Orte, wo Mama [Schauspielerin] und Papa Proben haben“*.[29]

Viersen

„Derzeit probe ich am Staatstheater Stuttgart ein Stück von Simon Stephens mit dem wunderbaren Titel ‚Am Ende Licht‘. Darin singt das Ensemble ein Lied der Talking Heads:

Home is where I want to be
Pick me up and turn me around
The less we say about it the better

Make it up as we go along
Feet on the ground
Head in the sky
It`s ok I know nothing's wrong.

Ich, vor der Bühne, singe das immer leise mit und es ist für mich ein Lied über Viersen. Dort tickten und ticken meine Uhren immer anders. Als wäre da noch ein Rest Kinderzeit zur freien Verfügung. Zeit für alte Wege, Orte, Geschichten, die in meinem offiziellen Lebenslauf nicht auftauchen, aber wichtiger und prägender sind als alles sonst. Namen zu denen mir manchmal die Gesichter fehlen, und Gesichter, deren Namen ich nicht mehr erinnere. Eine Landschaft, die ich in mir trage wie ein Wasserzeichen und von der ich körperlich spüre, dass ich aus ihr komme. Meine Eltern, die immer noch im Garten Landwehrstraße 75 den Rasen mähen, die Hecke schneiden, Blumen pflanzen, in dem ich Kind war, und in dem auch meine Kinder Kinder sein dürfen. Ich bin da, immer noch und immer wieder, zuhause.“ [30] (te)

Inszenierungen (Auswahl):

1994 Sam Shepard: Liebestoll/ Schaubühne Berlin

1995 Karl Philipp Moritz: Blunt oder Der Gast/ Staatstheater Stuttgart

2000 Ödön von Horváth: Der jüngste Tag/ Staatstheater Stuttgart

2002 William Shakespeare: Titus Andronicus/ Residenztheater München

2003 Gotthold Ephraim Lessing: Nathan der Weise/ Residenztheater München

2005 Johann Wolfgang von Goethe: Iphigenie auf Tauris/ Schauspielhaus Bochum

2007 Justine del Corte: Der Alptraum vom Glück/ Ruhrfestspiele Recklinghausen

2008 William Shakespeare: Der Kaufmann von Venedig/ Schauspielhaus Bochum

2010 Wolfgang Amadeus Mozart: Le nozze di Figaro/ Theater Basel

2011 Friedrich Hebbel: Judith/ Schauspielhaus Graz

2012 Henrik Ibsen: John Gabriel Borkman/ Theater in der Josefstadt, Wien

2014 Henrik Ibsen: Die Wildente/ Nationaltheater Mannheim

2015 Kafka (ein Projekt von Elmar Goerden)/ Theater in der Josefstadt, Wien

2018 Clemens J. Setz: Die Abweichungen/ Staatstheater Stuttgart

2019 Franz Schubert: Fierabras/ Konzert Theater Bern

2021 Simon Stephens: Am Ende Licht/ Staatstheater Stuttgart

Alfred (Ali) Haurand

Musiker, Moderator, Organisator

Konditor war sein erster Beruf, den er aber nie ausübte. Musikbegeisterte Freunde und ein kaputter Bass gaben seinem Lebensweg eine völlig andere Richtung. So wurde er zu einem der bekanntesten Viersener, als Gründer des Jazzfestivals, Mentor des Jazzcircles, Stimme im *WDR*-Fernsehen, aber v.a. als Musiker in diversen Gruppen, mit denen er um die Welt tourte. Ein heimatverbundener Weltenbummler.

Alfred Josef Antonius Haurand[1] wurde am 15. November 1943 in Viersen geboren. Er war das dritte Kind der Eheleute Alfred und Luise Haurand (geb. Heithausen), die auf der Bergerstr. (heute: Konrad-Adenauer-Ring) eine Konditorei und Bäckerei betrieben, später auch einen Lebensmittelladen. Der Vater blieb im Krieg, die Bäckerei wurde zerbombt, aber der Betrieb wurde nach dem Krieg wieder aufgenommen. Mutter Luise spielte sehr gut Klavier, meistens Beethoven oder Schubert, das Instrument war einer der wenigen Gegenstände, die die Bombentreffer unbeschadet überstanden hatten. Alfred war ein fröhliches Kind, überall beliebt, und verbrachte den größten Teil seiner Freizeit spielend auf der Bergerstraße oder auf dem Bolzplatz. Die Mütter seiner Freunde, in deren Häusern er häufig zum Essen einkehrte, riefen ihn mit dem Spitznamen „Bubel, Bäcker, Automann".[2] Er besuchte die Volksschule und spielte als Jugendlicher bei Grün-Weiß-Viersen Fußball (einmal soll er sogar gegen eine Jugendmannschaft des 1. FC Mönchengladbach angetreten sein, in der der junge Günter Netzer spielte). Für Alfred war ein bürgerlicher Lebensweg geplant: Nach der Volksschule machte er eine Lehre als Konditor bei Küpper in Krefeld und danach eine kaufmännische Ausbildung in Düsseldorf. Der von der Mutter geplante Besuch der Hotelfachschule in Bad Wiessee kam aber nicht mehr zustande, denn da hatte er sich schon für einen anderen Weg entschieden.[3]

Jazz in und über der Backstube

Aus der anvisierten bürgerlichen Existenz wurde nichts. Denn schon früh zog es den musikbegeisterten Jugendlichen dahin, wo Livemusik stattfand: *„Das Musikinteresse kam über Freunde. Einer davon war Jochen Kreutzer, der spielte Klarinette. Da waren die ersten Berührungspunkte. Das Glück war, dass, als ich so 16/ 17 war, ein Club in Dülken existierte, die Zwiebel, und dort entstand die Jazzszene in Viersen. Da probte immer so eine traditionelle Dixielandgruppe (Pine Apple Jazz Babies) und eines Tages bin ich da hingefahren und es gab keinen Bassisten. Aber es stand ein Bass hinter der Tür, mit drei ausgeleierten Seiten. Und dann habe ich einfach ‚Lotto-Bass' mitgespielt, also 6 aus 49, sechs richtige Töne, der Rest daneben. Das hat mir trotzdem Spaß gemacht. Ich habe dann herausgefunden, dass der Bass der Kirche in Brüggen gehörte und mich mit denen in Verbindung gesetzt. So durfte ich ihn vorerst zum Üben behalten. Ich habe mir dann neue Saiten aufgezogen und weitergemacht, immer noch ‚Lotto-Bass', denn das war nicht mit der Idee verbunden, Musik zum Beruf zu machen.“*[4] Auch die Eisdiele Rina (links gegenüber dem heutigen Café Extrablatt) war ein Treffpunkt und Infozentrum der jungen Musikerszene in Viersen, manchmal wurde dort auf einer Empore über der Treppe gejammt. Alfred fand Gleichgesinnte, sie gründeten die Band *Jazz-Knights*. Geübt wurde häufig abends in der Backstube der elterlichen Bäckerei: die Freundinnen saßen auf dem Mehltisch, während die Jungs jammten, Lautstärke war ja kein Problem. Die *Jazz-Knights* (Urbesetzung: Ali Haurand, Bass/ Manfred Schmelzer, Posaune/ Peter Holz, Banjo/ Rolf Tappiser, Schlagzeug/ Hans-Dietrich Moebus, Trompete/ Helmuth Jennrich, Klarinette) spielten in den rund drei Jahren ihres Bestehens in allen angesagten Lokalen in Viersen, Mönchengladbach und im Umland, und einmal sogar in Bergen an Zee (NL) am Strand.[5] Sie gaben ihr Debut bei einem wichtigen Ereignis: am 8. Juli 1961, bei der Eröffnung des River-Jailhouse Jazzclubs auf der Rintgerstr., in den Räumen des Bürgerhofs (viel später Freigeist). Ali Haurand, Jochen Kreutzer und der Jazzfan Herbert Pauen hatten dem Besitzer ihre Idee vorgetragen, und unter der Bedingung, den angrenzenden Saal mit Bühne selbst umzubauen und zu gestalten sein OK erhalten. Später stießen als Organisatoren aus Krefeld noch Harald Ronkholz, der die Wandzeichnungen gestaltete, und Konrad Budde hinzu. *„Der Club sollte eine Alternative zum Jazzlokal Zwiebel sein, sozusagen der erste ‚richtige' Jazzclub. Im Saal fanden keine Aktivitäten mehr statt. Bis zum Jahr 1960 waren die Räumlichkeiten Heimstatt und Trainingsort des Viersener Boxclubs. Der Pächter, Karl Natzke, ein etwas vierschrötiger Mensch aus Duisburg, versprach sich von dem Arrangement mit uns einen wirtschaftlichen Aufschwung seines Gaststättenbetriebs.“*[6] Auf dem Eröffnungskonzert spielten vor über 250 meist jugendlichen Gästen außerdem die *Sudhouse Jazz Group* aus Dortmund, die *Mayko Jazzmen* aus Mayen sowie die *Pine Apple Jazz*

Elternhaus auf der Bergerstr.

Konzert im Haus Markett

Konzert im Casinogarten

Babies. Aber es blieb bei dem einen Konzert, da Konrad Budde mit der Kasse durchbrannte, die Musiker nicht bezahlt werden konnten, und der Eigentümer nicht mehr von der Jazzidee begeistert war.[7] Herbert Pauen organisierte dann noch einige Jazz-Band-Bälle im Haus Markett, das für seine Tanzveranstaltungen bekannt war, u.a. mit dem *Ali Haurand Trio* oder der *Laketown Jazzband* aus Lobberich.[8] Jochen Kreutzer spielte inzwischen auch Saxophon und stieß manchmal auch zu den *Jazz-Knights*. In dieser Zeit spielten länger auch schon andere Bands im Raum Viersen/ Mönchengladbach, wo es als Veranstalter auch die *Monkstown Jazz Society* gab. Der Austausch zwischen den und von Musikern war enorm. Zu nennen wären z.B. die *Jazz Minstrels*, die *Pine Apple Jazz Babies*, *Pit's Swinghouse* und ab 1966 die *Schautermann Tillies Jazzband* (siehe S. 267).[9]

Nach der Schließung der Zwiebel (1955-1962) und dem Scheitern der eigenen Bemühungen auf der Rintgerstr. einen Club zu etablieren, fasste Alfred den Entschluss, dem Jazz einen Ort in der Bäckerei zu geben, deren Betrieb verkleinert worden war. Ab 1965/66 wurde im Mehlspeicher geprobt, aber vor allem gefeiert. Der provisorisch eingerichtete Raum - mit Theke - entwickelte sich zum Magneten für Jazzbegeisterte weit über Viersen hinaus, es reisten sogar Musiker aus anderen niederrheinischen Städten an. Fast jeden Samstag stiegen 100-150 Leute über eine wackelige Treppe in den Raum unter dem Dach, feierten und jammten.[10] Die Richtung der Musik die „Ali", so sein neuer Spitzname, nun spielte, veränderte sich: weg vom Oldtime hin zum Modern Jazz, auch wenn eine Zeitlang noch beides parallel lief: *„Mich hat die Improvisation im Jazz so fasziniert, deshalb konnte ich nicht beim Dixieland stehen bleiben"*.[11] Nun spielten die Bands z.B. Stücke von Sonny Rollins, wie bei der Veranstaltung „Jazz an einem Sommerabend" in der „Muschel" des Viersener Casinogartens mit Jochen Kreutzer am Saxophon.[12] Ali und Jochen reisten 1968, in Begleitung von Jazzfan Jochem Bruysten, nach Spanien, um auf dem jungen Festival in San Sebastian aufzutreten. Tatsächlich gewann sie mit einer Improvisation, die Kreutzer „Nada" nannte, den 2. Preis (nach eigenen Aussagen den 1.) und kehrten im Folgejahr als Trio zurück.[13]

Ali spielte nun häufig mit Musikern wie Karl-Heinz „Becki" Becker (Vibraphon), Karl Kämmer (Piano), Mac Zimmermann (Posaune) zusammen, die zwischen 1965 und 1969 je nach Besetzung unter ständig wechselnden Bezeichnungen auftraten, manchmal auch hintereinander: *Becki Becker Trio, Karl Kämmer Quintett, Mac Zimmermann Sextett, Eddi Edmiston Quintett, Bob McMahon Quartett* usw. Eddi Edmiston (Piano) und Bob McMahon (Drums) waren zwei britische Soldaten aus dem *Royal Air Force*-Hauptquartier in Brüggen. Die Formationen bestritten nun auch Auftritte über die (lokalen) Grenzen hinaus, im Kölner Gürzenich, im Dum Dum in Düsseldorf oder auf Festivals in Beek in Donk, Roermond (NL), Bilzen (B) oder Dinslaken.[14] Dabei konnten sie immer wieder 1. oder 2. Plätze bei den Amateurwettbewerben belegen. Wichtig war aber auch, dass auf diesen Festivals Jazzgrößen gehört und getroffen werden konnten. Das *Eddi Edmiston Quartett* absolvierte 1967 einen Auftritt im Kölner Tanzbrunnen, der vom *WDR* teilweise mitgeschnitten wurde.[15] Die britischen Musiker eröffneten nicht nur neue musikalische Perspektiven, sie sorgten auch für weitere Engagements, nämlich im Casino des *Royal Air Force*-Hauptquatiers: *„... on Sundays, dress: coat and tie and sports shirt"*, lautete die Empfehlung auf dem Spielplan des Casinos im März 1968 für die Konzerte des *Bob McMahon Trios* feat. George Maycock.

Vom Modern zum Free Jazz

Den aus Panama stammenden Pianisten George Maycock und seinen Drummer „Big Fletchit" (Owen Campell) lernte Ali als Aushilfsbassist in Düsseldorf kennen. Die beiden waren in den 50er Jahren mit einer kubanischen Bigband nach

Karneval im Jazzkeller Krefeld

Europa gekommen, waren geblieben, und hatten mit ihrem Quintett *Chic-Combo* europaweit Erfolge gefeiert. Dann trat eine Durststrecke bei den Engagements ein, u.a. ausgelöst durch die Beatwelle und den Free Jazz, der nun auch aus den USA in Europa angekommen war, und so spielte Maycock in seiner Wahlheimat Düsseldorf v.a. in Clubs wie dem Dum Dum oder dem Downtown.[16] Ab 1966-67 spielten die drei dann fest im Trio zusammen, für Ali der Startschuss zu einer professionellen Jazzmusikerlaufbahn, wo er sich als *„technisch versierter Solist, aber auch als stilsicherer Begleiter"* profilieren konnte.[17] Zu ihrem Stammlokal wurde das Downtown, wo sie auch andere Musiker begleiteten, wie z.B. die Sängerinnen Helen Sachs oder Inge Brandenburg. Häufig gesellte sich der aus Jamaika stammende Saxophonist Wilton Gaynair zu ihnen. Bis zum Tod von Maycock (1979) spielten sie zwei Alben mit Bebop bzw. Swing ein. Parallel spielte Ali aber schon ganz andere Sachen: Fusion und die ersten Versuche von Free Jazz. 1969 hatte er auf einem Festival in Belgien die niederländischen Musiker Jan Huydts (Piano) und Leo de Ruiter (Drums) kennen gelernt. Erst firmierten sie als *Jan Huydts Trio*, und begleiteten Jazz-Größen wie den US-Trompeter Jon Eardley, bald nannten sie sich *Third Eye*, anfangs noch mit John Schuursma an der E-Gitarre.[18]

Aber erst musste Ali noch eine gewichtige Entscheidung treffen: Bisher war die Musik ein zeitintensives Hobby neben der Ausbildung gewesen, aber nun wurde es ernst. Es eröffnete sich nämlich die Möglichkeit zu einem Musikstudium an der Folkwang Hochschule in Essen. Nach einer großen Willensleistung - er musste mit dem Klavier erst noch ein Zweitinstrument erlernen – bestand er die Aufnahmeprüfung und begann ab Oktober 1966 das Studium mit dem Hauptfach Klassischer Kontrabass. (bis ca. 1970). Offiziell beendet hat er es wohl nicht, denn die Gigs Richtung Jazz und die musikalischen Aufgaben wurden immer zahlreicher: Da es in Viersen immer noch keinen festen Ort gab, wo Jazz gespielt werden konnte, sprach Alfred die Stadt an. So kam es im Februar 1967 zum ersten Konzert des VHS-Jazzclubs im Keller der Festhalle, gefördert von VHS-Leiter Günter Ochs und organisiert von Ali und Freunden. Vor rund 150 Zuhörern spielten das *Eddie Edmiston Quartett* (mit Ali), das *Granderath Trio*, und als Vertreter des Oldtime-Jazz die *Mr. Felix Brass Band*. Zum Schluss jammten alle zusammen.[19] Der Erfolg führte zu einer Fortsetzung der Reihe und von zunächst nur lokalen Bands entwickelten sich die Konzerte hin zu den Größen des deutschen und europäischen Jazz, wie Albert Mangelsdorff oder Martial Solal. Dann organisierten Ali, Bruysten, Kreutzer und Freunde im Januar 1969, gemeinsam mit Ochs, das 1. Internationale Niederrheinische Jazzfestival: 12 Bands, sowohl aus dem Modern- als auch dem Oldtime-Jazz, aus vier Ländern (u.a. CSSR, Belgien) traten an einem Tag in der Viersener Festhalle auf. Das Festival war ausverkauft und der *WDR* berichtete live, was die Kommunalpolitiker freute.[20] Und Ali begann sein großes, europaweites Netzwerk zu knüpfen, das ihm ein Leben lang nützlich sein würde.

European Jazz

Über Alis vielfältige Kontakte nach Belgien und Holland kamen nun auch Auftritte mit amerikanischen Jazz-Größen zustande, die in diesen Jahren bevorzugt in Europa lebten und spielten. U.a. im Haus des belgischen Saxophonisten und Apothekers Jaques Pelzer lernte Ali Chet Baker kennen, er spielte mit Bobby Jones, Philly Joe Jones oder Don Byas. Mit dem Saxophonisten Ben Webster trat er im Jazzclub Krefeld auf.[21] Mit *Third Eye*, später mit Frank Köllges am Schlagzeug und Rob van den Broeck am Klavier, tourte Ali bis Mitte der 70er Jahre durch Europa und nahm drei vielbeachtete LPs auf, Musik, die sich auch heute noch frisch und lebendig anhört. Mit dem in Neuss lebenden, ungarischen Saxophonisten Lajos Dudas spielt Ali zu dieser Zeit zwei Alben mit verjazzter Klassik von Bach u.a. ein, und auch solo wurde Ali aktiv: er produzierte zwei LP's, auf denen nur der Bass und einige Hilfsmittel (u.a. Vibratoren und „Radharfe") erklingen. Die LP „Vitamine A+D" schmückt ein Foto der Kaisermühle, ein Free-Jazz-Titel heißt „Vierscher jong".[22]

Wichtig für Ali und seine neuen musikalischen Projekte wurde das Festival in Moers. Schon 1972, bei der Gründung, hatte er seine Hand im Spiel, *„gehörte er doch zur Gruppe um Burkhard Hennen, die das Moers Festival an den Start brachte"*.[23] Dort spielten in den ersten Jahren viele Musiker, die später mit Ali auftraten. Bis 1978 trat Ali dort jedes Jahr mit *Third Eye* u.a. Besetzungen auf, wobei es 1977 zu einer wegweisenden Entscheidung kam: Alis Quintett bestand aus den Musikern Gerd Dudek (sax), Leszek Zadlo, (sax), Alan Skidmore (sax) und Pierre Courbois (dr), und als er gefragt wurde, welcher Name auf die Plakate gedruckt werden sollte, fiel ihm auf, dass sie aus vier Ländern kamen. So kam er auf *European Jazz Quintet*, ein Name und v.a. eine Idee, die in verschiedenen Besetzungen, vom Trio bis zum Ensemble mit 18 Musikern, bis zum Jahr 2016 bestehen sollte. Das *European Jazz Ensemble*, ein Pool von hochkarätigen, hauptsächlich europäischen Jazzmusikern,

Third Eye, Viersen 1976

wurde immer wieder von seinem Initiator Ali mit ungeheurem Engagement zusammen "getrommelt", v.a. zu den Jubiläen der Band (20./ 25./ 30./ 35.). Über die Jahrzehnte spielten rund 50 Musiker aus 14 Nationen zusammen, darunter Joachim Kühn, Charlie Mariano, Manfred Schoof, Allan Botschinsky, Uschi Brüning, Enrico Rava oder Philip Catherine.[24] Die großen Besetzungen spielten in den Konzerthäusern Europas und brachten u.a. ein Projekt mit Musikern der indischen Khan-Familie auf die Bühnen. Und dem *European Jazz Quintet* ist auch die Existenz des Viersener Jazzfestivals zu verdanken: denn als die Gruppe ihren zehnten Geburtstag feierte, 1987,[25] fragte Haurand beim *WDR* nach, ob man aus diesem Anlass von dem Konzert in der Festhalle nicht eine TV-Aufzeichnung machen wolle. Redakteur Dieter Hens gab seine Zusage unter der Bedingung, dass mehrere Gruppen spielten, damit sich der technische Aufwand lohne. Das Internationale Jazz Festival Viersen war geboren.

Parallel blieb immer noch Zeit für andere Projekte: Bei *S.O.H.*, einem Trio mit Alan Skidmore (sax) und Tony Oxley (dr), stand die freie Improvisation im Mittelpunkt, mit Jan Akkerman (git) wurden eher bluesige Töne angeschlagen, und im Trio mit Gerd Dudek und Rob van den Broeck frönte Ali intensivem, fast kammermusikalischen Spiel, eine für Haurand sehr wichtige Besetzung, was durch mehrere wunderbare CDs und viele Konzerte untermauert wurde (manchmal zum Quartett erweitert, mit Tony Levin an den Drums). Belohnt wurden Ali Haurands Aktivitäten u.a. damit, dass er selbst, seine Formationen oder LP's zwischen 1978-1986 immer auf vorderen Plätzen des „European Jazz Poll" der *International Jazz Federation* landeten: 1986 z.B. stand er als Bassist auf Platz vier, wie auch das *European Jazz Ensemble* bei

den Formationen, und das Album „Interchange" von *The Quartet* erreichte den dritten Platz.[26] Eine besondere Musikerfreundschaft entwickelte Haurand zu Jiří Stivín, jenem tschechischen Ausnahmemusiker, mit dem er im Duo sehr persönliche musikalische Momente entwickelte. Mit Charlie Mariano und Daniel Humair kreierte er zudem zu Anfang des 21. Jahrhunderts ein neues Trio. Alis Gruppen waren Gast auf allen großen europäischen Festivals, Tourneen führten ihn rund um den Globus, von den USA und Kanada über Russland und Skandinavien bis nach Australien. Im Jahr 2008 spielte er in Prag bei einem Konzert (mit fünf Kontrabässen) des Bassisten František Uhlíř mit, zu Ehren des tschechischen Staatspräsidenten Václav Klaus. Für seine (völkerverbindenden) musikalischen Aktivitäten wurde Ali Haurand im Jahr 2005 vom französischen Kulturminister zum „Chevalier de l'Ordre des Arts et des Lettres" ernannt.

Jazz und andere Künste

Während seiner Karriere hat Ali Haurand häufig auf Ausstellungen bildender Künstler gespielt, darüber hinaus hat er aber auch an Kunstprojekten teilgenommen, häufig gemeinsam mit Gerd Dudek und Jiří Stivín. Mit dem tschechischen

Pantomimen Milan Sládek entwarf er 1994 eine Performance, die den Lebenszyklus darstellen soll, und bei der Sládek tanzend zur Musik sowohl ein großformatiges Bild gestaltet als auch seinen Körper komplett mit Farbe bedeckt. Und mit der Mönchengladbacher Künstlerin Maria Lehnen erarbeitete Haurand im Jahr 2000 die Performance „con moto", die u.a. im Museum Abteiberg zur Aufführung kam: drei als „Mumien" in Plastik eingewickelte Musiker, die zwischen Lehnens Skulpturen stehen, wickeln sich zu den Klängen des Basses aus und beginnen zu spielen. Die Autoren Paul Eßer und Ingeborg Drews erarbeiteten jeweils Jazz & Lyrik-Programme, die sie mit den Musikern in Clubs und auf Festivals aufführten (und auch auf CD produzierten), und der Schauspieler Karlheinz Böhm zitierte 1993 zu den Klängen von Ali, Gerd und Rob deutsche Lyrik.[27] Für den Rapper Sumsemann (Sebastian Polmans) sprach Ali Haurand 2007 einen Text für dessen Album „Da" ein.

Organisator und Moderator

Wahrscheinlich war es ein großer Vorteil für Ali Haurand, dass er eine kaufmännische Ausbildung absolviert hatte. Er konnte (im Gegensatz zu vielen anderen Musikern) die Wichtigkeit der organisatorischen Aspekte des Berufsbildes schnell erkennen. Er war ein Meister im Einwerben von Sponsorengeldern, seine Akquise ist sagenumwoben, und er entwickelte eine gewisse Durchsetzungsfähigkeit, die man braucht, wenn man große Dinge bewegen will, besonders in Verhandlungen mit Kommunalpolitikern, die oft nicht einsehen wollten, welche (werbliche) Bedeutung solch eine Veranstaltung für eine Kommune hat.[28] Als künstlerischer Leiter des Internationalen Jazz Festivals Viersen (bis 2014) setzte Haurand alle seine internationalen Verbindungen ein. Wer die Besetzungsliste dieses Festivals über die Jahre mit verfolgt hat, wird sich immer wieder verblüfft fragen, wie es gelingen konnte, dass die Crème de la Crème des Jazz den Weg nach Viersen gefunden hat. Folgte Ali anfangs noch stärker der Idee, ein Festival mit dem Schwerpunkt Europa zu gestalten, erkannte er im Laufe der Jahre, dass ein größeres Zuschauerinteresse ohne die amerikanischen Stars nicht bedient werden konnte.[29] Besonders beliebt war das Festival in den ersten Jahren wegen der Nähe des Publikums zu den Musikern, die nach ihrem Auftritt häufig in den Gängen der Festhalle ihre Drinks nahmen. Und auch bei vielen Musikern, Journalisten und dem *WDR*-Team, denn am Festival-Samstag lud Ali, der gerne kochte, sie alle mittags zum Gulasch-Essen zu sich nach Hause ein.[30]

Neben Viersen war er zwölf Jahre lang (2003-2014) für die Besetzung der „Düsseldorfer Jazz Rally" zuständig, ein Festival, das inzwischen als größtes Jazzfestival Deutschlands gilt, und im Frühsommer an einem Wochenende bis zu 100 Konzerte, von Dixieland bis Modern Jazz, in der Landeshauptstadt präsentiert. Mit Schirmherr Klaus Doldinger gab er dort selbst 2012 in der Deutschen Oper ein Konzert. Ebenfalls war er ab 2007 maßgeblich an der Gestaltung des

Festivals „Musik und Wein Ahrtal“ beteiligt, in der besonderen Atmosphäre der Klosterruine Marienthal. Doch nicht nur die Arbeit für Festivals lag Ali Haurand am Herzen. Nach dem Ende des VHS-Jazzclubs (1990) gründete er mit Gleichgesinnten 1993 den Viersener Jazz Circle. Durchschnittlich acht Konzerte fanden und finden im Süchtelner Weberhaus statt, die mitunter Weltstars wie *Oregon* an den Niederrhein brachten. 25 Jahre, bis kurz vor seinem Tod, war Ali Vorsitzender des Vereins, mit einem engagierten Team an seiner Seite, welches den Verein bis heute weiterführt. Für seine (musikalischen) Verdienste um die Stadt, denn Haurand unterrichtete auch 32 Jahre an der städtischen bzw. Kreismusikschule (1978-2010), wurde ihm 2011 die Stadtplakette in Silber verliehen. Fünf Jahre später benannte man den Keller in der Viersener Festhalle ihm zu Ehren „Ali Haurand Keller“ (in Leuchtschrift über dem Eingang).[31]

Für die Jazzredaktion des *WDR*-Fernsehens und *3Sat* produzierte und moderierte Ali Haurand 26 Jahre lang nicht nur die Sendungen aus Viersen, sondern auch aus dem Kölner Subway, vom Festival in Leverkusen sowie eine Zeit lang aus Moers. Er interviewte unzählige Künstler, darunter Nigel Kennedy, Herbie Hancock oder Till Brönner, der ebenfalls aus Viersen stammt (siehe S. 37). Dabei agierte er als Nicht-Journalist eher unkonventionell, seine Fragen setzten sich oft von den üblichen Klischees ab (waren manchmal aber auch ziemlich schräg). Das hatte damit zu tun, dass er als Musiker mit seinen Gästen kenntnisreich auf die Historie des Jazz zurückblicken und Dinge sachkundig einordnen konnte, was ihm wiederum den Respekt auch der großen Stars sicherte. Er konnte sich im Gespräch mit den Musikern aufrichtig mitfreuen und eine Atmosphäre erzeugen, die besonders war. Auch im *WDR* ist er stets eingestanden für den Jazz, der beim Sender allerdings nach und nach als Nischenprodukt auf immer unpopulärere Sendeplätze verschoben wurde: eine Entwicklung, die für einen Menschen wie Ali Haurand nur schwer zu akzeptieren war. In besseren Zeiten hatte Haurand zusammen mit der Redaktion von Dieter Hens bzw. Peter Sommer sogar noch verschiedene TV-Dokumentationen zum Thema Jazz gedreht (siehe Kasten).

Ali in Viersen

In den 70er Jahren war, neben seinem „Kellerkontor“ auf dem Konrad-Adenauer-Ring, einer von Alis Lieblingsplätzen das Eiscafé

Florenz auf der Hauptstraße (später dann Cortina auf der Löhstraße). Dort trank er seinen Espresso, rauchte seine Roth-Händle (denn das hatte er mit Helmut Schmidt gemein: er rauchte immer und überall) und traf den ein oder anderen Freund von früher. Vielleicht hat es Ali Haurand mit seiner Heimatstadt nicht immer leicht gehabt, doch hat er Viersen nie verlassen. Sicherlich war er manchmal unzufrieden, wenn z. B. das Festival wieder mal aus politischen Kreisen in Frage gestellt wurde. Denn er war und blieb immer ein Kämpfer für seine Sache - den Jazz. Hier konnte er auch richtig ungemütlich werden, wenn aus seiner Sicht unberechtigte oder unqualifizierte Kritik kam. Dabei war er ein herzlicher Mensch, großzügig, unkonventionell, ohne Starallüren, der gern den musikalischen Nachwuchs förderte. So leitete er mehrere Jahre den ans Festival angedockten Workshop „Jazz mit Kindern", der immer wieder erstaunliche Ergebnisse auf die Bühne brachte. Er unterstützte junge Talente aus der Region: den Trompeter Markus Türk begleitete er bei dessen Examenskonzert und auch der Gitarrist Joscho Stephan sowie der Mundharmonika-Spieler Konstantin Reinfeld wurden von ihm gefördert. Andere, wie Monika Linges (siehe S. 174), profitierten von seinen Aktivitäten beim Jazzclub oder in der Musikschule, wo z.B. Thomas Kessler (siehe S. 152) Unterricht bei ihm hatte. Auch als international bekannter Musiker trat er, wenn es der Terminplan zuließ, weiterhin in kleinen Lokalitäten wie Conny's Come In (Boisheim) auf. In überraschenden Zusammenhängen war er ebenfalls aktiv: so erklingt sein Kontrabass auf der CD „Inmitten der Nacht", die Viersener Musiker, u.a. von den Gruppen *Alvorada* und den *Liederlichen*, mit Advents- und Weihnachtsmusik aufnahmen. Ali Haurand, der zweimal verheiratet war, erst mit Anne Pälmke (mit ihr hat er eine Tochter), dann mit Doris Franzen, die ihn bei fast allen Aktivitäten tatkräftig unterstützte, schmerzte gegen Ende seines Lebens der Verlust langjähriger musikalischer Weggefährten, so starben Charlie Mariano 2009, Tony Levin 2011 oder Rob van den Broeck 2012. Das setzte ihm im Rahmen seiner eigenen starken Erkrankung sehr zu. Eines seiner letzten Konzerte gab Ali Haurand zusammen mit Gerd Dudek 2017 in der Remigiuskirche. Er starb am 28. Mai 2018 in Viersen. (ott/te: Interviews)

Tonträger (Auswahl):

Jon Eardley All Stars - Joy spring. Compilation: *Remembering 69* (JG Records, 1969)
Jan Huydts Trio: *Brown Taste* (JG Records, 1970)
Alfred Haurand: *Naked* (Metram, 1974)
George Maycock Trio: *George Maycock Trio* (Ring Records, 1975)
Third Eye: *Third Eye* (Ring Records, 1976)
Alfred Haurand: *Vitamine A+D* (Ring Records, 1976)
Third Eye: *Connexion* (Ring Records, 1977; Re-release, Sonorama Records, 2013)
European Jazz Quintet: *Live at Moers Festival* (Ring Records, 1977)
Lajos Dudas: *Reflection of Bach* (Metram, 1977)
Skidmore/ Oxley/ Haurand: *S.O.H. live* (View Rec., 1981)
Wilton Gaynair Quintet: *Alpharian* (Konnex, 1982)
The Quartet: *Interchange* (Konnex, 1986)
Tony Oxley's Celebration Orchestra: *Tomorrow is here* (Dossier, 1986)
European Jazz Ensemble: *Live* (Konnex, 1988)
European Jazz Ensemble: *at the Philharmonic Cologne* (M. A. Music, 1989)
European Jazz Ensemble: *meets the Khan family* (M.A. Music, 1992)
Haurand/ Dudek/ v. den Broeck: *Pulque* (Konnex, 1993)
European Jazz Ensemble: *20th Anniversary Tour* (Konnex, 1997)
Haurand/ Stivìn: *Just the two of us* (Konnex, 2000)
Haurand/ Stivìn/ Dudek/ Eßer: *Schinderkarren mit Buffet. Jazz & Lyrik* (Konnex, 2001)
Various: *Inmitten der Nacht. Viersener Musiker spielen weihnachtliche Musik* (Eigenverlag, 2001)
Mariano/ Haurand/ Humair: *Frontier traffic* (Konnex, 2002)
Ali Haurand & Friends: *Ballads* (Konnex, 2005)
European Jazz Ensemble: *30 Years on the Road* (DVD) (Konnex, 2006)
Stivìn/ Haurand/ Humair: *Live in Hradec Králové 2003* (SQS, 2007)
Various: *Double Bass Session* (Multisonic, 2009)
European Jazz Sextet: *Live at the International Jazzfestival in Viersen* (Konnex, 2014)

Filme von und über Ali Haurand

Spurensuche. 40 Jahre Jazz in der DDR, *WDR* 1992.
Musik in der Wüste. 11. Red Sea Jazzfestival Eilat (Israel) 1997, *WDR* 1998.
Gigi Campi's Amarcord. The Kenny Clarke - Francy Boland Big Band, *WDR* 1998.
Peter Herbolzheimer - Ein Leben mit der Big Band, *WDR* 2005.
Klaus Doldinger. Eine deutsche Musikerlegende, *WDR* 2006.

Der Bassist, *WDR* 1993.
Die 4 Saiten des Ali Haurand, *WDR* 2018.

Oliver Hilmes

Schriftsteller und Kulturmanager

Ein „Archiv-Freak", der den „Flow des Findens" genießt. Mit Biographien und historisch-literarischen Büchern erschrieb der Historiker sich großen Erfolg. Mit Gustav Mahler begann sein Interesse an den Charakteren der klassischen Musik.

„Vor gut zwanzig Jahren musste der Musikliebhaber in das Musikgeschäft seines Vertrauens gehen. In Viersen kaufte man im ‚Musikhaus Pauly'. Ich war bei Pauly Stammkunde." Das schreibt Oliver Hilmes in einem Beitrag zu Elke Heidenreichs Buch *Ein Traum von Musik.*[1] *„Regelmäßig bin ich mit dem Fahrrad von Dülken nach Viersen gefahren und habe bei Pauly CDs angehört. Klassik-CDs waren damals noch sehr teuer, kosteten in der Regel 40 Mark, was für das Taschengeldbudget eines Schülers nicht wenig ist. Die Eigentümer waren immer sehr nett und haben mich alles Mögliche anhören lassen, auch wenn ich mal etwas nicht kaufen konnte oder wollte."*[2]

Der am 28.12.1971 geborene Hilmes entdeckte dort Ende der 80er Jahre eine Aufnahme von Gustav Mahlers „Fünfter Symphonie" und war überwältigt. *„Es ist die Musik meines Lebens"*, schreibt er. Doch bevor er sich beruflich mit Musik beschäftigten würde, sollte es noch etwas dauern.

Oliver Hilmes verbrachte eine *„glückliche Jugend"* in Dülken, besuchte das Albertus-Magnus-Gymnasium und sang im Chor der St. Cornelius-Kirche: *„Der damalige Kantor Stefan Engels war ein Freund von mir und hat meine musikalische Sozialisation erheblich beeinflusst, zumal der Chor Ende der 1980er-Jahre auf erstaunlichem Niveau musiziert hat. In der St. Cornelius-Kirche habe ich dank des damaligen Pastors Hermann Josef Gotzen auch einen lebensfrohen und kultivierten Katholizismus kennen gelernt."*
Nach dem Abitur studierte Hilmes Geschichte, Politikwissenschaft und Psychologie in Marburg, Paris und Potsdam. 2002 promovierte er mit einer Arbeit über die politische Rezeption Gustav Mahlers im Fach Geschichte:[3] *„Josef Jansen, mein langjähriger Geschichtslehrer am AMG, hat meine Leidenschaft für alles Historische geweckt. Sein Unterricht erinnert mich rückblickend an wissenschaftliche Symposien."*[4]

Im Jahr 1995 zog er nach Berlin und arbeitet dort seit dem Jahr 2002 für die „Stiftung Berliner Philharmoniker" als persönlicher Referent des Intendanten. Er wirkte am „Education-Programm" des Orchesters mit und an der Einrichtung der Stiftung. Er ist Chefredakteur des Philharmoniker-Magazins *128* und Kurator für Sonderprojekte. Im Vorstand der „Karg-Elert-Gesellschaft" engagiert er sich für die Auseinandersetzung mit dem Werk des Komponisten Sigfrid Karg-Elert. Unregelmäßig betätigt er sich auch als Rezensent für Tages- und Wochenzeitungen.

Der Biograph

„Das Wunderkind unter den deutschen Biografen" nannte ihn der Rezensent der *Welt.*[5] Oliver Hilmes beschäftigte sich zuerst mit dem Leben von Alma Maria Schindler, verwitwete

Mahler, geschiedene Gropius, verwitwete Werfel, eine außergewöhnliche Frau, zugleich eine äußerst umstrittene. Dabei gelang es ihm, ihren lange verschollen geglaubten Nachlass auszuwerten, den er in Philadelphia in einem Archiv fand, während er für seine Dissertation recherchierte.[6] Die Rezensionen fielen durchweg positiv aus: es sei die *„ausführlichste"* und *„sicherlich definitive Biografie"*, die ihre Vorläufer insbesondere in Qualität der Recherche deutlich übertreffe, schrieb die *Süddeutsche Zeitung*, die *FAZ* lobte sie als unübertreffbare Materialsammlung.[7] Da Biographen von Natur aus Jäger (nach Quellen) und Sammler sind - Hilmes bezeichnet sich als „Archiv-Freak" und genießt den „Flow des Findens"[8], folgten weitere Biographien, bei denen das Kritikerurteil aber nicht immer so einhellig ausfiel, wie beim Erstlingswerk. Cosima Wagner und ihr Clan waren Gegenstand zweier Bücher (2007/ 2009): Auch zum widersprüchlichen Leben der „Herrin des Hügels" konnte Hilmes neue Quellen erschließen, was die Rezensenten der *FAZ* und der *NZZ* zu würdigen wussten, die darüber hinaus Hilmes' eleganten Schreibstil lobten.[9] Die *Frankfurter Rundschau* hielt das Porträt hingegen für *„seltsam konturlos"*.[10] Das Buch über die Kinder Wagners sei zwar unterhaltsam geschrieben, biete, bis auf überflüssige Details, aber nichts Neues über die Familie, urteilten die *Süddeutsche* und die *FAZ*.[11] Sein Wissen über Wagner und seine Sippe konnte Oliver Hilmes dann auch in den Dokumentarfilm „Wagnerwahn" (*SWR/arte* 2013) einbringen.

Es folgte eine weitere Figur aus dem „Wagner-Kosmos": Franz Liszt, Wagners Schwiegervater. Liszt war ein musikalischer Revolutionär, eine europäische Berühmtheit und ein Exzentriker, eignet sich also sehr gut als Betrachtungsgegenstand. Aber die Kritiker waren auch hier uneins: Der Rezensent der *Zeit* bemängelte das Missverhältnis der Darstellung der *„wahren Geschichten von Sex und Ruhm"* zur Musik: *„Näheres zur Musik steht auf vielleicht fünf von 432 Seiten."* Das kritisierte auch die *Frankfurter Allgemeine Sonntagszeitung* und nannte es *„das schwächste Buch"* von Hilmes. In der *Welt* lobt der Kritiker hingegen, dass es dem Autor mühelos gelinge, *„die Vielzahl der Gesichter"* Liszts darzustellen.[12] An der Biographie der schillernden Persönlichkeit Ludwig II. von Bayern kritisierten die Rezensenten Hilmes' bisher so gelobte Quellenarbeit als unzureichend und das Porträt als unvollständig. *Die Welt* nannte es hingegen *„elegant geschrieben, straff erzählt und effektvoll inszeniert."*[13]

„Ich bin in der komfortablen Situation, nur über Personen schreiben zu dürfen, die mich wirklich interessieren. Insofern spiegelt jedes meiner Bücher ein ureigenes Interesse an der Protagonistin oder dem Protagonisten wider. Dabei sind abgründige Menschen häufig viel interessanter als Zeitgenossen, die immer nur Gutes tun. Gerade die Schattenseiten einer Persönlichkeit sind für den Biographen faszinierend und spannend",[14] erklärt er auf Nachfrage, und nennt zwei Bedingungen, die erfüllt sein müssen, um sich an eine Biographie zu begeben: *„Es muss da eine Patina, ein verfestigtes Bild existieren, woran ich kratzen kann. Und es müssen viele unbekannte, unausgewertete Quellen im Spiel sein."*[15]

Einem historischen Ereignis widmete Hilmes sein nächstes Buch (obwohl auch darin wieder viele kleine Biographien „versteckt" sind): den Olympischen Spielen 1936 in Berlin. Dabei ging es ihm nicht darum ein (weiteres) Buch über das Sportereignis zu schreiben, sondern zu zeigen *„wie es den Nazis gelungen ist, diese große Propaganda-Show so unglaublich effektvoll zu inszenieren."* Und das aus den Blickwinkeln vieler verschiedener Personen, verarbeitet in einen literarischen Erzählstil.[16] Auch hier waren sich die Kritiker nicht einig. Während es in der *Frankfurter Rundschau* als *„skrupellos"* gutes Buch gewürdigt wird, das sich keinem Genre so recht zuordnen lässt, und die *Welt* es lobt als *„anekdotisch locker und erzählerisch entspannt"*, hält der Rezensent der *FAZ* Hilmes vor, *„wichtige sporthistorische Vorarbeiten nicht zur Kenntnis genommen"* zu haben. Die *Süddeutsche Zeitung* schließlich hält nicht viel von Hilmes' Art, Zeitgeschichte als *„Klatsch und Tratsch"* zu verkaufen: *„Nach gut 250 Seiten ist man froh, dass die XI. Olympischen Spiele nur bis zum 16. August dauerten."*[17] Wahrscheinlich gefällt den Kritikern oft Hilmes' volksnaher Schreibstil nicht, den eine Frau während einer Lesung in Neuss lobte: *„Ihre Bücher lesen sich so weg"*.[18] Aber Kritikermeinungen können Oliver Hilmes relativ egal sein, denn seine Bücher landen regelmäßig auf der *Spiegel*-Bestsellerliste und wurden in viele Sprachen übersetzt. Für die *Herrin des Hügels* und *Berlin 1936* erhielt er nationale und internationale Auszeichnungen.[19] Sein letztes Buch handelt von einem historischen Kriminalfall im Berlin der 30er Jahre: *Das Verschwinden des Dr. Mühe.*

Zu seiner Heimatstadt hält Oliver Hilmes noch Kontakt: *„Meine Familie lebt noch in Dülken und Süchteln. Insofern verbinden mich noch immer starke Bande mit dem Niederrhein. Aber ich komme nur noch selten dorthin, vielleicht zweimal im Jahr. Und ich habe das Gefühl, dass sich Dülken radikal verändert hat, und zwar nicht zum Besseren. Das Sterben des Einzelhandels ist beispielsweise auf der Lange Straße nicht zu übersehen."*[20] Aber in seiner Biographie bleibt als Landmarke erhalten: Die Liebe zur klassischen Musik begann in Dülken und im Musikhaus Pauly. (te)

Bücher von Oliver Hilmes:

Witwe im Wahn. Das Leben der Alma Mahler-Werfel, München 2004.

Herrin des Hügels. Das Leben der Cosima Wagner, München 2007.

Cosimas Kinder: Triumph und Tragödie der Wagner-Dynastie, München 2009.

Liszt. Biographie eines Superstars, München 2011.

Ludwig II. Der unzeitgemäße König, München 2013.

Berlin 1936. Sechzehn Tage im August, München 2016.

Das Verschwinden des Dr. Mühe. Eine Kriminalgeschichte aus dem Berlin der 30er Jahre, München 2020.

Irmgard von Süchteln

Volksheilige und Phantom

Im Volksglauben ist Irmgard(is) von Süchteln (oder: von Aspel) sehr präsent. Aber die Historiker konnten ihre Identität bis heute nicht zweifelsfrei klären und werden es wohl auch nicht können. Sie verbinden mit der Heiligenfigur verschiedene Personen.

Alljährlich, jeweils am Sonntag nach dem 4. September oder am 4. September selbst, dem vermuteten Todestag Irmgards, findet in Süchteln die „Irmgardis-Oktav" statt, eine achttägige kirchliche Veranstaltung mit Gottesdiensten uvm. Bis zu 500 Teilnehmer, auch aus dem Ausland, eröffnen die Feierlichkeiten mit der Irmgardisprozession, bei der die Monstranz mit den vermeintlichen Reliquien der Hl. Irmgard, ein Halswirbelknochen und eine Bettelschale, von der Süchtelner Pfarrkirche St. Clemens über einen Kreuzweg mit Kniefallstationen zur Irmgardiskapelle auf den Heiligenberg gebracht wird.[1] Auf dem Heiligenberg, der eher ein Hügel ist und dessen Name im 15. Jh. noch „Helderberg" lautete (niederdeutsch für abschüssiger Berg),[2] der aber der Aufenthaltsort der Eremitin gewesen sein soll, wird dann ein Waldgottesdienst abgehalten, an dessen Ende das Irmgardislied gesungen wird. Die Kapelle wird im Jahr 1498 zum ersten Mal urkundlich erwähnt, der heutige Bau stammt aus dem Jahr 1664, ihr Barockaltar von 1681. Unterhalb der Kapelle liegt eine (wundertätige) Quelle, die nach Irmgard benannt ist. Schließlich vergnügen sich alle auf dem Irmgardisfest in der Stadt, denn schon im 16. Jh. wurden am Gedenktag der Hl. Irmgard Jahrmärkte abgehalten.[3]

Aber wer wird dort nun verehrt? Die Forschung war mehr oder weniger erfolgreich darin die Person der Irmgardis zu identifizieren: *„Die Frage nach der ‚historischen' Irmgardis ist damit von der Legendengestalt zu unterscheiden"*, schreibt der Historiker Arie Nabrings.[4] Vier Frauen spielen historisch eine Rolle und begründen die Legende der Hl. Irmgard: Kaiser Heinrich III. (Regierungszeit 1016-1056) schenkt seiner Cousine Irmgardis (Nr. 2) im Jahr 1041 Landgüter im heutigen Grenzgebiet Belgien-Deutschland-Niederlande. 1063 werden sie und ihre Schwester (?) Irmtrudis als deren Besitzer genannt, sowie von weiteren Ländereien in Rees und Straelen, die sie von (ihrer Mutter?) Irmgardis (Nr. 1) erhalten hatten. Irmgardis (Nr. 2), wohl um 1020 geboren, übertrug zwischen 1079 und 1089 dem Probst in Rees verschiedene Rechte als Schenkung. Gräfin Irmtrudis, eine Enkelin Godizos, Herr von Aspel und Rees († 1011), vermachte laut einer Urkunde im Jahr 1075 der Kölner Kirche die Propstei Rees und Burg Aspel. Diese Schenkung wird in einer weiteren kirchlichen Urkunde von 1142 erwähnt. Um diese Zeit beginnt wohl eine Irmtrudis-Verehrung, denn in einer Kölner Urkunde von 1319 ist von der Heiligen Yrmetrudis die Rede. Gleichzeitig belegen Urkunden des Kölner Klosters St. Pantaleon, dass die Zutphener Gräfin Irmgardis (Nr. 2) im Jahr 1071 diesem Kloster den Süchtelner Forst geschenkt hat.[5] Hermann, zu dieser Zeit der Abt des Klosters, soll ihr Bruder gewesen sein.[6] Irmgardis (Nr. 2) könnte aber auch schon im Jahr 1064/65 gestorben sein, wie die Heimatforscher Heinz Belting und Gerd Stevens herausgefunden haben wollen. Dann würde die Schenkung von Süchteln nicht von ihr stammen, sondern von einer Tochter von Irmtrudis, ihrer Nichte Irmgardis (Nr. 3), die als die Eremitin von Süchteln gilt, und auch dreimal nach Rom gepilgert ist.[7] Sie verbrachte ihren letzten Lebensjahre in Köln und ist in der Agneskapelle im Kölner Dom beigesetzt, die

immer am 4. September für Besucher geöffnet wird. Oder stammt die Schenkung von Irmgardis' (Nr. 2) nicht belegter Tochter Irmtrud, wie eine weitere Theorie besagt…[8]

Die Legende

Im 14. Jahrhundert verschwindet der Name Irmtrudis aus dem kollektiven Gedächtnis und an ihre Stelle tritt Irmgardis (die allumfasende Schützerin), zusammengesetzt aus den Lebensgeschichten von Irmgardis Nr. 2 und Nr. 3. Die Legendenbildung könnte mit dem gotischen Domneubau in Köln und der Überführung ihrer sterblichen Überreste aus dem alten Dom in den neuen im Jahr 1319 zusammenhängen. Die feierliche Schlussweihe des Chores mit dem Kapellenkranz erfolgte 1322, die Gebeine fanden in der späteren Agnes-Kapelle ihre neue Ruhestätte. Mit der Errichtung des gotischen Grabmonuments beginnt die Irmgardis-Verehrung. Die „Legenden-Person" war angeblich eine Tochter des Grafen von Zutphen, die nach dem Tod ihrer Eltern allem irdischen Reichtum entsagte und sich in die Einsamkeit nach Süchteln zurückzog, um ganz Gott zu dienen. Ihre Besitzungen in Rees und Süchteln vermachte sie zu Lebzeiten der Kirche. Aus Süchteln habe sie der Neid missgünstiger Menschen vertrieben. Ihr Aufenthalt sei aber lang genug gewesen, damit sie die erste Stufe der Vervollkommnung hat erreichen können. Um die Stufe der Vollendung zu erlangen, ging sie nach Köln. Dort besuchte sie die heiligen Stätten, diente den Armen und unternahm drei Pilgerreisen nach Rom. Irmgard wird auf Bildnissen oft mit einem blutigen Handschuh dargestellt, denn der Legende nach soll sie Märtyrererde vom Grab der heiligen Ursula nach Rom gebracht haben, wobei sich ihr Handschuh, mit dem sie die Erde festhielt, blutrot färbte. Aus der heiligen Stadt brachte sie angeblich das Haupt Papst Silvesters mit nach Köln (das nachweislich Rom nie verlassen hat). Sie starb am 4. September 1085 in Köln.[9]

Der Irmgardis-Kult konzentriert sich heute im Wesentlichen auf Süchteln, die „Irmgardisstadt", wo sich die liebevolle Verehrung trotz mangelnder wissenschaftlicher Beweise erhält.[10] Nach Irmgard, der Stadtpatronin, sind dort unter anderem das St. Irmgardis-Krankenhaus, ein Kindergarten, das Irmgardis-Stift, die Irmgardisstrasse sowie die Irmgardiskapelle auf dem Heiligenberg benannt. Der Irmgardispfad verläuft als Wander- und Pilgerpfad von der Irmagardiskapelle auf den Süchtelner Höhen zum Helenenbrunnen in Helenabrunn, und folgt damit einer mutmaßlichen Wanderstrecke der Hl. Irmgard. Peter Norrenberg (siehe S. 197) hat während seiner Zeit als Pfarrer in Süchteln für den Theaterverein ein Festspiel über die Hl. Irmgardis verfasst, postum erschien 1894 sein Büchlein über die Heilige. Der Verein für Heimatpflege veröffentlichte 2016 eine DVD über sie. (pe)

„Erhebe nun schützend die Hände, behüte den Niederrhein"

Zu Süchteln auf dem Berge ein Kirchlein seh ich stehn,
worin gar viele Wunder vor Zeiten sind geschehn.

Vor acht mal hundert Jahren wohnt eine Jungfrau hier,
sie war der Kirch' auf Erden des Reiches Gottes Zier.

Sie wohnt' hier in 'ner Höhle, sie trank aus einem Bronn,
der nahe bei der Höhle aus einem Felsen ronn.

Sie nährte sich von Wurzeln, von Beeren, Heidekraut,
sie fastete und betet', was alle schier erbaut'.

Irmgardis war ihr Name, am Rheine wohlbekannt,
sie war von Zütphen Gräfin und Kaisern gar verwandt.

Sie lebte ganz in Armut, kasteiet ihren Leib,
sie war an Leib und Seele ein adeliges Weib. …[11]

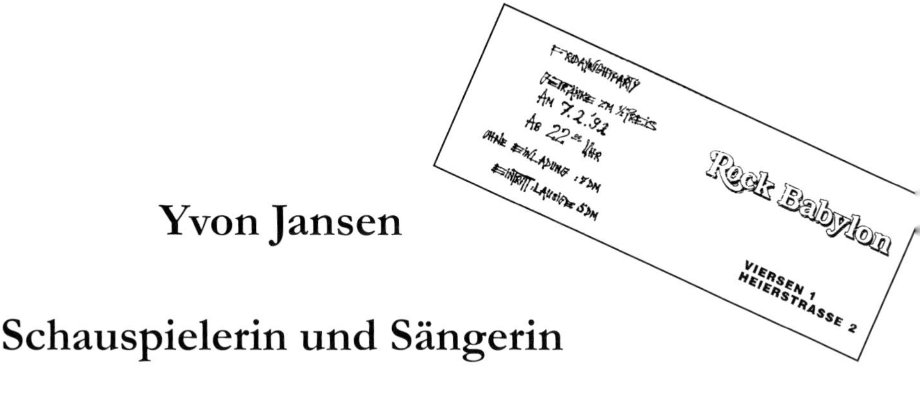

Yvon Jansen

Schauspielerin und Sängerin

Der Wunsch Theater zu spielen wurde geweckt, als Yvon Jansen im Theaterkurs am Gymnasium überraschend als Souffleuse besetzt wurde. Heute spielt die Schauspielerin, die auch als Sängerin und Sprecherin arbeitet, auf den großen Bühnen in Deutschland, Österreich und der Schweiz.

Auf der Rahserstr. stand Yvon Jansens Elternhaus. Aber im Alter von 3 Jahren zog die am 12. Juni 1972 geborene Schauspielerin mit ihrer Familie auf die Bachstr. im Hamm, wo sie auch die Grundschule besuchte. Während ihrer Gymnasialzeit (Abitur 1991) spielte sie Badminton bei der LGV und belegte mehrere Kurse in der Tanzschule Fauth. Wie viele Jugendliche der 80er/90er Jahre besuchte sie als 12/13jährige auch die sonntägliche Disco dort und natürlich die inzwischen legendäre „Schulmappenfete" an der Löhstr. Nebenan, im Eiscafé „Cortina", hatte sie mal einen Ferienjob. Jansen gehörte schon einer Generation an, die sich kaum noch am „Monte Quasselino" traf, sondern eher am Remigiusplatz bzw. -brunnen.[1] Sie saß da gerne auf dem Stier, der Teil der Skulpturengruppe „Die 7 Todsünden", des Künstlers Gernot Rumpf ist. Auch der Rathausmarkt war ein Treffpunkt, solange es dort noch ein Kino und eine Kneipe gab. Als Teenager besuchte sie abends das „Café Central" und jedes Wochenende das „Rock Babylon": *„Der allerwichtigste Ort für mich. Eine Disco, in der 60er/70er-Jahre-Rockmusik gespielt wurde. Die Leute kamen extra aus Düsseldorf, Wuppertal usw., um dort zu tanzen. Dort war ich jedes Wochenende."* [2] Theaterbesuche standen bei Yvon Jansen als Kind und Teenager nur selten auf dem Freizeitprogramm, aber sie belegte einen Theaterkurs an ihrem Gymnasium. Weil sie sich bei der Verteilung der Rollen aber nicht traute aufzuzeigen, wurde sie „nur" als Souffleuse eingeteilt. Nichtsdestotrotz entstand dabei der Wunsch, etwas beim Theater zu machen. Maskenbildnerin lautete der Berufswunsch dann in der 12. Klasse, weswegen Jansen ein Praktikum bei einem Frisör machte. Allerdings war sie allergisch gegen die dort verwendeten Chemikalien, so dass schon nach zwei Tagen Schluss war. Aber das Theater blieb in ihrem Kopf…[3]

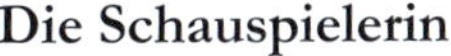

Die Schauspielerin

Yvon Jansen begann 1991 ein Studium der Theaterwissenschaften, Germanistik, Pädagogik in Bochum, das sie in Berlin fortsetzte Dort arbeitete sie auch als Regieassistentin an der Volksbühne und fing erneut Feuer. Sie bewarb sich im Alter von 24 Jahren an der Westfälischen Schauspielschule in Bochum und zog nach gelungener Aufnahmeprüfung dorthin. Jansen beendete ihr Studium, währenddessen sie auch schon in Hamburg aufgetreten war, mit dem Abschlussstück des Jahrgangs 1999, der Shakespeare-Komödie „Viel Lärm um nichts", unter der Regie von Leander Haußmann, in der sie die Rolle der „Beatrice" spielte. Bei diesen Aufführungen am Schauspielhaus erhalten die Absolventen die Möglichkeit, sich den „Spionen" der Bühnen quer durch die Republik für ihr erstes Engagement anzubieten. Jansen erhielt einen Anschlussvertrag für eine Botho-Strauß-Produktion in Bochum.[4] Danach wechselte sie als festes Ensemblemitglied ans Schauspielhaus Zürich (2000 bis 2005), wo sie u.a. in „Die Möwe" spielte, in „Sommernachtstraum" und „Elementarteilchen". Für ihre Doppelrolle der Shen Te/ Shui Ta in „Der gute Mensch von Sezuan" erhielt sie besonderes Lob, im Gegensatz zur Gesamtaufführung.[5] „Zürich hat mich zur Schauspielerin gemacht", sagte sie in einem Interview, aber auch die Züricher waren glücklich über sie: „Mit Yvon Jansen ins Theaterglück" titelten sie nach ihrer Ankunft, erfreuten sich an ihrer Stimme, *„die noch im Flüstern trägt, noch im Fluchen zittert"*, und bedauerten ihren Abschied.[6] Mit der Züricher Kompanie absolvierte sie auch Auftritte in Hamburg, Salzburg und auf dem Theaterfestival in Edinburgh (2004), wo ihr Auftritt als flaschenwerfende „Hermione" im Stück „Andromache" Erwähnung fand.[7] Mit dessen Regisseur Luc Perceval arbeitete sie nun häufig zusammen, v.a. an der Schaubühne Berlin, wo sie nach Zürich für ein Jahr spielte, und u.a. in seinen Inszenierungen „Platonov" und „Maria Stuart" zu sehen war. Nach Stationen beim Staatsschauspiel Hannover und Schauspiel Frankfurt arbeitete sie einige Jahre als freie Schauspielerin, v.a. an der Schaubühne und am Maxim Gorki Theater in Berlin. Dann kehrte sie im Jahr 2008 nach Zürich zurück, zunächst ans Theater Neumarkt, dann wieder zum Schauspielhaus. Sie spielte u.a. die „Regan" in „Die Lears", einer als komödiantisch kritisierten

Version von „König Lear" [8], oder die Königin Leonor in „Die Jüdin von Toledo", inszeniert von Rafael Sanchez, ihrem heutigen Ehemann, den sie 2006 in Berlin auf einer Party eines Schauspielkollegen kennen gelernt hatte.[9]

Aber es zieht die gebürtige Niederrheinerin ins Rheinland zurück. 2013 beginnt sie ihr Engagement als festes Ensemblemitglied am Schauspiel Köln, wo sie auch mit Mann und Kindern lebt. Dort spielte sie u.a. in den Shakespeare-Stücken „Der Kaufmann von Venedig" und „Romeo und Julia", in Letzterem die „Lady Capulet", *„ein Monster auf High Heels, ohne die geringste Empathie [...], herrisch und kalt, Mann im Hause und Frau zugleich."*[10]

In Henrik Ibsens Drama „Hedda Gabler" hat sie die Hauptrolle: *„eine grob geschnitzte Schreckfigur aus dem Puppentheater. Eine Hitchcock-Blondine." „Yvon Jansen changiert zwischen kindlichem Charme und kalter, unmotivierter Bösartigkeit [...] so ist Yvon Jansens Hedda nur ein glattes, kaltes Monster, ein empathieloses Symptom. [...]. Sie wirkt an jeder Stelle beherrscht und elegant, wie eine, die liebt, was sie tut."* [11] In Goethes „Faust" verkörpert sie *„den teuflischen Verführer mit Pferdefuß (hier mit Pelz bezogenen Pumps). Ihre androgyne Optik trägt wunderbar dazu bei, dass die Figur noch weniger greifbar ist."* [12] „Monster", „kalt", „empathielos": verkörpert Yvon Jansen gerne eher die „bösen" Rollen? Nein, sie, die keine Lieblingsrolle hat, aber besonders glücklich ist, wenn die Zuschauer in einer Komödie sich biegen vor Lachen, mag beides: *„Ich spiele gerne Frauen, die weich sind, aber auch gerne Frauen, die hart sind. Am liebsten als Seiten ein und derselben Person. Ich versuche beim Spielen, veraltete Geschlechterzuschreibungen zu überprüfen und sie neu zu denken. Das macht Spaß."* [13] Im Jahr 2019 führte sie gemeinsam mit ihrem Mann, der seit 2013 einer von drei Hausregisseuren in Köln ist, Regie bei der Komödie „How to date a feminist", beide spielten alle Rollen: *„Im rasanten Reigen von Kostümen, Karikaturen und Klischees schlüpfen die Schauspielerin Yvon Jansen und ihr Bühnenpartner Rafael Sanchez auch in die Rollen der Elternteile. Und weil in einer typischen Rom-Com auch noch amouröse Nebenbuhler nicht fehlen dürfen, verkörpern die beiden auch noch die jeweiligen Ex-Partner von Kate und Steve. [...] Dass die beiden auch im wahren Leben ein Paar sind, wird in ihrer Inszenierung immer wieder gekonnt aufgegriffen. Plötzlich eingeworfene*

Regieanweisungen an den Bühnenpartner, sorgen ebenso für Publikumslacher, wie die liebevollen Kabbeleien um die richtige Aussprache, mit der sie ihn immer wieder vor Herausforderungen stellt.“ [14] Neben der Bühne spielt Yvon Jansen auch in Fernseh- und Kinoproduktionen mit. So war sie schon in Folgen der „SoKo Stuttgart“ (2015), bei „Ein Fall für Zwei“ (2016) und „Frau Temme sucht das Glück“ (2017) zu sehen, sowie in den Filmen „Elf Onkel“ (2010) und „Auerhaus“ (2019). Und sie spricht und synchronisiert Rollen für Radio und Fernsehen.

Die Sängerin

Ein weiteres Talent entdeckte Yvon Jansen auf der Bühne: In vielen Stücken musste sie singen und das gefiel ihr. Im Jahr 2001 lernte sie den Hamburger Sänger und Texter Jens Rachut kennen, der mit diversen Bands als Schlüsselfigur der dortigen Punkszene gilt. Jansen sang dann bei *Kommando Sonnenmilch* mit, auf vier Alben in den Jahren 2001-2010. 
Die Band, die sich drei Jahre später auflöste, spielte Punkrock als Basis, mischte auf den verschiedenen Alben aber immer wieder andere Elemente hinzu, von Elektronik, über Reggae bis zum Blues. Aber v.a. die Texte wurden von Hörern und Kritikern geschätzt: *„Kein Mensch, der bessere und witzigere Texte über das Scheitern und die Verzweiflung schreibt als Jens.“* [15] *Die Zeit* taufte diese Musik „Dadapunk“: *„'Das ist jetzt Punk oder was?', fragt die Sängerin Yvon Jansen am Ende der Platte. ‚Das ist Scheiße!' antwortet sie sich selbst immer lauter, immer aggressiver, um anzuschließen: ‚Okay, komm, lass uns noch mal machen.' Denn ja, das ist Punk, Poesiepunk, Dadapunk.“* [16]
Am Maxim Gorki Theater begegnete Jansen dann 2008 den Musikern Jacques Palminger und Carsten „Erobique“ Meyer, die dort ein Projekt verwirklichten, bei dem Texte von Zuschauern und Zuschauerinnen gesammelt, vertont und aufgeführt wurden. Da nicht alle „Texter“ selbst singen wollten, suchten sie Ersatz, und so nahm Jansen das Stück „Wann strahlst Du?“ auf, das sich zu einem kleinen Untergrund-Hit entwickelte. Schließlich landete der Hildegard Knef-inspirierte Song mit seinem Sprechgesang auf dem Album „Songs for Joy“ (2009).[17] Zehn Jahre später arbeiteten die drei wieder für ein Album zusammen: „Yvon im Kreis der Liebe“ (2019). Als „Funky 70s-Pop“ oder „Easy Listening“ kategorisierten die Kritiker die Musik ein, *„tanzbarer Pop auf Deutsch, der nicht nach Schlager klingt“*, mit „Easy-Clever-Beknacktheitstexten“. Die Musik *„bedient sich bei Soul, französischem und brasilianischem Pop und groovt auf eine immer etwas melancholisch-psychedelische Weise“*. Sie wird *„von der Stimme der Protagonistin geprägt, Jansen singt klar, intoniert perfekt.“* Das Highlight: der elegante Soultitel „Nikotina Turner“. *„Gegen Ende schleicht sich gepflegte Langeweile ein, doch das Finale ist grandios: ‚Der erste Mensch auf der Sonne' lädt die Menschheit ein, den Traum von der Reise dorthin nicht aufzugeben.“* [18] (te)

Josef Kaiser

Unternehmer, Schlosser, Mäzen

Er hatte viele gute Ideen, aber zwei herausragende: Kaffeebohnen schon geröstet zu verkaufen sowie Filialen mit einem durchdachten Konzept an belebten Orten zu eröffnen. Das bescherte ihm Ehrentitel, großen Reichtum und ein „Kaiserreich".

Im November 2020 existierte laut Angaben der Kaiser's-Website[1] in Deutschland noch ein Geschäft unter dem Namen Kaiser's (Kaffee), und zwar am Warrington-Platz in Hilden. Der traurige Rest des einst größten Lebensmittel-Filialkonzerns in Deutschland, dessen Keimzelle in Viersen-Hoser stand. (Hermann) Josef Kaiser wurde am 20.10.1862 aber nicht dort, sondern im westfälischen Neuenkirchen geboren, wo sein Vater Hermann, ein Viersener Handweber, auf Zeit als Werkmeister bei der Errichtung eines Textilbetriebs angestellt war.[2] Auch der ältere Bruder August wurde in Neuenkirchen geboren, die beiden jüngeren Geschwister Peter Heinrich und Eva-Maria schon wieder in Viersen.[3] Über das Familienleben Josef Kaisers ist wenig bekannt, seine Biografie ist eng mit seinem Unternehmen verknüpft. Er zog als Kind ins Hoser, wo seine Mutter einen „Winkel" führte, einen kleinen Gemischtwarenladen (siehe Foto), der neben der väterlichen Arbeit am Webstuhl für ein Einkommen sorgte. Mit dem Aufdrehen von Spulen verdiente sich Josef als Kind bis zu einer Mark am Tag, er sprach später immer vom „Spülchen drehen".[4] Er erlernte aber nicht die Handweberei, da diese immer stärker von den mechanischen Webstühlen in den Fabriken verdrängt wurde, sondern begann als 15jähriger eine Lehre als Schlosser und Kupfergießer. Aber dieser Beruf lag ihm nicht und so übernahm er 1880 den Laden der Eltern. Auch wenn er selbst die Lehrzeit für verschwendet hielt, hat sie ihm doch ein technisches Grundverständnis vermittelt, das er zeitlebens nutzen konnte, zumal zu seinem Unternehmen später auch Werkstätten

wie Schlosserei und Schreinerei zählten. Er stand nun hinter der Ladentheke und verkaufte Lebensmittel etc., konzentrierte sich aber v.a. auf den Verkauf von Kaffee, den er bald selbst zu rösten begann. Das stellt sich im Nachhinein als seine beste Idee dar, legte sie doch den Grundstein für seinen Erfolg.[5] Denn Hausfrauen und Bauern, denen er den Kaffee sogar bis nach Hause und auf die Höfe lieferte, waren begeistert von der gleichbleibenden Qualität der Bohnen und der Zeitersparnis. Zuvor hatten sie die grünen Bohnen selbst in der Pfanne rösten müssen, oft mit unbefriedigendem Ergebnis. Schon 1882 kaufte Kaiser eine größere Rösttrommel bei August Schlicker in Kaldenkirchen, bald eine zweite. Und drei Jahre später setzte er seine zweite entscheidende Idee um: er eröffnete eine Filiale in Duisburg, die sein älterer Bruder August leitete, und noch im gleichen Jahr zwei weitere im Ruhrgebiet, dessen Käuferpotential er in dieser Zeit des wirtschaftlichen Aufschwungs erkannte.[6] *„Die Standorte waren sicherlich nicht ohne Bedacht gewählt, avancierte Kaffee im 19. Jahrhundert doch zum Genussmittel immer breiterer Bevölkerungsschichten, die zur Jahrhundertwende eine stetig wachsende Kaufkraft generierten.“* [7] Kaiser war zwar nicht der Erfinder des Filialsystems, aber er perfektionierte es: Er eröffnete seine Läden in Wohngebieten, an belebten Plätzen oder Hauptstraßen. Von außen waren sie weitgehend einheitlich und von weit her erkennbar an den Reklameschildern und der „lachenden Kaffekanne“ (s.u.), innen erwartete die Kunden ein überschaubares Sortiment - das mit den Jahren allerdings stetig wuchs - von qualitativ hochwertigen Waren zu günstigen Preisen. So verwendete Kaiser u.a. den preiswerteren Kaffee aus Brasilien statt aus Java, den er später auch noch direkt aus dem Land bezog (1926 konnte Kaiser nach jahrzehntelanger

Arbeit mit diesem Rohstoff auf einer Reise nach Brasilien erstmals persönlich die Anbaukultur des Kaffees kennenlernen, worüber er nach seiner Rückkehr eine Broschüre verfasste[8]).[9] Nun konnte Kaiser ein Pfund Kaffee für 0,80 Pfennig anbieten, das zuvor 1,70 Mark gekostet hatte. Der Kaffee war so frisch wie möglich, dafür sorgten die in Deutschland verteilten Röstereien[10] sowie die schnelle Belieferung, denn Kaiser‘s war eine der ersten Firmen in Deutschland, die LKWs einsetzte.[11] Neben dem Kaffee standen in den Läden bald auch Tee, Kakao und Schokolade, dazu Gebäck und Süßwaren, fast alles aus eigener Produktion. Nicht daneben standen (wie in anderen Geschäften) Käse, Petroleum u.a. Artikel, die die (geruchs)empfindlichen Waren „verunreinigen“ konnten, sie fehlten deshalb im Sortiment. Die Verkäuferinnen wurden immer wieder von Kaiser persönlich unterrichtet,

Freundlichkeit und Sauberkeit waren dabei die wichtigsten Werte, wie Schaufensterauslagen auszusehen hatten, wurde detailliert vermittelt. Er kontrollierte die Läden und das Personal persönlich, später übernahmen diese Aufgabe Revisoren.[12]

Josef Kaisers Eltern starben 1888 (Mutter) und 1890 (Vater). Die Kinder führten unter Leitung von Josef die Geschäfte der „Dampf-Kaffee-Rösterei von Hermann Kaiser“ in Form einer offenen Handelsgesellschaft (OHG) weiter. Im Jahr 1891 heiratete Josef Julie Didden, die Tochter des Viersener Brauereibesitzers August Didden. Mit ihr kam eine geschäfts-tüchtige Frau ins Haus, die ihn häufig beriet, aber auch vom Schwiegervater frisches Kapital und - noch wichtiger - das Wissen um die Herstellung von Malzkaffee. Dieser galt als Getränk für die ärmeren Schichten, sollte sich aber noch als sehr nützlich erweisen (s.u.).[13] Zwei Jahre später eröffneten erstmals Filialen jenseits der Rheinprovinz, in Straßburg, gefolgt von Freiburg, Stuttgart und Heilbronn. 1897 dehnte Kaiser sein Geschäft auf die Reichshauptstadt Berlin aus, wo eine weitere Rösterei und fünf Geschäftslokale entstanden, im selben Jahr eröffnete seine 100. Filiale in Bamberg.[14] Nachdem sein Bruder August im gleichen Jahr gestorben und seine Schwester Maria aus dem Unternehmen ausgeschieden war (wegen Heirat), wurde Josef der Geschäftsführer des 1899 in eine GmbH umgewandelten „Kaiser's Kaffee-Geschäfts“, in dem sein Bruder Peter Heinrich bis 1905 auch Gesellschafter war. Josef trieb die Vergrößerung der Produktionspalette durch die Errichtung einer Schokoladenfabrik in Viersen voran (1900), die von seinem Hamburger Geschäftspartner Gustav Diederichsen, Geschäftsführer der im brasilianischen Kaffeeimport tätigen Firma „Theodor Wille“,mitfinanziert wurde, der ab dieser Zeit somit stiller Teilhaber bei Kaiser‘s war.[15] Sie wurde auf dem Gelände einer stillgelegten Textilfabrik von Friedrich von Diergardt (siehe S. 60) errichtet, und symbolisierte somit auch den industriellen Wandel. Schon im Jahr 1900 produzieren dort 400 Beschäftigte Pralinés, Bonbons und andere Süßigkeiten.[16] Neun Jahre später folgt der Bau einer Backwaren- und

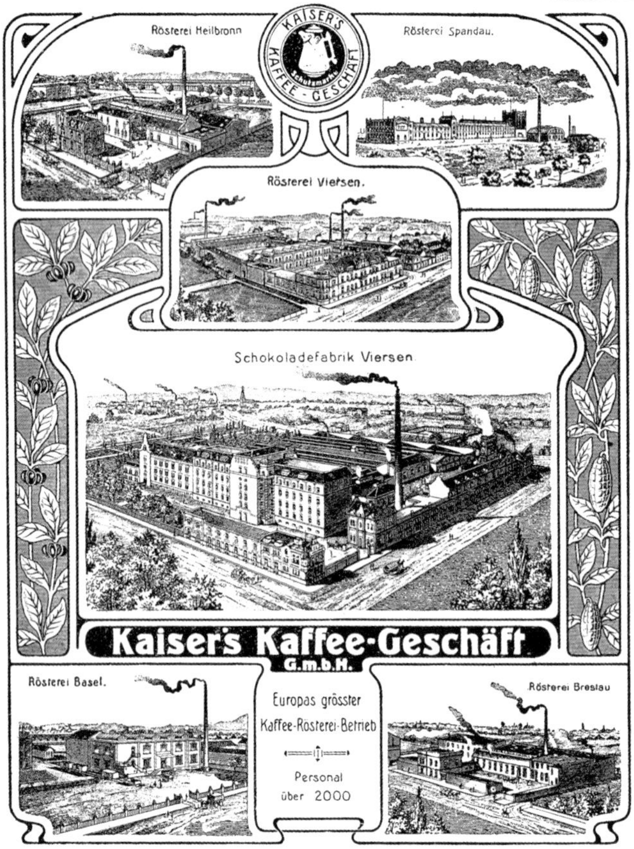

Keksfabrik nebendran. 1902 überschritt Kaiser's die deutsche Grenze und eröffnete seine ersten Filialen in Basel.[17] Der rasante Firmenaufstieg hielt auch in den folgenden Jahren an, so dass 1905, zum 25. Firmenjubiläum, bereits rund 1.000 Filialen und 2.060 Arbeitnehmer registriert werden konnten, *„eine einzigartige Leistung zähen Fleißes, unerschütterlichen Selbstvertrauens und kaufmännischen Weitblicks."* [18]

Werbung, Werbung, Werbung…

Der kometenhafte Aufstieg von Kaiser's hatte auch damit zu tun, dass Josef Kaiser nicht nur Produktion, Vertrieb und andere „klassische" Teile seines Unternehmens vor-antrieb, sondern viel Zeit und Kapital in etwas investierte, das für andere Firmen zu jener Zeit eine untergeordnete Rolle spielte: Reklame! Neben dem einheitlichen Aussehen der Filialen[19], deren Fassaden mit Emailleschildern „zugepflastert" waren, und den wöchentlich wechselnden Auslagen der Schaufenster, nutzte er viele weitere Möglichkeiten zur Werbung. Er schaltete neben normalen Werbeanzeigen solche, die mit wissenschaftlichen Statements von Lebensmittelchemikern die besonderen Qualitäten des Kaffees hervorhoben. Er nutzte die Seitenflächen seiner LKWs als Werbefläche und entdeckte auch das Verpackungsmaterial als Werbeträger. Er kaufte 1907 die Düsseldorfer Druckerei Quack & Fischer und verlagerte sie nach Viersen (sie gehörte bis 1999 zum Unternehmen). Sie war nun zuständig für die Herstellung und Verbreitung der Werbematerialien und schön gestalteter Verpackungen. Schließlich sein größter Werbecoup: 1904 beauftragte er den Berliner Künstler Paul Böhm mit dem Entwurf eines Markenzeichens. Und so wurde die „lachende Kaffeekanne" zum Leben erweckt, bald bekannt in ganz Deutschland und der Schweiz.[20] Im gleichen Jahr wurden Marke und Logo zum Patent angemeldet. Zehn Jahre später überarbeitete der renommierte Designer Peter Behrens die Kanne noch einmal und so erhielt sie ihr bis heute bekanntes Aussehen.

Mit vielen weiteren Methoden machte Kaiser aus seinen Kunden häufig Stammkunden: Sie erhielten seit 1904 Rabattmarken als geldwerten Vorteil, jeder Einkauf wurde mit 5% Rabatt vergütet. War das Heftchen voll, konnte der Kunde es gegen Bargeld eintauschen oder erneut gegen Waren. Ab 1927 war es auch möglich, mit mehreren Heftchen ein Porzellanservice zu bekommen. Für gute Kundinnen (und Kunden) gab es in den Geschäften Werbegeschenke, z.B. Kaffeemaße, Wandkalender, Fingerhüte oder Sanduhren. Schmuckdosen aus Weißblech, v.a. zur Aufbewahrung des Kaffees, wurden beim Kauf von (viel) Kaffee gratis dazu gegeben. Ein Gesetz von 1932 regelte die Abgabe von Werbegeschenken neu, so dass danach nur noch Kleinigkeiten verschenkt werden durften. Josef Kaiser bewies auch bei den Werbegeschenken

Weitblick, denn viele richteten sich an Kinder, die Kunden von morgen: u.a. Kartenspiele, Jo-Jos, Kindergeschirr und sogar einen Stereo-Bildbetrachter konnten sie bekommen. Dass die Eltern immer wieder in die Geschäfte kamen, dafür sorgten Sammelbildchen und Reklamemarken.[21]

33.750 Mark ohne Verwendungszweck (1933); 50.000 Reichsmark zum Bau eines Heimes für die Hitlerjugend (1937); 1941 und 1942 weitere Schenkungen.[23] Er gründete und unterhielt eine Kaufmannsschule in Viersen, die später von der Stadt übernommen wurde. Angesichts seiner wirtschaftlichen Verdienste wurde Kaiser 1910

von seiner Heimatstadt zum Kommerzienrat (Ehrentitel für Kaufleute) ernannt, und stiftete aus diesem Anlass für den Bau einer Turn- und Festhalle 130.000 Mark.

Viersen und das „Kaiserreich“

Mit zunehmendem Erfolg engagierte sich Josef Kaiser auch für seine Heimatstadt. Seit 1897 war er als Beigeordneter tätig (bis 1932), immer wieder spendete er großzügig für Projekte. Im Findbuch der Stadt Viersen sind u.a. gelistet: Schenkung eines Grundstücks an der Burgstr. zum Bau eines Stadtbades (1904, zeitgleich mit seiner Wiederwahl zum Beigeordneten)[22]; 30.000 Mark ohne Verwendungszweck (1905); Stiftung zur Förderung talentierter Gymnasiasten (1906); 5.000 Mark für die Berufsschule für Mädchen (1933);

Die Arbeiter und Angestellten von Kaiser's, in den besten Zeiten (1962) immerhin bis zu 2.000 in Viersen, bezeichneten sich stolz als „Die Kaiserlichen“. Zwar führte Kaiser die Firma wie ein Patriarch, aber schon früh existierten dort interne Arbeiterausschüsse, die die Geschäftsführung berieten, Konflikte schlichteten etc. Vor allem aber sorgte Kaiser, wie einige Unternehmer seiner Zeit, für seine Mitarbeiter: Schon 1890 gründete er eine Bibliothek für seine Angestellten, die 1932

2.000 Bände umfasste; 1897 richtete Kaiser eine Betriebskrankenkasse ein, die bis zum Jahr 2008 bestand;[24] 1904 folgte die Unterstützungskasse für Angestellte und Arbeiter, die nach ihrer Auflösung während der Inflationszeit, zum 50jährigen Firmenjubiläum, 1930, durch zwei neue Kassen, jeweils für Arbeiter und Angestellte, ersetzt wurde („Josef-Kaiser-Stiftung", Kapital

> *„Auch einen Kaiser haben wir*
> *allhier auf hohem Throne,*
> *als Wappen führt er und Panier,*
> *mit Stolz die Kaffeebohne.*
> *…"*
> (Carl Hermann Goeters, Textilfabrikant, 1902)

200.000 Mark); eine Altersversorgungs- und Geschäftssparkasse wurde 1905 gegründet, und schließlich 1910 die „Julie-Kaiser-Stiftung für Wöchnerinnen". Darüber hinaus organisierte die Firma häufig Ausflüge und Feste für die Mitarbeiter.[25] Alles das sorgte für ein starkes Zusammengehörigkeitsgefühl, was u.a. dadurch deutlich wurde, dass viele Mitarbeiter in Viersen lange bei Kaiser's blieben: 1937 war jeder siebte Mitarbeiter über 25 Jahre dort beschäftigt.[26] Hans Wenderoth spricht von einer „Ehe" zwischen der Firma Kaiser's Kaffeegeschäft und der Stadt Viersen,[27] u.a. weil lange galt: Wenn man außerhalb zu Leuten sagte, man stamme aus Viersen, fiel diesen meistens nur der Name Kaiser's dazu ein. Das Unternehmen hat die Stadt in Deutschland bekannt gemacht.[28] Im Jahr 1932, zu seinem 70. Geburtstag, ernannte die Stadt Viersen Josef Kaiser auch deswegen zum Ehrenbürger, eine Auszeichnung, die bis dahin nur zwei Personen erhalten hatten. Ein Jahr später bekam er allerdings schlechte Gesellschaft: Viersens Stadtväter ernannten schon im April 1933 Hitler, Göring und Hindenburg ebenfalls zu Ehrenbürgern.[29]

1911 gönnte der sonst bescheidene Josef Kaiser sich und seiner Familie etwas: er kaufte das Gut „Haus Clee" in Waldniel. Das Herrenhaus mit 1.800 Morgen Grundbesitz nutzte die Familie zunächst als Sommersitz. Und Josef Kaiser, der sich auch gerne mit zeitgenössischer Kunst beschäftigte, brachte dort seine Sammlung von Künstlern des 19. Jhs. unter. Einige Künstler gestalteten Räume in der Villa, so 1924 die Schiestl-Brüder, deren bekanntester, der Maler Matthias, Josef Kaiser 1926 auch auf o.g. Reise nach Brasilien begleitete. Im Jahr 1935 ließ Kaiser das Haus komplett abreißen, im englischen Landhausstil wieder errichten und erlesen ausstatten. Vor den Eingang postierte er zwei Marmorlöwen, die erst vor seiner Viersener Villa gestanden hatten. Einer der Künstler, die Kaiser förderte und die ihn dort besuchten, war Peter Terkatz (siehe S. 242), der nicht nur die

Kaiser's Geschäft in Viersen, um 1910.

Fassadengiebel der Festhalle erschuf, sondern auch die Grabstätte der Familie Hermann Kaiser in Viersen. Heute leben und arbeiten in Kaisers ehemaliger Villa in Waldniel Schwestern des Dominikanerordens.[30]

Zwei Kriege und der Wiederaufbau

In Dülken, wo auch eine der ersten zehn Filialen eröffnet worden war, betrieb Peter Heinrich Kaiser zusammen mit Jakob Tummer eine Kaffeerösterei. Nach Peters Rücktritt aus der Geschäftsleitung (1905) und Tummers frühem Tod übernahm Josef Kaiser 1906 die Rösterei und baute sie zu einer modernen Malzkaffeefabrik um. Hier bewies sich einmal mehr seine Weitsicht, denn mit diesem zweiten Standbein, welches später durch weitere Fabriken in Heilbronn und Spandau gestärkt wurde, beugte er Gefahren beim Absatz von Röstkaffee vor. Tatsächlich wurde die Einfuhr von Rohkaffee während des I. Weltkriegs unterbunden und Malzkaffee das Getränk der Stunde.[31] Viele der vor Kriegsausbruch rund 4.900 Beschäftigten fielen im Krieg, das Unternehmen verlor 200 Filialen, u.a. durch die Abtrennung von Elsass-Lothringen und Oberschlesien. Trotzdem gründete Josef Kaiser eine Stiftung für Kriegsinvaliden und -hinterbliebene und spendete 1921 große Summen für Arme, indem jede Gemeinde mit Kaiser's-Läden pro Laden 1.000 Mark für deren Unterstützung erhielt.[32]

Kaiser's Kaffee, Kaiser's Kaffee,
das ist unser liebster Trank,
denn der macht das Herze fröhlich,
giebt der Stimme hellen Klang.

Stärkt die Glieder zu der Arbeit,
wenn sie abgespannt und matt:
Kaiser's Kaffee nur alleine
ist gesund und delicat.
(Werbelied, 1906)

Im Jahr 1922 tritt Sohn Walter in die Geschäftsleitung ein, der Wiederaufbau ist im vollen Gange: neue Maschinen werden angeschafft, eine neue Graupenmühle wird in Dülken errichtet. Bald umfasst das „Kaiserreich" wieder über 1.000 Filialen, in denen allerdings in der Inflationszeit (1923) ein Pfund Kaffee 1,2 Billionen Mark kostet. In der Zwischenkriegszeit wird das Warenangebot in den Läden größer, nur noch rund 70% stammen im Jahr 1927 aus eigener Produktion. 1932, während der großen Arbeitslosigkeit, spendet jeder Laden monatlich 50 Pfund Lebensmittel an Arme und Notleidende.[33] Drei Jahre später finanziert Josef Kaiser in Viersen das später nach ihm benannte Freibad, das im Volksmund „Haus Kaiserbad" hieß.[34] Zu seinem 75. Geburtstag, 1937, wird Josef Kaiser eine besondere Freude bereitet: Das Elternhaus, das immer noch als kleines Häuschen im riesigen Firmenkomplex stand, wurde annähernd in den Originalzustand versetzt und in ein (Unternehmens)Museum umgewandelt, mit Wohnung und Laden. Bei der Inneneinrichtung konnte man allerdings nur noch auf wenige originale Gegenstände - so z.B. den ersten Handröster - zurückgreifen, und musste die alten Möbel etc. neu beschaffen. Josef Kaiser und seine Frau hatten Spaß bei diesem Ereignis, das belegen die Fotos, und ließen sich dort zum Kaffeeklatsch mit einigen Angestellten nieder.[35] Zwei Jahre später, kurz vor Kriegsbeginn, herrschten sie über 1.903 Filialen mit einem Jahresumsatz von 120 Millionen Mark, mehr sollten es nie werden.

Der II. Weltkrieg trifft auch Kaiser's hart: erst ändert sich das Warenangebot, verkauft werden zunehmend Grundnahrungsmittel auf Lebensmittelkarte. Dann gehen 1.128 Filialen durch Kriegseinwirkung oder Gebietsverluste verloren, die Gebäude in Viersen werden von den Briten beschlagnahmt (bis 1959), so dass alle Abteilungen in die Schokoladenfabrik verlegt werden müssen. Außerdem sterben viele Mitarbeiter auf den Schlachtfeldern oder durch sonstige Kriegseinwirkungen. Und mitten in diesem Chaos stirbt 1942 auch noch Kaisers Frau Julie. Aber auch hier setzt ab 1945 der Wiederaufbau ein, den der inzwischen 83jährige Josef Kaiser mitgestaltet, immer im Betrieb ist: *„Dabei bewahrte er als echter Sohn des Niederrheins sich einen stets bereiten Sinn für die Behäbigkeit der heimischen Daseinsfreude.“*[36]
Nach dem Krieg bleibt der „erzwungene“ Übergang vom Kaffeespezialgeschäft mit ausgesuchtem Sortiment zum Lebensmittelladen mit breitgefächertem Angebot erhalten. Josef Kaiser arbeitet noch am Konzept von Selbstbedienungsläden mit, das er aber noch für verfrüht hält. Er stirbt am 17. Juni 1950 und wird unter großer Anteilnahme der Bevölkerung in Viersen beigesetzt.

Das Lebenswerk: Expansion, Verkauf und Zerschlagung

Aus der Ehe von Julie und Josef Kaiser gingen zwei Söhne und fünf Töchter hervor. Walter, der schon im Unternehmen tätig war, übernahm nach dem Tod des Vaters die Geschäftsführung. Seit 1950 erweiterte er das Sortiment um Frischwaren, Obst, Gemüse, Fleisch etc. Im Jahr 1952 eröffnete der erste Selbstbedienungsladen in Duisburg, acht Jahre später waren schon 646 von 956 Filialen auf dieses Konzept umgestellt. Die Lebensmittelhändler profitierten in den 50er und 60er Jahren vom sog. „Wirtschaftswunder“, aber gleichzeitig stieg der Konkurrenzdruck enorm an, so dass ab 1961 zum ersten Mal kleine und unrentable Geschäfte geschlossen wurden, 278 bis zum Jahr 1965. Zu diesem Zeitpunkt war die KKG-GmbH schon in eine Aktiengesellschaft (AG) mit 17 Millionen DM Grundkapital umgewandelt worden (1962), mit Walter Kaiser im Aufsichtsrat. Er hatte deshalb sein Amt als Geschäftsführer im Dezember 1961 niedergelegt.[37] 1962 erlebten die Viersener die Eröffnung des Zentrallagers im Hoser, Deutschlands größtem Lebensmittellager zu dieser Zeit. Und drei Jahre später folgte die Zentral-Metzgerei, einer der größten fleischverarbeitenden Betriebe der Bundesrepublik.[38] Im Jahr 1969 setzte das Management seine Idee der Drogeriemärkte mit Kosmetik- und Körperpflegeartikeln um: der erste „Kaiser's Drugstore“ öffnete in Neuss seine Türen.[39]
1970 entbrannte ein Bieterkrimi um die Aktienmehrheit bei Kaiser's: Nach 71 Jahren Partnerschaft wollte der Hamburger Kaufmann Helmut Lorenz-Meyer (Theodor Wille KG, s.o.) seine Anteile (~26%) an Kaiser's verkaufen, da ihm einerseits das Geschäftsgebaren der Erben, die wenig investierten, aber viel Dividende kassierten, nicht mehr gefiel, aber ebenso wenig das Verhalten der neuen Manager, die für ebendiese Dividende Sachwerte verkauften. Die dringende Vergrößerung und Modernisierung der meisten Filialen des zu dieser Zeit immerhin noch drittgrößten Lebensmittelfilialisten in Deutschland wurde nicht in Angriff genommen. Die sehr interessierte Firma Tchibo kam beim Verkauf aber ebenso wenig zum Zug, wie der schon an der AG beteiligte Unternehmer Willi Maurer (~25%). Kurz vor Abschluss

des Handels mit Tchibo beriefen sich die bis dahin „stillen“ Kaiser-Erben, die noch ~46% Anteile am Unternehmen besaßen, auf ihr Vorkaufsrecht, und übernahmen sowohl die Anteile von Lorenz-Meyer als auch von Maurer. Sie bzw. ihre ausführenden Manager hatten schon den möglichen Zusammenschluss mit der Unternehmensgruppe Tengelmann im Hinterkopf, der dann im Mai 1971 auch vollzogen wurde: *„Die Firma Tengelmann hat die Aktienmajorität bei Kaisers Kaffee erworben“*, hieß es in einer Pressemitteilung. Tengelmann wurde dadurch zum größten Lebensmittel-Filialbetrieb in Westdeutschland, mit einem Anteil von über 75% am Unternehmen.[40] Allerdings behielt Kaiser's nach der Fusion mit Tengelmann weitgehend seine Eigenständigkeit, aber es wurde rationalisiert, man konzentrierte sich nun ganz auf den Handel: So kam es 1972 zur Schließung der Produktionsstätten - Schokoladen- und Backwarenfabrik - in Viersen, die dann 1978 kurzsichtigerweise abgerissen wurden.[41] Nur Josef Kaisers Villa entging dem Abbruch und dient der Stadt heute als Ausstellungsraum. Am Lichtenberg errichtete man ab 1975 eine neue Konzernzentrale, die sich dort befindet, wo zuvor der Kolonialwarenladen von Josef Kaisers Mutter gestanden hatte. Das Häuschen wurde dafür abgerissen, weil der Architekt nicht in der Lage war, zumindest die Fassade des historisch wertvollen Gebäudes in den Neubau zu integrieren.

1980 feierte Kaiser's seinen 100. Geburtstag mit vielen Jubiläumssonderangeboten, einem Festakt und einem Bürgerfest in Viersen. Die Marke umfasste nun u.a. 441 Supermärkte, die auf Frischwaren spezialisiert waren (Slogan seit 1969: *„...der Frische wegen“*) und 163 Drogeriemärkte. Es gab rund 10.000 Mitarbeiter, die 2 Mrd. DM Umsatz erwirtschafteten.[42] Anfang der 1990er Jahre baute Kaiser‘s durch Übernahme von Filialen der DDR-Kette „HO“ ein Filialnetz in Ostdeutschland auf. Im Jahr 1997 bot Kaiser's in Viersen noch etwa 1.700 Personen Arbeit, weitere rund 23.000 Beschäftigte arbeiteten u.a. in den 1.300 Supermärkten und Drugstores, bei einem Umsatz von 6,2 Mrd. DM (1996).[43] Die „KKG-AG Viersen“ und die „Emil Tengelmann GmbH Heilbronn“ verschmolzen im Jahr 2001 auch rechtlich zur „Kaiser's Tengelmann AG“. Neun Jahre später schloss die Unternehmensgruppe ihre Zentrale in Viersen und verlagerte sie nach Mülheim an der Ruhr. 2016 suchte die Tengelmann-Gruppe Käufer für ihre Filialen, u.a. für die vier Märkte in Viersen, Nettetal und Schwalmtal. In Waldniel übernahm Netto die Filiale.[44] Am 31. Dezember 2016 dann endete die Ära von „Kaiser‘s Tengelmann“ als selbstständigem Unternehmen, es wurde an die EDEKA-Gruppe verkauft, einige Filialen an den Konkurrenten REWE.[45] An Josef Kaiser erinnern so nur noch seine beiden ehemaligen Wohnhäuser, die Josef-Kaiser-Allee in Viersen, und eine Gedenkmedaille des Kreises Viersen aus dem Jahr 1980.[46] (te)

„Mehr sein, als scheinen!"
(Josef Kaiser)

Reinhard Kaiser

Schriftsteller, Übersetzer, Fotograf

Für sein vielseitiges Werk und für seine Übersetzungen ist Reinhard Kaiser vielfach ausgezeichnet worden. In seiner Jugend interessierte er sich für geheimnisvolle Türen und spielte Jazz in Viersen.

„Schreiben ist für den, der es auf sich nimmt, eine ausgezeichnete Gelegenheit, für sich selbst und für andere etwas in Erfahrung zu bringen. Der Schreibende, der sich, auch während er schreibt, noch als Kundschafter versteht, ist keiner, der alles, was anderen zu wissen nottut, schon weiß und nurmehr niederschreibt, sondern selbst einer, der wissen will. Wie den Reisenden treibt ihn die Neugier auf das, was sich ‚unterwegs' ereignet.“ [1] Und darum basieren Reinhard Kaisers schriftstellerische Werke meistens auf historischen Stoffen, die er gründlich recherchiert hat, Forschung und Dokumentation stehen im Mittelpunkt seiner Literatur.

Reinhard Kaiser, geboren am 7. März 1950 in Viersen als Sohn des Malers und Grafikers Hanns-Josef Kaiser und der Fotografin Ruth Kaiser (siehe S. 144), verlebte eine glückliche Kindheit im Elternhaus auf der Hauptstr., bei „Foto-Radio-Braun“, einem bekannten Fachgeschäft, wo sich der Onkel auf der Radio- und seine Mutter auf der Fotoseite um die Kunden kümmerten. *„Der Laden eignete sich für vielerlei Darbietungen [...]. Ich trieb mich gern zwischen den Kulissen des großen Verkaufsraumes herum.“* Nachdem die Vinyl-Schallplatte erfunden worden war, richtete man im Laden eine „Musikbar“ ein, eine Theke mit vier Plattenspielern, die mit Kopfhörern verbunden waren, *„die aussahen wie kleine Brausen.“* Dort hörte Kaiser unzählige Märchen- und Abenteuerhörspiele, aber auch deutsche und englische Schlager. [2]

Das Atelier und die Sammlungen des Vaters regten Reinhard an, wie auch seinen zwei Jahre jüngeren Bruder Stefan, sich mit Bildern, Kunstwerken und Büchern zu beschäftigen, ein idyllisches Umfeld, das mit der noch frischen Kriegsvergangenheit allerdings auch einige Schatten bereit hielt.[3] Und der Garten des Hauses eignete sich ebenso für viele Spiele. Eine Brettertür am Ende desselben, die nie geöffnet wurde (sie gehörte zu einem Luftschutzbunker), aktiviert schon damals Reinhards Phantasie, und wird viel später, 1989, das Thema für sein erstes eigenes Buch werden: *Der Zaun am Ende der Welt*. Die Mutter dokumentiert seine ersten zehn Lebensjahre in einem Tagebuch in Form eines „Endlos-Briefs“. Und Reinhard Kaiser schildert in „Kindskopf“ (2007) amüsant und detailverliebt Anekdoten aus seiner Kindheit und Jugend.[4] So lernte er auf dem Klavier seiner Mutter Mozart spielen, freiwillig, später begeisterte er sich für den Jazz. *„Ab der Mittelstufe gab es eine zeitlang einmal in der Woche eine Art Arbeitsgemeinschaft Jazz, freiwillig, nachmittags im Musikraum des Gymnasiums unter der Leitung von Herrn Große-Schware. Und außerdem gab es Ali Haurand. Einmal, ich vermute zu Beginn der Oberstufe, war ich bei ihm zuhause auf der Bergerstraße mit einigen andern Musikern. Dort stand in einer staubigen Dachkammer ein Klavier, und da spielten wir, probierten dies und das.“*[5] Mit einer „Band“ hatte er an Karneval einen Auftritt im Viersener Lokal „Gambrinus“, der ziemlich in die Hose ging und - nach einigen Schwierigkeiten - trotzdem gut bezahlt wurde.[6] Schon während seiner Schulzeit auf dem Humanistischen Gymnasium begann er auch Geschichten zu schreiben, und legte dort 1968 das Abitur ab.

Von 1968-1975 studierte er Germanistik und Romanistik/ Französisch in Berlin, Paris, Köln und Frankfurt. In Berlin bekam er die Proteste mit: *„Die politische Bewegung war ja schon 1966/67 in Gang gekommen, getragen nicht von Erstsemestern, sondern von Leuten, die schon ein paar Jahre oder Semester beisammen waren. Es bildeten sich dann neben den regulären Seminaren und Vorlesungen auch regelmäßige Arbeitsgruppen, die von älteren Studenten organisiert wurden. Es gab Demonstrationen und allerlei andere Aktivitäten. Nach dem 4. Semester - im Herbst 1970 - wechselte ich aber an die Universität Köln.“* Dort kam er in Kontakt mit einer Organisation (ASA), die Studienaufenthalte in der „Dritten Welt“ organisierte: *„Einer aus unserer Gruppe schrieb eine Dissertation über die Industrialisierung der Elfenbeinküste. So war ein handfestes historisches und ökonomisches Thema vorhanden. Unser Aufenthalt in der Elfenbeinküste erstreckte sich über zwei Monate. Reisen führten uns ins Innere des Landes und bis nach Mali.“* 1974 zog er mit seiner späteren Frau, Viktoria, nach Frankfurt: *„...an einem heißen Sommersonntag, zehn Minuten nach dem Abpfiff des Endspiels der Fußball-WM ging es los.“*[7]

Reinhard und Vater, ca. 1953

Der Übersetzer

„Leute, die bemerken, mit was für unterschiedlichen Büchern und Themen es der Übersetzer bei der Ausübung seines Gewerbes zu tun bekommt, fassen ihr Erstaunen gelegentlich in die Worte: Sie haben aber einen interessanten Beruf! Das lässt sich nun wirklich nicht bestreiten. Und manchmal, wenn der Übersetzer vor dem Regal steht, in dem die Bücher versammelt sind, die er im Laufe der Jahre übersetzt hat, wundert er sich selbst darüber, wofür er sich im Laufe dieser Jahre schon alles interessiert hat.“[8] Und Reinhard Kaiser hat sich für Vieles interessiert: Es fing 1975 mit Arbeiten

für den Suhrkamp- und den S.Fischer-Verlag sowie einem Lektorats-Posten im Syndikat-Verlag (1976-1980) an. Danach machte er sich als Lektor selbständig. Naturwissenschaftliche, soziologische, kunsthistorische oder auch psychologische Werke wurden von ihm aus dem Englischen übersetzt.[9] *„Für mich war Übersetzen immer eine genuin literarische Betätigung, ein schöpferisches Umgehen mit der eigenen Sprache anlässlich eines Buches in einer fremden Sprache. Und den literarischen Reiz [...] habe ich schon während des Studiums zum ersten Mal im Mittelhochdeutsch-Seminar wahrgenommen. [...] Die Übersetzung eines Textes ist nicht das Original.“* [10] Ab etwa 1985 wandte er sich dann auch vermehrt der Literatur zu, das Französische trat als Originalsprache hinzu: Texte von Irene Dische, Susan Sontag, Michel Serres oder F. Scott Fitzgerald erregten nun sein Interesse. Denn er übersetzte später meist nur Werke, die ihn auch interessierten: *„Unerlässliche Voraussetzung für das Übersetzen ist nicht Wissen, sondern Wissenwollen, Neugier. Er [der Übersetzer] kann den Glanz des Originals, sofern er denn vorhanden ist, nicht nur dadurch stumpf werden lassen, dass er falsch oder schlecht übersetzt. Schaden kann er dem Buch schon zufügen, indem er sich als bloßer Routinier betätigt, indem er sich auf das verlässt, was er weiß und kann, indem er sich als austauschbaren Transformator im Prozess der Vermittlung und Veröffentlichung von Wissen oder Kunst versteht - kurz, indem er selbst sich so sieht, wie ihn seine Mitwelt meist sieht [...] Die Verkennung dessen, was der Übersetzer tut, hat häufig zur Folge, dass der Übersetzer selbst sein Tun verkennt und ähnlich gering schätzt wie seine Mitwelt. Er sieht sich nicht als einen, der einen neuen Text schreibt, sondern als einen, der einen vorhandenen Text in einer anderen Sprache* ‚abschreibt‘.“ [11] Seit 1985 übersetzt er immer wieder Werke der viel beachteten „Anderen Bibliothek“, jener Buchreihe, herausgegeben von Hans Magnus Enzensberger und Franz Greno, der er auch als Lektor, Ideen- und Herausgeber verbunden ist.[12] In den Jahren 2009-2014 übersetzt Kaiser vier Werke des Hans Jacob Christoffel von Grimmelshausen aus dem Deutschen des 17. Jahrhunderts ins heutige Hochdeutsch. Vor allem *Der abenteuerliche Simplicissimus* (1668), der erste deutsche Abenteuerroman, erfährt in der Übersetzung viel Lob: Kaiser hat *„Autor und Buch damit den größten denkbaren Dienst erwiesen“*, heißt es in der FAZ.[13] Und er beschert ihm einen weiteren Übersetzerpreis (siehe Kasten). Aber die Arbeit war nicht einfach: *„Was ich nicht unbedingt erwartet habe: dass diese Übersetzungsarbeit in mancher Beziehung tatsächlich schwieriger war als das Übersetzen aus einer Fremdsprache. [...] Das Neuerschaffen dieses ungeheuer vielschichtigen alten Textgebildes in einer gegenwärtigen Sprache und zugleich das abenteuerliche Ausloten und Durchdringen der Sprache des Originals und der Welt, aus der sie stammt.“* [14]

Einen weiteren Preis erhält er für sein nächstes Meisterstück: Im Jahr 2017 erscheint Kaisers Übersetzung des autobiografischen Buchs

Monsieur Nicolas von Rétif de la Bretonne mit dem Titel *Monsieur Nicolas oder das enthüllte Menschenherz*. Zwei Jahre später übersetzt Kaiser dessen riesiges Reportagewerk - immerhin 16 Bände - aus dem vorrevolutionären Paris. Er kürzt es auf *„seine brodelnde Essenz"* hin, versieht es mit einer erläuternden Einleitung und schafft mit *Die Nächte von Paris* eine *„bewundernswert lässige Übersetzung"* (*FAZ*).[15] *„Mir scheint, Übersetzen kann man nicht können - man kann nur, angesichts zahlreicher Varianten möglichen Scheiterns, immer von neuem probieren, bis zu welchem Punkt es gelingt. Manchmal gelingt es stellenweise und manchmal über Strecken. Das ist dann ein großes Glück. Ganz gelingt es nie."* [16]
Bei vielen Titeln ist Reinhard Kaiser nicht nur der Übersetzer, sondern auch der (Mit)Herausgeber des Werks, so bei Rétif und Grimmelshausen oder auch bei Olaus Magnus' *Die Wunder des Nordens* (1539). Ein großer Verdienst dabei ist, dass Kaiser uns Heutigen viele Werke so erst zugänglich gemacht hat.

Der Schriftsteller

Kaisers Literatur beruht auf *„zwei Schwungrädern, die für den Bewegungsablauf besonders wichtig sind: ‚Improvisation' und ‚Unterhaltsamkeit'.[...] Ich bin noch nicht aus dem Staunen darüber herausgekommen, wie sehr auch das erfindende Schreiben seinen Reiz aus dem Umgang mit dem Unberechneten, Ungeplanten gewinnt, und zwar, wie beim Jazz, aus einem überlegten, behutsamen Umgang mit ihm. Denn völlig planlos darf nicht verfahren, wer eine längere Geschichte zu Papier bringen will. Die Voraussetzungen müssen erwogen sein, die Schauplätze, die Zeit, die handelnden Personen, auch die Neigung der Handlung, eine Idee davon, wohin das Ganze sich wenden soll. Ich muss manches wissen, bevor ich eine Geschichte beginnen kann, aber alles will ich nicht wissen. Und vielleicht erweist sich das, was ich vorher nicht wusste, nachher als das Wichtigste. [...] Improvisation, so verstanden, scheint mir eine gute Voraussetzung, wenn auch gewiss keine Garantie dafür zu sein, dass eine Geschichte, an der ich schreibe, jene Eigenschaft gewinnt, die ich ihr wünsche - Unterhaltsamkeit. Nun gibt es allerdings Leute, die einen solchen Wunsch, zumal in Deutschland, für tollkühn halten. Die Unterhaltsamkeit, so scheint es, ist hierzulande ein wenig in Verruf geraten."* [17]
1989 erscheint das erste eigene Buch, *Der Zaun am Ende der Welt*, ein *„Stück Literatur, von dem man nicht weiß, ob es ein kulturgeschichtlicher Essay oder brillanter Nonsens ist."* [18] Es hat seinen Ursprung im elterlichen Garten (s.o.). In seinem ersten Roman, *Der kalte Sommer des Doktor Polidori*, gelang es dann Kaiser

sehr gut, sich in die gegensätzlichen Charaktere hineinzuversetzen, was die Kritiker zu würdigen wussten. *„An die englische Literatur bin ich durchs Übersetzen, geraten, natürlich auch als neugieriger Leser. [...] Die historisch überlieferte Episode jener Reise des John William Polidori zusammen mit Lord Byron im kalten Sommer des Jahres 1816 hat sich, nachdem ich sie eher zufällig gefunden habe, als eine jener Geschichten erwiesen, die einen nicht mehr loslassen - oder erst dann, wenn man etwas aus ihnen gemacht hat."* [19]

Eine besondere Entstehungsgeschichte hat sein Buch „Königskinder - eine wahre Liebe" (1996), das eher einer kommentierten Materialsammlung ähnelt: *„Im Mai 1991 konnte ich bei einer Briefmarkenauktion in Frankfurt das Los mit der Nummer 6673 ersteigern - in dem großen Pappkarton fand ich neben vielem Anderen auch einen Stapel von etwa dreißig frankierten Umschlägen. In ihnen steckten noch die Briefe, lauter Liebesbriefe aus der Zeit nach 1933",*[20] ergreifende Dokumente einer aussichtslosen Liebe während der Nazi-Zeit, zwischen dem Geologen Dr. Rudolf Kaufmann, Jude, und der Schwedin Ingeborg Magnusson. Kaiser hält sich in seinem Buch zurück, arrangiert und kommentiert behutsam die Briefe, aufgrund von weiteren Nachforschungen. Er schafft es die Charaktere der realen Personen aus den Briefen überzeugend in „Romanfiguren" zu verwandeln.[21] Für dieses Buch erhielt er 1997 den Deutschen Jugendliteraturpreis.

Geschichten aus der NS-Zeit in Litauen beschäftigen Kaiser dann eine längere Zeit. So hat er nach *Königskinder* die Aufzeichnungen der litauischen Jüdin Helene Holzman herausgegeben (*Das Kind soll leben*/ 2000), als auch die Erinnerungen des jüdischen Komponisten Edwin Geist, der 1942 in Kaunas von den Nazis ermordet wurde, in einer Geschichte verarbeitet.

Im Jahr 1996 wendet sich Reinhard Kaiser einem ganz anderen Thema zu: dem neuen Medium „Internet". In zwei Büchern erforscht er *„die Möglichkeiten und Grenzen des neuen Kommunikationsmittels auf hohem Niveau"*, und erschafft so zugleich einen *"Türöffner für Lesende und Schreibende im Netz."*[22] Hier zeigt sich wieder einmal die wichtigste Charaktereigenschaft für seine Metiers: Neugier! Deren Herkunft erklärt Kaiser so: *„In dem Haus, in dem ich großgeworden bin, gab es ein Maleratelier, in dem mein Vater arbeitete, ein Fotoatelier, in dem meine Mutter arbeitete, ein Fotolabor, in dem Laborantinnen bei rotem Licht Bilder entwickelten, einen Foto- und Radioladen, [...], eine Radiowerkstatt, in der ich dem Techniker über die Schulter sehen konnte. Hinter dem Haus [...] erstreckte sich ein großer Garten [...] und im Nachbarhaus nebenan, wo mein bester Freund wohnte, gab es eine Metzgerei mit Kühlhaus und Wurstküche. Für ein neugieriges Kind eine ziemlich abwechslungsreiche Welt, in der die Kunst dicht ans Handwerk grenzte, und eine Einladung, sich für vieles zu interessieren."*[23] Und so mancher Stoff begleitet ihn über lange Zeiträume: Über den Kunstexperten und „Kunsträuber" im Auftrag Napoleons, Vivant Denon, veröffentlicht er 2016 eine *„wissenschaftlich gediegene, kulturgeschichtlich aufschlussreiche und unterhaltsame Biographie"*,[24] die auf authentischen Quellen beruht. Aber schon 1997 war er auf ihn gestoßen und hatte dessen Erzählung, inkl. eines literarischen Porträts, herausgegeben (Vivant Denon. *Nur diese Nacht*). *„Wenn es mir gelungen sein sollte, einige gewitzte Bücher zu übersetzen und einige gewitzte Kapitel zu schreiben, dann wohl deshalb, weil ich von irgendwoher einen*

„Der Autor ist Niederrheiner. Die waren schon immer etwas verschmitzter als alle anderen.“ (Elke Heidenreich)

Sinn für Komik, auch Spaß am Gewitzten und vor allem ein Interesse dafür, wie Komik funktioniert, mitbringe. Mein Vater war ein großer Wortspieler. […] Und wenn Sie diesem Sinn für Witz und Ironie unbedingt einen Landstrich zuordnen wollen, dann schlage ich die Gegend vor, aus der ich komme: den linken Niederrhein.“ [25] Als Herausgeber veröffentlichte Kaiser zusammen mit Elena Balzamo im Jahr 2005 einen Sammelband mit „Märchenhaften Welterklärungen“ und präsentierte dort auch eine traditionelle niederrheinische Geschichte, die seine Mutter Ruth in den 50er Jahren gehört hatte (siehe S. 147).

Kaisers schreibende Tätigkeit beschränkt sich aber nicht nur auf Bücher, er verfasst auch Arbeiten für Zeitschriften, Zeitungen und den Rundfunk. Neben Erzählungen, u.a. für die *Frankfurter Allgemeine Sonntagszeitung*, veröffentlicht er Artikel, v.a. in der *FAZ*, zu historischen und politischen Themen, wobei er sich häufig der Nazizeit, ihrem Grauen und ihren Folgen widmet.[26] Im Rundfunk (*HR*/ *DLR* etc.) verarbeitet er häufig seine Buchtexte zu Beiträgen oder Hörspielen. Auch für Bücher über seine Eltern bzw. Familie hat er Beiträge verfasst.[27]

Der Fotograf

Auch die fotografischen Aktivitäten um ihn herum als Kind, haben Reinhard Kaiser geprägt. Seit dem Jahr 2005 widmet er sich intensiver der Fotografie und der Erkundung der gestalterischen Möglichkeiten in der (digitalen) Dunkelkammer: *„Fotografische Spaziergänge sind mir in den letzten Jahren […] zu einer hochgeschätzten Lustbarkeit geworden.“* [28] Schon drei Jahre später eröffnete er eine Ausstellung in der Stadtbücherei seiner Heimatstadt: „Stadt meiner Wahl - Fotografische Annäherungen an Frankfurt“. Neben seiner Wahlheimat fotografiert er aber auch andere Orte, so entstanden auch Serien über Berlin oder Rom. Einige seiner Bilder waren in Viersen schon bei der Ausstellung „Viermal Kaiser“ (2009) in der Galerie im Park zu sehen, die seinem und den Werken seiner Eltern und des Bruders galt. Aus seinen Werken hat Reinhard Kaiser auch schon öfter in Viersen gelesen, u.a. beim Heimatverein in der Villa Marx.[29] (pe/te)

Eigene Bücher (Auswahl):

Der Zaun am Ende der Welt, Frankfurt 1989
Der kalte Sommer des Doktor Polidori; Frankfurt 1991
Eos´ Gelüst, Frankfurt 1995
Königskinder. Eine wahre Liebe, Frankfurt 1996
Literarische Spaziergänge im Internet. Bücher und Bibliotheken online, Frankfurt 1996
Mein elektronischer Schreibtisch. Ein Lockbuch für alle, die aus ihrem Computer mehr machen wollen, als die Schreibmaschine immer schon war, Frankfurt 1999
Unerhörte Rettung. Die Suche nach Edwin Geist, Frankfurt 2004
Kindskopf, Frankfurt 2007
Der glückliche Kunsträuber. Das Leben des Vivant Denon, München 2016

Auszeichnungen (Auswahl):

1992 Literaturpreis der Stadt Dormagen
1993 Heinrich Maria Ledig-Rowohlt-Übersetzerpreises
1997 Deutscher Jugendliteraturpreis für „Königskinder“
2003 Niederrheinischer Literaturpreis
2009 Grimmelshausen-Sonderpreis für literarische Übersetzungen
2010 Wilhelm Merton-Preis für Europäische Übersetzungen
2011 Brüder-Grimm-Preis der Stadt Hanau

Ruth Kaiser

Fotografin, Autorin, Bildhauerin

Stets mit der Kamera bewaffnet, war Ruth Kaiser viel unterwegs, in Viersen und Umgebung, aber auch in den Museen, Landschaften und Städten im gesamten Rheinland. Ihre Fotobücher verkauften sich deutschlandweit.

Ruth Braun, geboren am 4. Februar 1921 in Viersen, Tochter des Foto- und Radiohändlers Wilhelm Braun, wollte Grafikerin werden. Sie besuchte bis 1937 das Städtische Lyzeum in Viersen und dann die „Meisterschule des deutschen Handwerks" in Krefeld, wo sie die Fächer Grafik, Plastik und Zeichnen belegte. Dort lernte sie ihren späteren Mann, Hanns-Josef Kaiser aus Dülken, kennen, aber als Grafikerin - im professionellen Sinne - arbeitete sie nicht. Denn ihr älterer Bruder fiel 1940 und der Vater drängte Ruth, eine Fotografenlehre zu machen, um mit ihrem jüngeren Bruder einmal das Geschäft auf der Hauptstr. 34 zu übernehmen, was dann 1947, mit dem Tode des Vaters, auch geschah. Ihre Meisterprüfung legte sie 1948 ab.[1]
Zunächst musste das Wohn- und Geschäftshaus aber neu gebaut werden, denn im Februar 1945, während der Bombenangriffe auf Viersen, hatte Ruth Kaiser mit ansehen müssen, wie das Elternhaus samt Geschäft abbrannte, weil es kein Löschwasser gab.[2]
1949 heirateten Ruth und Hanns-Josef, 1950 und 1952 wurden ihre Söhne geboren: Reinhard (siehe S. 138), der bei den „Wortkünsten" landete, aber später auch als künstlerischer Fotograf tätig wurde, und Stefan, der, wie sein Vater, Malen und Zeichnen zum Hauptberuf machte, in Viersen und Umgebung viele Kunstwerke geschaffen hat, und als Fotograf bei Büchern und Kalendern mit dem Heimatverein zusammen arbeitet. Ruth Kaiser spielte gerne Klavier und im Haus herrschte insgesamt eine entspannte, kreative Atmosphäre, denn es *„war eine mit Kunst gefüllte Welt, die nichts Künstliches oder Abstraktes hatte, sondern handfest war und nicht so erhaben daherkam."*[3]
Neben dem Alltagsgeschäft - Kameras verkaufen, Filme entwickeln, Porträt- und Passfotos

anfertigen - begann Ruth Kaiser mit der Kamera und der Dunkelkammer zu experimentieren. Sie fotografierte Objekte wie Draht und spielte mit den Lichteffekten u.ä. Im Auftrag der Städte Viersen und Mönchengladbach fotografierte sie Architekturdenkmäler und Neubauviertel. Dabei nahm sie manchmal ihre Söhne mit zu den Aufnahmeterminen, um die Bilder zu beleben.[4] Ruth Kaiser und ihr Mann Hanns-Josef werden in den 1950er Jahren Mitglieder der Mönchengladbacher Künstlervereinigung „Die Planke" und beteiligen sich regelmäßig an deren Ausstellungen. Ab den 60er Jahren kamen Aufträge für Ausstellungs- und Museumskataloge hinzu, u.a. für das Museum Abteiberg in Mönchengladbach und das Von der Heydt-Museum in Wuppertal. Aufträge, die sie doppelt zu nutzen wusste, indem sie privat auch noch die Magazine und Hinterzimmer dieser Museen fotografierte und so seltene Ansichten festhielt, die sie später für ihre Publikationen nutzte.

Aber auch der Bildhauerei blieb sie verbunden, sie fertigte Plastiken, aus Gips, Holz, Ton oder Stein. Sie erhielt Aufträge in Viersen und gestaltete so z.B. im Jahr 1960 ein flaches Halbrelief aus Muschelkalk (140x300 cm) im Haupteingang des Allgemeinen Krankenhauses Viersen. Das Werk mit dem Titel „Tätige Liebe" zeigt Kranke, die auf den Mittelpunkt der Darstellung zugehen, wo Arzt und Ordensschwester, als helfende und heilsame Kräfte, stehen. Am anderen Ende dieser Tafel geht ein Menschenpaar wieder hinaus, auf dem neuen Lebensweg nach der Heilung. Gefertigt wurde es vom Steinmetz Heinz Frenzen.[5] Gemeinsam mit ihrem Mann schuf sie 1964 das Altarkreuz der St.-Notburga-Kirche. Eine originelle Kombination aus Fotografie und Plastik stellt ein Selbstporträt aus dem Jahr 1977 dar: Den „Rahmen" bildet die Schublade einer alten Hobelbank in deren Fächer Ruth Kaiser verschiedenste Gegenstände komponiert hat, die mit ihrer und der Familiengeschichte zu tun haben.[6]

Fotografin am Niederrhein

Als weiterer Schwerpunkt in der Fotografie trat ab den 1980er Jahren die Landschaftsfotografie hinzu. Der Niederrhein und dort vor allem die Umgebung von Viersen mit den Süchtelner Höhen oder dem Naturpark Schwalm-Nette, wurden zu Motiven, die Kaiser vor allem in schwarz-weiß ablichtete. Aber auch die Städte der Region - Düsseldorf, Moers, Wesel, Xanten etc. - bereiste und fotografierte sie. Christiane Zangs, damals Museumskustodin von Schloss Rheydt, schrieb über ihre Arbeiten: *„Architekturlandschaft, Architektur in der Landschaft, plastische Eindrücke, Licht und Schatten, die diese plastischen Eindrücke bilden, sind [...] als ein zentrales Thema im Schaffen von Ruth Kaiser zu begreifen"*. Kaiser gestalte sie mit einem besonderen Verständnis für Komposition, Harmonie und Proposition.[7] So entstanden in Zusammenarbeit mit verschiedenen Autoren die Bildbände zum Thema Niederrhein, die zum Teil mehrere Auflagen erfuhren, und sich überregional verkauften. 1987 wurde Kaiser zum Mitglied der „Deutschen Gesellschaft für Photographie"

Hanns-Josef, Ruth, Reinhard und Stefan Kaiser, 1974

Festhalle ca. 1952

berufen. Mehrere Ausstellungen, u.a. 1988 in der Städtischen Galerie Viersen oder 1996 auf Schloss Rheydt, würdigten ihr fotografisches Schaffen.[8] Im Jahr 1990 widmete der Verein für Heimatpflege, für den Ruth Kaiser auch mehrere Bände seiner Buchreihe mit Bildern versehen hatte (z.B. 1995 über das Schwimmbad an der Burgstraße), ihr und ihrem Mann eine Ausstellung samt Veröffentlichung.[9] Im Jahr 2009 wurde ihr Werk gemeinsam mit denen ihres Mannes und ihrer Söhne mit der Ausstellung „Viermal Kaiser" in der Städtischen Galerie im Park gewürdigt, zu der ein weiteres Buch in der Reihe des Heimatvereins erschien. Die Familienmitglieder Kaiser waren aber nicht nur jedes für sich eine künstlerische Persönlichkeit, sondern arbeiteten auch immer wieder zusammen. So trug Ruth eine niederrheinische Geschichte zu einem Sammelband ihres Sohnes Reinhard bei. Ruth Kaiser starb am 30. November 2000 in Viersen. (te)

Geschichte: Das Abendrot im Herbst

Das Abendrot, das den Himmel an schönen Herbsttagen schon spätnachmittags zum Glühen bringt, ist der Widerschein des großen Ofens über den Wolken. Der wird nun von Tag zu Tag früher angezündet, weil die Engel gerade in dieser Zeit besonders viel zu tun haben. Sie backen da oben nämlich die Plätzchen, die die Kinder hier unten am Nikolaustag und am Weihnachtsabend zwischen Nüssen und anderen Süßigkeiten auf ihren Tellern finden.[10]

Objektkasten (Ausschnitt)

Bücher / Kataloge (Auswahl)

Niederrhein im Farbbild, Bad Münstereifel 2002.

Zauberhafter Niederrhein. Eine Farbbildreise durch Landschaft und Geschichte, Bad Münstereifel 1999.

Schloß Rheydt und andere Orte, Mönchengladbach 1996.

Dülken einst und jetzt: Ein Bild- und Textband zur Geschichte der Stadt, Viersen 1994.

Deutsche Graphik des Klassizismus und der Romantik. Von der Heydt-Museum, Wuppertal 1989.

Kunst der Gegenwart. 1960 bis Ende der 80er Jahre. Bestandskatalog. Städtisches Museum Abteiberg, Mönchengladbach 1988.

Krefeld. Der Niederrhein im Spiegel einer Großstadt, Köln 1986.

An Schwalm, Nette und Niers. Niederrheinischer Naturpark im Farbbild, Köln 1983.

Hans Hollein. Alles ist Architektur. Eine Ausstellung zum Thema Tod. Städtisches Museum Mönchengladbach 1970.

Wilhelm Kaiser-Lindemann

Musiker, Komponist, Arrangeur

Geschätzt von vielen Orchestern und den 12 Cellisten, ließ Kaiser-Lindemann seiner Kreativität beim Arrangieren und Komponieren freien Lauf, und integrierte auch populäre Musik in seine Werke.

Wenn die 12 Cellisten (der Berliner Philharmoniker) Ennio Morricones Titel „Spiel mir das Lied vom Tod" aufführen, kann das Arrangement beim Zuhörer eine Gänsehaut erzeugen. Und wenn sie bei der Aufführung des Titels „Die 12 in Bossa Nova" ihre Celli auch als Perkussionsinstrumente verwenden, fragt man sich, welcher originelle Komponist/ Arrangeur dafür verantwortlich ist?[1] Es war Wilhelm Kaiser-Lindemann, geboren am 21. März 1940 in Viersen, wohnhaft auf der Gladbacher Str., gegenüber der ehemaligen Zentrifugenfabrik Heine.

Viersen ca. 1944

Wilhelm Kaiser - den Doppelnamen nahm er erst später als Komponist an, um Verwechslungsprobleme bei der GEMA zu vermeiden[2] - erhielt schon als kleines Kind von seinem gleichnamigen Vater Unterricht in Klavier- und Orgelspiel, Musiktheorie und Komposition. Der aus Gelsenkirchen stammende Vater war als Organist, Musiklehrer, Chorleiter und Komponist tätig, von 1933-1951, mit kriegsbedingter Unterbrechung, an der Orgel der Kirche St. Joseph in Viersen. So konnte er 1934 die neue Klais-Orgel mit einweihen, die noch heute in der Kirche gespielt wird. Zuvor arbeitete er in München-Gladbach[3], wo er auch seine Frau kennen lernte. Wilhelm Kaiser junior besuchte die Volksschule in Viersen, und ab 1951, nach dem Umzug der Familie nach Jülich, das dortige Gymnasium. In Jülich vertrat er schon im Alter von zwölf Jahren seinen Vater beim Organistendienst, wenn dieser aufgrund seiner Kriegsverletzung nicht dazu in der Lage war. Ansonsten spielte er Fußball, liebte Bücher von Karl May und verbrachte Zeit bei den Pfadfindern.[4]

Nach dem Abitur nahm Wilhelm Kaiser junior 1958 sein Studium an der Musikhochschule Köln auf, u.a. an den Instrumenten Waldhorn und Klavier. Danach studierte er an der Hochschule für Musik und Theater in Hamburg Komposition bei Ernst-Gernot Klußmann sowie Dirigieren bei Albert Bittner. Von 1961-1998 arbeitete Kaiser-Lindemann als Hornist in verschiedenen Orchestern, u.a. im *Westdeutschen Mozart-Orchester*, im *Schleswig-Holsteinischen Sinfonieorchester* sowie bei den *Kieler Philharmonikern*. In dieser Zeit heiratete er zweimal und wurde Vater von zwei Söhnen in erster, sowie einer Tochter in zweiter Ehe. Er entdeckte das Fotografieren und Filmen und entwickelte sich zu einem *„sehr ambitionierten und guten Hobbyfotografen. Er hat u.a. einen Dokumentarfilm über die Mönch-Republik Berg Athos in Griechenland gedreht, den er häufiger in Kirchenkreisen vorführte.“* [5] 1998 beendete er aus gesundheitlichen Gründen die Orchesterarbeit und widmete sich vor allem dem Arrangieren und Komponieren.[6]

Der Komponist

Als Hauptwerke Kaiser-Lindemanns, der schon 1955 ein „Polonaise für Klavier“ komponierte, können die Symphonien gelten, die von einer expressiven, äußerst farbigen Orchesterbehandlung geprägt sind. Kaiser-Lindemann öffnete sich auch häufig den Klängen anderer Musikkulturen. So basiert seine 4. Symphonie („Bajan-Symphonie“) von 1993 auf Melodien indischer Bajans und Mantras.[7] Denn seit 1987 unternahm er regelmäßig Studienreisen nach Südindien und machte sich mit der dortigen Musik vertraut. Ein Freund hatte ihn auf eine erste Reise zu einem Guru (Sri Sathya Sai Baba) mitgenommen und Kaiser-Lindemann, der im Alter von 24 Jahren mit dem katholischen Glauben

gebrochen hatte, entdeckte die Spiritualität und Kultur des Landes. Außerdem freundete er sich mit dem indischen Musikprofessor Shyam Shrivastava an. Er verband sein Interesse am christlichen Mystizismus mit seinem Glauben an Karma und Wiedergeburt, ohne jedoch erneut Anhänger einer Religion zu werden. Die „Bajan-Symphonie“ ist *„eine abenteuerliche Reise in eine sehr meditative Welt der Klänge.“* [8]

Die 6. Symphonie („Schleswig-Holstein-Bilder“) widmete er seiner Wahlheimat. Uraufgeführt wurde das Werk für zwei Solo-Stimmen, Chor, Orgel und Orchester im Jahr 2006 vom

Sinfonieorchester am Ernst-Barlach-Gymnasium Kiel, zeitweise begleitet von Kaiser-Lindemann an der Orgel. Die Kritik dieses Konzerts fasst zusammen, was häufig über seine Kompositionen geschrieben wurde: *„Wilhelm Kaiser-Lindemann, seit den 70er-Jahren eine beachtliche und womöglich noch zu wenig beachtete Komponistengröße in Schleswig-Holstein, hatte den EBG-Ensembles die Uraufführung seiner* 6. Sinfonie *anvertraut und zugetraut. Die drei darin in programmatischen Einzelsätzen gefassten Schleswig-Holstein-Bilder forderten die überwiegend jungen Instrumentalisten und Stimmen extrem – und in ganz unterschiedlicher Weise. [...] Kaiser-Lindemanns große Stärke, mit den Mischklang-Möglichkeiten des Orchesters magisch spielen zu können, gipfelt verhalten, aber gänsehautverdächtig: im unwirklich nächtlichen Glitzern einer Wattwanderung zur Geisterstunde. Viel Beifall gab es deshalb für eine Musik, die tonmalerisch auf den Hörer zugeht, sich dabei aber eigentlich nie vordergründig anbiedert, sondern stolz eigenständig, kunstvoll und häufig genug auch sperrig ‚modern' bleibt."*[9]

Neben sechs Symphonien komponierte Wilhelm Kaiser-Lindemann über 40 weitere Orchester- und Kammermusiken sowie Vokalwerke, die auf vielen Bühnen Europas aufgeführt wurden und werden.[10] Die letzten Lebensjahre arbeitete er auch mit dem Orchester seines Wohnortes Preetz als Dirigent zusammen und erarbeitete mit ihm mehrere Konzertprogramme, in die verstärkt Kompositionen aus der Romantik und Bearbeitungen von Filmmusiken mit einbezogen wurden.[11] Die Uraufführung seiner „Gemeinde-Kantate zu Pfingsten op. 43" fand anlässlich der 800-Jahr-Feier der Preetzer Stadtkirche im Jahr 2010 dort statt.[12] Sein letztes vollendetes Werk, die sinfonische Dichtung „HODOS - en pente" („Bewegung im Fünfermaß") wurde am 5. September 2010 im Kieler Schloss vom *Philharmonischen Orchester Kiel* uraufgeführt.

Seine Offenheit gegenüber anderen Musikkulturen kam ihm bei einem besonderen Projekt zugute: Von der weltbekannten Cellistin Maria Kliegel wurde er beauftragt, wichtige Stationen des Lebens von Nelson Mandela zu vertonen. Sie hatte dessen Biographie gelesen und war tief berührt. So entstand 1996 „Hommage à Nelson M.", eine Suite in vier Sätzen für Cello und Perkussion. Satz eins hat die Haft Mandelas zum Gegenstand, während der zweite Satz - teilweise im Bebop-Stil „Hunting" geschrieben - sich mit der „Jagd" auf Schwarze beschäftigt. Im dritten Satz vertonte Kaiser-Lindemann, unter verstärktem Einsatz von Trommeln und im 7/8-Takt, afrikanische Lebensfreude, um schließlich mit einem „Lullaby" zu enden, das auf einem Wiegenlied von Mandelas Stamm beruht und die Zukunft Südafrikas unter Mandela thematisiert. Die Suite wurde in der Düsseldorfer Tonhalle uraufgeführt und ein Jahr später von Maria Kliegel Präsident Mandela bei einer Privataudienz vorgetragen. Die Erlöse aus dem CD-Verkauf gingen vollständig an den „Nelson Mandela Children's Fund".[13] Auch lateinamerikanische Klänge hatten es Kaiser-Lindemann angetan. Seine Kompositionen „Bossa nova philharmonica" und „Mambo for Six" (beide für 6 Violoncelli) tragen sein Interesse schon im Namen.

Eine jahrelange erfolgreiche Arbeit verband Wilhelm Kaiser-Lindemann mit den 12 Cellisten. Für sie arrangierte er rund 30 Stücke, von Debussy, Ravel und Satie, über Morricone, Mancini und Ellington, bis zu Piaf und Elvis, die von der *NZZ* als *„phantastisch"* bezeichnet wurden. Und für sie schrieb er, neben anderen Stücken, „Die 12 in Bossa Nova", eine *„toll orchestrierte"* Bossa Nova,[14] die auf sinfonischem Boden steht und in der alle zwölf Cellisten gleichberechtigt spielen. Sie setzen auch neue Spieltechniken ein wie *hand on corpus*, *collegno*, *flagellato* und Sprechen.[15] Im Beiheft zur CD wird Wilhelm Kaiser-Lindemann als *„einer der originellsten deutschen Komponisten der Gegenwart"* bezeichnet.[16] Entsprechend groß war die Trauer bei seinem Tod in seinem Wohnort Preetz (Schleswig-Holstein) am 17. November 2010: *„Unser Kaiser, wie wir ihn alle nur nannten, verstarb nach schwerer Krankheit im Alter von 70 Jahren. Er war ein lieber Freund, der über viele Jahre mit genialen Arrangements und Originalkompositionen unser Repertoire bereichert hat. Unermüdlich war er auf der Suche nach Werken, die nur auf „die 12" zu warten schienen, jederzeit bereit, auch schwierigste Herausforderungen anzugehen. Er scheute sich nicht, von uns das manchmal spieltechnisch fast Unmögliche zu verlangen und das gerade noch Mögliche zu bekommen. Oft besuchte er unsere Proben, Konzerte und Aufnahmesitzungen, um auch die letzten Feinheiten des Cellos auszuloten."*[17] Viele Kompositionen von Kaiser-Lindemann sind im Notenverlag „euthentic edition" erhältlich, seinen musikalischen Nachlass übernahm im Jahr 2013 die Staatsbibliothek zu Berlin für ihre Musikabteilung.[18] (te)

Tonträger mit Stücken von WKL (Auswahl):

Philharmonische Cellisten Köln. *Philharmonische Cellisten Köln*, EMI 1988.

Wilhelm Kaiser-Lindemann. *Bajan Symphony (Symphonie Nr. 4 op. 25)*, Nightingale Rec. 1996.

Wilhelm Kaiser-Lindemann. *Symphonic Meditations (op. 29)*, Meistersinger Musik 1997.

Wilhelm Kaiser-Lindemann. *Hommage à Nelson M.* (Maria Kliegel/ Stephan Froleyks), Naxos 1999.

Die 12 Cellisten. *South American Gateway*, EMI 2000.

Thomas Kessler

Musiker, Architekt, Produzent

„Klangarchitekt" ist hier gar kein Wortspiel, übte Thomas Kessler doch tatsächlich beide Berufe aus. Er gewann Preise beim Wettbewerb „Jugend jazzt", erhielt aber auch den „Förderpreis der deutschen Zementindustrie". Und als „Dissident" tourte er durch Europa.

Bevor Thomas Peter Kessler, geboren am 29.01.1962, im Jahr 1969 in die Viersener Innenstadt zog, auf die Wilhelmstraße, lebte er im Hamm, und besuchte dort den Kindergarten und die erste Grundschulklasse. Er wechselte zur „Katholischen Grundschule Schultheißenhof" (heute Remigiusschule) und danach auf das Humanistische Gymnasium, wo er 1981 das Abitur machte. Viel Zeit verbrachte er aber auch am „Monte" und beim Flippern in der „Destille", was seinem „*Noten-Score*", so Kessler, nicht wirklich geholfen hat. Sein neun Jahre älterer Bruder Rolf hatte nach dem Umzug in der neuen Wohnung ein altes Gebrauchtklavier aufgestellt, da er Musikpädagogik studierte. Und er brachte ständig die neusten Platten mit progressiver Musik der Zeit ins Haus: *Rolling Stones*, Jimi Hendrix, *King Crimson* etc. So weckte er bei Thomas das Verlangen, *„ständig mit allen im elterlichen Haushalt verfügbaren Geräten, Putzeimern und Kirmes-Tröten Geräusche zu machen, und diese zu Musik zu erklären. Diesen autodidaktischen Ansatz übertrug ich auch auf das Klavier, an dem ich eine Zeitlang ganz für mich allein forschte und experimentierte."*[1]
Als die klanglichen „Qualen" für Familie und Nachbarn sich steigerten, bot die Mutter an, das Klavier stimmen zu lassen, unter der Bedingung, dass Thomas klassischen Klavierunterricht nahm. Er ließ sich trotz mäßiger Erfahrungen mit dem Musikunterricht am Gymnasium darauf ein. Sieben Jahre lernte er bei der „sympathischen" Frau Ohlwein an der Jugendmusikschule Beethoven u.a. Klassiker zu spielen, was sich schwierig gestaltete, da sich bei ihm eine ausgeprägte Notenleseschwäche zeigte, die bis zum heutigen Tag vorhanden ist. Er spielte nach Gehör, was aber ausgerechnet in dem Moment als ein Komponist, der ihn faszinierte, auf den Plan trat, Claude Debussy, aufgrund der Komplexität der Musik nicht mehr funktionierte.
Etwa im sechsten Musikschuljahr kam es zu einer prägenden Erweiterung seines Unterrichts: *„Als ich etwa 16 war, fing Ali Haurand an,*

dort Ensemblespiel und Jazz-Harmonielehre zu unterrichten. Und obwohl ich mit Jazz nichts am Hut hatte, dachte ich mir, da kannst Du auf hohem Niveau etwas lernen, da gehst Du hin. Und so haben ich und ein paar andere Schüler einmal die Woche Ensembleunterricht gehabt und viel über Harmonielehre gelernt. Und der Ali war auch ein cooler Typ. Denn er organisierte ja auch die Konzerte im VHS-Festhallenkeller, wo ich dann ca. alle vier Wochen hinging. Die meisten Musiker kannte er und brachte so ein Stück Internationalität nach Viersen, für uns Teenies war das eine komplett neue Welt, denn unser Aktionsradius beschränkte sich ja auf Viersen, Mönchengladbach und Krefeld."[2]

Kessler vertiefte sich in Harmonielehre und Kompositionstheorie und entwickelte Strategien, mit deren Hilfe er das Notenlesen weitestgehend umschiffen konnte. Ali Haurand (siehe S. 105) war es auch, der eine Musikschuljazzband ins Leben rief, Konzerte für sie organisierte, und seine Schüler zur Teilnahme am Landeswettbewerb „Jugend jazzt" motivierte (1984 und 1985 belegte Kessler dort als Solopianist den 2. und 3. Platz).[3] Der Psychologe und Jazzkenner Dieter Speck, später auch als Moderator des Jazzfestivals sowie von Fernsehsendungen im WDR bekannt geworden, kommentierte einen Auftritt der Musikschulband sehr positiv. [4]

Jazzworkshop 1979, mit Rob van den Broek (rechts)

Kessler spielte gleichzeitig schon mit verschiedenen Schülerbands, wo er seine Vorliebe für Rock, Jazz, Elektronik und Synthesizer-Musik ausleben konnte. 1979 erweiterte er sein musikalisches Spektrum durch die Teilnahme an einem von Haurand organisierten, einwöchigen Jazzworkshop mit deutschen und internationalen Lehrern,[5] sowie danach durch den Besuch unzähliger Konzerte: *„Während der 70er/ 80er gab es ein reiches Angebot an Veranstaltungen, vom VHS-Jazzkeller über „Conny's Come In" in Boisheim bis zum „Doppelpunkt" und „Bahnhofscafé" in Kaldenkirchen. Viel Abwechslung und hochklassige Besetzungen waren die Regel."*[6] Irgendwann kam er auf die Idee, das Angenehme mit dem Nützlichen zu verbinden und bot der *Rheinischen Post* u.a. an, Konzertkritiken über Jazz-, Pop- und Rockkonzerte zu schreiben. So schrieb er zwischen 1979 und 1983 viele Artikel zu Veranstaltungen in der Umgebung sowie CD-Kritiken, manchmal sogar für das *Jazzpodium*.[7] Und er gab sein Wissen über das Synthesizerspiel auch schon in eigenen Workshops weiter.[8]

Während seines Zivildienstes machte Kessler sich Gedanken über ein Musikstudium, schaute sich die Studiengänge in Duisburg und Köln an. Aber er konnte sich nicht für diese institutionalisierte Form des Musiklernens begeistern, und entschied sich für seine zweite Leidenschaft, die Architektur. Er hatte immer schon gerne gezeichnet und begann so das Studium in Düsseldorf: *„Von Beginn an war für mich jedoch klar, dass damit mein Leben eines in zwei parallelen Berufen sein würde. Der Gedanke an ein reines Hobbymusiker-Dasein war mir völlig unvorstellbar."*

Das wirkte sich allerdings auf seine Studiendauer aus, erst 1993 verließ er die Fachhochschule mit Diplom und Förderpreis der deutschen

Jazzfestival Viersen, 1991

Zementindustrie in der Tasche.[9] Und er zog nach Düsseldorf, wo der verheiratete Musiker heute noch lebt.

Thomas Kessler Group

Im Jahr 1986 lernte Thomas Kessler den Bassisten Wolfgang „Bolle" Diekmann und den Schlagzeuger Harald Ingenhag kennen. Bei ihren Treffen entwickelten sie gemeinsame Vorstellungen und Ziele, und so erblickte die *Thomas Kessler Group* das Licht der Welt. Kessler machte schnell Nägel mit Köpfen und buchte lokale Konzertermine, um die Gruppe zusammen zu schweißen und ihre Ideen, eine Melange aus Jazz, Elektronik und Rock, beim Publikum zu testen. Bei allen Konzerten war die Reaktion sehr positiv.[10] Und die Kritiker lobten eine Band, *„die dem Idiom des Jazz Rock durchaus erfrischende, reiz- und spannungsvolle Akzente hinzufügt [...] eine gelungene Mischung aus Rock-Rhythmen, Jazz-Improvisationen und sensiblen, gut strukturierten Kompositionen und Arrangements."* [11] Im Jahr 1987 gab die Band im Festhallenkeller ein Konzert als Opener für das „1. Internationalen Jazzfestival Viersen". Und sie nahm ein Demotape auf, worauf nach einiger Zeit vom jungen Bielefelder Label „Laika Records" eine positive Resonanz erfolgte. Die gleichnamige CD der *Thomas Kessler Group* erschien im Frühjahr 1990. Die „beachtliche" Debut-CD wurde durchweg gelobt, präsentiere sie doch ein „erstaunlich ausgereiftes Zusammenspiel", „intelligenten Fusion-Jazz", „traumhafte Klangbilder", „Harmonie statt Hektik"; sie sei eine „relaxte Scheibe", „voller guter Ideen" auf „handwerklich hohem Niveau" und mit „hervorragendem Sound". Vergleiche mit Pat Metheny wurden angestellt, *stereoplay* kürte das Album zum „Perfekten" des Monats und es landete auf der „Bestenliste der Deutschen Schallplattenkritik".[12] Es folgten viele Konzerte, in Viersen u.a. 1991 ein Benefizkonzert für die Familie des plötzlich verstorbenen Schlagzeugers Joe Nay, und der Auftritt auf dem „5. Internationalen Jazzfestival Viersen", der im *WDR*-Fernsehen ausgestrahlt wurde. Mit Ali Haurand u.a. spielte Thomas Kessler 1992 eine *Jam Session* zur Eröffnung des 6. Festivals. Beim zweiten Album, „Untitled", erschienen im gleichen Jahr, erweiterte die Band ihr Klangspektrum hier und da durch einen Gitarristen und einen Saxophonisten und erhielt wieder gute Kritiken: der „kommunikative Aspekt der Musik" wurde betont, die „filigrane Arbeit an Melodien", sowie die „manchmal fast schon poppigen Melodien". Der *„transparente Klang macht auch das kleinste Detail hörbar, [...] jedes Stück hat eine eigene Atmosphäre, erzählt seine Geschichte in konsequenter Dramaturgie."*[13] Kommerziell konnte das Album jedoch nicht an den Erfolg des Debuts anknüpfen. Die Karriere der Band stagnierte, Einladungen ins Ausland blieben aus, sie spielte in der Originalbesetzung noch bis 1994 zusammen, dann begannen alle Mitglieder Engagements in anderen Projekten.

Als Dissident durch die Welt

Durch den Chef von „Laika Records", Ulli Bögershausen, bzw. seine Idee, CDs mit Unterlege-Musik für Film und TV herauszubringen, lernte Thomas Kessler die *Dissidenten* kennen. Denn so wie er, hatten sich Musiker von der Gruppe mit Titeln an diesen Produktionen beteiligt und ihn danach kontaktiert. Die *Dissidenten*, eine 1980 gegründete Global-Pop-Rock-Band, bringen verschiedenste Musikstile aus aller Welt zusammen. Der Kern der Band besteht aus drei Musikern, aber immer wieder wurde sie für „Weltmusik"-Projekte vergrößert. Thomas Kessler stieß 1995 als Unterstützung zu ihnen, als das Album „Jungle book" aufgeführt werden sollte: *„Das komplexe Werk, eine Melange aus der Musik Südindiens und aktuellen westlichen Rhythmen, sollte in siebenköpfiger Besetzung live umgesetzt werden. Da die Musiker aus allen Himmelsrichtungen zusammengebracht werden mussten, war die Zeit für Proben begrenzt. Ich hatte zuvor keinerlei Berührungen mit indischer Musik gehabt, geschweige denn Kenntnis ihrer theoretischen Hintergründe. So gut es ging, bereitete ich mich anhand von CD-Aufnahmen auf die ersten Proben vor und hoffte das Beste. Diese liefen überraschend gut. Zu meiner Beruhigung hatten die südindischen Kollegen ähnliche Verständnisfragen zu unseren profanen Vierviertel-Mustern wie ich zu Vierteltonskalen und komplexen Talas (rhythmische Patterns)."* [14] Es folgten in den nächsten Jahren Konzerte u.a. auf Festivals in Barcelona, Budapest, Rom, Glastonbury oder Roskilde. Auf drei Alben der *Dissidenten* spielt Thomas Kessler mit, der live auch schon mal *„mittels seines Synthesizers den Sound der Band immer dort füllt, wo etwas fehlt, und mit der gesampelten Gitarre ein Solo über die Bretter fegen lässt, bei dem manch echter Gitarrist neidisch würde."* [15] Im Jahr 2000 schuf die Band anlässlich ihres 20jährigen Bestehens mit dem US-amerikanischen Komponisten Gordon Sherwood das multimediale Werk „The Memory of the Waters", das sie gemeinsam mit großem Chor, Symphonieorchester und Gastsolisten wie Charlie Mariano beim Ulmer Donaufest uraufführten. Schon ein Jahr später konnte die Band aufgrund wirtschaftlicher Probleme die Größe der Band nicht mehr erhalten und entließ die „freien" Mitarbeiter, auch Thomas Kessler.

Aber für ihn taten sich schon neue Betätigungsfelder auf. Neben seinen Solo-Projekten (s.u.) unterstützte er den New Yorker Saxophonisten Clive Stevens bei seinen „Millennium Jams", und dann folgten Sessions im „Trance Club" von Stefan Krachten in Köln, den er schon 1998 kennen gelernt hatte. In wechselnden Besetzungen trat dort ein Ensemble auf, aus einem Pool von etwa 20 Musikern, darunter Helmut Zerlett, Mel Collins (*King Crimson*, *Rolling Stones*) und Rosko Gee (*Traffic*, *CAN*). Ohne Absprache oder vorgefertigtes Konzept entstanden einmalige Performances, im Sinne des Wortes „aus dem Nichts". Bald gehörte Kessler „zur Familie" und vertrat manchmal einen der beiden Keyboarder (Helmut Zerlett, Jürgen Dahmen) bei Konzerten der aus den Sessions hervorgegangenen Band *Trance Groove*, bei der er dann von 2008-2010 festes Mitglied war, meistens als 3. Keyboarder auf der Bühne.[16] Drei Alben entstanden unter seiner Mitwirkung, wobei das letzte, „Chelsea Girls“ (2009), eine Live-Filmvertonung des 1966er Andy Warhol-Klassikers „The Chelsea Girls“ war. Bis 2014 war er dann Keyboarder und Co-Produzent von Stefan Krachtens Folgeprojekt *Goldman*.

Zum Dunstkreis des Musikerpools gehörte auch der Ex-*CAN*-Schlagzeuger Jaki Liebezeit mit seinem Projekt *Drums Off Chaos*, mit dem Kessler einige Male auftrat. Ebenso die Brüder Reiner und Bernd Winterschladen (Trompete/ Saxophon): Mit Ersterem spielte Kessler 2007 auf dem Album „Nighthawks 4“, mit Letzterem nahm er 2018 das Album „Le Son des Couleurs“ auf. Darauf entwarf er zu einigen Nuancen der Farbsystematik „Les Claviers de Couleur“ des Schweizer Architekten Le Corbusier Klangkompositionen. Winterschladen *„hauchte meinen abstrakten Klanglandschaften im wahrsten Sinne des Wortes dann den menschlichen Atem ein.“* Nur seine Zusammenarbeit mit Wolfgang Flür, dem ehemaligen Schlagzeuger der Band *Kraftwerk*, an dessen „Yamo-Projekt“ (2002), entstammte nicht diesem Musikernetzwerk.[17]

Finanziell hielt sich Thomas Kessler von Ende der 90er Jahre bis zur Inbetriebnahme seines eigenen Studios im Jahr 2008 (s.u.) mit der Arbeit als Architekt über Wasser, allerdings nicht im Baugewerbe: *„In der Architektur arbeitete ich meist als freier Mitarbeiter für verschiedene Büros. Glücklicherweise fand ich regelmäßig Auftraggeber, die mir trotz meiner musikalischen Ambitionen anspruchsvolle Aufgaben anvertrauten. Im Gegenzug stellte ich sicher, dass die Projekte nicht unter meinen Konzerttournee und Studioprojekten zu leiden hatten. In den Nullerjahren ging ich aber schließlich eine Zeitlang als Geschäftsführer eines Kölner Büros für Einrichtungsplanung und -realisierung von Luxushotels „vor Anker“. Dort entstanden u.a. entstanden die Ritz-Carlton Hotels in Berlin und Moskau sowie der Breidenbacher Hof in Düsseldorf. Aber als mein Studio fertig war, sattelte ich wieder um, auf freier Berater und Projektentwickler. Meine Auseinandersetzung mit Architektur und Musik habe ich nie als konkurrierend und immer als gegenseitig befruchtend empfunden. So waren für mich die Erfahrungen, die ich in dem einen Beruf sammelte, häufig auch im anderen verwertbar.“* [18]

Der Klangarchitekt

Neben seinen Aktivitäten in verschiedenen Musikprojekten veröffentlichte Thomas Kessler, der seine Kompositionen unter dem Namen *Thomas Kessler-Teveen* bei der GEMA anmeldet, da es einen namensgleichen, älteren Komponisten aus der Schweiz gibt, seit 1995 auch Solo-Alben. Das erste trug den Titel „Thomas Kessler - on earth“ und enthält noch Klänge von Diekmann und Ingenhag, die aber zuvor gesampelt wurden, sowie von zwei Percussionisten. Es erhielt wiederum gute Kritiken in *Jazzpodium* und *Keyboards*: *„Kessler und seine Mannen gießen Töne in Bilder. Es sind gefühlvolle Momentaufnahmen innerer Befindlichkeit, die den meditativen Geist großer elektronischer Werke atmen.“*; *„Ein suggestiver Mix aus Ambient-Music und Worldbeat.“*[19] Drei Jahre später folgt mit „ego“ ein Album, das endgültig Kesslers Einstieg in die Ambient- und

Trip Hop-Musik markierte, und das er im Jahr 2005 remastered und um einige Tracks erweitert, als „egolution“ neu veröffentlichte, mit großem Erfolg v.a. in Japan. Es folgten „Liquid Music“ (2007; nur digital), „Piano Diaries“ (2012), das später in Spanien in die *Classic-Charts* einstieg, und „Piano Lullabies“ (2021). „Diaries“ entstand im Jahr 2011 aus der Idee, jeden Sonntagmorgen spontan ein Stück zu spielen, per Handy aufzunehmen und auf *youtube* hochzuladen. Da er das auf einem Miniklavier tat, das ihm seine Mutter zu seinem 13. Geburtstag geschenkt hatte, schenkte er ihr wiederum dieses „Projekt“ auf CD. Sein Verlag kam dann auf die Idee, ein Album daraus zu destillieren. Und „Lullabies“ enthält Wiegenlieder für Menschen jeden Alters, *„die dem Urbedürfnis nach Ruhe und Geborgenheit gewidmet sind, mit dem wir auf die Welt kommen, und das uns anschließend ein Leben lang begleitet.“* [20]

Seit 1993 betrieb Kessler ein „Studio“ in seiner Düsseldorfer Wohnung und nahm dort schon den größten Teil seiner Musik auf, sowie Auftragsproduktionen für das Fernsehen oder Remixe, z.B. für die *Dissidenten*. Seine „hörfilmartigen Kompositionen“ (*Jazzthetik*) finden häufig in Dokumentationen und Naturfilmen Verwendung, ein Titel unterlegte lange die Programmtafeln von *3sat*.[21] Schon seit seiner Jugend war er fasziniert von Aufnahmetechnik und arbeitete gerne auch „hinter den Reglern“, was bei ihm allerdings nicht bedeutet, am Mischpult zu sitzen, sondern ein „puristisches Computer-Setup“ zu bedienen. So richtete er sich 2008 in einem Düsseldorfer Hinterhof das Mastering-Studio „TK Audiotreatments“ ein. Dort produziert er neben seinen eigenen Projekten u.a. Alben für den Gitarristen Ulli Bögerhausen oder den südkoreanischen Gitarristen Sungha Jung.

Seine Zukunft als Musiker sieht Thomas Kessler, neben dem Livegeschäft, vor allem im Streaming. Bei den entsprechenden Diensten veröffentlicht er alles und erreicht so auch eine internationale Hörerschaft: *„Der größte Teil meines Publikums sitzt heute in den USA, Kanada und Brasilien.“* Auch seiner Ungeduld kommt die heutige Veröffentlichungspraxis entgegen: *„Jetzt hat man die Alternative, zunächst einzelne Stücke im Abstand von etwa drei bis sechs Wochen herauszubringen. Erst später stellt man sie zu einem Album zusammen.“* [22] In Viersen tritt er, der auch Mitglied des Viersener „Jazz-Circle“ ist, immer noch bei vielen Gelegenheiten auf: so z.B. im November 2004 zur Eröffnung einer Ausstellung der Werke des Malers Hermann Schmitz (siehe S. 223), oder im Septermber 2017 mit seinem früheren Kollegen Harald Ingenhag im „Varieté Freigeist“. (te)

Alben (Auswahl):

Thomas Kessler Group. *Thomas Kessler Group*, 1990.
Thomas Kessler Group. *Untitled*, 1992.
Thomas Kessler. *on earth*, 1995.
Dissidenten. *Instinctive Traveler*, 1997.
Thomas Kessler. *ego*, 1998.
Dissidenten. *2001 – A Worldbeat Odyssey*, 2001.
Thomas Kessler. *egolution*, 2005.
Trance Groove. *Playing with the Chelsea Girls*, 2009.
Thomas Kessler. *Piano Diaries*, 2012.
Goldman. *The Truth of Ghost Dog*, 2014.
Goldman. *Live at the Blue Shell*, 2015.
Thomas Kessler/ Bernd Winterschladen. *Le Son des Couleurs*, 2018.
Thomas Kessler. *Piano Lullabies*, 2021.

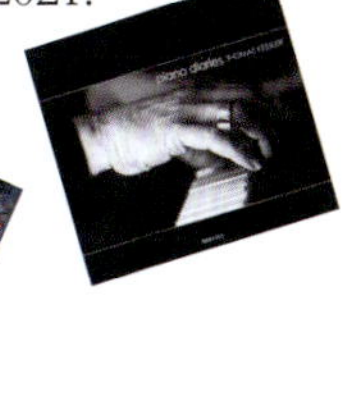

Ernst Klusen

Volksliedforscher, Lehrer, Komponist

Einem guten Tropfen pfälzischen Weins und einer Orientzigarette gegenüber nicht abgeneigt, wusste Ernst Klusen die angenehmen Seiten des Lebens mit seinen Mitmenschen zu teilen. Als Gründer des „Niederrheinischen Volksliedarchivs", das immerhin 26 Jahre in Viersen angesiedelt war, langjähriger Leiter der Viersener VHS, Deutsch- und Musiklehrer am Humanistischen Gymnasium, Leiter des Schulorchesters und Komponist, sowie als bedeutender Forscher bleibt er in Erinnerung.

Im Jahr 2014 feierte das „Institut für Europäische Musikethnologie" (bis 2010 „Institut für Musikalische Volkskunde") an der Universität zu Köln sein 50jähriges Jubiläum. Den Grundstein dafür legte Dr. (Karl Heinrich) Ernst Klusen, der 50 Jahre in Viersen lebte. Geboren wurde er am 20. Februar 1909 in Düsseldorf, und es dauerte bis 1938, dass er nach Viersen umzog. Zunächst lebte er in Düsseldorf, nach dem frühen Tod seines Vaters, 1918, wuchs er bei der Großmutter in Krefeld auf. Dort lernte er auch die Mundart, was sich für seine späteren Forschungen als nützlich erweisen sollte. 1927 machte er auf der Oberrealschule sein Abitur.[1]

Durch seinen musikalischen Vater vorgeprägt und in der Schule gefördert, lernte er Klavierspielen und bediente auch die Kirchenorgel. In Köln studierte er Germanistik, Musikwissenschaft und Musikpädagogik. Nach seiner Lehramtsprüfung, 1933, begann er eine Dissertation mit dem Thema „Gustav Mahler und sein Verhältnis zum Volkslied seiner böhmisch-mährischen Heimat", die sein beginnendes Interesse für die Volksmusikforschung belegt. Durch die Machtergreifung der Nazis und ihren Hass auf die Juden (Mahler) konnte er sie nicht weiterführen, das versteckte Manuskript wurde im Krieg bei einem Brand vernichtet.[2] Während er als Lehrer in Krefeld tätig war, promovierte er parallel in Bonn im Fach Musikwissenschaft: Seine musikethnologische Schrift *Das Volkslied im niederrheinischen Dorf* (1938, erschienen

1941) behandelte das Liedgut in Hinsbeck. Sein neuer Ansatz lag darin, dass er nicht - wie bisher üblich - nur alttradierte Lieder erfasste, sondern das gesamte *„im Volk lebende“* Liedgut: *„...es soll gleichzeitig Aufgabe sein, die mannigfachen Lebensformen des Volkslieds im Rahmen einer Gemeinde zu schildern...“*.[3] Ebenfalls 1938 veröffentlichte Klusen die Arbeit *Das Musikleben der Stadt Krefeld (von seinen Anfängen bis 1870)*, die noch Jahrzehnte später neu aufgelegt wurde. Drei Jahre zuvor hatte er Gertrud Arnold geheiratet.

Und dann kam es zu der Entscheidung, die auch dazu führte, dass Ernst Klusen in diesem Buch erscheint: Während seiner Arbeit an o.g. Schriften entschloss sich Klusen, aufgrund der Fülle an gesammelten Liedern, ein „Niederrheinisches Volksliederarchiv“ zu gründen. Nachdem er den einflussreichen Volksliedforscher John Meier von der Idee überzeugt hatte, das Niederrhein-Gebiet aus der Verantwortung des „Rheinischen Volksliedarchivs“ in Bonn heraus zu lösen, scheiterte er mit der Idee an den NS-Behörden in Krefeld, die ihm wegen seiner *„unnationalsozialistischen Tendenzen“* misstrauten. Da erklärte sich die Stadt Viersen bereit, das Archiv einrichten zu wollen, mit Klusen als Leiter, was dann 1938 auch geschah. Er erhielt gleichzeitig eine Stelle als Deutsch- und Musiklehrer an der Viersener Oberschule für Jungen (später: Humanistisches Gymnasium).[4] Dort etablierte er rasch ein Schulorchester, mit dem er nach dem Krieg Konzertreisen auch ins benachbarte Ausland unternahm. Oft überzeugte er Schüler ein Instrument zu spielen, das im Orchester noch fehlte, so z.B. (nach dem Krieg) Helmuth Jennrich die Klarinette oder Lothar Fliescher den Bass. Generationen von Viersener Schülern wurden von ihm an die Musik herangeführt, später u.a. auch an den Jazz,[5] und verpassten ihm wegen seiner schwarzen Locken (in jungen Jahren) den Spitznamen „Iwan“.[6]

Außerdem gab er selbst Konzerte und betätigte sich in der Lokalpresse als Konzertrezensent. 1940, in dem Jahr, in dem er auch in die NSDAP eingetreten war,[7] wurde er zum Kriegsdienst eingezogen und kehrte 1946 aus der Gefangenschaft zurück. Sofort nahm er seine Tätigkeiten als Lehrer und Archivleiter wieder auf und begann, in Sammelbänden und Fachzeitschriften zu veröffentlichen. Außerdem gab er zu vielen Gelegenheiten Liedblätter heraus, die immer liebevoll illustriert waren, u.a. von Hanns-Josef Kaiser. 1955 gab er mit *Die Windmühle. Niederrheinische Volkslieder* seine erste Liedersammlung heraus, der weitere folgten.[8] In seinen Veröffentlichungen beschränkte Klusen sich inzwischen nicht mehr nur auf eine historisch berichtende Darstellung, sondern untersuchte tiefere gesellschaftliche Zusammenhänge und erstellte systematische Ordnungskategorien für die Lieder. Außerdem begann er grenzübergreifend in den flämischen Sprachraum hinein zu forschen, was aufgrund der

Wo immer Niederländer und Deutsche sich begegnen, sollte das gemeinsame Lied nicht fehlen. Das Niederrheinische Volksliedarchiv Viersen legt deshalb einige Lieder vor, die man zum gemeinsamen Liedbesitz der Nachbarvölker rechnen darf und die auch heute ihren Platz als Ausdruck gemeinsamen Lebens beanspruchen dürfen. Nr. 1 ist aus die Rundsinger" von Gerd Watkinson, Verlag Voggenreiter entnommen. Nr. 3 nach van Duyse, „Het oude nederlandsche Lied", die übrigen nach dem Niederrheinischen Liederbuch „Die Windmühle" Voggenreiter Verlag, Bad Godesberg. Zu Nr. 4 und 5 sind Sätze für Singstimme und Instrumente durch das Niederrheinische Volksliedarchiv in Viersen erhältlich. Nr. 2 ist als Männerchorsatz im Verlag Pauly, Viersen, erschienen.

Niederrheinisches Volksliedarchiv Viersen
Im grünen Winkel 18 · Ruf 12804 ·

langen gemeinsamen Geschichte Sinn machte, aber auch Ausdruck seiner starken europäischen Gesinnung war. Folgerichtig wurde er in den 1951 gegründeten „Raad voor de Nederlandse Volkszang" (Rat für Niederländische Volkmusik) berufen, in einer Zeit, in der das Verhältnis von Deutschen und Niederländern lange noch nicht spannungsfrei war.[9]

Im Jahr 1947 gehörte Ernst Klusen zu den Mitbegründern der Viersener Volkshochschule (VHS), die er auch bis 1961 leitete, und ab 1958 war er für die Referendar-Ausbildung im Fach Musik in Krefeld und Viersen zuständig. Etwa aus dieser Zeit stammen die ersten von vielen festgehaltenen Erinnerungen an den Charakter Ernst Klusens: Sein Freund Peter Giesen erinnert sich an ihn als ausgeglichen, humorvoll und hilfsbereit, außerdem als guten Zuhörer und Gesprächspartner,[10] *„in seiner Gegenwart gewannen Gespräche schnell beträchtliche Tiefendimensionen."*[11] Er hielt oft Sitzungen bei sich zuhause ab, „Im Grünen Winkel 18", die mit einem „Pinneken" (Schnapsgläschen) beendet wurden. Klusen war passionierter Raucher („Finas-Kyriazi-Frères-Orientzigaretten") und Weintrinker und schätzte deftige rheinische Speisen. Er feierte gerne und war ein aufmerksamer Gastgeber. Zu seinen Vorkriegsschülern, wie Peter Giesen oder Will Brüll (siehe S. 53), hielt er den Kontakt und besuchte oft ihre Klassentreffen.[12] Entspannung von seinem hohen Arbeitspensum fand er in seiner Hütte in den Elsässer Bergen und beim Lesen von Krimis.[13]

Sein dauernder Umgang mit Schülern, Referendaren, VHS-Besuchern etc. trug sicher dazu bei, dass Klusen volksnah blieb und die Ergebnisse seiner Volksmusikforschung auch ins Volk tragen wollte. Er war kein Typ für den akademischen Elfenbeinturm. Seine Vermittlung an ein breites Publikum begann bei den Kindern: 1966 erschien die von ihm herausgegebene westdeutsche Ausgabe von *Die kleine Singdrossel*, ein farbenfrohes Liederbuch für Grundschüler, das neben der Liedvermittlung auch die Einführung in die klassische Notation zum Ziel hat. Die ausgewählten Lieder stammen aus dem traditionellen Liederschatz, aber auch von zeitgenössischen Komponisten.[14] Ebenso verfasste er Materialien für den Musikunterricht von Jugendlichen und Erwachsenen. Und er hielt unzählige Vorträge, u.a. als Leiter der „Rheinischen Arbeitsgemeinschaft für Jugend und Volksmusik", über das Volkslied, oder gestaltete „Workshops", in denen er auf die schwierige Situation des Liedguts hinwies: *„Zudem zeigt sich der bedenkliche Tatbestand, dass die Umwelt des Menschen von heute im Volksliede fast gar nicht (und wenn, dann nur als Groteske) behandelt wird, während der Schlager keine Scheu zeigt, seinen Stoff aus der alltäglichen Umwelt zu nehmen..."*.[15] Klusen hielt das Singen (von Volksliedern) für immens wichtig und hat sich immer dagegen gewehrt - in sachlicher Auseinandersetzung - es abzuwerten, so wie es einige Vertreter der neuen Musikpädagogik Anfang der 70er Jahre machten. Da war er kompromisslos und nahm sogar den Fehdehandschuh von Theodor Adorno auf, der das Singen und das Liedrepertoire der Nachkriegszeit kritisiert hatte.[16]

Ein noch größeres Publikum erreichte Klusen mit seinen Rundfunksendungen, dort wollte er *„die Hörer musikalisch aktivieren"*. Schon 1940 hatte er eine erste Sendung gemacht, „Auf Volksliedsuche am Rhein". Ab 1951 arbeitete er für die *WDR*-Volksmusikabteilung (und lernte dort - nachdem seine erste Frau verstorben war - auch seine zweite Frau, Margarete Schilling, kennen). Über dreißig Jahre lang schrieb und

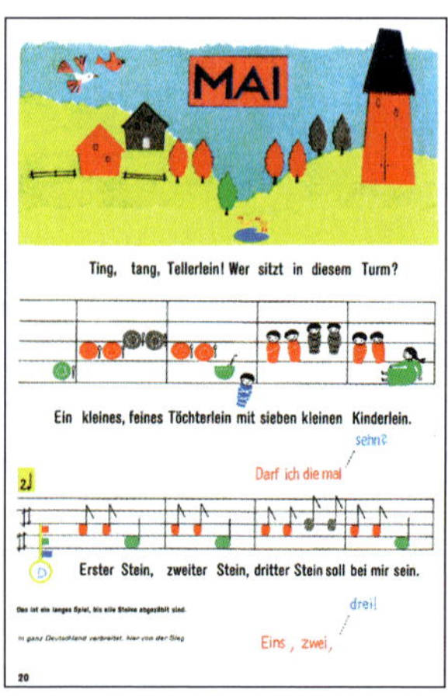

sprach Klusen Beiträge wie „Wenn't Kirmes is (lustige Lieder unserer Heimat)" oder „Löstig ens erömgesspronge (Volksbräuche in der Eifel)", beide von 1959; „Ich habe Volkslieder schreiben wollen" (1978), über den Komponisten Robert Götz, oder „Aus den Kehlen der ältesten Müttergens (Goethe und das Volkslied)" von 1987.[17] Darüber hinaus entwickelte er 1968 zusammen mit Harald Banter und dessen *WDR Media Band*, sowie dem Sänger Horst Decker ein Programm mit Volksliedern im neuen Gewand: Stücke wie „Kein schöner Land" erhielten einen Big Band-Sound, das aus dem Jahr 1480 stammende „Ich spring an diesem Ringe" kam mit einem leichten Beat-Rhythmus daher. *„Das fast 500 Jahre alte Lied verträgt es ohne weiteres"*, kommentierte die *Kölnische Rundschau* damals.[18]
Und für den Viersener „Lions-Club" editierte er eine LP mit deutschen Volksliedern.[19] Auch als Klusen die Hochschullaufbahn einschlug, blieb er volksnah.

Der Professor

Im Jahr 1961 berief man Ernst Klusen als Professor für „Musikerziehung und Musikalische Volkskunde" an die neu gegründete Pädagogische Hochschule nach Neuss. Drei Jahre später zog auch das Viersener Archiv um, und erlebte seine Wiedergeburt als „Institut für Musikalische Volkskunde" an der PH Neuss. Bei den Beständen handelte es sich um rund 3.000 aufgezeichnete Volkslieder, ca. 400 Bücher, etwa 200 Tonbänder, viele Liedblätter, Sonderdrucke uvm. Es fiel dem Viersener Stadtrat nach 26 Jahren nicht leicht das Archiv abzugeben, aber es siegte die Einsicht, dass es erst durch die Anbindung an eine Hochschule seinen Zweck optimal erfüllen konnte.[20] Bis 1977 - ein Jahr nach seiner offiziellen Emeritierung - leitete Klusen dieses Institut und entwickelte es zu einer international anerkannten Forschungsinstitution mit engem Bezug zur Lehrerausbildung. Das ermöglichte einen „Forschungstransfer" von den am Institut erzielten Erkenntnissen direkt in die Praxis des Musikunterrichts an Schulen, die er für die wichtigsten Orte der Liedvermittlung hielt.[21]
In seinen Forschungen entdeckte er u.a., dass viele Volkslieder nicht so alt sind, wie gemeinhin angenommen, und dass die „Gattung" Volkslied eine Konstruktion bürgerlicher Gelehrter des 19. Jhs. war, die damit bestimmte Zwecke verfolgten, u.a. das Stiften von Einheit in einer stark heterogenen Bevölkerung, sowie die Volkserziehung.[22] Klusen erkannte als Erster, dass alles vom Volk Gesungene, Gespielte und Getanzte in einer Erhebung erfasst werden sollte, er wandte konsequent die empirischen Methoden aus der Soziologie in der Musikethnologie an und entwickelte mit seinen Mitarbeitern Fragebögen für die verschiedenen Projekte. Diese behandelten z.B. das „Oppositionelle Lied in der NS-Zeit", die „Situation des Singens in der Bundesrepublik" oder die „Bevorzugten Liedtypen Zehn- bis Vierzehnjähriger". Dabei lenkte er häufig den Forscherblick weg vom Objekt (Lied) selbst,

auf die Vollzugsweise durch die Ausübenden und die Einbettung in das gesellschaftliche Umfeld.[23] Originell auch seine Idee, seine Studie über das Liedgut in Hinsbeck aus dem Jahr 1938 im Jahr 1969/70 nochmal zu wiederholen, und so Erkenntnisse über die Veränderungen innerhalb einer Generation zu erhalten. Auch regte Klusen an, den Begriff „Volkslied" durch den unbelasteteren und soziologisch einfacher zu beschreibenden Begriff „Gruppenlied" zu ersetzen (was sich nicht durchsetzte). Ein Teil seiner Forschung, die in über 200 Veröffentlichungen dokumentiert ist, mündete in seinem vielleicht wichtigsten Buch, *Volkslied. Fund und Erfindung* (1969). Er gab neben einer Schriftenreihe seines Instituts von 1965-1978 die Blätter *ad marginem* (Randbemerkungen zur Musikalischen Volkskunde) heraus, die dem *„ständigen Gedankenaustausch"* dienen sollten, wie er in Nr. 1/ 1965 schrieb, und in deren Mittelpunkt *„die Frage nach dem Lebensraum der Volksmusik heute"* stehen sollte. Und schon in Nr. 2 stellte er die Methoden, die Motive und das Liedgut der der *„gegenwärtigen Volksliedpflege"* in Frage.[24] Im Jahr 1967 verteidigte er dort den Martinszug/ das Martinsfest gegen die abnehmende Neigung diese Tradition zu begehen, und forderte Eltern und Lehrer auf, sich aktiv an den Vorbereitungen und der Feier zu beteiligen.[25] Klusen vertrat die Musikalische Volkskunde in vielen Institutionen, u.a. in der „Deutschen Gesellschaft für Volkskunde" und, als Vertreter Deutschlands, im „International Folk Music Council". Hinzu kam, dass er die Volksmusikpflege aktiv betrieb, durch die Aufführung und somit Weitergabe des Liedgutes, nicht zuletzt mit dem von ihm geleiteten Neusser Hochschulorchester. Als Dozent war er sehr beliebt, ob seines rheinischen Humors und seiner präzisen Formulierungen, frei von *„Fremdwörter-Überbordung"*.[26] „Sein" Institut wurde im Zuge der NRW-Hochschulreform 1980 in die Universität Düsseldorf integriert, sechs Jahre später dann an die Universität zu Köln überführt.

Der Komponist

Seine Liebe zur Musik trieb Ernst Klusen aber nicht nur auf pädagogischem und wissenschaftlichem Gebiet an, er komponierte auch: Rund 30 Klavierlieder, 50 Chorsätze, viele Volksliedbearbeitungen und Kammermusikstücke sowie fünf Orchesterstücke, sind erfasst.[27] Sein „Konzert für Violoncello, Fagott und Streicher", dessen Soloparts er für seinen Sohn Ernst (Cello) und seine Tochter Gertrud (Fagott) vorgesehen hatte, wurde im Januar 1969 von der *Volksmusikvereinigung des WDR* uraufgeführt. Dabei spielte Gertrud tatsächlich den Fagott-Part.[28] Die Kantate „Theatrum mundi", komponiert zur 350-Jahrfeier des Quirinus-Gymnasiums in Neuss, zu Texten von

Jesuitendramen aus der Gründungszeit desselben, wurde 1966 auf LP gepresst. Zwei Werke schrieb Klusen für Inszenierungen seines Sohns Ernst A. Klusen, der als Theaterregisseur arbeitete.
Am 30. Juli 1988 erlag Ernst Klusen einem Krebsleiden. Noch zu Lebzeiten erhielt er den Rheinlandtaler des LVR (1977), den Benediktpreis der Stadt Mönchengladbach (1978) und die Stadtehrenplakette der Stadt Krefeld (1981). In Viersen benannte man im Jahr 2009 anlässlich seines 100. Geburtstages den neuen, kleinen Konzertsaal in der Festhalle nach ihm, und veranstaltete ein Konzert und eine Ausstellung. Außerdem verlieh die Stadt seit 1990 mit dem „Ernst-Klusen-Preis" einige Male einen Förderpreis (5.000 €) für junge Künstler und Wissenschaftler. Aufgrund geringer Beteiligung wurde er wieder eingestellt. (te)

„Wie der Mensch sich in der Welt fühlt, hat er von jeher mit Vorliebe singend in jenen kleinen Gebilden ausgedrückt, die wir Lied nennen." [30]

Regionalbezogene Publikationen (Auswahl): [29]

Das Musikleben der Stadt Krefeld (von seinen Anfängen bis 1870) (1938)

Das Volkslied im niederrheinischen Dorf I + II (1941/ 1970)

Die Windmühle. Niederrheinische Volkslieder (1955)

Klipper Klapper Ringelke. Volkslieder aus dem Mönchengladbacher Raum (1965)

Das Mühlrad. Ein Liederbuch der Heimat (1966)

Lieder an Maas und Niederrhein (1967)

Lieder aus dem Erkelenzer Land (1972)

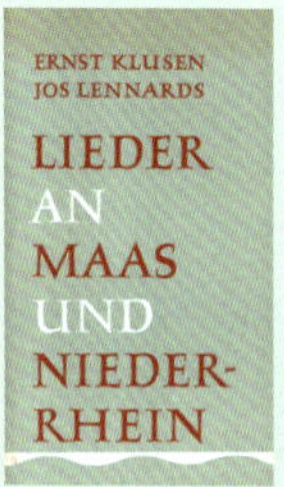

Klusen mit Leierkasten in der Fußgängerzone

Franz Wilhelm Koenigs

Kaufmann und Unternehmer

Erst in Dülken, dann in Köln und im Rheinland, betätigte sich Franz Wilhelm Koenigs erfolgreich als Kaufmann. Dabei handelte er aber fast immer in Abstimmung mit Gustav Mevissen, dessen Stellvertreter er in vielen Institutionen und Unternehmen war.

Der Sohn des Rietmachers[1] Arnold Koenigs und der Maria Agnes Gierlings erblickte am 8.5.1819 in Dülken das Licht der Welt. Er besuchte die Volkschule und begann, 1832, im Alter von 13 Jahren eine kaufmännische Lehre in der Zwirnfabrik von Gerhard Mevissen, seinem Onkel mütterlicherseits. Und dort lernte er auch die beiden wichtigsten Personen für sein weiteres Leben kennen: seine Cousine Wilhelmine, die er 1842 heiratete, und seinen vier Jahre älteren Cousin Gustav Mevissen (siehe S. 177), den er als Vorbild ansah und mit dem er ein Leben lang zusammen arbeiten sollte. 1839 übertrug Gerhard Mevissen das Geschäft auf Gustav und Wilhelmine. In dieser Zeit betätigte sich Koenigs oft als Handelsreisender für das Unternehmen und reiste u.a. nach Verviers, Frankfurt oder Worms.[2] Gustav zog 1842 nach Köln. Nach Gerhard Mevissens Tod, 1843, wurde Koenigs anstelle seiner Frau gleichberechtigter Teilhaber des Dülkener Unternehmens „Mevissen & Co.". Alle drei gemeinsam verstanden es, geschäftliche Kompetenzen und Belange klar voneinander abzugrenzen und gleichzeitig die engen Familienbande zu bewahren. Spätestens seit 1843 sind die Biographien von Franz Wilhelm Koenigs und Gustav Mevissen mit der jeweils anderen engstens verwoben.

Als sich am Niederrhein verschiedene Eisenbahnkommissionen bildeten, engagierte sich auch Koenigs dort. Er versuchte mit Hilfe seines Vetters Mevissen, seines Unternehmerfreundes Friedrich Diergardt (siehe S. 60) und von Quirin Croon in Gladbach die konkurrierenden Projekte zwischen Dülken, Kempen, Süchteln u.a. zu vereinigen. Das gelang zunächst nicht, und so zeichnete Koenigs Aktien für eine geplante Strecke Aachen-Gladbach-Düsseldorf. Bis 1878 waren schließlich alle Bahnprojekte zwischen den niederrheinischen Städten sowie Venlo abgeschlossen, der Anschluss ans europäische Bahnnetz garantiert.[3] Die Stadt Dülken gehörte ab 1847 zum Bezirk der Gladbacher Handelskammer. Koenigs arbeitete schnell auch dort mit und wurde 1854, als Nachfolger von Croon, zum Präsidenten der Kammer gewählt. Im gleichen Jahr erhielten die Produkte von „Mevissen & Co."[4] hohe Auszeichnungen auf der

Münchener Sonderausstellung, zuvor waren sie schon in London auf der Weltausstellung (1851) prämiert worden. Koenigs beteiligte sich 1852 gemeinsam mit Mevissen an der Gründung einer Flachsspinnerei in Düren, und schließlich auch in Dülken (wo zuvor, 1848, ein Versuch gescheitert war). In Dülken nahm die Fabrik 1853 mit 2.500 Spindeln den Betrieb auf, kurze Zeit später beteiligten sich Koenigs und Diergardt auch an der „Gladbacher Spinnerei und Weberei AG".[5] Koenigs war, trotz seiner vielen Beteiligungen, ein streng kalkulierender Unternehmer und ließ oft mehr Vorsicht walten als Mevissen. Trotzdem beteiligte er sich auch an spekulativen Geschäften; wie z.B. einer Bergbaukonzession bei Homberg-Moers, obwohl das Flöz noch gar nicht erreicht worden war. Allerdings profitierten erst seine Erben von dieser Kohleförderung auf dem Feld mit dem Namen „Wilhelmine Mevissen".

Dann, 1856, kam es zu einer Wende im Leben von Franz Wilhelm Koenigs. Ein Hilferuf von Gustav Mevissen erreichte ihn: die Bitte nach Köln umzuziehen, um jenen, der auch gesundheitlich angeschlagen war, noch mehr zu entlasten. Und obwohl Koenigs verschiedene Ämter in der Region bekleidete, u.a. war er auch ehrenamtlicher Stadtrat in Dülken, mehreren Eisenbahnkommissionen angehörte, und den Unternehmen in Dülken, Düren und Gladbach vorstand, folgte er dem Ruf seines Cousins und Schwagers. Familie Koenigs, mit vier Söhnen und einer Tochter, zog 1856 in ein Haus direkt neben Mevissen.[6] Aber Koenigs machte sich die Entscheidung nicht leicht und schrieb an Mevissen: *„Ich würde nicht aufrichtig sein, wenn ich den Schmerz unterdrücken wollte, den der Gedanke der Trennung aus liebgewordenen harmonischen Verhältnissen jetzt schon verursacht. [Aber] ich stehe heute wie früher an Deiner Seite, um Deine Sorgen und die Lasten zu teilen."*[7] Er musste seine Entscheidung sehr gegen seine Gladbacher Freunde verteidigen und pendelte noch bis 1860 nach Dülken, um seinen vielen Verpflichtungen am Niederrhein nachzukommen. Ab 1861 saß er auch noch im Verwaltungsrat der „Gladbacher Feuerversicherungs-AG".

Die Ämter, die er nach dem Umzug nach und nach von Mevissen übernahm bzw. erhielt, waren u.a.: Direktor bei der „Rheinischen Eisenbahn", Verwaltungsrat (später Präsident) des „Kölner Bergwerksvereins", im „Schaaffhausenschen Bankverein", und in der „Kölnischen Baumwollspinnerei".[8] Auch bei der „Darmstädter Bank" und in der „Internationalen Bank" in Luxemburg übernahm er in den 1870er und 80er Jahren die Ämter von Mevissen. Koenigs hatte sich zu Mevissens wichtigstem Partner entwickelt, zu dessen „Mann im Hintergrund", oder, wie die Töchter Mevissens es formulierten, zu einer Person, *„die die kleine Last des Lebens für ihn übernahm."*[9]

Franz Wilhelm Koenigs war ein fleißiger, analytischer und exakter Geist, der sich - oft bis zur Pedanterie - in die jeweiligen Projekte einarbeitete. Aber er hatte auch eine andere Seite: In einem Nachruf für Franz Wilhelms Sohn, den bekannten Chemiker Wilhelm Koenigs, heißt es über dessen Kindheit, dass er mit seinen Geschwistern „glückliche Kinderjahre" in Dülken und später auch in Köln verlebte, und vom Vater, wie von „Onkel Mevissen" viel gelernt habe. Das Elternhaus sei ein gastfreundliches Haus gewesen, mit vielen Diners und Festen, in dem Duldsamkeit und Offenheit herrschte.[10] Seine Tochter Elise betreute Koenigs nach dem Tod seiner Frau Wilhelmine, 1873, bis er am 6.10.1882 nach längerer Krankheit starb. Für seine Verdienste erhielt er zahlreiche Auszeichnungen, u.a. das Ritterkreuz 1. Klasse des Großherzogs von Hessen. (te)

Wilhelm Koenigs

Chemiker

In Dülken und Köln verlebte er glückliche Kinderjahre, in Bonn, Berlin und München entwickelte er sich zu einem bedeutenden Wissenschaftler. In seinem Geburtsort weitgehend unbekannt, wird der Chemiker Wilhelm Koenigs in Fachkreisen noch heute geschätzt.

Wilhelm Koenigs wurde am 22. April 1851 in Dülken geboren. Seine Eltern entstammten dem aufstrebenden Bürgertum. Sein Vater, Kommerzienrat Franz Wilhelm Koenigs, absolvierte eine Lehre in der Zwirnfabrik seines Onkels Gerhard Mevissen, heiratete später dessen Tochter Wilhelmine und freundete sich mit seinem Cousin Gustav Mevissen (siehe S. 177) an. Mit Letzterem sollte er ein Leben lang geschäftlich eng zusammen arbeiten. Sohn Wilhelm, meistens „Will" gerufen, *„verbrachte mit seinem zwei Jahre jüngeren Bruder Richard die ersten glücklichen Kinderjahre in den Häusern und Baumgärten der Eltern und Großeltern in Dülken"*.[1] Ihr bevorzugter Spielplatz war das Textilgeschäft des Großvaters. *„Zu den Spielen der beiden Brüder gesellte sich noch die um zwei Jahre ältere Schwester, während die drei älteren Brüder schon (...) die städtische lateinlose Schule in Dülken besuchten"*. Im Nachruf auf Wilhelm Koenigs, 1912 verfasst von seinem Chemikerkollegen Theodor Curtius, schildert der Wilhelm als *„stillvergnügten und zufriedenen Jungen, der sich selbständig zu beschäftigen wusste und willig hinter dem jüngeren Bruder her zog, der, impulsiver und lebhafter, oft für den älteren gehalten wurde."* [2]

Im Oktober 1856 zog die Familie mit ihren sechs Kindern von der beschaulichen niederrheinischen Kleinstadt in das urbane Köln, auf Wunsch und nach starkem Zureden von Gustav Mevissen, der von Franz Wilhelm bei seinen unternehmerischen Aktivitäten stärker entlastet werden wollte. Sie zogen in das Nachbarhaus der Mevissens.[3] Hier verliefen die Grenzen zwischen den sozialen Gruppen weitaus schärfer als auf dem niederrheinischen Land. Ein Umstand, der kaum ins Blickfeld des Bürgertums drang. Als Angehörige des gehobenen Mittelstandes, verfügten sie über Besitz, Bildung und dem Wesentlichen, dass die Karriere bestimmt, Beziehungen. Das ist kaum verwunderlich, stellte doch das Bürgertum seit der 1848er Revolution die dominierende Kraft bei der Industrialisierung und gleichzeitig bei der Einübung nationalen Überschwangs. Zum Selbstverständnis des bürgerlichen Habitus gehörte ein Standesbewusstsein, zu dem Dienstboten, Hausmädchen, Hauslehrer, Gärtner und andere „dienstbare Geister", die den „Herrschaften" die Hausarbeiten abnahmen, gehörten. Sie waren auch im Haus der Neuankömmlinge aus der Provinz zu finden. Die Villa auf der Sternengasse, mit ihren *„Treppen und Treppchen und bezinnten Mauern"* war ein Musterbeispiel für eine Wohnstätte einer zu Wohlstand gekommenen Gründerzeitfamilie. Das Elternhaus sei ein gastfreundliches Haus gewesen, mit vielen Diners und Festen, in dem Duldsamkeit und Offenheit herrschte. In diesem behüteten Umfeld wuchs Wilhelm Koenigs auf, genoss aber auch die Aufenthalte im Landhaus von Gustav Mevissen in Bad Godesberg, wo die „Koenigskinder" mit ihren Cousins und Cousinen Wanderungen und Spiele in den nahegelegenen Wäldern machten. Wilhelm hatte in Köln zuerst einen Privatlehrer, und kam dann auf eine Privatschule. Vom Vater und von „Onkel Mevissen" lernte er viel über Geschichte, Philosophie und Wirtschaft. 1862 wechselte er auf das Friedrich-Wilhelm-Gymnasium, wo er sechs Jahre später das Abitur bestand. Anscheinend ging er gerne zur Schule, denn danach gestand er: *„Es war so nett auf dem Gymnasium, und schade ist es, daß es aufhört."*[4] Ebenso wie seine Brüder, die als Bankiers reüssierten, war Wilhelm jener bürgerliche Ehrgeiz zu eigen, den Gustav Freytag in seinem inzwischen längst vergessenen Bestseller des 19. Jahrhunderts *„Die Ahnen"* beschreibt: *„Er war ein reichbegabter Schüler, sein fröhliches Naturell erwarb ihm Zuneigung der Lehrer und Mitschüler, und ein behendes Selbstvertrauen, das ihm eigen war, verminderte nur selten seinen Fleiß, denn von dem redlichen Pflichtgefühl der Eltern war doch viel auf ihn übergegangen."*[5] Wilhelm, der im Beruf eher ein stiller und kritischer Mensch war, lebte im Familien- und Freundeskreis auf, war *„belebend und teilnehmend"*. Auch als er nicht mehr in Köln lebte, kam er zu Weihnachten immer nach Köln/Bonn zur Familie, wo er bei Neffen und Nichten - er selbst blieb unverheiratet und kinderlos - sehr beliebt war.

Karriere

Ab 1868 studierte Wilhelm Koenigs an der Gewerbeakademie in Berlin Maschinenbauingenieurwesen. Gleichzeitig interessierte er sich aber für mathematische und naturwissenschaftliche Themen und hörte Vorlesungen an der Bergakademie und der Universität. Nach und nach verengten sich die Vorlesungen, Übungen und Laborarbeiten auf die Chemie,

Koenigs und seine Münchener Kollegen

und im Herbst 1871 wechselte Wilhelm an die Universität Bonn ins Fach Chemie. Dort arbeitete er im Labor des renommierten Chemikers August Kekulé und beendete 1874 seine erste wissenschaftliche Arbeit: „Über die Einwirkung des Phosphorsuperchlorids auf Äthylendisulfosäure". Bevor er ein Jahr später dort promovierte, ging er noch nach Heidelberg, um Vorlesungen von Robert Bunsen und Gustav Kirchhoff zu hören. Nach weiteren Stationen in Berlin und Zürich, um mehr Wissen anzusammeln, trat er 1876 eine Stelle im Laboratorium von Adolf von Baeyer (Nobelpreisträger 1905) in München an, wo er bis zu seinem Tode bleiben sollte.[6]

Wilhelm Koenigs befasste sich in München, wo er im Labor häufig „King" genannt wurde, vorwiegend mit Chinolin-Alkaloiden und Chinuclidin-Derivaten und deren Strukturaufklärung. 1879 gelang es ihm, Chinolin synthetisch aus N-Allylanilin herzustellen. Chinolin ist heute ein bedeutender Grundstoff zur Herstellung von Arzneimitteln oder Herbi- und Fungiziden. Zudem entwickelte er 1901 mit seinem Mitarbeiter Eduard Knorr eine Methode zur synthetischen Herstellung von Glykosiden. Diese kommen auch in vielfältiger Form in der Natur vor, wo sie von Pflanzen durch Stoffwechselprozesse hergestellt werden, aber die synthetische Herstellung beschleunigte die industriellen Verfahren und vervielfachte die Einsatzmöglichkeiten. Glykoside kommen heute u.a. in Herzmedikamenten zum Einsatz. Die nach den beiden Chemikern benannte „Koenigs-Knorr-Methode" ist auch heute noch eine der bekanntesten Reaktionen in der Kohlenhydratchemie.[7]

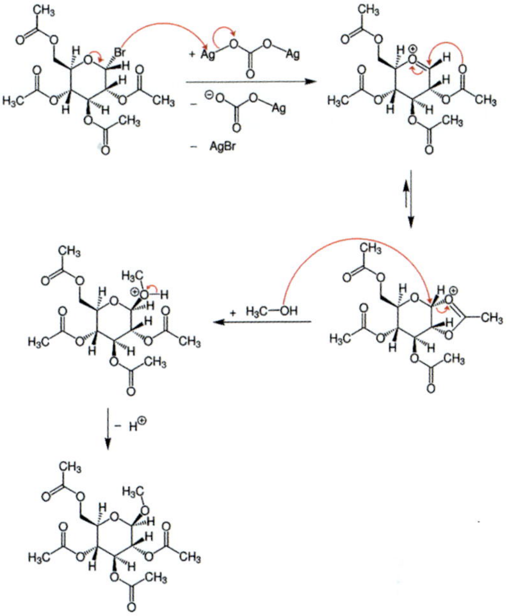

Koenigs habilitierte sich 1881 mit einer Arbeit über Alkaloide und wurde 1892 von der Ludwig-Maximilians-Universität zum außerordentlichen Professor berufen. Seine Vorlesungen boten große Anregungen, aber er hielt sie nicht gerne, besaß er doch eine gewisse Scheu vor dem öffentlichen Sprechen. Einen späteren Ruf als Professor an die TH Aachen lehnte er ab, denn u.a. fand er nicht nur ideale Arbeitsbedingungen in München, sondern auch Freundschaften. Er wanderte viel mit Freunden in den Bergen, wobei er sich vor „schwierigen" Touren drückte, und mochte besonders die Ziele solcher Touren, wenn es z.B. ein gutes Essen gab: „Forellentürchen" nannte er sie, wenn sie in einer Mühle Fisch speisen konnten. Mit Hans von Pechmann und anderen Kollegen, aber auch alleine, unternahm er von München aus Reisen in die Tiroler und Schweizer Alpen, nach Italien (Riviera, Venedig, Capri, Sizilien, Rom etc.), Frankreich, und in den Mittelmeerraum bis nach Griechenland, Algerien, Tunesien und Ägypten.[8] In seiner Wohnung empfing er durchreisende Familienangehörige aber auch die Kollegen und einige andere Wissenschaftler, gerne zu „kleinen Tafeleien", bei denen meistens auch Musik erklang, von Schubertliedern, begleitet auf seinem immer frisch gestimmten Klavier, bis hin zu altbayerischen Liedern.[9] Wilhelm Koenigs, Leser der humoristischen Wochenschrift „Fliegende Blätter", war auch wegen seines „sonnigen Humors" beliebt, der häufig in Form von Sprachspielen in seine Vorträge einfloss, oder auch schon mal in Vers- oder Gedichtform in den Liederheften zu den Festen der Naturwissenschaftler erschien: [10]

Synthetischer Notschrei

Synthetisch, synthetisch stellt alles man her,
den Krapp und den Indigo aus peschschwarzem Teer.
Und viel andere Farben, es ist halt ein Graus,
Die Seif' und die Sonne hält kaum eine aus.

Patente, Patente nimmt heut jedermann
auf Medikamente und preist laut sie an.
Für Schlaf, gegen Schmerzen und Fieber und Gicht;
Es schluckt's der Patiente - gesund wird er nicht.

Synthetisch der Kaffee, synthetisch der Wein,
die Milch und die Butter, das Bier obendrein.
Natürliche Nahrung, die find't man fast nie;
Der Teufel, der hol' die synthetische Chemie!

1896 wurde Wilhelm Koenigs zum Mitglied der Königlichen Bayerischen Akademie der Wissenschaften berufen, vier Jahre später zum Mitglied der ältesten naturwissenschaftlich-medizinischen Gelehrtengesellschaft, der „Deutschen Akademie der Naturforscher Leopoldina", gewählt. Zwar erreichte Koenigs nicht sein wissenschaftliches Lebensziel, die Synthese von Chinin, aber er war ein weithin geachteter Wissenschaftler, mit 99 Publikationen zu Themen der Chemie: *„Wilhelm Koenigs, ein hervorragender und origineller Forscher, der unter den Chemikern für alle Zeiten einen Ehrenplatz einnehmen wird"*, lobte ihn Theodor Curtius.[11]

Bis Ende der 40er Lebensjahre erfreute er sich guter Gesundheit. Dann begann er zu kränkeln, was sicherlich auch damit zu tun hatte, dass viele seiner geschätzten Kollegen bis zur Jahrhundertwende verstorben waren. Auch seine älteren Brüder starben vor ihm: Gustav 1896, der Bankier und Kunstsammler Felix, dessen Sammlung heute den Grundstock der Modernen Abteilung in der Sammlung der Nationalgalerie Berlin bildet, im Jahr 1900; Ernst Friedrich Wilhelm Koenigs, ebenfalls Bankier, 1904. Wilhelm Koenigs starb am 15. Dezember 1906 während eines Spaziergangs in den Isarauen an einem Herzinfarkt. Wie seine Brüder wurde er in der Familiengruft auf dem Kölner Melaten-Friedhof beigesetzt. Seine jüngeren Geschwister überlebten ihn, seine Schwester Elise, die den Vater pflegte, wurde als Wissenschaftsmäzenin bekannt, und trat als erste Frau der „Kaiser-Wilhelm-Gesellschaft zur Förderung der Wissenschaften" bei. (bg)

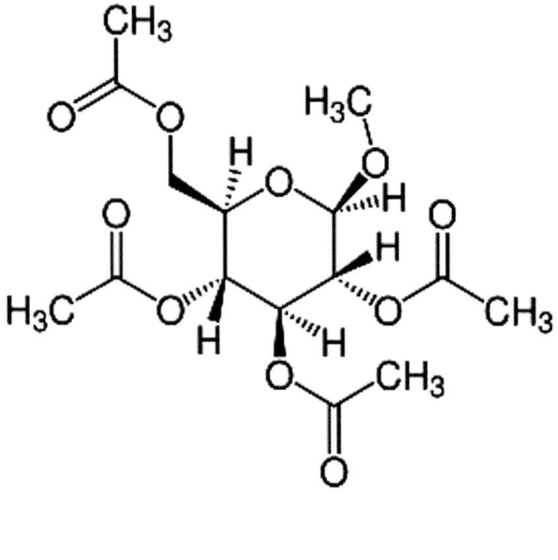

Ernst Küppers

Meisterschwimmer und Schwimmmeister

„Amat victoria curas" (Der Sieg liebt Mühe)! Dieser Leitspruch war es, der Ernst Küppers an die Weltspitze der Schwimmer brachte, denn er war kein Wunderkind: *„Nur mein Trainigsfleiß ließ mich das schaffen, was ich in meiner Jugend erträumt hatte."* [1]

Ernst Küppers, Viersen
Rekordinhaber 100 m Rückenschw. in 1:12 Min.

Geboren wurde Ernst Küppers am 9. Juli 1904 in Viersen. Sein Elternhaus befand sich in der Schulstraße Nr. 30 (heute: Lambersartstraße). Er besuchte das nahegelegene Gymnasium und entdeckte während der Schulzeit das Schwimmen als seine Sportart, Vorbilder waren ihm die Schwimmer Erich Rademacher und Bernhard Skamper.[2] Küppers bestand Mitte der 20er Jahre die Bademeister-Prüfung in Viersen und ging dann zum Maschinenbauingenieur-Studium nach Neustadt in Mecklenburg. Nach seinem Abschluss, 1924, fand er eine Anstellung bei den Stadtwerken in Viersen. Sofort trat er dem „Viersener Schwimmverein 06" bei und widmete sich verstärkt seiner Schwimmerkarriere. Er belegte im 100m-Rückenschwimmen zunächst vierte und dritte Plätze bei den Deutschen Meisterschaften, aber 1927 war es dann soweit: Nachdem er zuvor Deutschen- und Europa-Rekord geschwommen hatte (1'14'01), gewann er den Meistertitel und wiederholte diesen Erfolg noch fünf mal (1928/1929/1930/1932/1933). Bei den Europameisterschaften, 1927 in Bologna, schlug er zwar als erster an, aber wegen eines Fehlers an der Wendemarke wurde er disqualifiziert. Ein Jahr später, bei den Olympischen Spielen in Amsterdam, belegte er mit einer Zeit von 1'13'08 den 5. Platz.

Seine beiden letzten Deutschen Meistertitel holte Ernst Küppers für den Verein „SV Weser Bremen 1885", denn sein Leben hatte sich in zweierlei Hinsicht geändert. Zunächst hatte er bei den Wettbewerben seine spätere Frau Reni Erkens aus Oberhausen kennen gelernt, die als Schwimmerin zwischen 1926 und 1930 Deutsche Meisterin über 100m-Freistil, 1929 gleichzeitig über 400m-Freistil war, und bei den Olympischen Spielen 1928 mit der 4x100m-Freistilstaffel Vierte wurde. Und schließlich hatten beide sich entschlossen als

ca. 1923

1929

Bademeister auf Kreuzfahrtschiffen zu arbeiten. Zwischen 1930 und 1934 war Ernst Küppers Schwimm-Meister auf dem Schnelldampfer „Europa", der zusammen mit seinem Schwesterschiff „Bremen", auf dem Küppers seine Probefahrt absolvierte, die schnellsten Schiffe auf der Route Europa–New York waren, und mehrfach das Blaue Band gewannen. *„Die See war [während der Probefahrt] meist unfreundlich und auch so ein Koloß wie die ‚Bremen' wurde davon geschüttelt. Ich hatte natürlich als ‚Landratte' unter diesem Schlingern mächtig zu leiden, und die erstklassige Verpflegung ging meist den Weg über Bord. [...] [Auf der Rückfahrt] präsentierte sich der Atlantik in erhabener Ruhe, so daß ich nach Ankunft in Hamburg meinen Vertrag als Schwimmeister auf der ‚Europa' unterschrieb."* [3] In seinem Bad begrüßte er auch einige „Promis" der damaligen Zeit, wie Max Schmeling oder Lilian Harvey. Allerdings war das Bad für sein Training ungünstig, da die Bahn dort nur 11 m lang war (im Gegensatz zu einer Normalbahn von 25 m Länge).[4]

Gleichzeitig arbeitete seine Frau eine Zeit lang als Bademeisterin auf der „Bremen". Aber die Arbeitszeiten ließen sich so schwer synchronisieren, dass sie sich bald in Bremen niederließ. Der Fahrplan seines Schiffes ließ für Küppers auch die Teilanahme an den 3. Schwimmeuropameisterschaften, im August 1931 in Paris, nicht zu, und so verpasste er als Europarekordhalter den sicheren Europameistertitel. Seine Frau Reni nahm ebenfalls nicht teil, denn sie brachte 1932 Tochter Margot zur Welt. Im selben Jahr startete Ernst Küppers bei den Olympischen Spielen in Los Angeles und erreichte als schnellster Europäer den 5. Platz. Dominiert wurden die Schwimmwettbewerbe der Männer von den Japanern, die fünf von sechs Goldmedaillen gewannen, sowie alle drei ersten Plätze im Rückenschwimmen. Das Ende von Küppers professioneller Schwimmerkarriere markieren die Europameisterschaften in Magdeburg (1934), bei denen er in der Zeit von 1'12'02 den 2. Platz belegte.

Im Jahr 1936 trat er als Beamter eine Stelle als Leiter der Schwimmbäder in Halle/ Saale an, wo 1942 auch sein Sohn Ernst Joachim zur Welt kam, und arbeitete dort bis 1939, als er zur Marine eingezogen wurde. Nach Kriegsdienst und -gefangenschaft kehrte er mit seiner Familie nach Viersen zurück. Er arbeitete zunächst bei den Engländern, dann als Bademeister im Bad an der Burgstraße und schließlich eröffnete er 1950 gemeinsam mit einem Freund sowie Josef „Jupp" Bongen (siehe Nachwort), einem mehrfachen Deutschen Meister im Kugelstoßen, u.a. für den Verein „TSV Viersen-Rahser", ein Saunabad in Süchteln.

Unterdessen lernte sein Sohn Ernst Joachim, Spitzname „Männi", im Haus Kaiserbad und in den Seen der Umgebung schwimmen, da das Bad an der Burgstr. wegen Kriegsschäden erst einmal nicht nutzbar war.[5] Später übte er auch dort und erinnert sich an *„ein ganz altes Bad mit abgerundeten Ecken"*.

Ernst Küppers wurde im Jahr 1953 technischer Leiter des Schwimmbades in Nordhorn, trainierte dort aber auch die Jugend. *„Wer in einschlägigen Kreisen von Rückenschwimmen sprach, der mußte alsbald von Nordhorn reden"*, schrieb eine Zeitung,[6] und tatsächlich schwamm der Wassersportverein Nordhorn unter seiner Trainingsleitung über 50 Deutsche Einzel- und Staffelrekorde. Dort hat er auch seinen Sohn zu einem erfolgreichen Schwimmer ausgebildet, dabei aber immer darauf geachtet, ihn nicht zu hetzen oder zu zwingen, so dass kein „Vater-Sohn-Komplex" entstehen konnte.[7] *„Mein Vater war kein besonders strenger Trainer. Er hat mich auch nicht zum Schwimmen getrieben,*

Beim Viersener Schwimmverein (VSV)

aber was soll man machen wenn man in einem Schwimmbad wohnt", bestätigt Ernst Joachim Küppers,[8] der im Alter von 16 zum 1. Mal Deutscher Meister über 100m-Rücken wurde. Er studierte Sport in Köln, und zwischen 1959 und 1967 stellte er insgesamt 70 Deutsche Rekorde, neun Europarekorde und einen Weltrekord über 100m-Rücken auf. Außerdem gewann er 20 Deutsche Meistertitel über 100m- und 200m-Rücken. Mit der 4×100m-Lagenstaffel holte er 1964 bei den 18. Olympischen Spielen in Tokio die Silbermedaille. Sein Vater Ernst Küppers ging 1966 in den Ruhestand und starb am 23. Juli 1976 in Nordhorn. (te)

Monika Linges

Jazzsängerin und Stimmtherapeutin

In Helenabrunn aufgewachsen, startete Monika Linges Ende der 70er Jahre eine Karriere als Jazzsängerin und tourte durch Europa. Als Dozentin für Gesang und Stimmbildung arbeitet sie noch heute.

In ihrem Elternhaus auf der Heimerstraße spielte moderne Musik kaum eine Rolle, „*ihre Geschichte ist nicht die des Mädchens, das Platten von Ella Fitzgerald [...] hörte und beschloss, Sängerin zu werden*“, schrieb Dieter Speck.[1] Aber Großvater und Vater sangen in Chören. Die am 18.9.1951 geborene Monika Linges bezeichnet den Viersener VHS-Jazzkeller in der Festhalle als ihre erste „Schule des Hörens“: „*In Viersen bin ich über das Hören zum Jazz gekommen, im Jazzkeller und bei anderen Konzerten. Da ist wohl auch – noch unbewusst – mein Wunsch entstanden zu singen. Das ist natürlich mit dem Namen Ali Haurand verbunden, weil er schon Stars nach Viersen holte, sie oft auch begleitete. Ali war in gewisser Hinsicht unser ‚Guru‘, der uns im Eiscafé ‚Florenz‘ beim Espresso von der großen weiten Welt erzählt hat, wo er schon überall rumkam. Und von seinem Studium und seinen ersten Aufnahmen. Das war die Funktion, die er für mich hatte. Als er mit dem Festival anfing, war ich allerdings schon nicht mehr in Viersen und habe es weder besucht noch dort gespielt. Aber den Jazzkeller habe ich als Schülerin regelmäßig besucht und habe dann immer noch gerade den letzten Bus nach Hause bekommen. Ali hat dort oft mit George Maycock gespielt und so habe ich den Mainstream-Jazz kennen gelernt, seine Strukturen, die Improvisation usw. Den belgischen Saxophonisten Jaques Pelzer habe ich da auch öfter gehört.*“[2]

Auf dem Mädchengymnasium wurde ihr Musikinteresse nicht gefördert: „*Der Musiklehrer, den ich wohl überfordert habe, hat für meinen ersten Klassenbucheintrag gesorgt, und aus dem Schulchor bin ich nach kurzer Zeit rausgeflogen.*“ Nach dem Abitur studierte sie ab 1968 zunächst Pädagogik, Literaturwissenschaften und Psychologie in Aachen, aber schon während des Studiums fand sie Kontakt zu Musikern, spielte in Rockjazz-Bands, versuchte sich auf der Querflöte und merkte, dass sie Jazz singen wollte und konnte.[3] Aachen und die weitere Umgebung werden ihre zweite „Gehörschule“: *„In der Nähe von Lüttich gab es jeden Sonntag eine offene Jazzbühne im nostalgischen Ambiente in einem ‚Jazzcafe‘ an der Maas. Zu den Jam-Sessions trafen sich viele Musiker, Jaques Pelzer, Dennis Luxion u.a., und da schneite dann auch schon mal Chet Baker rein, oder andere Stars, mit denen Pelzer gerade unterwegs war. Das war eine gute Bebop-Schule, da konnte man viel machen und lernen, auch als Sängerin.“* [4]

Im Jahr 1979 arbeitete sie kurz mit *Key*, der ersten Gruppe von Markus Stockhausen, und mit dem belgischen Vibraphonisten Jan Doveren zusammen, bevor sie als 28jährige Autodidaktin ihre erste eigene Band gründete, ein Quartett mit den Musikern Dennis Luxion am Piano, Michael Schöneich, Bass, dem Drummer Gerd Breuer sowie Neil Payne an der Gitarre, das - mit einigen Umbesetzungen - bis 1990 bestand. Ihr Debutalbum „Floating“ erscheint 1982, der Titelsong belegt im selben Jahr beim Internationalen Jazz-Komponistenwettbewerb in Monaco den 10. Rang. Drei Jahre später gewinnt sie dort mit „Spaceball“ den 3. Preis. „Floating“, mit latin-inspirierten Songs und Balladen, erntet gute Kritiken: *„Sie [...] bringt ein überraschend persönliches Musikereignis zustande. Die Combo spielt unüberhörbar engagiert und gibt eine vorzügliche Basis ab für die Sängerin Monika Linges, die eine leichte, griffige, schwingende Mädchenstimme hat und sie mit distinguierter Gewandtheit für den Text zu benutzen versteht“*, heißt es in *Die Zeit*.[5] Monika Linges war Anfang der 80er Jahre eine der bekanntesten Jazzsängerinnen in Deutschland. Neben Fernsehauftritten in Deutschland, Belgien und den Niederlanden, tourte sie durch viele europäische Länder und spielte auf zahlreichen internationalen Festivals, u.a. dem Northsea Festival Den Haag oder den Berliner Jazztagen.[6] Ein Konzert im Juli 1985 in Mönchengladbach, bei dem das *Monika Linges Quartett* als auch die Gruppe von Ali Haurand als Vorgruppen von Miles Davis spielen sollten, scheiterte im letzten Moment an Davis‘ gestiegener Gagenforderung.[7]

Auf ihrem zweiten Album „Songing“ (1984) komponierte und textete sie alle Titel selber. Monika Linges musste das, was sie sang auch sein. Texte aus den 40er/50er-Jahren, Standards von Billie Holliday u.a., passten nicht zu ihr und ihrer Lebensrealität: *„Mein Repertoire orientiert sich an dem, was ich singen kann, womit ich mich innerlich identifiziere, wo ich ich sein kann.“* [8] Ökonomische Überlegungen spielten für sie in diesem Zusammenhang keine Rolle: *„Einmal wollte jemand aus mir den ‚weiblichen Al Jarreau‘ machen, ich habe dann aber einfach meine Stücke gesungen. Vermarktung war mir nicht wichtig, sondern die musikalische Motivation.“*[9] Wenn sie Stücke von anderen Musikern interpretierte, dann setzte sie ihre Alt-Stimme rein instrumental ein, so z.B. zu

„Milestones". Als vorteilhaft erwies sich, dass ihr Label „Nabel" ihr völlige künstlerische Freiheit zugestand. 1984 erhielt sie ein mehrmonatiges Stipendium an der berühmten „Berklee School of Music" in Boston, um Komposition und Arrangement zu studieren. Dieses Wissen brachte sie dann in ihre Zusammenarbeit mit verschiedenen Big Bands ein, u.a. vom *NDR* und dem Dänischen Radio, sowie von *RTBF* (Belgien).

Seit dem Jahr 1980 zeichnete Manfred Niehaus (*WDR*) viele ihrer Auftritte auf - so z.B. die Fusiongruppe *Brummkreisel* mit wortlosem Gesang - und entwickelte mit ihr neue Projekte, u.a. mit dem *Charles Loos Septet* (1986) oder ein Ethno-Jazz-Projekt mit dem türkischen Musiker Oruc Güvenç (1989), eine Verbindung von Jazzgesang und Sufi-Mystik, von östlicher und westlicher Spiritualität, das später auf CD veröffentlicht wurde. Das Projekt „Multiple Music" umfasste ihr Jazztrio, ein Streichquartett und weitere Musiker.

Von 1988 bis zu seiner Schließung, Mitte der 90er Jahre, arbeitete sie als Dozentin am Jazzlabor der Universität Duisburg. Dessen Gründerin, Prof. Ilse Storb, hatte sie im Radio gehört, und sie daraufhin engagiert. Seit Beginn der 90er Jahre suchte Monika Linges nicht mehr aktiv nach Auftritten als Sängerin, ein Schlüsselerlebnis dafür war *„Chet Bakers Tod, 1988, in Amsterdam."* Sie erklärt: *„Ich habe in kurzer Zeit sehr viel gemacht und das geht natürlich auf die Psyche und den Körper. Solange man mit einer Band (als Familie) unterwegs ist, geht das gut, aber als Solistin, das fand ich nicht so schön. Insgesamt ist es kein gesundes Leben."* [10] Ihre Musik wurde spiritueller und sie konzentrierte sich nun auf die Stimmarbeit, schon immer hatte sie aus Zeitnot Schüler ablehnen müssen. In ihrer Wahlheimat Aachen unterrichtet sie bis heute Stimmbildung unter Zuhilfenahme von Mantras: *„Das habe ich Stimm-Yoga genannt, da behandle ich Leute mit Stimmstörungen oder mit psychischen Problemen mit ihrer Stimme, das finde ich interessant."* [11]

Anfang der 90er Jahre wurden ihre Songs von DJs der Londoner Clubscene entdeckt. Die Folge war ein Comeback mit internationalen Verkäufen sowie zahlreichen Songs auf Compilations in England und Asien: „Floating" entwickelte sich zu einem Insider-Hit in Japan. Sie war Gast auf Produktionen anderer Künstler, so z.B. bei Nobukazu Takemura, der sie zu Aufnahmen nach London einlud, und auch bei *Hipsters in the zone*. Der US-DJ Madlib sampelte ihr Stück „Courage".[12] Den beständigen (Nischen)Erfolg ihrer Alben kommentiert sie so: *„Es ist ein gutes Gefühl, dass meine Sturheit, also dass ich durchgesetzt habe, was ich wollte, sich ausgezahlt hat und die Alben heute noch gehört werden."* (te)

Tonträger:

Monika Linges Quartett. *Floating*, Nabel 1982.
Monika Linges Quartett. *Songing*, Nabel 1984.
Monika Linges/ Oruc Güvenç u.a. *Songs of light*, shaa music, o.J.

als Gastsängerin:

Jan Doveren. *Point of departure*, Eigenverlag 1979.
John Thomas & Lifeforce. *Devil dance*, Nabel 1980.
John Thomas & Lifeforce. *3000 Worlds*, Nabel 1981.
John Thomas. *Dreams, Illusions, Nightmares And Others Realities*, Nabel 1983.
Ulrich Lask. *Sucht und Ordnung*, ECM 1984 (Sprecherin).
Hipsters in the zone. *Into the afro-latin bag*, Nabel 1994.
Nobukazu Takemura. *Child's View/ Child's View Remix*, Bellissima Records 1994.

Gustav (von) Mevissen

Unternehmer, Bankier, Politiker

G. Mevissen auf dem Vereinigten Landtag 1847.

Einer der erfolgreichsten und innovativsten deutschen Unternehmer des 19. Jahrhunderts stammt aus Dülken. Heute würde er auf Augenhöhe mit Steve Jobs agieren. Niemand sonst war an so vielen Geschäftsgründungen beteiligt. Gleichzeitig engagierte er sich für die Gesellschaft und die Kultur.

Gustav Mevissen, geboren am 20. Mai 1815 in Dülken als eins von vier Geschwistern, verbrachte seine Jugend in einem 1755 von Hofrat Heisters erbauten Patrizierhaus, Lange Straße 27, das 1957 abgerissen wurde. Er wuchs in einem katholischen Elternhaus auf, das sich aber gleichzeitig den Erziehungsprinzipien der Aufklärung verpflichtet fühlte: v.a. sich selbst eine Meinung zu bilden, auch gegen den Zeitgeist! Vater Gerhard arbeitete als Landwirt und Rietmacher, betätigte sich seit 1798 aber auch als Zwirnfabrikant. 1802 besaß er schon vier Zwirnmühlen und erweiterte den Betrieb kurz vor Gustavs Geburt um einen Garngroßhandel. Die Mutter, Katharina, stammte aus einem Leinwandhändlerhaushalt in Geilenkirchen. Als Junge litt Gustav unter Bronchitis und einer generell eher labilen Gesundheit, die ihn ein Leben lang plagte. Das ermöglichte ihm aber immens viel zu lesen und seine Bildung voran zu treiben. Er besuchte die Elementarschule in Dülken und dann zwei Gymnasien und die Höhere Bürgerschule in Köln, die er 1830 ohne Abschluss verließ. Gustav trat in den elterlichen Betrieb ein und erhielt schon 1834 die alleinige Verantwortung für eine neu erworbene Ölmühle.[1] Zu diesem Zeitpunkt absolvierte schon seit zwei Jahren Franz Wilhelm Koenigs (siehe S. 165) eine Lehre im Betrieb. Der heiratete 1842 Gustavs ältere Schwester Wilhelmine, und wurde nach dem Tod von Gerhard Mevissen, ein Jahr später, anstelle seiner Frau gleichberechtigter Teilhaber des Dülkener Unternehmens „Mevissen & Co.“, das die beiden Geschwister schon seit 1839 gemeinsam leiteten. Koenigs sollte sich für über 30 Jahre zu Mevissens wichtigstem Partner entwickeln, zu dessen „Mann im Hintergrund“.

Die unternehmerische Tätigkeit allein füllte Gustav Mevissen nicht aus, und die provinzielle Enge in Dülken belastete ihn auf Dauer. So unternahm er für seine Firma zunächst ausgedehnte Reisen durch Europa: ab 1836 bereiste er die Rheinprovinzen, Westfalen, die Niederlande und Belgien, zwei Jahre später dann

Geburtshaus in Dülken

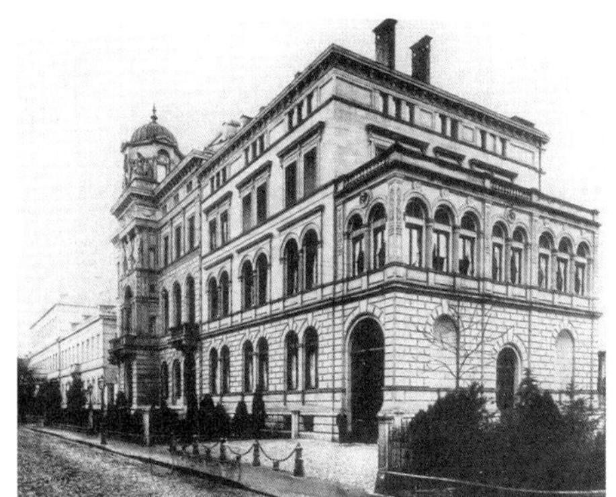

2. Wohnhaus in Köln, heute Stadtmuseum

Großbritannien zum ersten Mal. Er besuchte die Textilregionen, dort vor allem Flachsspinnereien, und erkannte die technischen und organisatorischen Vorzüge in England, sah aber auch das große Elend der Arbeiter, das „Elend von Manchester". Mit den Erfahrungen aus seiner Englandreise verfasste er für die preußische Bezirksregierung in Düsseldorf ein Gutachten: *„Über Flachshandspinnerei auf dem linken Rheinufer des Regierungsbezirks Düsseldorf"*.[2] Es folgten noch viele Englandreisen, die seinen technischen und sozialpolitischen Horizont stark erweiterten.[3] Zuhause knüpfte er danach erste Kontakte zu rheinischen Textilunternehmern, so zu David Hansemann aus Aachen. Und er begann Artikel zu verfassen, für das *Allgemeine Organ für Handel und Gewerbe* in Köln. Eine weitere Studie behandelte das Thema *„Holland als Handelsvermittler rheinischer Produkte"* (1839).

Umzug nach Köln

Im Jahr 1841 war es soweit, Gustav Mevissen verlagerte seine Aktivitäten und bald auch seinen Wohnsitz nach Köln. Er gründete dort mit einem Partner einen Großhandel für Garne, vor allem aber nutzte er die Bekanntschaft des Weingroßhändlers Damian Leiden, ein früherer Freund seines Vaters. Dieser führte ihn in die Kölner Gesellschaft ein, in die für das Kölner Wirtschafts- und Bildungsbürgertum so wichtige „Casino-Gesellschaft" sowie in die „Concert-Gesellschaft", wo er weitere Kontakte zu Unternehmern knüpfte. Insgesamt herrschte große Aufbruchsstimmung, angetrieben durch neue technische Erfindungen. Außerdem setzten die Unternehmer in den preußischen Westprovinzen große Hoffnungen in Friedrich Wilhelm IV., der 1840 den preußischen Thron bestiegen hatte. 1842 kaufte Mevissen ein Haus in Köln, vier Jahre später heiratete er Damian Leidens' Tochter Elise, mit der er fünf Töchter bekam.[4]

Gustav Mevissen, katholisch, aber religiös nicht gebunden, entwickelte eine liberale Gesinnung und fand schnell Freunde, die seine politischen Ansichten teilten, darunter Gustav Mallinckrodt, mit dem er eine Vielzahl von Firmengründungen realisieren würde. Er engagierte sich 1842 bei der *Rheinischen Zeitung für Politik, Handel und Gewerbe* und saß dort bald im Aufsichtsrat, neben Freunden wie Ludolf Kamphausen, Moses Hess oder Dagobert Oppenheim. Sie engagierten in Bonn einen Redakteur: Karl Marx! Die *Rheinische Zeitung*

(*RZ*) war ein Sprachrohr der aufkommenden liberal-oppositionellen rheinischen Bourgeoisie gegenüber dem preußischen Absolutismus, der dem Bürgertum keine Mitspracherechte gewähren wollte. Marx übernahm am 15. Oktober 1842 die Redaktionsleitung. Alle Beiträge von ihm, wie auch der übrigen Mitarbeiter, erschienen anonym, und es gelang ihm auch bis zum Ende der Zeitung, seine Tätigkeit als Redakteur geheim zu halten. Schnell änderte sich unter ihm der Ton: nun formulierten die Artikel oft radikale, revolutionäre demokratische Ideen und die *RZ* wurde für kurze Zeit eines der wichtigsten Organe der demokratischen Bewegung in Deutschland. Nach diversen Zensurversuchen verbot die preußische Regierung im April 1843 die *RZ*. Marx hatte die Zeitung schon am 17. März verlassen.[5] Mevissen, der auch Artikel zur *RZ* beigesteuert hatte, blieb auch danach mit ihm in Kontakt, denn er hatte schon früh erkannt, dass ein völlig freier Wettbewerb ohne soziale Komponente zu Konflikten führen müsse. Mevissen teilte jedoch nicht Marx' neue Ideen. Das zeigte sich besonders 1848/49, als Marx, für kurze Zeit wieder in Köln, das Nachfolgeblatt, die *Neue Rheinische Zeitung*, herausgab, und mit seinen Ideen von Verstaatlichung usw. nun im krassen Gegensatz stand zu den rheinischen Unternehmern, die nicht daran dachten, ihre Betriebe zu verstaatlichen. Im Gegenteil, sie wollten gerade einer neuen Rechtsform in der Wirtschaft zum Erfolg verhelfen: der Aktiengesellschaft. Denn in einer wachsenden Wirtschaft, im Rahmen von politischer und Meinungsfreiheit, sahen sie die Garantie für eine funktionierende Gesellschaft. Zwei unterschiedliche Zukunftsmodelle prallten so aufeinander.[6] Aber: Mevissen war ein sozialer Unternehmer, der der Überzeugung war, dass nur dort, wo *„Geist und Herz [...] gleichmäßig zu ihrem Recht kommen"*, Erfolg möglich sei: so gehörte er 1844 zu den Gründern des „Vereins zum Wohl der arbeitenden Klassen", und später noch vieler weiterer sozialer Einrichtungen, denn immer wieder beklagte er den Mangel an sozialen Gesichtspunkten im Liberalismus. Und auch eine starke Stellung des Staates als Kontrollorgan befürwortete er, so dass sich in ihm Gedanken der alten und neuen Zeit verbanden.[7]

Der Aufstieg zum Großunternehmer und Bankier

Gustav Mevissens „Karriere" in Köln begann mit einer Rückversicherung.[8] Feuerversicherungen wie die „Kölnische Feuerversicherungsgesellschaft (Colonia)" liefen damals Gefahr, horrende Summen im Falle eines Unglücks (Brand eines Stadtviertels z.B.) auszahlen zu müssen.[9] Darum wollten die Kölner Unternehmer, v.a. die Bankiersfamilie Oppenheim, 1842 eine Rückversicherung gründen. Sie beauftragten eine fünfköpfige Gruppe aus ihren Reihen (inkl. Mevissen) mit der Ausarbeitung eines Vorschlags. Mevissen plädierte für die Neugründung einer Gesellschaft, was dann auch geschah. Allerdings wurde die „Kölnische Rück" erst 1852 aktiv, da erst die preußische Regierung nicht einwilligte, dann eine Wirtschaftsflaute die Gründung verzögerte. Desweiteren war Mevissen noch an der Neugründung der Transportversicherung „Agrippina" (1845) beteiligt, sowie an der Lebensversicherung „Concordia" (1853), heute „Axa".[10]

Während des Verhandlungsprozesses war Mevissens anpackende und durchsetzungskräftige Art den Bankiers Oppenheim angenehm aufgefallen, und sie holten ihn in die Direktion der „Rheinischen Eisenbahngesellschaft". Diese betrieb seit 1841 eine Bahnlinie zwischen Köln und Aachen mit Anschluss an die belgische Bahn, die bis zu den wichtigen Häfen reichte. Zwischen den verschiedenen Großaktionären der Bahn - u.a. Ludolf Camphausen, David Hansemann und Abraham Oppenheim - kam es immer wieder zu Diskussionen, sogar zum Streit, über die Streckenführung, Dividendenausschüttungen etc. 1844 schließlich schied Hansemann im Streit aus der Direktion aus und wurde durch Mevissen ersetzt. Der war nun, im Alter von 29, Präsident der Gesellschaft und blieb es bis zur ihrer Verstaatlichung im Jahre 1880. Er entwickelte sie zu einem der wichtigsten Eisenbahnunternehmen mit 27 Haupt- und Nebenlinien sowie rund 12.000 Beschäftigten (1879). Und er sorgte dafür, dass alle wichtigen Industriebetriebe immer einen Eisenbahnanschluss bekamen.[11] Auch in seiner Heimatregion am linken Niederrhein gründeten sich zu dieser Zeit verschiedene Eisenbahnkommissionen, u.a. für Strecken von Homberg oder Köln nach Venlo bzw. Kaldenkirchen. Dabei kam es zu großen Auseinandersetzungen über die Streckenführung, denn jede Stadt wollte einen Anschluss. Hier versuchte Mevissen mit Hilfe seines Vetters Koenigs, seines Unternehmerfreundes Friedrich Diergardt (siehe S. 60) und von Quirin Croon in Gladbach, „die sich kreuzenden Projekte zu vereinigen“. Denn es standen Trassen zur Diskussion, die mal über Dülken, mal über Süchteln, mal über Kempen führten. Viersen war bei allen Projekten - bis auf eins - immer als Haltestation berücksichtigt. Streit zwischen den Städten war vorprogrammiert, zwischen Dülken und Süchteln wurde der Wettbewerb auch mit manipulierten Fakten und Zahlen ausgetragen, wobei am Ende das „Dülkener Konsortium“ siegte.[12] Mevissen holte die Kontrahenten 1845 an einen Tisch, erzielte aber keinen Verhandlungserfolg. Diergardt übernahm die Initiative ein Jahr später und trieb die Idee einer Strecke Viersen-Dülken-Venlo voran, aber die Revolution von 1848 bremste die Pläne zunächst. Die Strecke Homberg-Viersen wurde 1849 fertig gestellt, 1851 bis Gladbach, 1866 schließlich bis Venlo verlängert. Die „Rheinische Eisenbahn“, mit der Mevissen schon eine Strecke von Köln über Neuß nach Kleve realisiert hatte, nahm 1868 die Strecke Kempen-Kaldenkirchen-Venlo in Betrieb, zehn Jahre später die Verbindung von Neuß nach Viersen.[13] Die neuen Bahnlinien waren sehr wichtig, denn durch den Anschluss an das deutsche/ europäische Eisenbahnnetz beschleunigten sie die Industrialisierung der Region und führten in den angeschlossenen Orten zur Gründung großer Unternehmen, wie

z.B. der „Viersener Aktienspinnerei“ (1866), und somit zu Wirtschaftswachstum. Mevissen hatte, wie der Ökonom Friedrich List, den er sehr schätzte, die Bedeutung eines deutschlandweiten Eisenbahnnetzes früh erkannt.[14] Mit ihm teilte er auch die Einschätzung, dass freie Presse, öffentliche Kontrolle der Verwaltung, Sicherheit des Eigentums sowie eine gebildete Bevölkerung die Bedingungen für nationalen Reichtum seien.[15]

An der konkurrierenden „Köln-Mindener-Eisenbahngesellschaft“ war Mevissen zwar nicht beteiligt, aber auch sie nutze ihm: Sobald ihre Trassenführung von Köln-Deutz nach Minden bekannt war, machte er sich daran mit seinen Unternehmerfreuden, allen voran Mallinckrodt, entlang der Trasse Konzessionen für Bergwerkunternehmen zu erhalten, aber auch für Verhüttungsstätten. Sie bündelte er, die Gesellschaftsform der Aktiengesellschaft nutzend, 1847 im „Kölner Bergwerksverein“, der allerdings erst zwei Jahre später eine Regierungsgenehmigung erhielt, da den Berliner Beamten der Verbund verschiedener Unternehmen „zu wenig umgrenzt“ erschien, zu „weitschauend“ war.[16]

Im Jahr 1845 feierte Mevissen seinen 30. Geburtstag und konnte nun endlich Mitglied der Handelskammer werden. Die so gewonnenen Kontakte nutzte er für seine frühen Unternehmensgründungen und -beteiligungen (s.u.). In einem Vortrag für die Handelskammer plädierte Mevissen - ganz Anhänger von List - schon 1845 für die Einführung von (temporären) Schutzzöllen, und stand damit im Widerspruch zu Ludolf Camphausen, dem Präsidenten der Kammer.[17] Seit 1845 verfolgte Mevissen, gemeinsam mit Mallinckrodt und anderen, ebenfalls das Projekt einer Aktienbank mit dem Recht der Notenausgabe, aber die „Kölnische Privatbank“ erhielt erst 1855 ihre stark eingeschränkte Konzession, so dass ihr eine größere Wirksamkeit versagt blieb. Seit Herbst 1848 war Mevissen Direktor, später Verwaltungsratsvorsitzender, des „Schaaffhausen'schen Bankvereins“ (einem Vorgängerinstitut der Deutschen Bank), der sich nach einem Zusammenbruch (s.u.) zur führenden Finanzierungsquelle der Industrie und der Bahnen in Westdeutschland entwickelte (1897 unterstützte der Bankverein auch die Gründung der „Dülkener Baumwollspinnerei AG“). Das beim Zusammenbruch vom Staat garantierte Kapital zahlte der Bankverein schon 1852 zurück, so dass die Bank nun frei von staatlicher Kontrolle war. Mit „Schaaffhausen“ erreichte Köln als Bankplatz eine Spitzenstellung.[18] Im Jahr 1853 wird Mevissen auch Verwaltungsratsvorsitzender der von ihm konzipierten, und von Abraham Oppenheim u.a. in Darmstadt gegründeten „Bank für Handel und Industrie“, der bald führenden Gründerbank Deutschlands. 1856 stellte sie 1,6 Mill. Gulden für neue AG's bereit, bis 1870 war sie an 34 Gründungen von Bahnunternehmen beteiligt.[19] 1856 erfolgt, erneut mit Oppenheim und Leiden, aber auch mit dem Frankfurter Bankhaus Erlanger, in Luxemburg, die Erschaffung der „Internationalen Bank“, als Verbindung von Kredit- und Notenbank, mit Mevissen als Präsident des Verwaltungsrates.

Aber auch sein Engagement in der Industrie setzte Gustav Mevissen fort. Dabei befürwortete er eine langsame und organische Entwicklung, unter Rücksichtnahme auf andere Wirtschaftszweige wie Handwerk und Landwirtschaft, u.a. um die zunehmende Landflucht einzudämmen.[20] Er beteiligte er sich 1852 an der Gründung des „Hörder Bergwerks- und Hüttenvereins“, mit der ersten bedeutenden Hochofenanlage im Ruhrgebiet, sowie, gemeinsam mit Koenigs, an einer Flachsspinnerei in Düren und schließlich auch in Dülken. Im Folgejahr war er u.a. Mitgründer des „Eschweiler Bergwerksvereins", der „Bergwerks-AG Allianz" in Stolberg und der „Kölnischen Baumwollspinnerei und -weberei". 1856 wird Mevissen zum Präsidenten der Kölner Handelskammer gewählt. Da er aber aufgrund seiner vielfältigen Verpflichtungen oft bei den Kammersitzungen fehlte, und mit der Zeit auch einige Differenzen zwischen ihm und anderen, mittelständischen Mitgliedern entstanden, wurde er vier Jahre später wieder abgewählt, was ihn aber wohl nicht weiter beschäftigt hat. Er befand sich auf einer mehrmonatigen Italienreise und kehrte für die Wahl noch nicht einmal nach Köln zurück.[21] Im gleichen Jahr gründet Mevissen zusammen mit Martin Goltstein die „Kölnische Maschinenbau AG", die aufgrund ihrer Produktpalette von Bergbau- über Dampf- bis zu Gasmaschinen uvm. sehr erfolgreich arbeitete. 1855 nimmt Mevissen an der „Exposition Internationale" in Paris teil, wo er u.a. als Jurymitglied für die Leinenindustrie fungierte. Dort traf er auch seinen Freund Diergardt, der für seine Produkte bedeutende Preise erhielt. Auf der Weltausstellung in London, 1862, war Mevissen erneut Mitglied der Internationalen Jury für die Leinenindustrie.[22] Im Jahr 1857, als ein weltweiter Wirtschaftsabschwung herrschte, verursacht durch eine Bankenkrise in den USA, und als seine erste Frau verstarb (s.u.), wurde Mevissen Vorsitzender des Verwaltungsrats des von ihm mitgegründeten „Köln-Müsener Bergwerksvereins", in dem auch Friedrich Diergardt Mitglied war.

Mevissen als Politiker

Die Revolution von 1848 verzögerte zwar einige Projekte, aber für die rheinischen Industriellen bot sie v.a. Vorteile. Denn in ihrer Folge ernannte König Friedrich Wilhelm IV. Ludolf Camphausen zum preußischen Ministerpräsidenten (März-Juni 1848) und David Hansemann zum Finanzminister (März-Sep. 1848).[23] Sie waren zwar nur kurze Zeit im Amt, aber konnten einiges erreichen, u.a. die Wiederherstellung des rheinischen Rechts: Napoleons *Code Civil* (siehe Diergardt, S. 60) wurde wieder zum Gesetzbuch im Linksrheinischen.[24] Und Hansemann, die treibende Reformkraft im Kabinett Camphausen, setzte ein anleihefinanziertes Sofortprogramm in Höhe von 25 Mio. Talern durch, um den Kollaps der durch die Revolution zum Stillstand gekommenen Wirtschaft zu verhindern. Dieses Geld wurde vor allem zum Ausbau weiterer Eisenbahnlinien eingesetzt, wovon auch die Strecke Homberg-Viersen profitierte; neu gegründete Darlehenskassen unterstützten vom Zusammenbruch bedrohte Unternehmen. Er liberalisierte auch die gesetzlichen Bestimmungen für den Bergbau.[25] Als in Köln die Privatbank von Abraham Schaaffhausen vor dem Bankrott stand, unterstützte er sie auf Anraten von Mevissen mit Staatsgarantien und erteilte die Erlaubnis, sie in eine Aktiengesellschaft umzuwandeln. Die Leitung dieser in Deutschland ersten privaten Bank in dieser Rechtsform, den „Schaaffhausen'schen Bankverein", vertraute er dann auch Gustav Mevissen an, der dafür sein Amt als Unterstaatssekretär im Handelsministerium aufgab, das er von August bis September 1848 inne hatte, aber schnell feststellen musste, wie begrenzt dort seine Einflussmöglichkeiten waren. Der Zusammenbruch von „Schaaffhausen" hatte auch zur Folge, dass Friedrich Diergardt an Mevissen herantrat, um das Leid der Arbeitslosen zu lindern durch die Gründung eines „Vereins zur Beförderung der Arbeitsamkeit und Sparsamkeit", angebunden an eine Feuerversicherung. Trotz detaillierter Pläne und mehrerer Reisen von

Diergardt und Mevissen nach Berlin, wurde das Anliegen abgelehnt.[26] Aber auch Mevissen nutzte die Mitgliedschaft von Diergardt im Herrenhaus, um eigene Interessen in Berlin durchzusetzen, zumindest bis 1865, als er dort selbst Mitglied wurde.[27]

Mevissen war schon früh politisch aktiv und 1846 Mitglied des Rheinischen Provinziallandtags geworden. Ein Jahr später wurde er für den Wahlkreis Gladbach, zu dem auch Dülken gehörte, zum Abgeordneten des preußischen Vereinigten Landtags gewählt. Dort entwickelten sich Mevissen und Hansemann schnell zu Wortführern, die persönliche Freiheitsrechte, Pressefreiheit und Unabhängigkeit der Richter einforderten.[28] Mevissen betonte, *„dass nie ein Volk materielle Reichtümer erwerben und dauernd bewahren kann, das zu schwach ist, um seine politische Freiheit zu erwerben und zu bewahren.“*[29] Auch für die Emanzipation der jüdischen Mitbürger setzte er sich ein.[30] Auf teilweise konspirative Weise sorgte Mevissen dafür, dass die Presse mit Berichten über die nicht-öffentlichen Debatten versorgt wurde. Während der Tagungen spielten die rheinischen Liberalen eine wichtige Rolle. Über sie schrieb ein Abgeordneter: *„Die Rheinländer allerdings bekunden viel parlamentarisches Talent, und die Redner unter ihnen, namentlich Beckerath, Hansemann und Mevissen dürften sich den besten Rednern Englands und Frankreichs an die Seite stellen, wenigstens was die Auffassung und Durchführung ihrer Aufgabe betrifft.“*[31]

Die Nachrichten über Unruhen während der ersten Tage der Märzrevolution 1848 beunruhigten Mevissen, und gemeinsam mit anderen Abgeordneten verlangte er die sofortige Wiedereinberufung des Vereinigten Landtages, um ein neues Verfassungswerk zu vollenden. Die führenden rheinischen Liberalen

Portrait aus dem Jahre 1884.

reisten sofort nach Berlin. Nur einen Tag nach seiner Ankunft schrieb Mevissen an seine Frau: *„Nach sechsstündiger schwerer Geburt ist soeben ein Ministerium Camphausen ins Leben getreten.“*[32] Während der zweiten Sitzungsperiode des Vereinigten Landtages im Jahr 1848 setzte Mevissen sich gegen das Zensuswahlrecht ein. Er war der Meinung, dass die *„Agitation im Land [...] nur dann aufhören würde, wenn das allgemeine Stimmrecht ohne Einschränkung gegeben wird.“*[33] Diese Position setzte sich sowohl bei der Wahl zur preußischen als auch zur deutschen Nationalversammlung weitgehend durch. Mevissen selbst strebte ein Mandat für die Frankfurter Nationalversammlung an. Im Rheinland scheiterte dieser Versuch allerdings. Dabei spielten wohl Vorbehalte von streng katholischer Seite eine Rolle. Mit Hilfe seines in Siegen ansässigen Freundes Mallinckrodt gelang ihm allerdings ein Sieg im Wahlkreis Siegen-Olpe-Wittgenstein. Von Mai 1848 bis Mai 1849 war Mevissen dann Mitglied der Frankfurter Nationalversammlung. Er gehörte der liberalen „Casino-Fraktion" an.[34] Nachdem aber der preußische König die Kaiserwürde abgelehnt hatte, sah Mevissen die politische Zukunft „Deutschlands" düster und trat mit anderen aus der Nationalversammlung aus.[35] Nach dem Scheitern der Revolution und vieler liberaler Ideen zog sich Mevissen aus der aktiven Politik erst einmal zurück und wandte sich wieder seinen gewerblichen Aufgaben zu: „*Wie die Dinge [angesichts] der totalen Ohnmacht [...] in den politischen Fragen [liegen], glaube ich, dass die materiellen Interessen die einzige Stelle bilden, von wo aus eine bessere Zukunft sich gestalten mag.*"[36] Angebote, preußischer Finanzminister zu werden, lehnte er mehrfach ab, zuletzt 1869. Aber 1865 wählte ihn der Kölner Stadtrat zum unbesoldeten Beigeordneten, eine Voraussetzung für seine Nominierung zum Preußischen Herrenhaus, dem er bis 1891 als Abgeordneter Kölns und danach ehrenhalber auf Lebenszeit angehörte.[37] In der Verfassungskrise um die Finanzierung einer Heeresreform, 1863-66, versuchte Mevissen, gemeinsam mit anderen Liberalen, zwischen dem preußischen Parlament und der Krone zu vermitteln. Otto von Bismarck, seit 1862 Ministerpräsident, vertrat dabei die Seite der Regierung. Mit dessen Politik befand Mevissen sich, abgesehen vom Kulturkampf,[38] weitgehend in Übereinstimmung. Der Sieg gegen Frankreich, 1871, und die Einigung Deutschlands waren wichtige Ereignisse, die Mevissen sehr erfreuten. Mit der „Rheinischen Eisenbahn" hatte er sehr dazu beigetragen, die Material- und Truppentransporte gen Westen reibungslos abzuwickeln.[39] Auch die einsetzende Kolonialpolitik Deutschlands fand sein Interesse und seine Zustimmung.[40]

Bildung, Geschichte und Kultur

Gustav Mevissen hatte sich schon in jungen Jahren mit Fragen des Bildungswesens beschäftigt, so forderte er 1839 die allgemeine Schulpflicht vom siebten bis zum 17. Lebensjahr. 1856 ging er im Jahresbericht der Kölner Handelskammer ausführlich auf die Defizite im Bildungsbereich ein und forderte in Köln eine Polytechnische Hochschule einzurichten (die dann aber in Aachen gegründet wurde), da seit der Aufhebung der Kölner Universität durch die Franzosen, 1798, die akademische Ausbildung nicht mehr ausreichend gewährleistet war. Anlässlich der Goldenen Hochzeit des Kaiserpaares, 1879, gründete er eine Stiftung zur Errichtung einer Handelshochschule in Köln, Stiftungskapital: 100.000 Mark. Es sollte später um ein Erbe von rund einer Million aufgestockt werden. Die Stadt Köln nahm die Idee auf, aber in den 1880er und 90er Jahren kam es nicht zur Realisierung des Projekts. Erst Mevissens Töchter konnten, nach weiteren Spenden, die Kölner Handelsschule, den Kern der heutigen Universität, am 1. Mai 1901 eröffnen.[41]

Historische Studien nahmen einen großen Platz in Mevissens Bibliothek ein (s. u.). Als 23jähriger trug er sich sogar mit dem Gedanken, ein religionshistorisches Werk zu verfassen. So entfaltete Mevissen auch auf diesem Gebiet Aktivitäten: Er war mit verschiedenen Historikern befreundet, darunter seit 1861 mit Heinrich von

Sybel aus Bonn. Mit ihm plante er 1868 einen „Verein für rheinisch-westfälische Geschichte" zu gründen, der aber aus Berlin keine Genehmigung erhielt. Erst 1881 konnte dann die „Gesellschaft für Rheinische Geschichtskunde" ihre Arbeit aufnehmen. Mevissen war Mitglied und förderte großzügig Forschung und Publikationen. 1895 widmete die Gesellschaft unter Vorsitz von Joseph Hansen, seinem späteren Biografen, Mevissen zum Dank einen wissenschaftlichen Sammelband zur Geschichte Kölns und der Rheinlande.[42] Ab 1862 unterstützte Mevissen auch den Aufbau des Kunstgewerbemuseums inkl. Bibliothek.[43]

Die Privatbibliothek

Schon zu seiner Gymnasialzeit begann Gustav Mevissen Bücher nicht nur zu studieren, sondern auch zu sammeln. Sein Vater hatte ihm bei zwei Buchhandlungen in Köln Erwerbungskredite gewährt, so dass der Sohn seiner Neigung nachgehen konnte, und z.B. eine siebenbändige Lebensgeschichte Napoleons erwarb. In Dülken richtete er sich ein Studierzimmer ein, und schon früh befanden sich auch wertvolle Drucke aus dem 16. Jh. in seinem Besitz.[44] Als Mevissen sich 1868-72 in Köln ein großzügiges Wohnhaus an der Zeughausstr. errichten ließ, bildete die Bibliothek den architektonischen Mittelpunkt des Hauses, das äußerlich einem italienischen Renaissancepalast nachempfunden war. Hierhin zog sich der vielbeschäftigte Mevissen in den wenigen „Stunden geistiger Muße", die ihm blieben, gerne zurück. Der Schwerpunkt seiner Bibliothek lag auf der Literatur des 19. Jhs., aber *„sein in der Hegel'schen Schule entwickelter enzyklopädischer Geist blieb auch mit den großen geistigen Fragen der Vergangenheit und Gegenwart in lebendiger Verbindung."*[45] Werke zu Geschichte, Nationalökonomie, Philosophie und Kunst bildeten weitere Akzente seiner Sammlung, die auch auf Reisen ständig erweitert wurde (auch um Reisebeschreibungen). Zu Mevissens favorisierten Autoren zählten Goethe, der eine ganze Abteilung belegte, Fichte, Heine, Leopold Schefer, Walter Scott, Shakespeare, sowie zeitgenössische französische

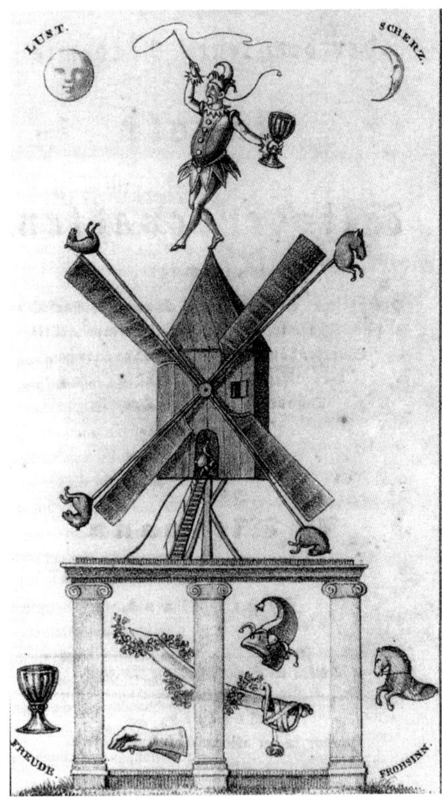

Aus einem Buch über Dülken

Autoren. Als Sammler war er bestrebt, das einmal Zusammengetragene nach seinem Tode nicht zerstreut zu sehen, darum vermachte er 1886 einen Teil, vier Jahre später den gesamten Bestand, der Stadt Köln, rund 15.000 Bücher und Schriften. Nur einige wenige verblieben bei seinen Töchtern Mathilde und Melanie, die sie dann 1924 der Stadt vermachten.[46] Die fast vollständige Sammlung gehört heute der Universitäts- und Stadtbibliothek Köln. Seine Medaillensammlung schenkte er dem Wallraff-Richartz-Museum.[47]

Mevissens Ex-Libri

Der Privatmann

Um seinen vielfältigen Verpflichtungen noch besser nachkommen zu können, bat Mevissen seinen Schwager Franz Wilhelm Koenigs zu ihm nach Köln zu ziehen. Dieser bezog dann 1856 mit seiner Familie ein Haus direkt neben Mevissen, pendelte aber noch bis 1860 nach Dülken, denn er hatte dort noch viele Verpflichtungen. Koenigs hielt ihm ab sofort „den Rücken frei" und löste ihn in der Folgezeit in vielen Gremien ab. So hatte Mevissen u.a. Zeit für Auslandsreisen. 1857 starb Mevissens Ehefrau Elise nach der Geburt der fünften Tochter, sofort übernahm seine Schwester Wilhelmine, Koenigs Ehefrau, die Versorgung der fünf Töchter, zu ihren eigenen fünf Kindern. Im Jahr 1860 heiratete Mevissen Elises jüngere Schwester Therese und unternahm mit ihr die schon erwähnte Italienreise. 1873 äußerte er den Wunsch, in Zukunft weniger zu arbeiten, vielmehr „noch einige Jahre dem geistigen Schaffen und Wirken" sowie seiner Familie zu widmen. Zumindest Letzteres hat er wohl kaum gemacht. Sein Biograph Hansen beschreibt ihn zwar als gastfreundlich, musikliebend und sympathisch, aber seine Töchter fällten später ein härteres Urteil: Sie beschrieben ihn als einen Mann ohne Zeit für die Familie, viel zu oft am Schreibtisch, dominierend, belehrend, humorlos, eitel und unnahbar, ohne menschliche Wärme. Ehrgeiz und Machtstreben sprechen aus vielen seiner Briefe. Aufgrund seiner angeschlagenen Gesundheit, u.a. Rheuma und Gicht plagten ihn, mehrten sich ab 1873 die Kuraufenthalte sowie ausgedehnte Wanderungen durch Eifel und Hunsrück.[48] In den Sommermonaten wohnte die Familie in einem Landhaus in Bad Godesberg, wo Gustav **von** Mevissen, denn 1884 war er von Kaiser Wilhelm I. auf Schloss Brühl in den erblichen preußischen Adelsstand erhoben worden, am 13.8.1899 starb. *„Von meinem Leben kann ich sagen, daß ich durchweg ein glücklicher Mann gewesen bin"*, schrieb Mevissen in seinem „Letzten Diktat".[49]

Gustav von Mevissen war *„einer der fähigsten Organisatoren der westdeutschen Wirtschaft des 19. Jhs., geprägt von hohem Intellekt und analytischem Verstand"*, so Klara van Eyll.[50] Er hatte ein Handels- und Industrieimperium von beachtlicher Größe aufgebaut, auch weil er immer über den Tellerrand hinaus blickte. Er verkörperte nahezu ideal die Werte des Bürgertums, welches zu Beginn des 19. Jhs. die *„zentrale Trägergruppe der modernen Gesellschaft in ihrer Entstehungsphase"* war, *„der Motor der demokratisch-bürgerlichen Revolutionen [...]."*[51] Der Historiker Hans-

Ulrich Wehler bezeichnet ihn als Exponenten eines aufgeklärten Sozialliberalismus. Zahlreiche Auszeichnungen eines so erfolgreichen Lebens waren die Folge: Neben der Ehrenbürgerwürde der Stadt Köln (1895) wurden ihm folgende Titel verliehen: Kommerzienrat (1855), Geheimer Kommerzienrat (1859), Dr. iur. h. c. (Bonn 1885), Dr. phil. h. c. (Bonn 1893). Er war Träger des Roten Adlerordens 2. Klasse, des Kronenordens 2. Kl., und Ritter der französischen Ehrenlegion.[52] In Dülken ernannte man ihn zum Mitglied der Narrenakademie. Dort, in Siegen und in Köln erinnern Straßennamen an ihn, seine Statue schmückt seit 1992 den Turm des Kölner Rathauses, in der Fachhochschule Köln (alte Universität) steht seine Marmorbüste (von Johann Baptist Schreiner) und die IHK Köln ehrt ihn mit einem „Mevissen-Zimmer". Im LWL-Industriemuseum in Dortmund dreht eine Lokomotive mit dem Namen „Mevissen Nr. 4" ab und zu ihre Runden. Und die „Gustav-von-Mevissen-Stiftung" unterstützt bis heute bedürftige Studierende der Wirtschafts- und Sozialwissenschaftlichen Fakultät der Universität zu Köln. (te)

Heinrich Mostertz

Maler, Kolonialbeamter, (Mundart)Autor

„Der Afrikaner", so nannten die Dülkener ihren Mitbürger Heinrich Mostertz, der etwa 22 Jahre seines Lebens tatsächlich in Afrika verbracht hatte. Zurück in der Heimat gründete er einen Verlag, schrieb Bücher, malte und dichtete, bis er - hoch betagt - in seinem Elternhaus starb.

Am 3. April 1884 erblickte Heinrich Mostertz in einem kleinen Haus an der Lange Straße in Dülken das Licht der Welt, als Sohn von Heinrich und Josefine Mostertz. Nach dem Besuch der Südschule (später Kreuzherrenschule) und der Mittelschule in Dülken, machte er eine Ausbildung bei der Stadt Dülken zum Verwaltungsangestellten. Im Jahr 1905 ging er nach Berlin und trat eine Stelle im Kaiserlichen Kolonialamt an. Schon fünf Jahre später schickte man ihn als Gouvernements-Sekretär nach Deutsch-Ostafrika (DOA), heute in etwa das Gebiet von Burundi, Ruanda und Tansania.

In der seit 1885 flächen- und bevölkerungsmäßig größten deutschen Kolonie, betreute er den Bezirk Lindi an der Küste, später auch den südlichen Kilwa-Bezirk, und war somit für rund 400.000 Menschen mitverantwortlich. Mostertz war u.a. verantwortlich für das Bankwesen, die Verkehrsinfrastruktur, die Gerichtsbarkeit und die Abwicklung des Ex- und Imports von Waren. Aufgrund seiner Tätigkeit gehörte er der gesellschaftlichen Oberschicht an.[1] 1913 lebten etwa 4.100 Deutsche in DOA, die über rund 7,5 Millionen Afrikaner herrschten.[2] Mit Beginn des I. Weltkriegs begannen auch in den Kolonien die Auseinandersetzungen. Bis 1916 übte Mostertz seine Arbeit weiterhin aus, dann wurde auch er als Reservist der deutschen „Schutztruppe" zugeteilt. Ob er an Kämpfen teilnahm bleibt unklar. Nach vielen Gefechten in DOA ergab sich die deutsche „Schutztruppe" schließlich 1918 und wurde von den Briten zurück in die Heimat geschickt.[3] Auch viele der Beamten und Siedler mussten das Gebiet verlassen, Heinrich Mostertz wurde von Daressalam über Indien, Suez und

Alexandria nach Deutschland deportiert.[4] Der Versailler Vertrag legte fest, dass Deutschland alle Kolonien abgeben musste, DOA wurde zwischen den Kolonialmächten Belgien und Großbritannien aufgeteilt.

Schon nach diesem ersten Afrika-Aufenthalt muss Mostertz seiner Heimatstadt afrikanische (Kunst)Gegenstände (u.a. 22 Speere), vermacht haben, denn sie wurden ab etwa 1920 in dem 1912 eröffneten Heimatmuseum in der Bockwindmühle gezeigt, das auch Gegenstände der Dülkener Narrenakademie ausstellte. Sie verblieben dort bis 1936, kamen dann ins „Länder- und Völkermuseum Dülken", und verschwanden später auf ungeklärte Weise, bis auf drei mit Zebrafell bespannte Schilde und einen Wandteppich, die sich noch heute im Besitz der Stadt befinden.[5]

Zurück in Berlin wurde ihm 1920 für seine Verdienste in DOA das Eiserne Kreuz II. Klasse verliehen, zwei Jahre später das Kolonialabzeichen. Zwischen 1920-26 besuchte er die Malschule von Wilhelm Müller-Schoenefeld in Berlin-Charlottenburg, die insbesondere das Malen von „Porträt und Kostüm, Tagesakt und Abend-Skizzier-Akt" lehrte.[6]

Im Jahr 1926 kehrt er nach Tanganyika (Tansania) zurück und besteigt als 45. Europäer am 1.3.1927 den Kilimandscharo, der während der deutschen Kolonialzeit der höchste Berg (5.895 m) des Reiches war. Bei der Besteigung, gemeinsam mit dem erfahrenen einheimischen Führer Oforo und sieben Trägern, gelangt er bis „Stella Point", aber nicht bis zur Kaiser-Wilhelm-Spitze, da die Bodenverhältnisse - Schnee und Matsch - es nicht zuließen, weil sie häufig bis zur Hüfte einsanken. Mostertz schreibt seine genauen Beobachtungen von Landschaft und Natur für die *Zeitschrift für Vulkanologie* im Stile eines Geographen/ Geologen nieder (obwohl er das ja nicht war) und schafft es, wie nur wenige vor ihm, gelungene Fotos vom Krater zu machen.[7]

Nach Zwischenaufhalten in Deutschland heiratet er am 14.7.1932 in Daressalam Margarete Gänsel. Sechs Jahre später baut er ein Haus mit Atelier in Kurasini bei Daressalam und arbeitet dort als Maler. Eines seiner Ölgemälde mit dem Titel „Mittleres Ulugurugebirge in Deutsch-Ostafrika" war 1937 auf der Großen Deutschen Kunstausstellung in München zu sehen.[8] Bwana Musta („Bwana" bedeutet „Herr" auf Swahili, mit „Musta" ist „Mostertz" gemeint) spricht Kisuaheli (alte Bezeichnung für Swahili) und interessiert sich für die Kultur der Einheimischen, besorgt sich z.B. eine Brülltrommel, mit der man Löwen vertreiben kann. Er sucht sich unter der Bevölkerung Modelle, die er entlohnt, und mit denen er passende Motivlandschaften für seine Bilder sucht.[9] Auch unternimmt er Reisen in unbekannte Gebiete, um neue Motive zu finden. Mostertz lebt in Afrika, wie die meisten Europäer, mit Personal, hat aber „nur" einen „Boy" und einen Koch: *„Früher, als die Welt die aus dem großen Krieg erwachsene Armut noch nicht so stark verspürte, gehörten zu einem Europäerhaushalt im tropischen Afrika i.d.R. ein Pishi [Koch], ein Dobi [Wäscher] und je nach Aufwand ein oder mehrere Boys [Diener]. Das mutet üppig an, ist es aber nicht, denn gekocht muß immer werden. [...]*

Heute leben aber außer den englischen Beamten der Mandatsregierung nur noch wenige andere Weiße auf so großem Fuße. [...] Und wenn auch der Lohn niedriger ist als bei anderen Europäern, sind die Hausangestellten durchweg am liebsten immer noch im Dienst bei ihren alten Bwanas, bei den Deutschen.“ [10]

In Deutschland publiziert Heinrich Mostertz Artikel über seine Erfahrungen in Afrika. Für die *Deutsche Kolonialzeitung* verfasst er 1934 einen Beitrag über das Verkehrswesen in Ostafrika. Darin beschreibt er den Zustand verschiedener Überlandstraßen und Bahnstrecken, lobt Fortschritte seit seinem ersten Aufenthalt, verteilt aber auch Seitenhiebe auf die neuen Kolonialherren und die Eingeborenen. Seine Detailkenntnisse der Verhältnisse vor Ort, aber auch z.B. des Arbeitssystems der schwarzen „Driver“ (Chauffeure) zeigen, dass er viel durch Ostafrika gereist ist.[11] In einem Artikel für die Zeitschrift *Die Christliche Kunst* widmet er sich ein Jahr später der Kunst und Kultur der Eingeborenen. Zunächst lässt er sich über die Unfähigkeit der Eingeborenen aus, Gotteshäuser bauen zu können, überhaupt richtige Häuser, und schreibt: *„Mancher Neger hat auch erkannt, daß eine Wohnungseinrichtung wie Europäer sie haben, praktisch, bequem und gesund ist [...]. Aber dieser Zivilisierungsprozess geht langsam vor sich, denn der Schwarze ist wie alle Primitiven stark konservativ von Gesinnung.“* Dann aber lobt er deren Fähigkeiten im Kunstgewerbe, in der Herstellung von Skulpturen, Holzvasen u.ä., die man zur Ausschmückung der Kirchen etc. verwenden könne. Darin sei der „Neger“ dem Weißen so überlegen, dass man ihn in der Arbeit nicht zu sehr beeinflussen sollte, auch nicht durch Missionierung (in der Kunst): *„Man gebe dem Eingeborenen auf diesem Gebiet die Bahn frei, wenn er starten will. Hat man selber ein geschultes Kunsturteil, steht man seinen Werken ja kritisch gegenüber ohne sie einfach abzulehnen, weil sie anders sein werden, als solche europäischer Kunst“*, schreibt er mit den Augen eines Künstlers.[12] 1940 muss er aufgrund des II. Weltkrieges erneut das Land verlassen, und kehrt über Berlin in seine Heimatstadt zurück.[13]

Zurück in der Heimat

In Dülken zogen Heinrich Mostertz und seine Frau wieder in sein Elternhaus (s.u.), und er errichtete sich gartenseitig einen Anbau als Atelier. Dort malte er auch viele Motive seiner Heimatstadt. Er gründete den *Hadisi-Verlag* (nur für seine eigenen Publikationen) und begann zu schreiben. In „Seestern und Safarihorn“ schildert er seine Afrika-Erlebnisse. Der Klappentext verspricht: Der Autor *„wendet sich in humorvoller Weise*

an den Leser, in Prosa und Lyrik oder in balladesk geschildertem Naturgeschehen". Und im Begleitwort eines nicht näher benannten Missionars des Benediktinerordens in Ostafrika heißt es: *„Alle Polemik, noch mehr alle Politik fein umgehend, wirkt das Buch wie eine Apologie der ehemaligen sogenannten ‚Schutzgebiete'. [...] Ein lichtes, naturwahres, sonniges, seelenvolles, Ernst und Humor gepaartes, ein lieb-, fried- und rassenversöhnliches (!) Buch [...]."* Im Buch wechseln sich dann oftmals faktenreiche Prosatexte mit (meist schlichten) Gedichten (s.u.) über Afrika ab, aufgelockert durch Zeichnungen, aber auch übersetzte Erzählungen und Märchen afrikanischer Stämme.

„Höre, kleine Negerdirn,
sei nicht allzu kühn,
trägst so stolz zu dunkler Stirn,
und der Wangen Glühen,
deines Haares krause Pracht
mit der Blume gelb und rot,
die wie Feuer darin loht." (S. 38)

„Kilwa, Stadt so bunter Träume,
die so dicht um sie gesponnen
wie um ihre süßen Bronnen
schwerer Duft der Mangobäume" (S. 55)

Mostertz vergleicht darin u.a. den Kolonialismus mit den feudalistischen Verhältnissen Europas, wo *„Bürger und Adelige gut miteinander ausgekommen sind."* Das ist historisch falsch. Des weiteren schreibt er am Ende, dass die Afrikaner dem Kolonialismus der Europäer Dank schuldig seien, für die Befreiung von der asiatischen Sklavenwirtschaft und, *„nicht minder, auch für [die] kulturelle und wirtschaftliche Hebung seiner Eingeborenen allgemein."* Er vertrat somit auch noch lange nach seinem Aufenthalt in Afrika - und evtl. bis zu seinem Lebensende - die unreflektierte Meinung, der Kolonialismus sei eine gute Sache gewesen.[14]

Weitere seiner Bücher hießen *König Narr* oder *Don Quichote in der Narrenstadt Dülken.* Daneben veröffentlichte er zwischen 1942 und 1966 zahllose Artikel und Gedichte in Mundart in der *Rheinischen Post.*[15] In einem dieser Artikel lässt er den verstorbenen Rector Magnificus der Narrenakademie, Ernst Hellmund, auf Hochdeutsch sagen, was er selbst über die Mundart denkt: *„Sage allen in unserem lieben Dülken und auch anderswo, ich ließe ihnen sagen, doch Tradition zu pflegen, auch das Platt, diese schöne Sprache, die so vollmelodisch nach Himmelsspähren klingt, weil Gott sie hat werden lassen, ohne daß menschliche Überheblichkeit ihr Zaum und Kandarre angelegt hat, diese wunderschöne Sprache, die so klangreich sich ins Ohr einschmeichelt."* [16]

Er führt von Dülken aus Briefverkehr mit seinen afrikanischen Freunden und mit dem ersten tansanischen Präsidenten, Julius Kambarage Nyerere. Ihm bzw. dem „National Museum of Daressalam" schenkte er 1969/70 verschiedene Bilder und Zeichnungen. Einen Teil seiner Afrika-Exponate vermachte er 1964 dem Rautenstrauch-Joest-Museum (Völkerkunde) in Köln, das auch fünf seiner Bilder besitzt. Weitere Werke schenkte er dem Missionsmuseum Steyl (NL), dem Kloster Knechtsteden und der Pfarrei St. Cornelius in Dülken.[17] Und in einigen Dülkener Haushalten hängt bestimmt auch heute noch das ein oder andere Bild von ihm, evtl. unerkannt.

Heinrich Mostertz starb drei Jahre nach seiner Frau, am 19. Januar 1975. Nach ihm ist der Heinrich-Mostertz-Weg in Dülken benannt. Seinen Nachlass verwaltet seine Nichte, die auch zwei Bücher mit seinen Mundartwerken und einigen Abbildungen herausgegeben hat. Sein aus dem 17. Jh. stammendes Elternhaus, heute am Eligiusplatz 4-6, das als ältestes Wohnhaus Dülkens gilt, verfiel leider und stand kurz vor dem Abriss, den aber eine Bürgerinitiative verhindern konnte. Nach einem gutachterlichen Urteil wurde es im Jahr 2009, nach rund 30jährigem Ringen zwischen der Stadt und dem Denkmalpflegeamt des LVR, unter Denkmalschutz gestellt. Nach umfangreichen Renovierungsarbeiten wird es nun wieder privat bewohnt.[18] (te)

Das Gedicht „De Dölker Müele“ (Die Dülkener Mühle) wirft einen Blick auf die altehrwürdige Narrenmühle.

De Dölker Müele
De Dölker Jecke send so wiis,
maake sich rein ut Kwinziis
ut e Bässemriis
noch jett, sich draan te vreue –
Oane sich te scheue
maake se sich Vreud.
Äff et vrüss, äff et schneit,
wenn et Fasteloaved wörd,
ri-e se er Steckeperd,
äff och der Reanger dröp,
wenn maar de Müele löp.
Se welle spi-ele öm de Müele
wi de Vüele op de Wei,
welle senge, welle sprenge;
Tanderadei Juchei!

Bücher von und über Heinrich Mostertz:

Heinrich Mostertz. *König Narr*, Dülken ?.

Heinrich Mostertz. *Seestern und Safarihorn. Bwana Mustas' Erleben in Ostafrika*, Dülken 1950.

Heinrich Mostertz. *Don Quichote in der Narrenstadt Dülken. Ein burleskes Spiel in drei Aufzügen*, Dülken ?.

Wilms, Irmgard (Hrsg.). *Heinrich Mostertz. Plaudereien in Dölker Plott 1942-1966*, Viersen 2014.

Wilms, Irmgard (Hrsg.). *Heinrich Mostertz. Gedichte op Dölker Plott*, Viersen 2019.

Max Nonnenbruch

Maler

Er war ein Vertreter der „Münchener Schule" und hatte mit seinen symbolistischen Bildern kommerziell großen Erfolg. Die Bilder des Malers, der nur kurze Zeit in Viersen lebte, tauchen auch heute noch ab und zu bei Kunstversteigerungen auf.

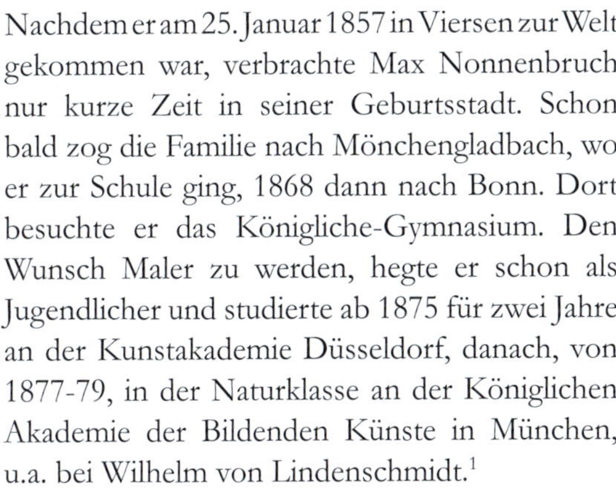

Nachdem er am 25. Januar 1857 in Viersen zur Welt gekommen war, verbrachte Max Nonnenbruch nur kurze Zeit in seiner Geburtsstadt. Schon bald zog die Familie nach Mönchengladbach, wo er zur Schule ging, 1868 dann nach Bonn. Dort besuchte er das Königliche-Gymnasium. Den Wunsch Maler zu werden, hegte er schon als Jugendlicher und studierte ab 1875 für zwei Jahre an der Kunstakademie Düsseldorf, danach, von 1877-79, in der Naturklasse an der Königlichen Akademie der Bildenden Künste in München, u.a. bei Wilhelm von Lindenschmidt.[1]

Anschließend reiste er 1882-84 durch Europa, u.a. mit seinen Studienfreunden Hans Olde und Claus Meyer. Sie besuchten Frankreich (Paris), Belgien, England und Italien. Auf der Insel Capri lernte er 1883 den Schriftsteller Gerhart Hauptmann und dessen Bruder kennen, und zeichnete eine Karikatur von ihnen ins Gästebuch seines Hotels. Im folgenden Jahr, wiederum auf der italienischen Insel, begegnete er seiner zukünftigen Frau Margarethe. Sie heirateten noch im gleichen Jahr und bezogen eine Wohnung in München.[2] Dort hatte er 1887, dem Geburtsjahr seines ersten Sohnes, auch seine erste Gemeinschaftsausstellung, im Kunstverein. Es folgten bis 1911 viele solcher Ausstellungen, u.a. in Berlin, Posen, Zürich, Lugano, Basel, Bonn oder Nizza. Die erste Einzelausstellung fand 1923 statt, posthum, als Gedächtnisausstellung, wiederum im Kunstverein.

Max Nonnenbruch war in München aber nicht nur als Maler aktiv, sondern engagierte sich in verschiedenen kunstnahen Institutionen und Vereinen. So war er u.a. Vorsitzender des „Künstler-Unterstützungsvereins", stellvertretender Vorsitzender des „Wirtschaftlichen Verbandes Bildender Künstler" und Schriftführer der Künstlergenossenschaft. Er kümmerte sich zwischen 1892-95 um verschiedene Belange der internationalen Kunstausstellungen im Münchener Glaspalast und reiste dafür auch nach England. Von der Reise entstand ein Artikel für die Zeitschrift *Die Kunst unserer Zeit*.[3] Prinzregent Luitpold von Bayern verlieh ihm für seine Tätigkeiten den „Verdienstorden vom Heiligen Michael" (4. und 3. Klasse). 1907 arbeitete er im Organisationskomitee des XVI. Weltfriedenskongresses mit.[4]

Wenn er nicht arbeitete, verbrachte Nonnenbruch viel Zeit im „Wiener Café Stefanie", einem bekannten Künstlertreffpunkt in Schwabing, wo er sich 1902 ein Haus gekauft hatte. Dort spielte er häufig Schach mit dem Schriftsteller und Anarchisten Erich Mühsam. Ideologisch weit voneinander entfernt, schätzten sie sich trotzdem als Spiel- und Gesprächspartner, wie in Mühsams Tagebüchern nachzulesen ist. Mühsam, der 1934 von den Nazis ermordet wurde, besuchte Nonnenbruch zuhause und stellte ihm eine Bekannte vor, die 17jährige Mary Pfefferle, die dann für Nonnenbruch eines seiner wichtigsten Modelle wurde.[5]

Die Kunst

Max Nonnenbruch gehörte zur „Münchener Schule", die Ende des 19., Anfang des 20. Jahrhunderts mit ihrem Stil in der akademischen Malerei großen Einfluss in Europa ausübte. Die Arbeiten ihrer Anhänger zeichnen sich durch große Genauigkeit und Naturtreue bei der Darstellung aus. Typische Genres waren Landschafts-, Historien- und Porträtmalerei. Viele Schüler - so auch Nonnenbruch - werden dem Symbolismus zugerechnet, einer Kunstrichtung, die als Bindeglied zwischen dem Impressionismus, den die Symbolisten ablehnten, und dem folgenden Expressionismus gilt. Nonnenbruch war einer der herausragendsten Vertreter dieses Stils. In seinen leicht und verzaubert wirkenden Ölgemälden verband er die Eleganz des Jugendstils mit einer strengen Regelhaftigkeit. Anmutige Gesichter, strenge Axialität und Symmetrie der Kompositionen sowie ein glatter, abgegrenzter Farbauftrag lassen seine Bilder geradezu „fotografisch" und „gestellt" wirken.[6] Im Zentrum seines künstlerischen Schaffens stehen Darstellungen junger Frauen, deren Schönheit er in allegorischen Werken schilderte: *„Sein Gebiet ist das feine Figurenbild oder richtiger die Darstellung der schönen Frau, im vornehmen Interieur oder im Freien, in rein weiblichem, träumerischem Gehaben oder auch nach der sentimentalen übersinnlichen Seite charakterisiert."*[7]

Max Nonnenbruch war sehr produktiv und einige seiner Bilder und Zeichnungen erfreuten sich großer Popularität. Sie wurden in (internationalen) Zeitschriften und als Postkarten reproduziert, sogar Geschirr wurde mit Motiven Nonnenbruchs bedruckt. Die Arbeiten waren kommerziell also durchaus erfolgreich.[8] Bilder von Max Nonnenbruch tauchen auch heute noch bei Kunstauktionen auf und werden zu Preisen bis zu 28.000€ gehandelt: So wurden das „Mädchen in weißem Mantel" (1887) für 6.500€ versteigert, „Meerwinde" (1919) für 16.500€, und die „Orientalische Schönheit" (1920) für 18.600€.[9] Noch im März 2021, erzielte das Ölbild „Ein Modell im Atelier" (1889) 7.500 CHF bei einer Auktion des Schweizer Kunsthauses Koller, und im September des gleichen Jahres schätze ein Experte das Bild „Die Windsbraut“ (1904) in der Sendung „Kunst & Krempel“ (*BR*) auf 12-15.000€.[10]

Aber neben dem ökonomischen Erfolg hatte Max Nonnenbruch, als er am 13. März 1922 in München starb, einen wichtigen Beitrag zur mystischen Strömung des Symbolismus in der deutschen Malerei geleistet. Erich Mühsam verfasste im März 1922, mal wieder in Haft sitzend, einige Zeilen zum Tode des Malers: „*Diesmal ist es einer meiner Schachpartner vom Café Stefanie, der sich davongemacht hat: Max Nonnenbruch. Ein wohlmeinender Philister, ein unbedeutender aber geschäftstüchtiger Maler, ein in keiner Weise produktiver Geist, nicht einmal ein durch weiche Güte ausgezeichneter Mensch, eher sogar ein robuster Egoist – und doch mir irgendwo im Herzen angenehm. Zum mindesten läßt mir sein Tod einen Brückenpfeiler verschwinden, der die wenigen schwachen Beziehungen zwischen mir und der Bourgeoisie stützte. Denn ein Bürger war er in allen Stücken und ich habe oft vor dem Schachbrett sitzend und seine Weisheiten zur Politik, zum Krieg, zur Revolution, zum Leben überhaupt hörend, empfunden, wie bourgeoises Denken, auch wo kein dummer Mensch es in seinem Hirn produziert, dem unbürgerlichen Empfinden eine Fülle unterhaltsamer Komik liefert. Ich werde den Mann vermissen, wenn ich heraus komme.*“[11] (te)

Peter Norrenberg

Pfarrer, Autor, Lokalhistoriker

Wer in Deutschland vor dem II. Weltkrieg Literatur über Orte des heutigen Kreises Viersen suchte, der kam an einem Namen nicht vorbei: Peter Norrenberg. Seine Bücher setzten Standards. Der „Vielarbeiter“ Norrenberg verfasste aber auch Werke über Literatur und Sozialpolitik und gründete einen wichtigen Verein.

Peter Franz Xaver Norrenberg wurde am 3. Dezember 1847 in Köln geboren, seine Eltern lebten in der Gasse „Perlenpfuhl“ in der Kölner Innenstadt. Die Männer seiner alteingesessenen Familie waren als Kaufleute und Fabrikanten im Textilhandwerk tätig. Er besuchte das Marzellengymnasium und studierte nach dem Abitur, 1867, in Bonn Katholische Theologie und Philosophie. Schon während des Studiums beteiligte er sich an Schreibwettbewerben seiner Fakultät und gewann sie zweimal mit lateinischen Texten, die im Anschluss auch veröffentlicht wurden (1868/69).[1] Den Doktorgrad der Philosophie erlangte er 1874 an der Universität Rostock durch eine kritische Ausgabe des geistlichen Schauspiels *Homulus* (1549) von Jaspar von Gennep. Diesen kurzen Text, 54 Seiten lang, hatte er *in absentia* eingereicht, da er nie in Rostock studiert hat.[2] Am Priesterseminar in Köln erhielt er 1871 seine Weihe und trat sogleich eine Stelle als Kaplan in Viersen an, in der Pfarrei St. Remigius. Gleichzeitig unterrichtete er Religion an der katholischen Rektoratsschule in Viersen und war später auch als Lokalschulinspektor tätig.

Der Autor

Heute würde man Peter Norrenberg wohl als „Workaholic“ bezeichnen, sein *output* als Autor - neben all seinen Tätigkeiten - war enorm. So veröffentlichte er 1873 eine Abhandlung über die katholische Dichtung in Deutschland, ein Drama und ein Werk zur Literatur in Köln im 16. Jh.

Gleichzeitig übersetzte er einen Roman von A.M. Donelan aus dem Englischen.[3] Und mit seinem Amtsantritt erwachte sein Interesse an der Lokalgeschichte, denn *„das Dunkel zu lichten, welches die Vorzeit einer Gemeinde verhüllt, ist eine dankbare, genussreiche Aufgabe“*, schrieb er 1874 in seinem Vorwort zur Geschichte Süchtelns.[4] Da hatte er schon die Geschichte Viersens und Dülkens aufgearbeitet, Grefrath und Mönchengladbachs Pfarreien sollten folgen. Seit 1871 war er auch Mitglied im „Historischen Verein für den Niederrhein“. Als „Historiker“ verfolgte er eine damals noch nicht übliche, moderne Auffassung von Geschichtsschreibung, die sich rein an Fakten und Quellen orientierte, er nannte es *„das Verlangen nach den Originalen“*. Außerdem bezog er das Leben und Schaffen der einfachen Leute, den Alltag, in seine Schriften mit ein, auch eine Neuerung, die er mit einem bedeutenden Historiker jener Zeit, Johannes Janssen, teilte.[5] So finden sich z.B. in seiner historischen Studie über Dülken, die mit alten Kupferstichen und vielen Zeichnungen von Hubert Strauch reich bebildert ist, Kapitel zu den „Gebräuchen und Anschauungen“ der Menschen sowie zur „Narrenakademie“. In seinem Buch über Grefrath behandelt er auch „Kinderreime, Sprichwörter“. Und der Band *Aus dem alten Viersen* beginnt mit einem Kapitel über das „Hauswesen“. Darin findet sich auch eine weitere Motivation Norrenbergs: *„…wenn es einmal gilt, eine Culturgeschichte unseres ganzen Deutschland zu schreiben, wird ein Beitrag über die volksthümliche Entwicklung des rührigen Städtchens im niederrheinischen Flachslande kein unnützer Baustein sein.“* [6]

Im Jahr 1871 begrüßte Norrenberg begeistert den Deutsch-Französischen Krieg, *„sein Patriotismus drohte in Nationalismus umzuschlagen“*. Und so fügte er der Volksliedersammlung, die er vier Jahre später unter dem Pseudonym Dr. Hans Zurmühlen herausgab, eigene, patriotische Texte hinzu, die er in einem nachgeahmten Niederländisch verfasste, und deren Inhalte (ausnahmsweise) nicht den historischen Fakten entsprachen: die Sammlung *Des Dülkener Fiedlers Liederbuch*, mit 150 deutschen und niederländischen Liedern enthält im Anhang unter dem Titel „Ruyter-Liedekens“ diese zehn Texte von ihm. Der Musikwissenschaftler Ernst Klusen (siehe S. 158) verzichtete in seiner erweiterten Neuausgabe von 1963 auf diese Texte.[7] Im Erscheinungsjahr sprach Norrenberg bei einer Rede anlässlich des Sieges über Frankreich vom Sieg des Germanismus über den Romanismus, und erhielt so viel Lob von nationalistischen Medien.[8]

Zwischen 1882-84 schrieb er eine dreibändige *Allgemeine Literaturgeschichte*, mit dem Ziel, Weltliteratur einmal aus und in christlicher Sicht darzustellen, wie auch schon bei seinem Buch über die Dichtung in Deutschland.[9] Über Heinrich Heine und sein Werk äußert er sich darin in antisemitischen Tönen, was verwundert, da Norrenberg sich Jahre zuvor lobend über den Dichter geäußert und Antisemitismus immer abgelehnt hatte. So verurteilte er in seiner Schrift über Süchteln die Gräuel, die den Juden angetan worden seien. Die Schriftsteller aus dem Kreis der Revolutionäre von 1848 kanzelt er ab, über die Romantiker macht er sich lustig. Überhaupt weist das Werk große Lücken auf (*Grimms Märchen* werden z.B. nicht erwähnt), auch aufgrund fehlender Sprachkenntnisse, und ist an vielen Stellen durch die moralische und politische Färbung seiner Urteile unwissenschaftlich. Er selbst hatte schon im Vorwort geschrieben, dass er *„diese Aufgabe nur annähernd würdig zu lösen“* vermochte.[10] Wertvoller sind seine Beiträge zur Situation der Frauen in der Textilindustrie und ihrer Organisation in Vereinen, die aus seiner praktischen Arbeit hervorgingen (s.u.): *Frauen-Arbeit und Arbeiterinnen-Erziehung in deutscher Vorzeit*, eine Schrift, die große Beachtung fand und sogar ins Französische übersetzt wurde, erschien 1880, gefolgt vom *Handbüchlein zur Gründung und Leitung von Arbeiterinnen-Vereinen.*[11] Im Jahr 1894 erschien dann postum noch Norrenbergs Buch über die Heilige Irmgard von Süchteln (siehe S. 120).

Soziales Engagement

Über das normale soziale Engagement eines Kirchenmannes hinaus, betätigte sich Peter Norrenberg vielfältig. So gründete er 1876 in Viersen einen „Arbeiterinnenverein", nach dem Vorbild eines solchen Vereins in Mönchengladbach. Anlass waren die menschenunwürdigen Lebensumstände junger irischer und englischer Frauen, die vom Generaldirektor der Viersener Aktienspinnerei, Franz Kolb, als Gastarbeiterinnen angeworben, „nach Viersen gelockt" worden waren, wie Norrenberg schrieb. Die Arbeitsplätze in der Aktienspinnerei hatten in Viersen keinen guten Ruf, lange Zeit galt das mahnende Wort der Eltern an die Kinder: *„Wenn du nit liers, dann kömmse na de Aks, in de naate Saal."* Aber auch die Unterbringung der Frauen ließ zu wünschen übrig, außerdem hatten sie in ihrer spärlichen Freizeit - bei einer Wochenarbeitszeit von bis zu 78 Stunden - nichts zu tun. Norrenberg sprach gut Englisch und kam in Kontakt mit den Arbeiterinnen. Er erkannte ihre Probleme und nahm sich ihrer an. Im Verein vermittelten ältere Damen den jungen Mädchen Kenntnisse in Nähen, Kochen, Bügeln etc., ersetzten also die fehlenden Mütter, aber es gab auch Freizeitaktivitäten wie einen Chor oder eine Laienspielgruppe, die auch die Vereinsfeste gestalteten. Vorträge, Ausflüge, Musik- und Literaturabende sollten bei den Mädchen Bildungslücken füllen. *„Im Christlichen Geiste die Sittlichkeit unter unseren Arbeiterinnen zu heben, ist das Ziel unserer gesamten Vereinstätigkeit"*, so Norrenberg. Der Verein war kein kirchlicher Verein, fußte aber auf christlichen Grundsätzen. Nach zwei Jahren hatte er schon rund 450 Mitglieder, die sich ab 1877 in einem vom Verein gekauften Haus am Portiunkulaweg treffen konnten. Ursprünglich nur für die ausländischen Arbeiterinnen gedacht, entwickelte er sich zur Zufluchtsstätte ebenso zahlreicher deutscher Arbeiterinnen. Er bestand bis 1942, als die Nazis ihn auflösten, und diente als Vorbild weit über die Grenzen Deutschlands hinaus.[12]

Im Jahr 1881 dann war Norrenberg Mitbegründer des Vereins „Arbeiterwohl", der sich allgemein für die Verbesserung der Lebensbedingungen der Arbeiter einsetzte, und wirkte im gleichen Jahr an der Fabrikordnung der Firma Franz Brandts in Mönchengladbach mit. Seine Ideen waren allerdings nie dem sozialistischen Lager zurechenbar, denn den Marxismus/ Sozialismus lehnte Norrenberg strikt ab. Mitspracherechte für Arbeiter hielt er z.B. für überflüssig. Soziale Fragen und deren Lösung hielt er für eine Sache der Kirche und lehnte so etwas wie „Staatssozialismus" ab: *„...den besten Schutz des Arbeiterstandes gegen den Moloch des Industrialismus"* biete die *„regulaire Seelsorge"*.[13] Darum entfremdete er sich auch schon bald von seinen Mönchengladbacher Mitstreitern. Aber einige seiner Ideen blieben in den jeweiligen Gründungstexten erhalten, so z.B. die eines Laientheaters für die Arbeiter. Norrenberg selbst förderte die Idee des Vereinstheaters wo es nur ging, stellte sogar eine Sammlung von Theaterstücken für Gesellenvereine zusammen,[14] und schrieb selbst Theaterstücke, u.a für die Laienspielgruppe der Arbeiterinnen (s.o.). Das von ihm stammende Festspiel über die Hl. Irmgard wurde im Jahr 1894 uraufgeführt.

Endlich Pfarrer

Nach 20 Jahren als Kaplan, für damalige Zeiten nicht ungewöhnlich, wurde Peter Norrenberg im Mai 1891 schließlich zum Pfarrer an St. Clemens in Süchteln berufen. Die Gemeinde nahm ihn mit Freude auf, richtete ein Fest aus und fertigte ein „Festbuch" an. Darin finden sich viele auf ihn bezogene Lieder und Sprüche: *„Wer hätt´ nicht schon längst erfahren, was er Großes hat gethan. In den langen zwanzig Jahren, da in Viersen er Kaplan?"* oder *„Der Mann, der auch von unserer Stadt die Chronik einst geschrieben hat? Der edle Mann ist uns bekannt. Er wird ja Norrenberg genannt!"* [15]

Aber schon ein Jahr später geriet er in eine heftige Auseinandersetzung mit dem Zweigverein des interkonfessionellen „Vaterländischen Frauenvereins", dem er zu viel Protestantismus und Affinität zu den Freimaurern nachsagte. Diesem religiösen „Liberalismus", den er *„für Süchteln schlimmer als die Sozialdemokratie"* hielt, begegnete er mit der Gründung eines caritativen katholischen „Elisabethen-Vereins" und eines „Josephvereins" zur *„Pflege des sittlichen Lebens der männlichen Jugend"*. Seine Gegnerschaft zum lokalen Liberalismus hing aber auch mit seiner zunehmend konservativen Haltung zum „Kulturkampf"[16] zusammen. Einerseits argumentierte er gegen die „Maigesetze" (ohne Bismarck selbst zu kritisieren) und lehnte den „kirchenfeindlichen Liberalismus" ab. Andererseits kooperierten der Kreis Viersen und Norrenberg weitestgehend mit der staatlichen Obrigkeit.[17] Seine weitgehend neutrale Haltung im Kulturkampf verhärtete sich aber im weiteren Verlauf des Lebens. 1889 nannte er die Gesetze Bismarcks „Wunden" und sprach vom „Schmerz" des katholischen Volkes. Gleichzeitig revidierte er auch seine bis dahin liberale Haltung dem Protestantismus gegenüber und bezeichnete ihn als „störendes Element".[18] Schließlich trat er der konservativen Zentrumspartei bei, die er früher einmal kritisiert hatte. Er sammelte Geld für den Bau eines Vereinshauses und für die Neuausstattung der Kirche. Er schaffte aus Spenden Süchtelner Bürger acht neue Kirchenfenster an und stiftete auch selbst ein Fenster im südlichen Seitenschiff, das heute seinen Namen trägt und die Hl. Irmgard zeigt. Für die Anschaffung einer Orgel gründete er einen Orgelbauverein.

Am 29. Mai 1894 starb Peter Norrenberg überraschend an einem Schlaganfall, während er sich zu einer Kur in Rhöndorf aufhielt. Begraben wurde er auf dem Süchtelner Friedhof. Seine Grabstätte ist noch erhalten, ist aber bis zur Unleserlichkeit verwittert.[19] In Dülken ist eine Straße nach ihm benannt,[20] der Kreis Viersen widmete ihm 1999 seine 33. Gedenkmedaille, und im Jahr 2020 war Norrenberg einer der Protagonisten einer Ausstellung des Vereins für Heimatpflege: „Der Niederrhein - Schauplatz europäischer Geschichte". (te)

Werke (Auswahl):

Deutschlands katholische Dichtung der Gegenwart 1847-1873, Münster 1873.
Das Kölnische Literaturleben des 16. Jahrhunderts, Leipzig 1873.
Aus dem alten Viersen. Ein Beitrag zur Culturgeschichte des Niederrheins, Viersen 1962 [1873].
Chronik der Stadt Dülken. Ihre Geschichte und ihr Volksleben, Viersen 1874.
Geschichte der Stadt Süchteln, Viersen 1874.
Geschichte der Herrlichkeit Grefrath, Viersen 1875.

Markus Orths

Schriftsteller

Er lebt als freier Autor in Karlsruhe, seine Bücher sind bisher in achtzehn Sprachen übersetzt worden und wurden vielfach ausgezeichnet. Und auch Kinder haben Spaß an seinen Werken.

Markus Orths, geboren am 21. Juni 1969, verbrachte mit seinen beiden Geschwistern eine glückliche Kindheit in Viersen, wie er schreibt: *„Dieses weiße Haus in der Krefelder Straße, der große Hof, der weite Garten, die Felder nebenan […]. Wir rannten raus aufs schwarze, abgeerntete Feld, wir rissen die Strünke des gemähten Getreides aus der Erde, Stoppelschlachten mit den Nachbarn, den Freunden. Wir spielten Fußball und nannten uns: 1. FC Knickebein. Wir spielten am verbotenen Bahndamm und in der feuchtnassen Unterführung zum Schrottplatz, bewacht von einem riesigen Hund, von dem wir immer nur das Bellen hörten, doch das Bellen klang einfach so, als müsse er riesig sein, der Hund. Der Garten, der Hof, der kleine,*

uralte Springbrunnen mit einem runden Becken aus Mosaiksplittern, in dem langatmige Fische ihre Runden drehten, ehe der Reiher kam. Wir tobten durch den Garten und sprangen über Blumenbeete.“ [1] Markus Orths besuchte die Grundschule auf der Krefelder Str. und spielte Badminton beim TUS Viersen. Die Eltern und Oma Elisabeth vermittelten ihm Geborgenheit: *„Geborgenheit riecht nach frisch gebügelter Wäsche, nach Hühnersuppe, nach Knödeln mit Vanillesoße, und immer gab es Nachtisch, Tutti Frutti, Schokopudding, Erdbeeren mit Sahne und Orangen-Quark.“*[2] Ein Gefühl, das auch in seinen Kinderbüchern immer wieder aufscheint: *„Adiaba blieb nichts anderes übrig. Er nahm ihn hoch. Der Junge schmiegte sich an seinen Brustkorb und Adiaba vergaß für einen Augenblick, dass er ein Luftpirat war. Das Zutrauen des Jungen ließ ihn still werden. Minutenlang schwebte Adiaba im Luftloch auf und ab und wiegte den Jungen.“* [3]

Natürlich hatte das Leben (rückblickend) auch Schattenseiten: eine sehr katholische Erziehung mit vielen Tabus, inkl. fehlender Aufklärung z.B.: *„Da musste ich mich freischwimmen und rauskommen“*, so Orths. In St. Joseph war er Messdiener, Organist und hegte eine Zeitlang sogar den Wunsch Priester zu werden.[4] Folgerichtig verbrachte Orths, der nach eigener Aussage ein „braver Genosse“ war, seine Jugend nicht am „Monte“ oder in den damals angesagten Jugendkneipen.[5] *„Meine Mutter sorgte sich unermüdlich um ein Zuhausegefühl: Sie hielt alles zusammen, nicht leicht bei drei Kindern. Sie brachte uns bei, die Dinge zu Ende zu bringen. ‚Was du heute kannst besorgen, das verschiebe nie auf morgen‘. Das liegt fest verschnürt in mir. Ohne sie gäbe es mit Sicherheit weit mehr Textanfänge und unfertige Texte in meinem Computer. Meine Mutter lehrte uns die Grundregeln des Lebens.“*[6] Für die Kinder kam besondere Spannung auf, wenn einmal im Jahr **der** Onkel für einige Tage zu Besuch kam:[7] Heinz R. Schmitz, der Bruder der Mutter, hatte Deutschland nach dem Abitur, 1958, Richtung Frankreich verlassen und war Mitglied des Ordens „Petits Frères de Jésus“ („Kleine Brüder Jesu“) geworden. Diese Brüder leben nicht in Klöstern, sondern „an der Seite der Ärmsten der Armen“, und arbeiten als (Hilfs)Arbeiter in „weltlichen“ Berufen und Betrieben, denn sie sollen „mitten unter den Menschen leben“. Nach einigen Jahren solcher Tätigkeiten in verschiedenen Ländern studierte Heinz R. Schmitz Theologie, übernahm im Orden nun bildungstechnische Aufgaben, „betreute“ den Philosophen Jaques Maritain, der auch in den Orden eintreten wollte, veröffentlichte philosophische Schriften und kam viel in der Welt herum (u.a. Algerien, Venezuela).[8] Davon erzählte er dann im Hause Orths, für den jungen Markus unheimlich und faszinierend zugleich. Nach dessen Tod, 1982, hatte Orths häufiger Gelegenheit, die Bibliothek seines Onkels zu studieren, auch wenn er für Vieles noch zu jung war. So kam er zum ersten Mal mit Philosophie in Berührung und auch mit Thomas von Aquin, der später einer seiner Protagonisten werden sollte.[9]

Studium/ Karriere

Nach seinem Abitur auf dem Humanistischen Gymnasium und dem Wehrdienst, geht Markus Orths nach Freiburg und studiert Philosophie, Romanistik und Anglistik auf Lehramt sowie - sich selbst: er streift die *„Zwangsjacke des katholischen Glaubens“* ab.[10] *„Ich habe im Alter von zwanzig Jahren, als ich von meinem Heimatort Viersen nach Freiburg ging, radikal mit dem Glauben gebrochen. Nicht nur mit der Kirche, auch* *mit dem Glauben. Mir ist ganz einfach klar geworden, dass ich niemals so etwas wie eine Gotteserfahrung erlebt habe. Dass mein ganzer Katholizismus nur aufgesetzt war, nicht wirklich von innen durchdrungen, quasi ‚verordnet'.*"[11] Religion und Religiosität bleiben aber in seinem Werk präsent, bis hin zur Religionsparodie im fantastischen Roman *Alpha & Omega.*[12] 1997 tritt er eine Referendarsstelle in Stutensee bei Karlsruhe an, drei Jahre später wird er Lehrer für Englisch, Französisch und Philosophie an einem Gymnasium in Göppingen.

Parallel zum Studium und zum Referendariat beginnt er mit dem „ernsthaften" Schreiben, denn Geschichten hatte er auch schon als Schüler verfasst: *„Das Schreiben war immer schon für mich das Wichtigste, ich habe halt nur nie gedacht, dass man davon leben kann."*[13] Er veröffentlicht erste Texte in Literatur-zeitschriften, u.a. in dem in Dülken erscheinenden *Muschelhaufen*, herausgegeben von Erik Martin,[14] über den Orths sagt: *„Er war einer der ersten, der meine Geschichten gelesen hat, und er hat mich immer ermutigt weiterzumachen."*[15] Als *Muschelhaufen* im Jahr 2007 ihr Erscheinen einstellen musste, schrieb Orths einen Nachruf auf die renommierte Zeitschrift.[16] Mit *Schreibsand* erscheint 1999 sein erstes Buch mit Erzählungen.[17] Orths arbeitete ehrenamtlich in der Redaktion der Literaturzeitschrift *Konzepte* (Bonn) mit, und veröffentlichte weiter in Zeitschriften und Anthologien, wie z.B. in *Trollblumen* oder *Vom Fisch bespuckt*.[18]

Im Jahr 2001, mit Anfang dreißig, teilte er seinen Eltern mit, dass er den Lehrerberuf hinwerfen werde: *„Mein Vater lächelte, nickte, und meine Mutter sagte: ‚Gott sei Dank! Für einen Lehrer bist du sowieso viel zu sensibel'"*.[19] Nun widmete er sich ausschließlich dem Schreiben,[20] fand einen renommierten Verlag und veröffentlichte einen weiteren Erzählband sowie seinen ersten Roman: *Corpus*.[21] Darin geht es um zwei Jugendfreunde, einer davon Priester, die sich nach vielen Jahren wieder begegnen, und die ein schreckliches Ereignis aus Kindertagen sowohl trennt als auch vereint. Orths katholisch geprägte Jugend kommt hier zur Geltung, die Kapitel sind nach dem Ablauf einer Messe benannt. Das Debut erntet durchwachsene, eher negative Kritiken: *„Mit seiner makabren Pointe ist es eine in sich geschlossene und sehr gelungene Erzählung, geschrieben in einer detailfreudigen, musikalischen Sprache, ein großer Auftakt für einen ambitionierten und doch leider mißglückten Roman. [...] Orths hat einen Roman konstruiert, dem vor lauter bedeutungsschwangeren Schlüsselszenen die glaubwürdige Geschichte abhanden gekommen ist."*[22]

Der Durchbruch gelingt ihm schließlich mit dem satirischen Roman *Lehrerzimmer* (2003), der überwiegend positive Kritiken erhielt, und den die Zeitschrift *Titanic* auf den Lehrplan setzen lassen wollte. Er beschreibt darin den Alltag eines Lehrerkollegiums an einer fiktiven Schule, bestehend aus Absurditäten, Demütigungen und Verzweiflung. *„Das Buch ist eine schwarze Satire, da kommt keiner gut weg"*, sagt Orths. Konsequenterweise kommen Schüler in dem Buch gar nicht vor. *Lehrerzimmer* ist *„ein satirischer Amoklauf, der*

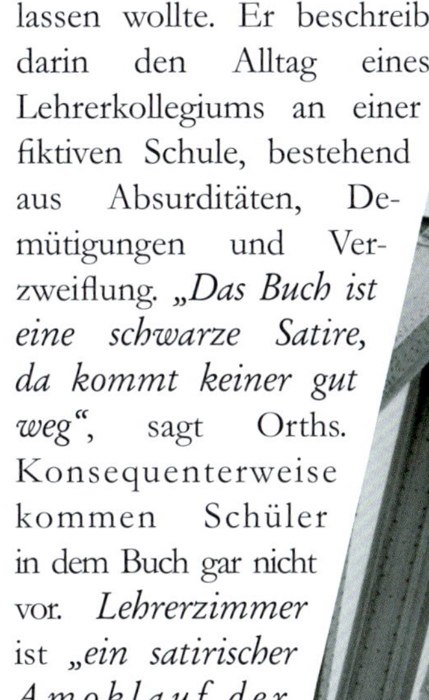

sich schon durch den exzessiven Gebrauch von indirekter Rede, redundanten Schmähungen und fachspezifischen Wortungetümen in die Nachfolge Thomas Bernhards stellt", den Orths tatsächlich sehr schätzt.[23] *„Im Fall von ‚Lehrerzimmer' ist es immer auch ein Kern dessen, was man selber erlebt hat: der wird dann allerdings natürlich in der Satire auf völlig groteske Weise übertrieben"*, erklärt Orths.[24] Aber da erlebte er eine Überraschung: *„Der Glaube, das seien nichts als Übertreibungen, währte nur kurz, genau: bis zum Ende der ersten Lesung. Dann war es an den Lehrern zu berichten. Sie sagten: ‚Genau so ist es!' Bald schon: ‚Das ist doch gar nichts!' Und dann: ‚Es ist viel schlimmer!'"* Die Lehrer im Publikum berichteten von Antragswahnsinn, Demütigungen von allen Seiten oder - bei einer Lehrprobe zum Thema Australien - von Unterricht im Kängurukostüm.[25] Orths war froh, die Lehrer-Erfahrung gemacht und den Roman geschrieben zu haben, denn das Buch hat ihn nach dem Absprung aus der Schule *„schon eine gewisse Zeit über Wasser gehalten."* [26]

Es folgten u.a. die Romane *Catalina* (2005) und *Das Zimmermädchen* (2008). Ersterer beruht auf der wahren Lebensgeschichte der Catalina de Erauso, die sich im Spanien des 17. Jhs. als Mann ausgab und in Lateinamerika erstaunliche Abenteuer erlebte. *Die Zeit* lobte den glänzenden Erzählstil und die *taz* schrieb: *„Hier ist ein Talent zum Manne gereift."* [27] *Das Zimmermädchen* wurde dann sehr erfolgreich: Die Geschichte um ein Zimmermädchen, das unter den Betten der Hotelgäste liegt, um an deren Leben teilzunehmen, wurde nicht nur mit dem „Telekom Austria-Preis" und dem 2. Platz beim Ingeborg-Bachmann-Wettbewerb ausgezeichnet sowie von der Kritik vielfach gelobt, sondern im Jahr 2015 auch verfilmt.[28] Und als Theaterstück „Femme de chambre" gewann es 2012 in Paris den „Prix Théâtre". Neben den zuvor genannten hatte Orths bis dahin schon weitere Preise und Stipendien erhalten, darunter den „open mike" der „literaturWERKstatt Berlin", den Moerser Literaturpreis (beide 2000), den Förderpreis des Landes NRW (2003) und das Landesstipendium Baden-Württemberg (2008).

Markus Orths Vater, ein kaufmännischer Angestellter, der selbst als „Hobbyautor" gearbeitet hat, begleitete das Werk seines Sohnes vom ersten Text an voller Stolz: *„Mein Vater, der fast 1.000 Geschichten verfasste, für Kirchenzeitungen und Magazine[...]; kein Mensch hat sich mehr für meine Texte, für mein Schreiben interessiert als er: Seine eigenen Texte wurden ihm immer unwichtiger, über meine Bücher aber wollte er alles wissen, er las jede einzelne Korrekturfahne gewissenhaft und fand Fehler, die der professionelle Korrekturleser übersehen hatte. [...] Als mein erstes Buch erschien, schrieb er an die Viersener Lokalredaktion der Rheinischen Post, sein Sohn Markus - ein gebürtiger Viersener - habe ein Buch veröffentlicht, das man doch bitte besprechen solle. Ich schimpfte und sagte: ‚Papa, das kannst du nicht machen, das ist doch peinlich!' Er entgegnete: ‚Wieso, du musst doch bekannt werden, das muss unter die Leute!'"* [29]

In *Hirngespinste* (2009) setzt Markus Orths die Geschichte von Martin Kranich fort, der Hauptfigur aus *Lehrerzimmer*. Kranich erlebt ein „Rauschgefühl" als er den Lehrerjob hinschmeißt (ähnlich wie Orths selbst), und veröffentlicht seinen ersten, direkt erfolgreichen Roman. Doch gerade als er sich dem zweiten Werk zuwenden will, kommt ihm der Alltag dazwischen: *„Eine Groteske auf den alltäglichen Wahnsinn, turbulent, skurril und voller (Selbst)Ironie"*, *„eine Satire auf den Literaturbetrieb, ein schwungvolles Buch."* [30] Grotesk geht es auch in dem darauf folgenden Roman *Die*

Tarnkappe (2011) zu, dem zweiten Teil seiner sog. „Unsichtbarkeitstrilogie" (*Zimmermädchen/ Tarnkappe/ Alpha & Omega*). Die Geschichte von Simon Bloch, dem eine Tarnkappe zugespielt wird und der dann langsam durchdreht, kombiniert Elemente eines Entwicklungsromans mit Horror- und Gruselelementen, und entwickelt sich zu einem „kafkaesken Thriller". Er sei *„...nicht frei von schiefen Sprachbildern und verunglückten Metaphern"*, dennoch lobt die *FAZ* das Werk als gelungene und *„verstörende Neuinterpretation des alten Unsichtbarkeitstopos."*[31] Bloch ist

ein gescheiteter Filmmusik-Komponist und präsentiert damit das einzige autobiographische Element des Romans, denn kurzzeitig hatte Markus Orths als etwa 15jähriger den Wunsch, Filmmusik-Komponist zu werden. Er war schon damals ein begeisterter Kinogänger - seine beiden absoluten Lieblingsfilme sind bis heute „Moderne Zeiten" mit Charlie Chaplin und „Pulp Fiction" von Quentin Tarantino - und begeisterte sich oft auch für die Musik: *„Ich bin ein Filmfreak und ein begeisterter Filmmusik-Hörer."*[32] Und so startet *Die Tarnkappe* denn auch mit einer Szene, in die sehr schön Ennio Morricones „Sacco und Vanzetti" eingewoben wird.

Nach der Veröffentlichung des Erzählbandes *Irgendwann ist Schluss* (2013) wurde Markus Orths „Museumsschreiber": Das „Literaturbüro NRW" lädt jedes Jahr Autoren/ Autorinnen ein, sich auf ein Museum einzulassen, darüber zu schreiben, um eine *„wechselseitige Erhellung der Künste"* zu erreichen. Orths erhielt eine Einladung ins „Max-Ernst-Museum" in Brühl. Aus dieser Auseinandersetzung mit dem Dadaisten und Surrealisten Max Ernst gingen zwei Bücher hervor. Unmittelbar der Band *Ich selbst durch ein Temperament gesehen* (2013), ein sprachexperimentelles Werk, das die verschiedenen Techniken des Malers Ernst, z.B. die Collage oder den Farbabzug, aufgreift, und so u.a. in verschiedenen Schrifttypen oder mit durchgestrichenen Buchstaben daher kommt: *„Ich tue in den Texten so, als wäre ich Max Ernst und erzähle seine Gedanken"*, erklärt Orths.[33] Er fand das Leben von Max Ernst so abenteuerlich, dass in ihm der Wunsch reifte ein Buch darüber zu schreiben. Drei Jahre später erscheint der Roman *Max*. Darin entwirft er entlang von sechs Lieben des Malers *„eine künstlerische Grand Tour"*, *„kunstgeschichtlich versiert und doch fantasievoll weitergesponnen"*, wie die Kritiker meinen. Ein gründlich recherchierter und unterhaltsamer Bildungs- und Bildroman.[34]

Aber zurück in die Zukunft, in das Jahr 2525. Dort spielt nämlich die Rahmenhandlung von *Alpha & Omega*, Orths erstem „Science-Fiction"-Roman, der ein Jahr nach seinem Erscheinen mit dem „Deutschen Science-Fiction-Preis 2015" ausgezeichnet wurde. Ein Buch, in dem ungeheuer viel geschieht: Elias Zimmermann reist aus der Zukunft in unsere heutige „Welt der Barbaren" und begleitet die Protagonisten Alpha und Omega sowie weitere, seltsame Charaktere bei ihrem Versuch, die Welt vor dem Untergang zu retten. Die Stärke des Romans, der größtenteils in den Jahren 2000-2021 spielt, liegt in einer „aufwendigen Erzählkonstruktion", die die großen Weltzusammenhänge mit provinzieller Alltagskultur verknüpft.[35] Markus Orths bezeichnet das Buch, trotz der Rahmenhandlung im Jahr 2525, nicht als Science-Fiction, sondern ordnet es, wie viele seiner Texte, der „fantastischen Literatur" zu, im Gegensatz zur frei erfundenen „Fantasy": *„Die fantastische Literatur ist in unserer Welt angesiedelt, aber es gibt eben Elemente, die diese Wirklichkeit, die wir kennen, durchbrechen. [...] Ich bin ein großer Freund von Literatur, die sich dem Fantastischen öffnet, z.B. von Edgar Allen Poe, Julio Cortázar [...] und natürlich Kafka, der für mich ebenfalls fantastische Literatur schreibt."*[36] Diese von ihm geschätzten Autoren liegen allerdings in der Liste seiner Lieblingsbücher nicht auf den vordersten Plätzen. Auf Platz Eins liegt aber zumindest ein *„durchgedrehtes"* Buch: der experimentelle Roman *Tristram Shandy* (1759-67) von Laurence Sterne, eine *„Leserverärgerung höchsten Maßes"*, *„aktueller, frecher und gewagter als der Großteil der heutigen Literatur"*; gefolgt vom Roman *Moby Dick* (1851) von Herman Melville, wegen seiner Sprachkraft; Platz Drei belegt der Roman *Die Brüder Karamasow* (1878) von Fjodor M. Dostojewski, aufgrund seiner erzählerischen Komplexität.[37]

Oma Eli

„Bei uns liegen Sie richtig" steht als Werbeslogan auf dem Schaufenster des Bestatters in einer Geschichte des Erzählbandes *Fluchtversuche* (2006). Und in der titelgebenden Geschichte des Bandes *Wer geht wo hinterm Sarg?* (2010) entspinnt sich unter den Verwandten einer Verstorbenen eine langwierige Diskussion über die Plätze in der Prozession hinter'm Sarg. Das könnte beides auch aus einem Programm von Hanns-Dieter Hüsch stammen, den Orths tatsächlich sehr schätzt: *„Ich war einmal bei einem seiner Auftritte als kleiner Bub. Die politischen Texte, auch seine Lieder an dieser kleinen Orgel, das habe ich damals nicht verstanden. Seine Niederrhein-Texte und das Lachen der Besucher, das war dagegen großartig. Ich denke, davon bin ich auch geprägt."*[38] *„Der Kalauer als das Flachmöglichste und der Tod als das existenziell Tiefste gehören für mich zusammen"*, sagt er anderer Stelle.[39]

„Ich sehe Viersen als Ort, aus dem ich komme. Heimat sind die Menschen, die dort noch leben, meine Geschwister und meine Mutter und der Ort, an dem unser Geburtshaus stand."

Wenn man also „das Niederrheinische" in Orths Erzählkunst finden möchte, dann kommt man nicht an seiner Großmutter vorbei: Elisabeth Orths war ein wichtiger Mensch für seine Erzählkunst, *„weil ich ihr so gern zugehört habe. Das mündliche Erzählen ist nicht weit weg vom literarischen. [...] Meine Großmutter hat aber anders erzählt als Hüsch, noch viel verschlungener, schneller, wilder, ungebremster. Stundenlang. ‚Von et Hölzke up et Stöckske', sagte man. Und ihr zu Ehren habe ich einige „Niederrheintexte" geschrieben, in denen eine ältere Dame vor sich hin monologisiert. Und auch wenn sich inhaltlich die Texte gewandelt haben und ich sie mehr und mehr auf Pointe hin* *schreibe, auch wenn ich bei diesen Texten mehr und mehr ins Erfinden und Fabulieren gerate, so ist und bleibt doch der Tonfall der meiner Großmutter.*" Aber auch seine „Niederrhein-Texte" sind meist stark verfremdet und erfunden: *„Die ‚Mutter' in den Texten hat mit meiner wirklichen Mutter eigentlich fast gar nichts zu tun, vielleicht gibt es hier und da mal einen Satz, den ich ihr abgelauscht habe"*, denn Orths würde nie real über seine Familie schreiben.[40] Nur einmal, in *Fluchtversuche*, hat er eine Geschichte seiner Oma, die „Scholl-Anekdote", fast originalgetreu übernommen. Denn die hatte er als Kind heimlich auf Cassette aufgenommen. Die „Niederrhein-Texte" im Band *Aber sonst geht es mir gut. Humoresken* (2018) waren ursprünglich nur als Zugaben bei seinen Lesungen gedacht. Auf mehrfaches Bitten und Nachfragen von Lesungs-Organisatoren, wann sie denn in Buchform erscheinen würden, hat er sie dann gesammelt.[41] Eine Geschichte hat Markus Orths seiner Oma gewidmet, die starb, als er 15 Jahre alt

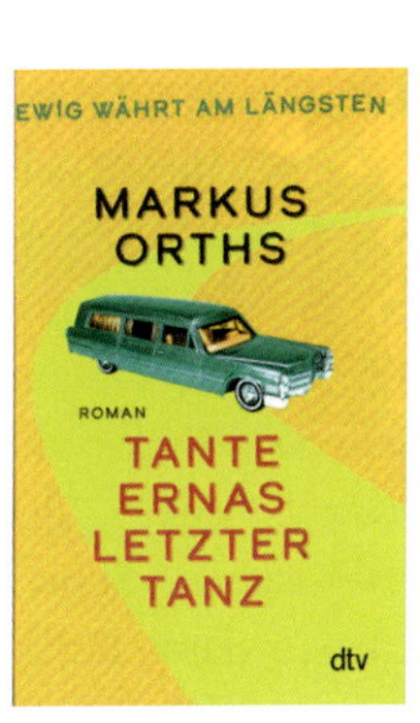

war. Daraus stammt folgender Telefon-Dialog: *„'Musst Du nicht kochen?', unterbrach ich meine Mutter, um endlich zu einem Ende zu kommen. 'Nein, ich hab noch Gulasch im Kühlschrank mit Kartoffeln, die müssen weg, der Papa muss die Reste essen, ich sag immer zu dem, Mensch, wenn wir dich nicht hätten, müssten wir uns ein Schwein anschaffen.'"*[42] Auch in seinem Buch *Tante Ernas letzter Tanz* (2022) verarbeitet er den Charakter seiner Großmutter und stellt einen Niederrheinbezug her, u.a. weil es in Niederkrüchten spielt.

Anfang 2020 erschien Orths Roman *Picknick im Dunkeln*, dessen Handlung tatsächlich nur im Dunkeln spielt. Darin begegnen sich nach ihrem Tod, Stan Laurel, der „Doof" bei „Dick & Doof", und Thomas von Aquin, Dominikanermönch und einer der bedeutendsten Kirchenlehrer und Denker des Mittelalters. Zwischen ihren Ableben, 1965 bzw. 1274, liegen rund 700 Jahre, so dass sie sich gegenseitig erst einmal Einiges erklären müssen, bevor sie sich den großen Fragen des Lebens zuwenden. Die Kritik urteilte überwiegend positiv: Es sei ein *„unterhaltsamer und fein gearbeiteter Roman entstanden". „Der Zauber des Buches liegt in der Kollision zweier unvereinbarer Standpunkte und Weltsichten, die von völligem Unverständnis zum Begreifen, zum Ineinandergleiten führt. [...] Eine in Zeiten wachsender Intoleranz und Abschottung höchst willkommene Lektüre." „Orths macht das Schwere leicht und das Dunkle hell"*, und als die beiden auf das Lachen zu sprechen kommen, schafft Laurel es sogar - nach einer überraschenden Wendung am Ende - dem strengen Mönch die Fähigkeit zu Lachen zurück zu geben.[43]

Picknick im Dunkeln wurde von Orths auch zu einer Hörspiel- und einer Theaterfassung umgearbeitet. Viele seiner Werke nutzt er für eine Mehrfachverwertung: am besten gelungen ist das bei *Das Zimmermädchen*, das als Verfilmung, Theaterstück, Hörspiel und Hörbuch existiert. Auch einzelne Kurzgeschichten wurden zu

Hörspielen umgearbeitet, u.a. „Bischoff gegen BRD“ (*NDR* 2013) oder „Im Separeé“ (*WDR* 2011). Aber es gibt auch Werke, die (bisher) noch nicht in Buchform erschienen sind, wie das Theaterstück *Die Entfernung der Amygdala*, das in Baden-Baden uraufgeführt und auch als Hörspiel (*SWR* 2014) produziert wurde, oder das reine Hörspiel „Lovegames“ (*WDR* 2013).

Kritiker (des Literaturbetriebs)

In seinen Essays brilliert Markus Orths als scharfzüngiger Kritiker. Das deutsche Schulsystem, das er ja selbst erlebt hat, nutzt er nicht nur als Steinbruch für seine Geschichten, sondern er fragt auch ernsthaft besorgt *„wie das System Schule zu einem solchen Narrenhaus hat werden können“*. Er kritisiert überkommene Hierarchien, überzogenen Leistungsdruck bei gleichzeitiger Inhaltslosigkeit etc., auch als Ergebnis unserer Schein- und Wettbewerbsgesellschaft. Er vermisst, nicht nur in der Schule, was er mit Karl Jaspers „existenzielle Kommunikation“ nennt, die Auseinandersetzung der Menschen untereinander, respektvoll, kritisch und ergebnisoffen zugleich.[44] Aber auch den Medien- und Literaturbetrieb kritisiert er: So entlarvt er die Buchmesse als das was sie ist: eine oberflächliche Verkaufsveranstaltung mit flüchtigen Begegnungen, und nicht was sie nach außen darstellt: ein großes Treffen von Buchliebhabern und Literaturenthusiasten [die vereinzelt aber doch anzutreffen sind].[45] Oder den „Bachmann-Literaturpreis“ (auch jeden anderen), bei dem er selbst einmal zu den Preisträgern gehörte: Er bezeichnet ihn als „großes Spiel“ des Literaturbetriebs, bei dem es um viel Geld, mittelfristigen Ruhm, aber auch um vernichtete Existenzen geht. Und bei dem man als Nominierter versuchen müsse, die Literatur generell zu schätzen und Mensch zu bleiben, anstatt dem Wettbewerb und dem eigenen „Killerinstinkt“ zu erliegen.[46] *„Kunst ist zum Kunstobjekt und -produkt verkommen, das geradezu zwanghaft eingeordnet, etikettiert und kanonisiert werden muss“*, schreibt Orths an anderer Stelle. Diese „Bewertungsmanie“ sieht er auch in der Literaturkritik, wo „Hopp oder Top“ oft die einzige oberflächliche Bewertung ist, von Menschen, die die Werke kaum gelesen haben.[47] Er empfiehlt eine literaturwissenschaftliche Herangehensweise, um herauszufinden „was ein Text will“.[48] So wie er immer, wenn er etwas kritisiert, auch Verbesserungsvorschläge unterbreitet. In seinen Texten als Kritiker beschäftigt er sich u.a. mit Gedichten von Max Sessner, Werken von Jurk Becker oder Bodo Kirchhoff oder auch schon mal, in Form einer Erzählung, mit einem Bild von Ernst Ludwig Kirchner.[49] Aufgrund seines Werks, aber auch seines Literaturstudiums, wurde Orths, der auch Schreibworkshops gibt,[50] schon zweimal zu einer Dozentur eingeladen: Im Jahr 2017 übernahm er die 36. Paderborner Poetikdozentur, und 2018 wurde er 31. Bamberger Poetikprofessor. Während er in Paderborn eher „klassisch“ in Form von Vorlesungen dozierte, dachte er sich für Bamberg etwas Neues aus: neben einem Rahmenprogramm, u.a. mit Lesungen, schrieb er eine „Poetik-Erzählung“ in vier Teilen und stellte sie den Bamberger Studentinnen und Studenten vor. Diese 160 Seiten starke Erzählung war „ein Fest der Abschweifung“, dessen inhaltliche Klammer „realistisches Schreiben versus imaginatives Schreiben“ darstellt.[51] Das Unerwartete interessiert Orths viel mehr, als irgendwelche Konventionen, auch in seinem Schreiben. *„Es ist der Rausch [...], ich entkomme für die kurze Weile des Schreibens der langen Weile des Daseins...“*.[52] Ein interdisziplinäres

Kolloquium befasste sich dann noch mit einigen von Orths Werken, wobei der Autor noch viel über seine eigenen Texte gelernt hat.[53]

Murmeltiere, Elefanten, Luftpiraten

„Walle Wacke! Alte Hacke!“ Parallel zu seinen Werken für Erwachsene schreibt Orths, der zwei Söhne und eine Tochter hat, Kinderbücher, meist entstanden aus Geschichten, die er für seine Kinder spontan erfunden hat. Diese „Stegreifgeschichten“ konnten nicht bekloppt, spannend, albern oder gruselig genug sein, am besten alles auf einmal: *„Und vieles von dem, was ich erzählte, ist auf immer verloren zwischen den Kissen der Kinderbetten. Aber das ist auch sehr gut so! Irgendwann aber sprang eines Abends dann auch mal ein Murmeltier aus meinem Mund, das gerne - na klar! - mit Murmeln spielte. [...] Jedenfalls, da habe ich gedacht, da mach ich mir mal eine Notiz. So ging das los.“* [54] Und so wurden die Geschichten vom Murmeltier *Billy Backe aus Walle Wacke* und seinen Freunden, dem Posthörnchen Polly, dem Schrönk usw., zu einem beliebten Kinderbuch, von dem inzwischen drei Bände vorliegen, und das auch schon als Hörspiel im Radio lief. *„Vorlesen soll auch Eltern Spaß machen, findet der Autor“*, und überrascht so die Erwachsenen ebenso mit seinen skurrilen Ideen und Sprachspielen, phantasievoll illustriert von Ina Hattenhauer.[55] Den Bewohnern des „Walle-Wacke-Lands“ folgten in weiteren Büchern als Hauptcharaktere ein Zebra, ein kleiner Junge sowie ein Elefant, der Handstand macht. Dieses letzte Büchlein hat Orths zusammen mit seiner Tochter Lola verfasst, und es handelt davon, wie man lernen kann, kreativ Geschichten zu Schreiben. Und mit den *Luftpiraten* ist 2020 wieder ein Kinderbuch erschienen, das „vor Kreativität nur so sprüht“.[56] *„Nicht nur für kindliche Luftpiraten gilt: ‚Sinnlosigkeit macht sich Luft im Unsinn‘“.*

Der inzwischen mit rund 20 Literaturpreisen, darunter der „Niederrheinische Literaturpreis der Stadt Krefeld“ (2009), -stipendien und Dozenturen ausgezeichnete Markus Orths, vermittelt sein Können nicht nur in Schreibwerkstätten weiter, er sitzt auch in Literatur-Jurys (Irseer Pegasus z.B.) und liest vor Schulklassen. Auch in Viersen hat er schon oft gelesen, u.a. in der Stadtbibliothek, in „Connys Come In" oder für Kinder in der Stadtbücherei Breyell.[57] Nach dem Tod seines Vaters und dem Auszug seiner Mutter wurde sein Geburtshaus abgerissen, um einem neuen Haus Platz zu machen: *„Ich sehe Viersen als Ort, aus dem ich komme. Heimat sind die Menschen, die dort noch leben, meine Geschwister und meine Mutter und der Ort, an dem unser Geburtshaus stand."* (te)

Markus Orths, Günter Doetsch, Paul Eßer (2005)

Veröffentlichungen (Auswahl):

Tante Ernas letzter Tanz, München 2022.

Baddabamba und die Insel der Zeit, Berlin 2022.

Luftpiraten, Berlin 2020.

Der bescheidenste Autor der Welt, Würzburg 2019.

Der reichste Junge der Welt, Frankfurt am Main 2018.

Aber sonst geht es mir gut. Gesammelte Humoresken, Cadolzburg 2018.

Billy Backe und Mini Murmel, Ravensburg 2016.

Das Zebra unterm Bett, Frankfurt am Main 2015.

Irgendwann ist Schluss. Erzählungen, Frankfurt am Main 2013.

Ich selbst durch ein Temperament gesehen, Brühl 2013.

„Der Nichtsnutz", in: *Muschelhaufen* Nr. 47/48, 2007/08, S. 89-97.

„Kofferversteigerung", in: *Signum* Nr. 1/ 2006, S. 44-47.

Nach dem Ende. Die Nettetaler Bibliothek Bd. 7, Nettetal 2006.

Fluchtversuche. Erzählungen, Frankfurt am Main 2006.

Wer geht wo hinterm Sarg? Erzählungen, Frankfurt am Main 2001.

Schreibsand. Erzählungen, Köln 1999.

Jakob Peters-Messer (jun.)

Opernregisseur

Anstatt mit Farben und Tapeten beschäftigt sich Peters-Messer mit Bühnenbildern, Kostümen und Dialogen. Er liebt es, unbekannte Opern aufzuführen, seine meist modernen Inszenierungen waren schon auf vielen deutschen Bühnen zu sehen, aber auch in Bern, Dublin, Lissabon oder Tel Aviv.

Geboren am 9. Januar 1963 in Viersen, entstammt Jakob Peters-Messer der Familie des Traditionsunternehmens „Joh. Peters sen.", welches schon seit 1812 (oder 1820) in Viersen existiert, gegründet vom Glasmacher Jacobus Peters. Dessen Sohn David bot dann nicht mehr nur die Dienstleistungen Malen, Verglasen, Tapezieren etc. an, sondern handelte auch mit den dazugehörigen Werkzeugen und -stoffen. Nachdem er 1844 sein Wohn- und Geschäftshaus an der heutigen Petersstraße gekauft und weitere Gebäude errichtet hatte, schenkte er der Stadt dort einige Grundstücke, so dass diese den ursprünglichen Weg in eine Straße umwandeln konnte, die dann aus Dankbarkeit seinen Namen erhielt.[1] Nach Zerstörungen im II. Weltkrieg, Wiederaufbau und Konsolidierung des Unternehmens, inzwischen eine GmbH & Co. KG, durch Jakob Peters-Messer sen., kam es 1972 zu einer Beteiligung von Jakob jun. und seinem Bruder Florian (*31.8.1964) an der Firma: von ausscheidenden Gesellschaftern, darunter ihr Onkel, der ehemalige Oberbürgermeister Hermann Hülser, erhielten sie - neben ihrem Vater als Hauptgesellschafter - kleinere Anteile in Höhe von je 75.000 DM.[2] Florian Peters-Messer studierte nach dem Abitur Internationale BWL, u.a. in Oxford und Paris, und ging seinen Weg in der Firma. Seit 1999 war er Geschäftsführer des Unternehmens. Im Jahr 2009 verkaufte er es an den Branchenriesen Akzo Nobel, behielt aber die Immobiliensparte und konzentriert sich seither auf das Geschäft mit Gewerbeimmobilien.[3] Mit seinem Hobby, zeitgenössische Kunst zu sammeln, hat er sich deutschlandweit einen Namen gemacht (siehe Kasten).[4]

Kinderbilder von Florian und Jakob

Kunstsammler Florian Peters-Messer

Im Jahr 2009 verkaufte Florian Peters-Messer das ererbte Großhandelshaus „Joh. Peters sen." inkl. aller Filialen zwischen Kleve und Bonn (siehe Text). Im Bürogebäude des ehemaligen Großhandels ließ er sich dann eine Wohnung einrichten. Dort hängen *„die etwas handzahmeren Dinge"* aus seiner Sammlung, die inzwischen mehr als 400 Werke aus den Bereichen Malerei, Skulptur, Photographie, Zeichnung und Installation umfasst, zumeist mit einem klar politischen Charakter.[5] Denn Mitte der 1990er, als er finanziell endlich dazu in der Lage war, begann er zeitgenössische Kunst zu sammeln. Sein Interesse war von seiner Kunstlehrerin (Karin Wieber/Wirtz) am Humanistischen Gymnasium geweckt worden, einer Schülerin von Joseph Beuys, die ihre Klasse u.a. zu einem Besuch der „documenta" mitnahm. Sein erstes gekauftes Kunstwerk stammte von Martin Assig, aber seine Kunstauffassung wurde erst von der Begegnung mit Werken des Schweizer Künstlers Thomas Hirschhorn erschüttert und in eine neue Richtung gelenkt: nun sammelte er Kunst zu sozial und politisch brisanten Themen.[6] *„Ich stamme aus einer Familie, die seit 200 Jahren Unternehmer hervorbringt und in der immer ein soziales Verantwortungsgefühl ausgeprägt war"*, erklärt er sein Eintreten für Kunst, die nicht schön zu sein hat. *„In der Kunst berühren mich die politisch-soziologischen Kerninhalte einfach am meisten."* [7] Seine national beachtete Sammlung umfasst u.a. Werke von Erik von Lieshout, Henrike Naumann, Jannus Samma, Sophia Süssmilch oder Nicholas Warburg. Peters-Messer verkauft Kunstwerke, die nicht mehr zur Idee seiner Sammlung passen, oder stiftet sie an Museen. Er braucht die Kunst um seine Neugier zu befriedigen, sein Leben zu bereichern, als weitere intellektuelle Herausforderung, neben der Arbeit im Unternehmen. Und er sammelt, weil Kunst, die ihn interessiert, nicht so oft gezeigt wird und er durch seine Sammlung Zusammenhänge erzeugen kann, die sonst so nicht zu sehen wären. Darum verleiht er seine Kunstwerke gerne an Museen und ist inzwischen auch als Kurator von Ausstellungen tätig, wie z.B. bei *„Time for outrage. Art in times of social anger"* (Düsseldorf 2020).[8] Auch als Autor kunstkritischer Beiträge setzt er sich für die soziale, psychologische und politische Kunst ein.[9] Stücke aus seiner Sammlung waren schon in Galerien und Museen in u.a. Berlin, Bremen, Düsseldorf, Leipzig oder Marburg zu sehen, sowie zweimal - 2010/ 2012 - in der Städtischen Galerie im Park.[10] Florian Peters-Messer, der auch im Freundeskreis des Abteiberg-Museums (MG) aktiv ist, kann sich vorstellen, seine Sammlung irgendwann an ein öffentliches Museum zu übergeben. Nur eines kann er sich nicht vorstellen, ein Leben ohne Kunst: *„Die Beschäftigung mit der Kunst ist für mich einfach notwendig – um wach zu bleiben und als Mittel gegen die Engstirnigkeit."* [11] (te)

Jakob Peters-Messer besuchte die Grundschule St. Notburga im Rahser, war in der KSJ und spielte im T.H.C. Tennis. Er ging, wie sein Bruder, auf das Humanistische Gymnasium, wo er 1982 das Abitur ablegte und auf dem Monte zu den Klängen der NDW sein Abitur feierte.

Aber dann schlug er einen anderen Weg ein als sein Bruder, auch wenn er bis heute als stiller Teilhaber kleine Unternehmensanteile besitzt: *„Schon im Gymnasium wusste ich, dass ich etwas mit Musik oder Theater machen wollte. Und in der Familie gab es keinen Widerstand. Mit ca. neun Jahren hatte ich mich bei Bekannten mehrmals einfach so ans Klavier gesetzt und herum geklimpert. Und da man dachte, dass mir das wohl Spaß mache, wurde ein Klavier angeschafft."* Er besuchte dann die Musikschule und hatte Unterricht bei Karl Seepe, später bei der „sehr strengen" Lehrerin Ruth Ohlwein. Zu dieser Zeit hatte er den Wunsch Pianist zu werden, merkte jedoch schnell, dass seine Begabung nicht ausreichte. In seiner Jugend besuchte er viele Konzerte, Opern, Operetten und Theateraufführungen in der Festhalle, *„Impulse, die für sein späteres Leben von Bedeutung waren"*. Mozarts „Così fan tute" und ein Gastspiel des Tanztheaters von Pina Bausch sind ihm besonders in Erinnerung geblieben.[12] Aber sein Schlüsselerlebnis war

eine Tour mit Ruth Ohlwein nach Bayreuth. Sie nahm Jakob Peters-Messer mit zu den Richard-Wagner-Festspielen, weil ihre Tochter dort eine Ausstellung mit Zeichnungen zum „Ring der Nibelungen" eröffnete. Er nutzte diesen Aufenthalt und besorgte sich für viel Geld eine Eintrittskarte für „Den fliegenden Holländer" in einer Inszenierung von Harry Kupfer, die später „legendär" genannt werden sollte. Prägend war auch seine Mitarbeit in der Theater-AG am Gymnasium. Dort verriet der Leiter, sein Deutschlehrer Lothar Rubow, den Teilnehmern u.a. Tricks zur Aufstellung der Schauspieler auf einer Bühne. Schließlich studierte Peters-Messer in Hamburg von 1983-87 Musiktheaterregie bei Götz Friedrich, ein kleiner Studiengang mit acht Kommilitonen.[13]

Ein Schwerpunkt seiner Arbeit liegt zunächst im Bereich der Neuen Musik und so inszeniert er 1987, noch in Hamburg, „Faust und Yorick" von Wolfgang Rihm. Im selben Jahr geht er nach

Berlin, wo er seither auch lebt, und arbeitet dort für vier Jahre als Regieassistent von Götz Friedrich an der Deutschen Oper. Da in seinem kleinen Appartement kein Platz für ein Klavier war, übte er häufig in der Wohnung einer Bekannten. Peters-Messer produziert parallel zur Arbeit als Assistent Mozarts „La Finta Giardiniera“ am Hebbel-Theater, *„eine frische und dabei sehr reduzierte Produktion"*, wofür er 1990 seine erste Auszeichnung erhält, den Kritikerpreis der *Berliner Zeitung*. In dieser Zeit kommt die Barock-Oper als größeres Betätigungsfeld hinzu und es entstehen an der Staatsoper Berlin u.a. „Orpheus oder die wunderbare Beständigkeit der

Liebe“ (Telemann) und „La Didone“ (Cavalli).[14]
Nach dem Ende seines Engagements an der Deutschen Oper führt ihn die Zusammenarbeit mit Nikolaus Lehnhoff ins europäische Ausland und in die USA. Von 1991-94 arbeitet er als dessen Assistent und sammelt internationale Erfahrungen u.a. auf den Festivals in Covent Garden, beim Glyndbourne Opernfestival oder dem Festival in Spoleto (Italien). Seit 1994 arbeitet Jakob Peters-Messer als freischaffender Regisseur. 1998 inszeniert er gemeinsam mit dem Komponisten Jan Müller-Wieland ein Stück des spanischen Dichters García-Lorca in Berlin und München, dessen Aufführung ein Kritiker „unbeholfen ziellos" und „peinlich" fand.[15] Im gleichen Jahr bringt er in Dortmund Mozarts „Die Entführung aus dem Serail" in einer modernisierten Fassung auf die Bühne. Hier beginnt die „Internationalisierung" seiner eigenen Tätigkeit (auch wenn er zuvor schon einmal in Innsbruck tätig war), denn sein Stück wird auch in Frankreich (u.a. Paris und Bordeaux) und Belgien aufgeführt.[16]
Dann erschließt er sich auch das Repertoire des 19. und 20. Jahrhunderts. Er sucht sich Opern von Wagner, Debussy oder Strawinsky aus, aber sein besonderes Interesse gilt der Entdeckung

unbekannterer Opern, wie Massenets „Grisélidis“ (Lübeck, 2006), Mascagnis „Iris“ (Chemnitz, 2007) oder Szymanowskis „König Roger“ (Wuppertal, 2014): *„Da hat das Publikum keine Erwartungshaltung und weniger Bilder im Kopf. Und man trainiert, offen zu bleiben.*“[17]
Das Publikum goutiert oft seinen Mut und zeichnet ihn aus: seine Uraufführung von Jeffrey Chings „Das Waisenkind“ (Erfurt) erhielt den Publikumspreis als beste Oper der Spielzeit 2009/ 2010.[18] Aber nicht immer ist das Publikum von seinen Ideen begeistert: bei Wagners „Tannhäuser“ in Dortmund (2001)

„verübelt ihm ein großer Teil des Publikums die zwangsläufig brüchige Modernisierung mit kräftigen Buhs.“[19] Im Jahr 2006 bringt er mit „Giulio Cesare“ die erste szenische Aufführung einer Händeloper in Israel (Tel Aviv) auf die Bühne. Die vom Publikum früher ungeliebte Oper „Die Sache Makropulos“ inszeniert er erfolgreich 2020 in Dessau (s.u.).[20] Überregionale Beachtung findet seine Erstaufführung von Meyerbeers „Vasco de Gama“ („Die Afrikanerin“) am Theater Chemnitz (2013). Dafür erarbeitet Peters-Messer eine neue, kritische Fassung, die zum ersten Mal sämtliche Materialien aus Meyerbeers Nachlass enthält. Spätere Eingriffe wurden wieder getilgt.

Er inszeniert die vielschichtige Handlung *„ziemlich geradeaus und lässt ihr ihre Spannung. [...] Trotz der gewaltigen Länge dieser Oper kommt an kaum einem Moment Langeweile auf.“*[21] Seine „Tristan und Isolde“-Inszenierung für die „Nederlandse Reisopera” im gleichen Jahr, wird von Publikum und Kritikern in den Niederlanden zur Oper des Jahres gewählt, obwohl es auch weniger gutmeinende Kritiken gab, die der Inszenierung „Illusionslosigkeit” bescheinigten.[22] Zwei Jahre später, in Wiesbaden als auch auf dem Versailles-Festival, kommt seine Inszenierung von „Catone in Utica“ (Leonardo Vinci) sehr gut an: *„[Hier] haben Regisseur Jakob Peters-Messer und sein Ausstatter Markus Meyer einen angenehm zurückhaltenden szenischen Rahmen gefunden. Die schwarzweiß Projektionen von urbaner Piranesi-Üppigkeit und anatomischen Gerippezeichnungen, garniert mit etwas waberndem Dampf und ziehenden Wolken, und der atmosphärische Beitrag der sechs Statisten, die mal als allegorische Masken oder Vögel, mal als Seestreitmacht (mit Segel-Schiffsmodellen auf dem Kopf) übers geometrisch gemusterte Parkett dieses Kammerspiel-Kampfes um die Macht geistern, lassen den Sängern genau den Entfaltungsspielraum, um sie als*

Gurgelakrobaten zur Hochform auflaufen zu lassen. Am Ende tobten die begeisterten Fans im Saal.“[23]

Mehrere große Inszenierungen prägen auch das Jahr 2016. Über 20.000 Zuschauer sehen im Sommer „Tosca” bei den „Erfurter DomStufen-Festspielen”, die Oper Bonn zeigt seine „Fidelio”-Inszenierung als Gastspiel beim internationalen Opernfestival in Daegu, Korea, und in Magdeburg bringt Peters-Messer „Die tote Stadt“ von Erich Wolfgang Korngold auf die Bühne, ein Stück, das zwei Jahre später auch an der „Nederlandse Reisopera” gezeigt wird. Auch hier gingen die Kritiker-Meinungen auseinander: während die Niederländer die Idee gut fanden, eine Projektion aus Hitchcocks Film „Psycho" zu zeigen, um die fließenden Grenzen zwischen Wirklichkeit und Wahn zu verdeutlichen, bemängelte man in Magdeburg „konzeptionelle Fragwürdigkeiten" und war nicht glücklich über das neue Ende der Oper: *„[...] veränderte Regisseur Jakob Peters-Messer das Ende radikal: die schaurig-groteske Haupthandlung wird nicht als Traum aufgelöst, auf den Mörder warten Justiz und Nervenheilanstalt."*[24] Seine „Salome"-Produktion am Saarländischen Staatstheater (2018) ist *„ein musikalisches und vor allem ein sängerisches Ereignis"*,[25] während seine „Walküre" in Magdeburg, deren Handlung er ins Hamburger Schanzenviertel während der Randale beim G20-Gipfel verlegt, *„ein Gewinn – für jeden Opernfreund, aber auch für die besondere Spezies der Wagnerianer"* ist: *„Siegmund ist in diesem Rahmen den randalierenden Autonomen zuzuordnen. Sieglinde, bei der er auf der Flucht, direkt von der Demo, vor seinen Verfolgern Schutz sucht, die Ehefrau eines ziemlich martialisch ausgerüsteten Ordnungshüters. Man hat Jakob Peters-Messer schon einfallsreicher und auch in der Personenzeichnung packender erlebt. Und doch ist der Abend unterm Strich ein Gewinn. [...] Sein großer Vorzug: er erzählt die tabubrechende Liebesgeschichte der Zwillinge Siegmund und Sieglinde geradeaus, mitreißend körperlich und hinreißend gesungen."*[26]

Mit „Katja und der Teufel" von Antonin Dvořák sucht sich Peters-Messer 2019 wieder eine Oper aus, die in Deutschland nach der Erstaufführung 1909 in Bremen nicht mehr aufgeführt wurde. Das zahlte sich erneut aus, das Publikum in Dessau feierte die Aufführung auch nach der zweiten Vorstellung mit langem Jubel: *„Jakob Peters-Messer [...] fängt genau das Richtige an mit den Figuren, von denen jede durch Sven Bindseils Kostüme treffend skizziert wird. [...] ein Glanzstück par excellence."*[27]

Das Jahr 2020 wird von seiner Inszenierung der *„vom breiten Publikum ungeliebten Oper"* „Die Sache Makropulos" bestimmt. Jakob Peters-Messer, als einfühlsam-agierender Regisseur bekannt, lässt Leoš Janáčeks intensive Oper in einer Art zerfallenen Theatersaal spielen, realisiert von Bühnenbildner Markus Meyer, mit dem Peters-Messer seit Jahren immer wieder zusammen arbeitet. Sie versuchen so, *„die Sprödigkeit von Janáčeks melodisch kargster Oper mit visueller Opulenz auszugleichen."* Zudem wurde die Oper auf Tschechisch mit deutschen Übertiteln aufgeführt, da sie in der Originalsprache am besten funktioniert.[28]

Mit der Corona-Krise setzte auch das Opernleben aus, aber 2022 ging es wieder los: Jakob Peters-Messer suchte sich dafür „Feldlager in Schlesien" aus, eine fast vier Stunden dauernde, 130 Jahre nicht aufgeführte Oper von Giacomo Meyerbeer, die 1763 im Siebenjährigen Krieg spielt und, neben Friedrich dem Großen, die Bereitschaft, für das Vaterland zu sterben, verherrlicht. Dann kam der Ukraine-Krieg und die Frage tauchte auf, ob man das heute noch so spielen könne? Aber Jakob Peters-Messer zeigt anschaulich, wie der Krieg das Leben der Menschen zerstört. *„Fantastische Solosänger, toller Chor und ein wunderbares Beethoven-Orchester verdienen viel Applaus. Die Inszenierung des 2. Aktes erzielt ein unbekanntes Klangerlebnis, bei dem nicht nur der Chor von allen Seiten vierstimmig singt, sondern die Instrumente auch vom 2. Rang und von der Loge zu hören sind: sehr beeindruckend!"*[29]

In seiner Arbeit als Opernregisseur findet Jakob Peters-Messer für die Psyche seiner Figuren immer eine unverwechselbare Körpersprache,

der kreative Umgang mit den musikdramatischen Urtexten ermöglicht es ihm, entschiedene inhaltliche Akzente zu setzen [...].[30]
Einblicke in diese Arbeit und seine Erfahrungen hat Jakob Peters-Messer auch schon in Viersen gewährt: Im Viersener Salon des Heimatvereins sprach er 2015 über die Anfänge der Oper in Deutschland, während er in seinem Vortrag „Vom Schauspiel zum Musiktheater, vom Roman zum Libretto – ein Blick in die Werkstatt der Literaturoper" (2022) darüber berichtete, wie aus Texten wie z.B. „Der Prinz von Homburg" oder „Effi Briest" eine Oper wird.[31]
Er kommt noch oft nach Viersen, um seine Familie zu besuchen, eine Aufführung von ihm in der Festhalle hat es bisher aber noch nicht gegeben, obwohl es seine Inszenierung von „Orpheus und Eurydike" schon auf die Bühnen in Krefeld und Mönchengladbach geschafft hat.[32] Das wird wohl auch auf sich warten lassen, auch wenn er der Idee gegenüber nicht abgeneigt ist. Aber die Festhalle ist eben „nur" ein Spielraum, mit sehr gutem Klang zwar, aber kein echtes Theater. Er müsste ein Stück für eine kleine Kompanie inszenieren, die dann mit den Gegebenheiten vor Ort auskommt.[33] (te)

Inszenierungen (Auswahl):

Giacomo Meyerbeer - EIN FELDLAGER IN SCHLESIEN Oper Bonn 2022

Giuseppe Verdi - IL TROVATORE
Oper Leipzig 2020

Richard Strauss - DER ROSENKAVALIER
Saarländisches Staatstheater 2019

Erich Wolfgang Korngold - DIE TOTE STADT
Nederlandse Reisopera 2018

Christoph Willibald Gluck - ORPHEUS UND EURYDIKE Theater Krefeld Mönchengladbach 2017

Gioachino Rossini - SEMIRAMIDE
Opéra de Nice 2015

Georg Friedrich Händel - SEMELE
Theater Bern 2011

Giacomo Puccini - TOSCA
Opera Ireland, Dublin 2010

Charles Gounod - FAUST
Theater Chemnitz 2009

Jeffrey Ching - DAS WAISENKIND
Theater Erfurt 2009

John Wolf Brennan - NIGHT.SHIFT
Theater St. Gallen 2007

Georg Friedrich Händel - GIULIO CESARE IN EGITTO Israeli Opera, Tel Aviv 2006

Jacques Offenbach - ORPHEUS IN DER UNTERWELT Wuppertaler Bühnen 2002

Johann Strauß - DER ZIGEUNERBARON
Staatstheater Braunschweig 1995

Wolfgang Rihm - FAUST UND YORICK
Hamburgische Staatsoper 1987

Theo Püll

Hochspringer

Elffacher Deutscher Meister und Olympiateilnehmer 1960. Theo Püll hat viel erreicht, vor allem aber hat er Viersen auf die Landkarte der deutschen Leichtathletik gesetzt. Und er war Mitbegründer von „Olympia Oberrahser".

Dank Hochspringer Theo Püll erlebten die Viersener am 6. Juni 1960 ein besonderes Ereignis im Stadion Hoher Busch: Beim internationalen Leichtathletik-Sportfest der „LG 1947 Viersen", in der Püll seit 1949 aktives Mitglied war, traten viele Sportstars an, darunter Armin Hary, Europameister im 100m-Lauf (1958), der 200m-Europameister und Weltrekordhalter Manfred Germar, Jutta Heine, Deutsche Meisterin im 200m-Lauf sowie die spätere Deutsche Meisterin im Speerwurf, Anneliese Gerhards aus Oedt. Am sog. „Tag der Meister", den Püll mitorganisiert hatte, erlebten die rund 5.000 Zuschauer wie Theo Püll den schwedischen Europameister Rickard Dahl mit einer Höhe von 2,05m schlug. Püll, der zu diesem Zeitpunkt schon für den „VfL Wolfsburg" startete, übersprang im anschließenden Olympia-Aufbauwettbewerb sogar 2,06m und scheiterte nur äußerst knapp an der deutschen Rekordhöhe von 2,09m.[1]

Theo Püll wurde am 30. September 1936 in Viersen geboren. Seine Eltern betrieben auf der Süchtelner Str. (Nr. 147) die Gaststätte Püll, nach der auch eine Straßenbahnhaltestelle benannt war (FOTO), und die zu jener Zeit als Vereinslokal der „LG 1947 Viersen" diente.[2] Er besuchte die Realschule in Süchteln und absolvierte dort nach der Mittleren Reife eine Lehre zum Industriekaufmann bei der Firma Lentz (Webstühle). Mit Freunden aus der Nachbarschaft spielte er oft in der alten Ziegelei an der Süchtelner Str.: *„Wir haben auf dem dicken Sandboden einen provisorischen Sportplatz gebaut. Hans Fleuth, Franz Josef Antwerpes (siehe S. 8), andere Jungs und ich haben dort u.a., Fuß- und Handball gespielt und auch die ersten Leichtathletikversuche gemacht, das war so 1947/48. Und wir gründeten unsere eigene Handballmannschaft, Olympia Oberrahser hieß sie, glaube ich."*[3]

Beim „FC Süchteln 03“ spielte er Handball und betrieb Leichtathletik. Dabei entdeckte er den Hochsprung für sich. Nachdem er im Alter von 17 Jahren Kreismeister geworden war, erhielt er eine spezielle Förderung und nahm an Lehrgängen bei anderen Vereinen im Rheinland teil. Theo Püll belegte 1955 bei den Deutschen Meisterschaften noch den dritten Platz, aber schon ein Jahr später gewann er den Titel sowohl in der Halle als auch im Freien. Die „LG 1947 Viersen“ ernannte ihn 1957 zum Ehrenmitglied. Insgesamt wurde er durchgehend bis 1961 elf Mal Deutscher Meister - mit Höhen von 1,92m (1956) bis 2,05m (1960) -, davon sechsmal im Freien, und verbesserte zweimal den deutschen Rekord. Das alles noch in der *Straddle*-Technik, also bäuchlings über die Latte, denn der heute übliche *Flop* kam erst ab 1968 auf. Er nahm zwischen 1955 und 1961 an 45 der damals so beliebten Länderkämpfe teil, wovon ihm das Jahr 1958 besonders in Erinnerung geblieben sein wird, denn im September trug er dazu bei, dass die (west)deutsche Mannschaft vor 85.000 Zuschauern in Augsburg einen sensationellen Sieg über die favorisierte Sowjetunion errang. Einen Monat später, in Saarbrücken, beim Länderkampf gegen Ungarn, verbesserte Püll zur eigenen Überraschung - denn vier Tage zuvor hatte er in einem Wettkampf nur 1,90m übersprungen - seinen deutschen Rekord auf 2,07m. Er nahm jede Höhe im ersten Versuch und begeisterte die Zuschauer. An 2,10m scheiterte er schließich.[4] Im gleichen Jahr nahm er mit der (noch) gesamtdeutschen Mannschaft an den Europameisterschaften in Stockholm teil und belegte mit 2,06m den fünften Platz (1. wurde Rickard Dahl mit 2,12m).

Der nächste Länderkampf gegen die UdSSR fand im August 1959 im Lenin-Stadion in Moskau statt und wurde von den Russen als Revanche für Augsburg betrachtet. Während sie verbissen trainierten, nahm Theo Püll sich Zeit für einen Spaziergang über den Roten Platz. Für ihn, der den Sport immer mit viel Gelassenheit und Humor betrieb, bleibt dieses Ereignis aber v.a. in Erinnerung, weil er dort seine Frau kennen lernte, die Fünfkämpferin Ute Spitzkowsky. Ein

Jahr später, bei den Olympischen Spielen in Rom, erreichte Püll das Finale und sprang mit 2,03m auf den siebten Platz. Da startete er schon für den „VfL Wolfsburg", zu dem er 1960 gewechselt war: *„Dort suchte man Leute, um eine schlagkräftige Mannschaft aufzustellen. Der „ASV Köln" hatte auch Interesse an mir, aber die Wolfsburger haben mir gleichzeitig einen Ausbildungsplatz angeboten: Zwei Jahre Volontär bei VW, obwohl das sonst nur Akademikern vorbehalten war. Danach habe ich auch dort gearbeitet, bis etwa 1972, am Ende als Abteilungsleiter."* [5] dort in die von seinem Schwiegervater aufgebaute Schiffreinigungsfirma ein, deren Leitung er später übernahm.

Für seine Verdienste um den Sport in Niedersachsen wurde er 1988 in die Ehrengalerie des Niedersächsischen Instituts für Sportgeschichte aufgenommen. In Viersen erhielt er 1960 als Ehrengabe den Stadtteller. Auf den zwischen 1995-2019 jährlich stattfindenden Hochsprungmeetings war er zwar nie,[7] aber er verfolgte sie immer in der Presse, denn seit 1960 ist Theo Püll Abonnent der *Rheinischen Post*,

Die Arbeit in der Überseeabteilung von VW und seine Familienplanung nahmen schließlich soviel Zeit ein, dass er 1961, nach seinem letzten Meistertitel, Schluss machte mit dem Hochsprung. *„Der Sport hat mir jahrelang die schönsten Erlebnisse und Reisen in die ganze Welt beschert und mich schließlich auch mit meiner Frau zusammen gebracht [...], aber nun heißt es davon Abschied nehmen."* [6] Er zog mit seiner Frau 1973 nach Bremerhaven und stieg um über seine Geburtsstadt auf dem Laufenden zu sein.[8] Auf einer DVD des Heimatvereins ist er in Aktion zu sehen.[9] (te)

Gaby Reimann

Hockeyspielerin

Hockey ist ihr Leben. Und so steht Gaby Reimann auch heute noch auf dem Platz, lange nach dem Ende ihrer sportlichen Karriere, die ihr u.a. zwei Weltmeisterinnentitel einbrachte. In Hamburg hat sie sich eine zweite Karriere als Homöopathin aufgebaut.

„Im Alter von neun Jahren bin ich mit Kindern aus meiner unmittelbaren Nachbarschaft mitgegangen, um zuzuschauen, wozu sie diese Schläger benutzten. Ich wurde direkt von Frau Stuffertz, der Trainerin, eingeladen und bekam einen Schläger in die Hand gedrückt. Von Stunde 1 an mit dem Hockeyschläger hatte ich nichts anderes mehr im Kopf, das Feuer war sofort entbrannt“, schreibt Gaby Reimann, die als Gabriele Marion Appel am 17. Januar 1958 in Viersen zur Welt kam, in einer Mail.[1] Ihr Elternhaus stand auf der Weiherstraße und der Club, den sie besuchte, war der „Viersener Tennis und Hockey-Club“ (VTHC) auf der Beberichер Str. *„Ich habe es im VTHC als so toll empfunden, dass es heute fast kitschig klingt. Wir haben unterhalb eines kleinen Waldes trainiert, das war wunderbar. Der Club liegt einfach sehr gut in die Natur eingebettet!“* Und auch die Trainer und Betreuer des VTHC sind ihr sehr positiv in Erinnerung: *„Hockey ist ein Familiensport und das hat man zu jeder Sekunde in Viersen gemerkt.“* [2] Frau Stuffertz brachte ihr nicht nur das Hockeyspielen bei, sondern auch die soziale Kompetenz ohne die es im Mannschaftssport nicht geht, denn *„trotz, oder wegen meiner drei Geschwister, war das Teilen nicht meine Spezialität.“*[3] So wurde der VTHC zur Basis ihres Erfolgs, mit zwei Deutschen Vizemeister- und einem Meistertitel (1973). Auch ihre Eltern förderten sie, wo es nur ging, der Vater baute ihr sogar ein Hockeytor in den Garten. Gaby Appel besuchte die Grundschule am Pestalozziweg und das Viersener Mädchengymnasium, und auch die Lehrer zeigten Verständnis, wenn sie nach anstrengenden Spiel- und Trainingswochenenden *„den ein oder anderen Montag nicht besonders bei der Sache war.“*[4] 1976 begann sie eine Ausbildung zur Arzthelferin im Irmgardis-Krankenhaus, ein Beruf, den sie 15 Jahre lang bei verschiedenen Orthopäden ausübte.

Im Jahr 1975 wechselte Gaby Appel „schweren Herzens“, aber aus sportlichen Gründen zum „RTHC Bayer Leverkusen“ und zwei Jahre später zum „Großflottbecker THGC“ nach Hamburg, mit dessen Mannschaft die Stürmerin 1979 Deutsche Meisterin im Feldhockey wurde.

Danach ging sie zum „Klipper THC“. Appel gab 1975 ihr Debut in der Nationalmannschaft und nahm an fünf Weltmeisterschaften teil. In den Jahren 1976 und 1981 gewann sie den Titel, 1978 und 1986 wurde sie Zweite. Das Finale 1981 in Buenos Aires - wie so oft gegen die Niederlande - ist ihr besonders in Erinnerung geblieben, denn nach einem 1:1 in der regulären Spielzeit, kam es zu drei Verlängerungen und zum Siebenmeterschießen, und Gaby Appel schoss den entscheidenden Siebenmeter zum 4:2 Endstand.

Von den Hallen-Europameisterschaften, die sie 1981, 1985 und 1987 gewann, ist letztere etwas Besonderes gewesen, da der niederländische Trainer das Spiel mit einer List begann: er ließ ganz normal die Torhüterin sich warmspielen, setzte dann aber plötzlich sechs Feldspielerinnen ein. Die deutsche Mannschaft gewann knapp mit 10:8: *„Unser Sieg war die richtige Antwort auf die Arroganz der Holländerinnen“*, kommentierte Gaby Appel, die auch zur besten Spielerin der EM gekürt wurde, das Spiel.[5] Im Jahr 1984 fuhr sie mit der Mannschaft zu den XXIII Olympischen Spielen nach Los Angeles und gewann die Silbermedaille hinter der Mannschaft aus den Niederlanden, einer der schönsten Momente ihrer Spielerinnenlaufbahn.[6] Vier Jahre später - zum Abschluss ihrer Karriere in der Nationalmannschaft - belegte diese bei den XXIV Olympischen Spielen in Seoul den 5. Platz. Im gleichen Jahr wurde die 1,54m große Stürmerin in Deutschland zur Sportlerin des Jahres gewählt. Insgesamt spielte Gaby Appel zwischen 1975 und 1988 in 209 Länderspielen, davon 28 in der Halle. Erst im Jahr 2000 wurde ihr Rekord als Nationalspielerin geknackt.[7] Sie erhielt als einzige deutsche Hockeyspielerin bisher einen Stern in der *Hall of Fame Hockey* in London. Nachdem sie Anfang der 1990er Jahre auch ihre Bundesligakarriere beendete, spielt sie bis heute Hockey, in der Seniorinnenmannschaft des „Hockey-Clubs an der Alster“. Mit den „Damen a.D.“ wurde sie 2006 Weltmeisterin und 2011 deutsche Ü30-Meisterin.[8]

Gaby Reimann eröffnete nach ihrer Hockeykarriere in Hamburg im Jahr 2001 eine Naturheilpraxis. Sie absolvierte u.a. eine Meditationslehrerausbildung und eine Ausbildung zum Homöopathen. Der Schwerpunkt ihrer Tätigkeit liegt auf Achtsamkeitsmeditation, Coaching, Teambuilding, aber auch tibetischem Heilyoga (Lu Jong), das sie u.a. in Indien und Nepal erlernte. Mit ihrem im Jahr 2004 verstorbenen Mann hat sie zwei Kinder, die auch dafür sorgen, dass Gaby Reimann weiterhin am Hockeyplatz steht: Sohn Christian, Feldspieler, steht im Bundesligakader der Alster-Herren, Tochter Jessica spielt - wie ihre Mutter - im Sturm, aber beim „Hamburger Polo Club“.[9] (te)

Hermann Schmitz

Maler

„Schmitz-Süchteln", so sein Künstlername und seine Signatur (*H SS*), war nur ein kurzes Leben beschieden. In dieser kurzen Zeit aber hat er ein beeindruckendes Werk geschaffen, in einer Vielzahl von Techniken und Stilen.

Hermann Schmitz, am 24. Mai 1904 in Süchteln geboren, lebte mit seinen Eltern und zehn Geschwistern in einem kleinen Haus auf der Krefelder Str., in dem sich im Erdgeschoss ein Laden für Tapeten, Lacke etc. befand, den die Mutter führte. Sein Vater, Conrad, betrieb nicht weit vom Wohnhaus entfernt eine Devotionalienfertigung, in der Heiligenfiguren etc. aus Gips hergestellt wurden, für Geschäfte u.a. im Wallfahrtsort Kevelaer sowie in Holland. Conrad Schmitz, der als Autodidakt die Malerei erlernt und verschiedene Reisen durch Europa unternommen hatte von denen er Motivideen mitbrachte, arbeitete auch als Heimatmaler. Seine Ansichten von Süchteln waren sehr beliebt.

Seinen Söhnen Hermann und Hugo brachte er ab dem 6. Lebensjahr Malen und Zeichnen bei, so dass sie schon in der katholischen Volksschule bei jeder Gelegenheit malten. Dabei dachte er auch an seine Fertigung und steckte die beiden nach Ende der Schulzeit als billige Arbeitskräfte in seinen Betrieb, wo sie Vorarbeiten leisten und grobe Flächen bemalen durften.[1] Im Jahr 1919 verlassen nach Streitigkeiten mit dem Vater beide Söhne den Betrieb und beginnen mit finanzieller Unterstützung von Verwandten ein Studium an der „Handwerker- und Kunstgewerbeschule zu Crefeld".[2] Rund dreieinhalb Jahre lernt Hermann dort das Metier des Dekorationsmalers, belegt aber häufiger die künstlerischen Fächer Akt- und Kopfzeichnen sowie Graphik und Kunstgeschichte. Mit dem „Schluff", einer Dampfeisenbahn, legt er täglich den Weg von Süchteln nach Krefeld zurück und zeichnet schon im Abteil, wie Bleistiftskizzen aus seinem Skizzenbuch belegen.[3] Er ist ein eifriger, fleißiger und leidenschaftlicher Zeichner, aus dessen Studienjahren eine Fülle von Blättern erhalten ist.[4]

In Krefeld freundet er sich u.a. mit Josef Strater, Hans Lünenborg, der ihn mehrfach portraitiert, und Wolf von Beckerath an. Über die Freunde lernt er Augustinus Winkelmann kennen. Der unterstützt die jungen Künstler seit seiner Zeit als Kaplan in Nieukerk und fördert sie als Mäzen und „Galerist", v.a. Hermann Schmitz. Im Jahr 1923 bringt er Strater, Lünenborg, von Beckerath und Schmitz im Sommer bei Bauernfamilien in der Gegend von Geldern unter, wo sie auch beköstigt werden. Sie zeichnen und malen im Gegenzug die Familien und ihre Höfe. Der junge Schmitz, den Freunde als hübsch, still und besonnen beschreiben, und ihm daher den Spitznamen „Wunderblümchen vom Niederrhein" verleihen, bezieht 1923 ein kleines eigenes Atelier in der Nähe des Elternhauses. Im gleichen Jahr muss der Vater aufgrund von Absatzmangel seinen Betrieb schließen.[5]

Im Kloster Marienthal bei Wesel, wo Winkelmann nun Pfarrer ist, lernen Schmitz und seine Freunde die Künstler Ewald Mataré, Heinrich Campendonk und Heinrich Nauen kennen, letzterer wird zum Vorbild der jungen Künstler. Angeregt durch die Aufenthalte in Marienthal erschafft Schmitz einige Kunstwerke mit religiösen Motiven. Mit Strater und von Beckerath verbringt Schmitz den Sommer 1925 erneut auf dem Land, in Schaephuysen bei Moers.

Während seiner Zeit in Krefeld kommt Schmitz mit den Bildern August Mackes und weiterer „Rheinischer Expressionisten"[6] in Kontakt, die 1920, 1921 und 1924 im Kaiser-Wilhelm-Museum ausgestellt werden. In seinen Landschaftsbildern wie „Nierslandschaft II", „Irmgardiskapelle" oder „Landschaft mit Turm", in denen er nebenbei einige Motive seines Vaters aufgreift, ist dieser Einfluss sichtbar. Fröhlich bunte Szenerien, wie im Temperabild „Musikpavillon am See", erinnern ebenfalls an August Macke. Er scheut es auch nicht, so „gewöhnliche" Orte aufzusuchen wie eine Kirmes oder einen Fußballplatz. Auf der Waldkampfbahn in Süchteln hält er Szenen eines packenden Fußballspieles in Öl fest, und die sommerliche Kirmes zeichnet er in Kreide.[7] Bei seinen Portraits bleibt Schmitz aber ein realistischer Maler. Er hat sehr viele Portraits gezeichnet, auch von seinen Geschwistern, denn die Darstellung von Menschen war sein Lieblingsthema. Außerdem sicherte die Portraitmalerei ihm den notwendigen Lebensunterhalt. Viele Portraitzeichnungen weisen dabei eine Überlängung der Kopfform auf, die an Bilder von Heinrich Nauen erinnert. Aber im Gegensatz zu den Expressionisten blicken die von Schmitz Dargestellten meist ernst, nach innen gekehrt, mit großen traurigen Augen. Denn Schmitz' Menschenbild *„definiert sich aus den Unwägbarkeiten des Daseins, begründet durch die Erfahrungen des I. Weltkriegs und die politischen Wirren der 20er Jahre, hinzu kommt die als bedrückend empfundene Situation in seinem Elternhaus."*[8]

1926 wird ein glückliches Jahr für Hermann Schmitz. Mit seinem Freund Lünenborg verbringt er - wieder unterstützt von Winkelmann (der „Künstlerkasse") u.a. - einen mehrmonatigen Studienaufenthalt in Wien. Als erfolgversprechender junger Maler, hat er sorglose Tage und malt „Parkanlangen mit Leuten und Landschaften", wie Lünenborg sich erinnert. Diese sind nicht erhalten, aber das „Selbstportrait im Prater" entsteht bei diesem Aufenthalt und belegt den fröhlichen Optimismus und das gestärkte künstlerische Selbstvertrauen, die Schmitz aus dieser Reise zog.[9] Doch nur ein Jahr später diagnostiziert man bei Hermann Schmitz Tuberkulose. Krankenhausaufenthalte und Kuren verschlingen große Summen, die

Junger Mann im Clownkostüm (1923)

nur mit Unterstützung von Winkelmann und anderen Freunden aufgebracht werden können. Zumal der Gesundheitszustand das Arbeiten oft unmöglich macht, und Schmitz nun noch weniger Werke verkauft. Hinzu kommt die katastrophale gesamtwirtschaftliche Lage in der Weimarer Republik Ende der 1920er Jahre. Freunde und sogar der Bürgermeister von Süchteln bemühen sich, seine Bilder zu verkaufen, mit geringem Erfolg.[10] Zwischen 1928 und 1931 fuhr er dann jährlich zu Sanatorienaufenthalten in den Luftkurort Davos, wobei auch dort Bilder entstanden: einerseits farbige, Hoffnung ausstrahlende Bilder wie „Rennplatz in Davos" oder Bergmotive, andererseits schwarz-weiße, von Todesangst und Verzweiflung geprägte Tuschezeichnungen wie „Hinrichtung".

Seine ersten beiden Einzelausstellungen finden im Jahr 1929 statt: im Kaiser-Wilhelm-Museum in Krefeld sowie eine Verkaufsausstellung in Süchteln. Dort besucht auch Albert Vigoleis Thelen (siehe S. 246) die Schau und schreibt in der *Vereinigten Dreistädte-Zeitung* in einem langen Artikel über die Werke seines Jugendfreunds und Nachbarn: *„Ganz glückhafte Froheit und Frische, ganz farbgewordene Seele ganz reine Verheißung ist diese Kunst [...]."* Thelen verweist auch auf die „geistige Verwandtschaft" mit August Macke. Mit dem Erlös aus dieser Ausstellung finanziert Schmitz eine weitere Kur

Straße in Süchteln (1926)

in Davos. In der Schweiz ging es ihm regelmäßig besser, zurück im Rheinland setzten die Beschwerden schnell wieder ein. Nach seinem Davos-Aufenthalt 1931 schreibt Schmitz schon bald an Winkelmann: *„Ist denn keine Möglichkeit vorhanden, mal wieder zu etwas Geld zu kommen? Die Not wird geradezu schlimm. Abgesehen von dem schlechten Essen, kann ich nicht mal mehr arbeiten, da ich vollkommen ohne Material dastehe. So groß war die Not noch nie. Ist denn kein Mensch aufzutreiben, der sich oder sein Kind malen lassen kann? Ich fürchte eine Katastrophe."* Und obwohl die Krankheit zu diesem Zeitpunkt als geheilt gilt, stirbt Schmitz am 4. November 1931 in seinem Elternhaus an einer Kopfgrippe, die bei dem durch Hunger und Tuberkulose geschwächten Körper leichtes Spiel hat.[11]

Schmitz, der posthum als „große Hoffnung" und „die bedeutendste Begabung" der rheinischen Malerei bezeichnet wurde, hinterließ ein vielfältiges Werk, das über 400 Bilder, Zeichnungen und Skizzen umfasst, und noch immer werden Werke von ihm entdeckt.[12] Einige Ausstellungen nach dem II. Weltkrieg - die erste aber schon 1931 in Krefeld - präsentierten nochmal seine Kunst und erzeugten so auch ein Echo in den Medien, aber ab den 1960er Jahren geriet er nahezu in Vergessenheit. Erst mit den beiden Viersener Ausstellungen in der Städtischen Galerie im Park, 1987 und 2004, wurde er wieder einer breiteren Öffentlichkeit bekannt. Dabei stellen sich die Zeichnungen und druckgraphischen Blätter nach Meinung der Experten heute wichtiger als seine Malerei dar. Sie behandeln gesellschaftskritische Themen und zeigen auch die Ränder bzw. Randgruppen der Gesellschaft, wenn man z.B. die Zirkusartisten oder seine „Bordellszenen" betrachtet. Viele seiner Linolschnitte erscheinen dabei wie Holzschnitte. Da ihm einerseits das Material fehlte, um Holzschnitte herzustellen, andererseits diese in ihrer feiner gearbeiteten Art beim Publikum beliebter waren, bearbeitete Schmitz seine Linol- wie Holzschnitte und pries sie auch so an.[13]

An seinem ehemaligen Wohnhaus, heute Ecke Lindenplatz/ Tönisvorster Str., erinnert eine Gedenktafel an die „drei Schmitze", also Hermann, Conrad und Hugo. In Dülken ist eine Straße nach ihm benannt. Viele Werke von Hermann Schmitz befinden sich in privater Hand, sowie einige im Heimatmuseum Süchteln, in der Grafischen Sammlung der Städtischen Galerie Viersen, im Kloster Marienthal und im Museum Abteiberg in Mönchengladbach, wo auch ein Portrait von Schmitz aufbewahrt wird, gemalt von seinem Freund Hans Lünenborg.[14] (pe)

Einzel- und Gruppenausstellungen:

1929/ 1931/ 1948 Kaiser-Wilhelm-Museum, Krefeld
1956 Süchteln („Die drei Schmitze")
1977 Nijmeegs Museum, Nimwegen
1987/ 2004 Städtische Galerie im Park

Werner Schriefers

Maler, Designer, Sammler

Er musste sich zwischen einer Karriere als Sänger oder Maler entscheiden, entwarf Textilmuster, die teilweise noch heute genutzt werden, und kämpfte mit seinen Studenten gegen die Schließung der Werkschule in Köln. Werner Schriefers war auch ein Genußmensch, der gerne lachte und ein gutes Essen mit Freunden zu schätzten wusste.

In Dülken erblickte Werner Schriefers das Licht der Welt, am 23. Mai 1926. Drei Jahre später zog die Familie nach Krefeld, da sein Vater Aloys seine leitende Funktion in einem Dülkener Textilunternehmen verlor, und einen Vertrag bei Verseidag in Krefeld erhielt. Dort besuchte Schriefers nach der Volksschule das Fichte-Gymnasium und verließ es 1943 aufgrund der Kriegssituation mit einem Notabgangszeugnis. Er musste als 18jähriger, 1944, noch in den Krieg ziehen, nutze die Zeit bis zum Beginn des Wehrdienstes aber, um in Köln für ein Semester die Studien der Kunstgeschichte, Germanistik und Philosophie aufzunehmen. Er kam zur Marine, zu der er sich auf Anraten seines Bruders freiwillig gemeldet hatte, um dem Zugriff von SS-Werbern zu entgehen. Erfreulicherweise wurde er nie in Kampfhandlungen verwickelt, da er aufgrund seiner musischen Begabungen einer Künstlertruppe zur Unterhaltung der Streitkräfte zugeteilt wurde.[1] Schon in dieser Zeit zeichnete er viel und musste seine Pastellfarben erst abgeben, als er in Dänemark in Gefangenschaft ging.

Beeck (1946)

Als er 1946 an den Niederrhein zurückkehrte, „vervollständigte“ er sein Notabitur in einem Heimkehrerkurs am alten Gymnasium, dem auch Johannes Cladders[2] angehörte. Schriefers schaute dessen Vater, Maler von Beruf, nach der Schule gerne bei der Arbeit zu. Cladders Sen. hatte die Hinterglasmalerei für sich entdeckt, die Heinrich Campendonk 1922 aus Bayern ins Rheinland mitgebracht hatte. 1949 stellten sie sogar zusammen ihre Hinterglasbilder in Wuppertal aus, die teilweise noch auf im Trümmerschutt gefundenen Glastafeln gemalt waren. Schon als Kind hatte Werner Schriefers Maler werden wollen, aus Rücksicht auf seine Eltern war im Abiturzeugnis aber Zahnarzt als Berufswunsch angegeben.[3] 1946 begann er dann ein Studium der Textilkunst an der Textilingenieursschule Krefeld, bei Professor Georg Muche, der vor dem Krieg zu den Mitbegründern des Bauhauses in Dessau gehört hatte, und diese „Philosophie“ seinen Studenten in Krefeld zu vermitteln suchte. So wurde Schriefers Liebe zur angewandten und zur freien Kunst geweckt. Noch während der zwei Jahre des Studiums und einer ersten Ausstellung seiner Bilder, wurde er zu Muches Mitarbeiter für das Studio der Meisterklasse bestimmt.[4] Parallel zu seiner beginnenden künstlerischen Laufbahn nahm Werner Schriefers, der klassische Musik liebte, Gesangsunterricht. Dem Bassbariton, der sich auch an Aufführungen beteiligte, wurde dann tasächlich ein Engagement an einer süddeutschen Bühne angeboten, doch er entschied sich für die Kunst. Seine Liebe zur Musik floß aber immer wieder in sein Werk ein, wie Bildtitel wie „La mer“, nach einer Komposition von Debussy, zeigen.[5]

In Krefeld schloß er sich der „Künstlergruppe 45“ an. Ihre Mitglieder zeichneten sich durch eine Vielfalt künstlerischer Techniken aus, neben Gemälden, Glasmalerei und Zeichnungen, wurden in den verschiedenen Gruppenausstellungen im Rheinland Plastiken und Werke aus Ton, Bronze, Stein oder Metall gezeigt.[6] Nachdem Schriefers 1948 den 1. Preis im Wettbewerb für zwei Wandbehänge der Paulskirche in Frankfurt gewonnen, und ein Jahr später beim „Blevin-Davis-Wettbewerb“ in München ebenfalls eine Auszeichnung für ein Gemälde erhalten hatte, wurde er an die Werkkunstschule Wuppertal berufen. Dort übernahm er 1949 die Klasse für Flächenmusterung und Textilgrafik und erhielt den Auftrag zum Aufbau einer Abteilung für die Grundlagen der Gestaltung („Grundlehre“), die 1958 realisiert wurde, und deren Konzepte bis nach Großbritannien Beachtung fanden. Dort wanderte 1966 eine Ausstellung mit seinen Ideen/ Arbeiten, sowie denen seiner Schüler durch zwölf Städte.[7] Auch lud er immer wieder illustre Redner ein, so z.B.

Theodor W. Adorno, die den Studenten Ideen und Konzepte der Moderne erläuterten. 16 Jahre lehrte er in Wuppertal, begründete den guten Ruf dieser Institution, und widmete sich gleichzeitig vielen anderen Aktivitäten: neben der Organisation von Kunstausstellungen für verschiedene Museen, der Veröffentlichung von Artikeln, u.a. in der Zeitschrift *Architektur & Wohnform*, Auftragsarbeiten, wie z.B. einem Wandbild für die Stadtsparkasse Wuppertal, beteiligte er sich an verschiedenen Ausstellungen, u.a. in Italien.[8]

1965 wurde Schriefers zum Direktor der Kölner Werkschulen berufen, drei Jahre später zog er mit seiner Frau und seinen zwei Kindern in die Domstadt. Margret Imhof, die er 1957 geheiratet hatte, hatte er in seiner Wuppertaler Klasse kennen gelernt. Die zum Meister ausgebildete Weberin arbeitete später auch als Malerin und Objektkünstlerin, anfangs v.a. aber als Textildesignerin. Zusammen entwarfen sie 1952-1958 Tapeten- und Textilmuster sowie Stoffe für viele renommierte deutsche und französische Firmen, darunter die Viersener Unternehmen „Lambertz“, „Mihm“ und „Rhenania“. Damit waren sie schnell so erfolgreich, dass sie sich ihr Haus in Wuppertal finanzieren konnten.[9]

Die praktische Arbeit als Designer für Gewerbe und Industrie führte auch dazu, dass Schriefers in Köln viel Wert darauf legte, dass die Studenten und Studentinnen das „entwerfende Gestalten", die „Formgebung" vermittelt bekamen. Deshalb gründete er die neue Klasse „Industrie-Design".[10]

Außerdem legte er - ebenso wie die Bauhaus-Lehrer - Wert auf kritische und selbstständig denkende Studierende.[11] Als zu Beginn der 70er Jahre im Rahmen des allgemeinen Fachhochschul-Errichtungsgesetzes die Werkschulen in ihrem Bestand bedroht waren, hatte Schriefers schon ein Konzept zur Umwandlung der Kölner Werkschule in eine Hochschule für Kunst und Gestaltung erarbeitet, doch dieses wurde nicht beachtet. Erbittert kämpfte er an der Seite seiner Studenten für die Eigenständigkeit der Werkschulen, die dann aber 1971 aufgelöst und als ein Fachbereich (von 17) der neugegründeten Fachhochschule Köln (FH) angegliedert wurden.[12] Das hat ihn schwer getroffen: *„Die Umstände, unter denen dieser Wechsel passierte, sind nicht gerade schön zu nennen, ich bin sehr traurig darüber. Als Demokrat muss ich mich dieser Entscheidung fügen, aber ich halte die Entscheidung für gefährlich, [...] weil ich nicht sehe, ob es gelingen kann, die Rahmenbedingungen für die der Kunst eigenen, spezifischen Ausbildungsformen und Prüfungen zu schaffen. Kunst wird nicht nur - bedingt - vom Katheder gelehrt [...], sondern durch die Kunstausübung selbst. Studiengang und Prüfung müssen einer solchen Situation Rechnung tragen."*[13] Aber nicht nur das Scheitern seiner Pläne in Köln machte Werner Schriefers betroffen, gehörte er doch zu einer Generation, die *„das Scheitern der großen Perspektiven aus der Nachkriegszeit"* generell als problematisch empfand: viele der Ideen zur Entwicklung einer neuen, besseren (Nachkriegs)Gesellschaft wurden aus ihrer Sicht letztendlich nicht verwirklicht.[14] Darunter litt Schriefers, der ansonsten einen ausgeglichenen, gelassenen Charakter hatte, der gerne dröhnend lachte und gut und gerne aß:[15] Als jemand einmal in seinem Atelier einen Stapel seiner Glasbilder zerstörte, war Schriefers nicht ärgerlich, sondern fertigte aus den Resten ein „Scherbenbild".[16]

Nach dem Wegfall seines Direktorenpostens bot man ihm verschiedene Professuren in NRW an, er entschied sich für die Übernahme einer Meisterklasse für Malerei in eben jenem Fachbereich der FH, den er hatte (mit)verhindern wollen. Er war v.a. wegen der Behandlung seiner leukämiekranken Tochter Alexandra in Köln geblieben, die dann, 1972, im Alter von fünf Jahren starb. Bis zu seiner Pensonierung, 1991, leitete er die Meisterklasse in der u.a. Rosemarie Trockel studierte, die die experimentierfreudige und kollegiale Atmosphäre dort schätzte. Mit seinen Studenten hat sich Schriefers immer sehr wohl gefühlt, aber dass er an der FH arbeitete, deren Konzepte er eigentlich hatte überwinden wollen, war für ihn immer etwas seltsam. Und als dann doch wieder über die Konzeptionierung einer eigenständigen Kunsthochschule beraten wurde (heute KHM), hat man ihn nicht hinzugezogen, obwohl er lange auch Mitglied des Kunstbeirates der Stadt Köln war, sowie Vorsitzender des Deutschen Werkbundes NRW (1990-92).[17]

Nach seiner Pensionierung widmete Werner Schriefers sich wieder ausgiebig seiner Malerei, nahm an Ausstellungen teil, und arbeitete u.a. weiterhin als Berater der Arbeiterwohlfahrt (AWO) in Sachen Kunst: Schon seit 1977 hatte er immer wieder deren jährlichen Kalender „Grafik der Gegenwart" und die damit einhergehenden Ausstellungen betreut. Er stellte die Werke anderer Künstler zusammen, schrieb Texte, und

Drei Bäume (1949)

steuerte auch eigenen Bilder bei. Im Jahr 1994 war er Ehrengast der „Academia Tedesca Villa Massimo" in Rom. Der zweimonatige Aufenthalt beflügelte ihn, es entstanden rund 60 Arbeiten auf Papier, v.a. mit Eindrücken des Massimo-Parks. Zurück in Köln schuf er dann großformatige Bilder, die die Gärten Roms thematisieren.[18] Es folgten einige Ausstellungen, aber 1999 erlitt Schriefers eine Hirnblutung, konnte danach kaum noch sprechen und nicht mehr arbeiten.

Das Werk

Hinterglasmalerei (rund 500 Werke), Öl- und später Acryl- und Pastellbilder: Werner Schriefers Arbeiten, egal welches Material er verwendete, sprühen meistens vor Lebendigkeit und zeigen eine über 45 Jahre anhaltende *„Lust im Umgang mit Farben"*, die er übrigens selbst herstellte.[19] *„Ich bin ein Maler, dem die Farbe sehr viel gilt [...]. Meiner Malerei liegt kein Motiv zugrunde, sondern meine Arbeit entsteht aus der Aktion, und ich gebe mich diesem Vorgang hin."*[20] Seine Werke entstanden in einem Prozess der verschlungenen Auseinandersetzung mit Farben und Gesten, aus der Anschauung innerer Bilder, Intuition statt Absicht lautete die Leitformel von Schriefers. Die Bilder sind vielschichtig, vereinen rauhe mit weich dahinfließenden Stellen, farblich oft sehr dezent, wobei Rot-Töne dominieren. Bei der Hinterglasmalerei versetzt er die „eigentümlich gebrochene Farbigkeit" in „schwebende Transparenz". Teilweise trägt er auch bei dieser Technik „Strukturen" auf, indem er die aufgetragene Farbe wieder herauskratzt. Oder er hinterlegt die Bilder mit einer spiegelnden Folie. Hier und da erscheinen auf seinen Bildern skripturale Zeichen, wodurch eine archaischer Eindruck entsteht.[21] Viele Anregungen erhielt er aus der Betrachtung der Pflanzenwelt. Gärten übten eine große Anziehungskraft auf ihn aus, er fuhr schon zu Krefelder Zeiten, aber auch später, immer wieder an den Niederrhein, bevorzugt ins kleine Örtchen Beeck, wo seine Tante lebte, um sich von dortigen Gärten und der Landschaft inspirieren zu lassen. So entstanden einige

Drei Bäume (1987)

Hinterglasbilder mit Motiven vom Niederrhein. Und auch Abstecher nach Dülken machte er immer wieder.[22]

Schriefers' Malerei wird weitestgehend der Kunstrichtung des *Informel* [23] zugerechnet. Im Sommer 1991 fand mit „Schriefers - 45 Jahre Malerei" eine große Ausstellung mit rund 120 Arbeiten in der Kunsthalle Köln statt. Werke von 1946 („Radfahrerin") bis zum Jahr 1991 („Ohne Titel") waren zu sehen. Dass die neueren Bilder keine Titel mehr trugen, untermauerte Schriefers' Entwicklung von der frühen, gegenständlichen Malerei, orientiert an Cézanne, dessen „Rhythmisierung der Fläche" ihn begeisterte, an Paul Klee oder am deutschen Expressionismus, zur informellen Malerei.[24] *„Er schuf Bilder mit einer betont lyrischen Grundstimmung, die seiner Liebe zur Musik und der Farbigkeit in der Natur entsprachen."* [25] Um 1952 hatte er sich von der gegenständlichen Welt gelöst und der abstrakten Malerei zugewandt, ohne jedoch zum Konstruktivisten zu werden. In der Abstaktion bestand für ihn die Faszination darin, dass sie ein Prozess ist, *„nicht eine Abbildung von Irgendetwas, sondern eine Bildung. Ich mache etwas, das ich selbst noch nicht gesehen habe."*[26] Eine Entwicklung die Muche mit Skepsis betrachtete, denn für ihn war die Aussage eines Bildes an eine „ablesbare Gegenständlichkeit" geknüpft. Ab Mitte der 1980er Jahre tauchten dann wieder „Gegenstände" in Schriefers Bildern auf (z.B. „Drei Bäume", 1987), ohne aber den abstrakten Charakter zu verlieren. Zu dieser Zeit inspirierte ihn das Spätwerk von Monet.[27] Eine Werkgruppe von Hinterglasbildern zum Thema „Smog" Anfang der 70er Jahre offenbart die Faszination und „giftige Schönheit", die vom Schrecklichen ausgehen. Bei solchen „Hinterglas-Landschaften" mit hoher transparenter Wirkung, wurden die Farben mit der Spritzpistole aufgebracht und um Bronzen bereichert. Der Smog-Zyklus deutet das Problem umweltgefährdender Stoffe anders als protestierende Umweltschützer: *„Ich bin der Meinung, dass Kunst die Welt nicht verändern kann. Sie kann die Welt nur deuten und sollte auf die gravierenden Fragen der Zeit soweit eingehen, wie es in der Bildwelt möglich ist."* [28] Aber welches Material oder Thema Schriefers auch nahm, sein Schaffen *„ist gekennzeichnet durch eine gleichbleibende Frische"*, durch Kontinuität.[29]

Arbeiten von Werner Schriefers befinden sich in Sammlungen in u.a. Köln, Venedig, Rom, Berlin und Braunschweig, seine Werke waren in vielen Ausstellungen zu sehen, u.a. in einer Doppelausstellung in der Städtischen Galerie im Park Viersen und im Stadtmuseum Siegburg (1999),[30] und zuletzt, zu seinem 80. Geburtstag (2006), im Kolumba in Köln. Oftmals wurden dabei auch Stücke aus seiner umfangreichen Objekt-Sammlung gezeigt.

Die Sammlung

„Wäre er nicht Maler geworden, er hätte sich sicher als Sammler einen Namen gemacht", schreibt Günther Rohrbach im Katalog zur Ausstellung „Schriefers - 45 Jahre Malerei".[31] Festzustellen ist: Er hat sich einen Namen als Sammler gemacht, denn neben Briefmarken sammelte Schriefers Haarföne, Saftpressen, Koffer, Rasierer, Stereoanlagen, Schreibmaschinen… etc., etc., etc.: rund 20.000 Stücke, einsetzend mit dem Jugendstil. Größtenteils handelt es sich um Gegenstände der Industriekultur des 20. Jhs., deren Entwicklung sich in der Sammlung ablesen lässt, sowie der Übergang von handwerklich gefertigten Kleinserien zum industriell hergestellten Massenprodukt. Insgesamt ein eindrucksvoller Rückblick auf die Geschichte der Formgebung im 20. Jh.: *„Kultur wird nicht nur von Gemälden bestimmt, sondern von den Dingen, die die Menschen tagtäglich gebrauchen"*, so Schriefers in einem TV-Beitrag 1990.[32] *„Das Sammeln ist eine Eigenschaft, die grundgelegt war, durch meine Familie. Dort waren Jugendstilgegenstände vorhanden, und so habe ich angefangen Jugendstilgläser und -keramik zu sammeln. Ein Schwerpunkt der Sammlung besteht aus Bestecken."*[33] Die Sammlung profitierte von seiner Entlassung als

Direktor der Werkschulen: *„Ich konnte nun […] die Zeit nutzen, um auf Flohmärkten und in Versteigerungen, bei Firmen und aus Nachlässen alles zusammen zu tragen, was in unserem Jahrhundert an hervorragenden Designleistungen auf den Markt gekommen war.“*[34] Allerdings haben die Alltags-Designobjekte in seinem künstlerischen Werk keine Spuren hinterlassen, nirgendwo im Formenrepertoire finden sich solche Gegenstände.[35] Trotzdem ergänzten sie sich wie zwei ungleiche Geschwister: die Idee des Weglassens in der Evolution der Formen von Gebrauchsgegenständen korrespondiert mit der reduzierten Art seiner Malerei.[36]

Große Teile seiner Sammlungen vermachte er noch zu Lebzeiten verschiedenen Institutionen: 1987 gingen über 6.000 Objekte an die Lehr- und Lernsammlung der „Bergischen Universität Gesamthochschule Wuppertal“, was direkt mit einer kleinen Ausstellung verbunden war. Dass die Sammlung „über die Wupper“ ging, war auch eine späte „Rache“ an der Kölner Hochschulpolitik.[37] Sieben Jahre später jedoch war Schriefers sehr unzufrieden mit dem Umgang mit seiner Sammlung, da sie immer noch nicht der Öffentlichkeit zur Betrachtung und den Studenten zum Arbeiten zur Verfügung stand.[38] Nach einer grundlegenden Erfassung, wissenschaftlichen Erschließung und Neustrukturierung kann die Design-Sammlung seit dem Jahr 2015 für vielfältige Lehr- und Forschungsaktivitäten genutzt werden. Die Studenten können in der „Designothek“ nun die Objekte nicht nur betrachten, sondern auch „begreifen“: Lernen an der Geschichte, sozusagen.

Einen weiteren Teil seiner Sammlung, etwa 220 Stücke, stiftete Schriefers 1989 der „Kunsthochschule Berlin-Weissensee“. Seit 2012 ist sie als Dauerleihgabe im „Berliner Werkbundarchiv - Museum der Dinge“ untergebracht. Im Jahr 2002 schenkte er seine „Grundlehre“-Sammlung (rund 1.500 Arbeiten ehemaliger Schüler aus seinen Kursen) dem „Bauhaus-Archiv Berlin“, sowie einige tausend Objekte seiner Werk- und Formensammlung dem „Erzbischöflichen Diözesanmuseum Köln (Kolumba)“, darunter v.a. Glas, Keramik, Möbel und technische Geräte. Einige Gegenstände gingen auch an das Museum für Angewandte Kunst in der Domstadt. So blieb dann doch noch ein Teil seiner Sammlung in Köln.

Werner Schriefers, der am 20. Februar 2003 starb, erhielt neben anderen Auszeichnungen das Bundesverdienstkreuz 1. Klasse (1985) und den Verdienstorden des Landes Nordrhein-Westfalen (1995). Sein Sohn Thomas, Architekt und von seinem Vater mit der Liebe zu Malerei und gutem Design „infiziert“, verwaltet das Erbe seines Vaters, hat Austellungen organisiert, sowie verschiedene Publikationen über ihn (mit)verfasst.[39] (te)

Literatur von und über Werner Schriefers (Auswahl):

Kraus, Stefan/ Surmann, Ulrike/ Steinmann, Marc/ Flüe, Barbara von. *Werner Schriefers*, Kolumba – Werkhefte und Bücher, Band 45, Köln 2016.

Plotzek, Joachim M./ Winnekes, Katharina/ Kraus, Stefan (Hrsg.). *Werk- und Formensammlung. Schenkung Werner Schriefers*, Köln 2006.

Schriefers, Magret/ Schriefers, Thomas. *Werner Schriefers, ... arbeiten wie der Vogel singt*, Bramsche 2004.

Schriefers, Thomas/ Weber, Klaus. *Licht. Bewegung. Zahl. Raum. Die Grundlehre von Werner Schriefers. Wuppertal 1949 - 1965*, Bauhaus-Archiv, Berlin 2003.

Schriefers, Werner. *Bilder,* Ausst.-Kat.: „Werner Schriefers - Bilder Hinter Glas und Neue Arbeiten“, Stadtmuseum Siegburg/ „Werner Schriefers - Bilder von 1946 bis heute“, Städtische Galerie im Park, Viersen; Siegburg/ Viersen 1999.

Schriefers, Thomas. *Werner Schriefers. Der Sammler und sein Interesse an Objekten industrieller Fertigung*, Bramsche 1996.

Joachim Schürmann

Architekt

Ein Zufalls-Viersener, der für seine Entwürfe und Bauten zahlreiche Architekturpreise erhielt. Fast hätte er auch in seiner Geburtsstadt architektonische Spuren hinterlassen.

Der Vater von Joachim Schürmann (*24.09.1926) arbeitete als Bankangestellter, in Vertretung eines Kollegen, nur einige Monate in Viersen und wurde dann nach Dresden versetzt. In dieser Zeit kam Joachim zur Welt und verbrachte nur die ersten Monate seines Lebens in unserer Stadt.[1] Von Dresden aus ging es weiter nach Darmstadt, wo Joachim Schürmann als 17jähriger, 1943, noch zum Kriegsdienst eingezogen wurde. Nach dem Krieg studierte er bis 1949 Architektur an der Technischen Hochschule Darmstadt. Dabei lernte er seine Frau Margot (1924-1998) kennen, die im gleichen Jahr ihr Diplom erwarb. Ein Jahr später heirateten sie und zogen bald darauf nach Köln. Dort arbeitete Joachim Schürmann zunächst im Büro des Architekten Wilhelm Wucherpfennig, dann zusammen mit Theodor Kelter, mit dem er u.a. 1956 das Pavillongebäude für die Stadtsparkasse Köln plante. Im gleichen Jahr gründete Schürmann gemeinsam mit seiner Frau ein eigenes Büro in Köln, welches sie in ihrem gerade erbauten (und selbst entworfenen) Wohnhaus im Kölner Süden, einem *„Paradebeispiel der zweiten Moderne, wie es nur die 50er Jahre [...] haben hervorbringen können"*[2], mit drei Mitarbeitern in Betrieb nahmen. Ein Haus auf Zuwachs, das sich verändern ließ, indem man die Wände verstellte. Welches nicht dem Duktus der betulichen Nachbarschaft entsprach und Vermutungen hervorbrachte, bei dem eingeschossigen Stahlskelettbau handele es sich um eine Tankstelle. Dicht umschlossen

von hohen Bäumen und üppigem Grün steht der seit 1998 denkmalgeschützte Bau auf dem Eckgrundstück, und Joachim Schürmann nutzt ihn immer noch zum Arbeiten und Wohnen: *„Leben mit der Architektur und für die Architektur – diesem Ideal ist selten jemand so überzeugend nahegekommen.“* [3]
1961 übernehmen die Schürmanns den weiteren Wiederaufbau, Ausbau und die Ausstattung der Kirche Groß Sankt Martin. Dieses Projekt begleitete sie bis 1985, weswegen es Schürmann als „Generalbass“ seiner Karriere tituliert:[4] *„25 Jahre voller Überraschung, Abenteuer, manchmal auch Angst, mehr aber Lust.“*[5] Die Kirche war im II. Weltkrieg schwer zerstört worden, Schürmanns bauten u.a. eine neue Krypta (da der Bau aus staufischer Zeit keine besaß). Die lichte, fast schwebende Atmosphäre des Innenraums ist von einer Poesie franziskanischer Einfachheit und Strenge, lobt die Architektin Birgit Spengler das Ergebnis.[6] Um Groß Sankt Martin herum gestalteten die Schürmanns von 1969 bis 1977 dann ein interessantes Wohnquartier: *„Sie entwarfen drei zu einem U angeordnete Flügel, die dem Verlauf des ehemaligen Kreuzgangs der Martinsabtei folgten. Sechsgeschossige Blöcke nahmen das Vorbild schmaler Giebelhäuser mit steilen, schiefergedeckten Walmdächern auf. Durch die vertikale Unterteilung der Fassaden entstand optisch eine Folge von Einzelhäusern. Somit integrierten sich die Gebäude gut in die Altstadtszenerie. [...So entstand] eine angenehme Wohnatmosphäre, unterstützt auch durch sensible Platzgestaltung. Nicht umsonst wurde die Anlage 1981 mit dem Deutschen Architekturpreis ausgezeichnet.“* [7]

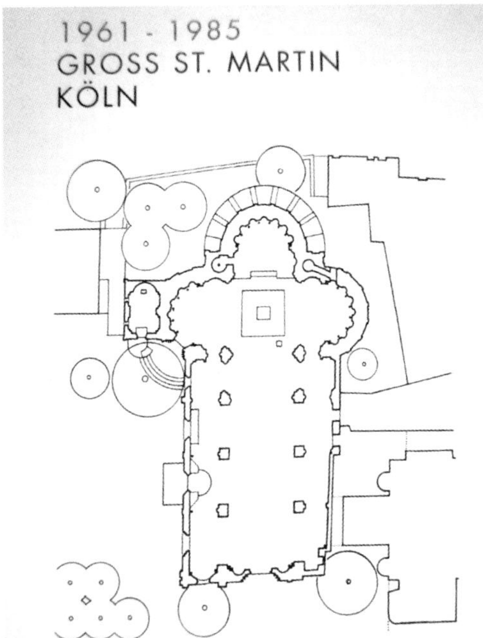

Mit dem Bau des Kardinal-Frings-Gymnasiums in Bonn realisierte das Büro 1963 sein erstes eigenes Großprojekt. Es folgten u.a. ein Wohnhaus für Joachims Bruder Werner in Dublin, Häuser in Darmstadt und Köln, die Piuskirche nebst Gemeindezentrum in Neuss, der Bahnhofsplatz in Salzburg oder der Postplatz und Wall in Dresden. Das Büro Schürmann hat im Laufe seines Bestehens über 50 erste Preise bei Wettbewerben gewonnen und sich an vielen weiteren Wettbewerben beteiligt.[8] U.a. in Viersen: Dort nahm es an zwei Wettbewerben teil, die es aber beide nicht gewann: 1965 zum Bau der Viersener Totenhalle sowie 1973 zur Errichtung der Wohnbebauung, die heute Beghinenhof heißt (siehe Abbildungen S. 241).[9]

Der Schürmannbau

Inzwischen ist der Name „Schürmannbau“ wieder eine Auszeichnung, aber während seines Entstehens wurde die Bezeichnung für lange Jahre zur Belastung von Joachim Schürmann, der daran allerdings keine Schuld trug. Eigentlich sollte der Schürmannbau *„ein schön gegliederter,*

Gymnasium Bonn, 1963

Schürmannbau, 2003

ungewöhnlich freundlicher, Landschaft und Umgebung einbeziehender Komplex" für die Bundestagsabgeordneten werden: *„Träfe der alte Traum zu, gute Architektur erziehe zu guten Menschen, könnten wir über unsere Abgeordneten bald jubeln"*, schrieb *Die Zeit.*[10] Anfang der 1980er Jahre hatte der Bundestag beschlossen ein neues Gebäude für die Abgeordneten neben dem „Langen Eugen" zu errichten. In einem Gutachterverfahren, setzte sich 1983 schließlich Schürmanns Entwurf durch. Die Bauarbeiten begannen 1989, als Einzugstermin war 1995 geplant. Allerdings kamen die Wiedervereinigung und der Berlin-Beschluss dazwischen, so dass 1991 entschieden wurde, den Bau als neue Heimat für die *Deutsche Welle* (DW) zu nutzen, die ihr Gebäude in Köln verlassen musste. Aber im Dezember 1993 kam es zu einem Rheinhochwasser eines bis dahin kaum gekannten Ausmaßes. Schürmann, dem man die Bauleitung verweigert hatte, erkundigte sich besorgt, ob alles sicher sei. Das sicherte man ihm zu, aber trotzdem lief der zu 80% fertig gestellte Rohbau voll Wasser und schwamm auf, das Gebäude hob sich stellenweise bis zu 70 cm. Dadurch wurde die Bausubstanz schwer beschädigt. Es setzte sofort eine Diskussion ein, ob der Bau saniert oder abgerissen werden sollte. Bauministerin Irmgard Schwaetzer (FDP) sah in dem Unglück wohl eher eine Chance, den seit der Wiedervereinigung als lästig empfundenen Bau loszuwerden.[11] Aber nach heftigem Hin und Her beschloss der Bund 1997 die Sanierung und den Umbau zwecks Nutzung durch die DW. Er investierte insgesamt mehr als 300 Millionen Euro, davon rund 75 Millionen für die Sanierung. In der Folge kam es zum größten Baurechtsfall der deutschen Nachkriegsgeschichte um die Schuldfrage. Erst 2007, vierzehn Jahre nach dem Hochwasser, endete der Rechtsstreit zwischen der Bundesrepublik Deutschland als Bauherr und den drei Baufirmen. Mit dem Architekten, der mit der Bauaufsicht beauftragt war, einigte man sich außergerichtlich. Im Juni 2000 wurde Richtfest gefeiert und zwei Jahre später der Schürmannbau offiziell seiner Bestimmung übergeben. Seit 2003 sendet die DW von dort. Joachim Schürmann, der für seine gelungene Architektur in Bonn mit Lob überhäuft wurde, klagte über jahrelange Rufschädigung: Sein Büro habe nicht das Geringste mit dem Hochwasserschaden zu tun gehabt, betonte er.[12] Im Jahr 2004 erhielt er die *„Auszeichnung guter Bauten 2003"* des „BDA Bonn-Rhein-Sieg" für den Schürmannbau.

Schürmann-Architektur

Die Bauten der Nachkriegszeit (der sog. zweiten Moderne)[13] waren geprägt vom Zwang zu äußerster Sparsamkeit, zu materieller Einfachheit und einem ihnen gemäßen architektonischen Ausdruck. In dieser Zeit des Wiederaufbaus galten das Aufwendige, das Beeindruckende gemeinhin als unangemessen. U.a. so erklärt sich die Einfachheit von Entwürfen Schürmanns, wie demjenigen der Kirche Christ König in Wuppertal, asketisch und gleichzeitig von hoher handwerklicher und ästhetischer Qualität. Die asketische Haltung ging allgemein mit zunehmendem Wohlstand verloren, blieb aber im Werk der Schürmanns, deren Vorbilder u.a. Ludwig Mies van der Rohe, Le Corbusier und Alvar Aalto waren, erhalten.[14] Schürmanns Entwürfe sind geprägt von einem mit klarem Kopf verfolgten, aber mit Phantasie umgesetzten Funktionalismus, („poetische Sachlichkeit"[15]), modische Strömungen werden ignoriert: *„Wir müssen [...] uns nicht dem Trend ergeben, nicht immer schon wissen, was wir sehen und hören, sondern mit unbewaffnetem Auge die*

Welt und ihre Aufgaben - von Mal zu Mal neu - erkunden wollen.“[16] Ihr architektonisches Bestreben richtete sich auf eine „*mathematisch genaue und einfache Architektur mit ablesbaren Grundformen*“, so Schürmann. Er hat eine Vorliebe für eine klare Formensprache sowie eine milde, helle Farbigkeit seiner Gebäude.[17] Außerdem versuchten die Schürmanns immer auch die Natur in ihre Bauten zu integrieren: „*These architects will incorporate a courtyard or move a wall backwards rather than having an old tree cut down.*“[18] Seine Prinzipien vermittelte Joachim Schürmann auch seinen Studenten, denn 1965 trat er eine Stelle als Professor für Entwerfen und Baugestalten an der TH Darmstadt an, die er bis 1970 bekleidete.

Noch mit über 90 Jahren arbeitet der Architekt Schürmann an neuen Projekten. So reichte er Entwürfe für das Jüdische Museum in Köln ein, ebenso für ein Museum für Architekturfotografie bei der Insel Hombroich in Neuss. Im Herbst 2007 fand in der Kirche Groß Sankt Martin eine Ausstellung statt, in der das Schaffen des Büros Schürmann gezeigt wurde, natürlich mit Schwerpunkt auf dem Wiederaufbau der Kirche. Joachim Schürmann, der Mitglied der Berliner und der Sächsischen Akademie der Künste ist, wurde u.a. zwei Mal mit dem Deutschen Architekturpreis ausgezeichnet, 1981 für den Wiederaufbau von Groß Sankt Martin sowie zehn Jahre später für das Postamt Köln 3. Im Jahr 2008 erhielten er und seine verstorbene Frau den „Großen Preis“ des Bundes Deutscher Architekten (BDA), für ihr Lebenswerk: „*Der Reichtum an Nuancen, die feine Abstimmung von Schattierungen, die sichere Balance von Raum, Licht und Material in ihren Gebäuden zeugen von einer Handlungsweise, die sich durch Sensibilität und Zurückhaltung auszeichnet. [...] Mit Rücksicht und Besonnenheit fügen sie Neues zu Altem und begründen so ein Verständnis im Umgang mit der baulichen Substanz der Stadt.*“[19] Alle vier Kinder (zwei Söhne, zwei Töchter) haben Architektur studiert und arbeiten erfolgreich in ihrem Beruf. (te)

Auszeichnungen/ Bauten (Auswahl):

1961/1980/1990 Kölner Architekturpreis
1981/1991 Deutscher Architekturpreis
1984 Heinrich-Tessenow-Medaille/ Ehrenmitglied der Heinrich-Tessenow-Gesellschaft
1985 Vorbildliche Bauten NRW
1985 BDA-Preis NRW
2002 Beispielhaftes Bauen, Architektenkammer Baden-Württemberg
2004 Gute Bauten, BDA Bonn-Rhein-Sieg
2007 Fritz-Schumacher-Preis, Senat Hamburg
2008 Großer BDA-Preis

1952–1960: Wiederaufbau der Kath. Kirche St. Clemens, Köln
1959–1960: Kath. Kirche Christ König, Wuppertal
1961–1985: Wiederaufbau von Groß St. Martin, Köln
1961: Kardinal-Frings-Gymnasium, Bonn
1965–1972: Staatliche Ingenieurschule für Maschinenwesen, Gummersbach
1967: Haus An der Rosenhöhe, Darmstadt
1980: Deutsche Sporthochschule, Köln
1986: Bahnhofsplatz/ Hauptbahnhof, Salzburg
1990: Bürgerhaus, Rheda-Wiedenbrück
1999: Domshof-Forum, Bremen
2005: Erweiterung Robert-Bosch-Krankenhaus, Stuttgart

Literatur (Auswahl):

Flagge, Ingeborg u.a. *Schürmann. Bauten und Entwürfe*, Tübingen, 1997.
Schürmann, Joachim. „Es ist eine Lust, Modelle zu bauen“, in: *Der Architekt* 4/ 1989.
Spengler, Birgit (Hg.). *ein werk blick*, Katalog zur Ausstellung, Köln 2007.
Stark, Ulrike. *Architekten - Joachim und Margot Schürmann*, Stuttgart 1989.

„Wir müssen nicht nur kreativ und mutig genug sein, Widerspruch zu erregen, sondern auch kultiviert genug, Widerspruch zu ertragen.“ (Joachim Schürmann)

1965
W

Viersen
Totenhalle

1973
W

Viersen
Wohnbebauung

Peter Terkatz

Bildhauer

Vor allem im Rheinland stößt man auf Skulpturen des Viersener Künstlers, aber auch in Hamburg oder Rom. In Viersen schmückt sein Werk das bekannteste Gebäude der Stadt. Und obwohl in Vergessenheit geraten, werden seine Skulpturen heute wieder in Kunstauktionen gehandelt.

Peter Hermann Joseph Terkatz wurde am 7. Februar 1880 als drittes von vier Kindern in eine Seidenweberfamilie hineingeboren. Nach dem Schulbesuch machte er eine Ausbildung zum Steinmetz und begann danach ein Studium in der Zeichenklasse an der Kunstakademie Düsseldorf, das vom Unternehmer Josef Kaiser (siehe S. 128) finanziell gefördert wurde, der mit der Familie bekannt war. Eine Beziehung, die noch weitere Früchte tragen sollte. Im Jahr 1909 ging Terkatz nach Berlin, um an der „Königlichen akademischen Hochschule für die bildenden Künste" zu studieren. Zu seinen Lehrern zählten die Professoren Peter Breuer, Ernst Herter und Gerhard Janensch, die zu ihrer Zeit aufgrund ihrer Werke im öffentlichen Raum sehr bekannt waren.[1]

1912 kehrte Terkatz in die Heimat zurück und schuf - aus Viersener Sicht - sein wichtigstes Werk: die Reliefs an der Festhalle. Angesichts seiner wirtschaftlichen Verdienste um die Stadt war Josef Kaiser 1910 von seiner Heimatstadt zum Kommerzienrat ernannt worden, und hatte aus diesem Anlass 130.000 Mark für den Bau einer Turn- und Festhalle gestiftet.

Peter Terkatz sollte die Ausschmückung der Halle und der Fassade übernehmen, nachdem er sich, zumindest beim Giebelschmuck, in einem Wettbewerb gegen Alternativentwürfe durchgesetzt hatte. Er platzierte das (alte) Stadtwappen in die Mitte, und umgab es im Hauptgiebel mit zwei musizierenden Figuren, die von Putten flankiert werden. Auf den beiden Treppenhausgiebeln bezog er sich auf die Funktionen der Halle: eine Lyra, links, steht für die musischen Künste, die Zeichen „f f f f" in einem Wappen rechts, symbolisieren die Turnhallenfunktion (= *frisch, fromm, fröhlich, frei ... ist die deutsche Turnerei!*). Beide werden von Putten „gerahmt". Seinen Entwurf führte Terkatz auch selbst aus.[2] Obwohl die Halle im II. Weltkrieg nur geringfügig beschädigt wurde,

ließ die Stadt Viersen 1957 die beiden äußeren Reliefs abschlagen. Erst die Recherche von Dr. Albert Pauly und daran anschließend eine Spendenaktion im Namen des Fördervereins der Halle und des Vereins für Heimatpflege, sorgten dafür, dass sie anhand alter Fotos im Jahr 2009 wieder rekonstruiert werden konnten.[3] Lange Zeit waren die Reliefs zudem einem anderen Bildhauer zugeschrieben worden, nämlich dem im 1. Weltkrieg gefallenen Peter Dreymüller. Dieser hatte zwar auch an der Festhalle mitgearbeitet, allerdings an den Säulen der Fassade.[4] Das gute Verhältnis von Terkatz und Kaiser blieb noch lange bestehen, davon zeugen Bronzeporträts, die Terkatz von der Familie anfertigte, sowie das Familiengrab von Hermann Kaiser, Josefs Vater, auf dem Löhfriedhof, das Terkatz gestaltete.

Die allgemeine Kriegsbegeisterung steckte 1914 auch Terkatz an, und so zog er in den Krieg, den er unverletzt als Kompanieführer überstand. Erst danach nahm er seine Bildhauertätigkeit wieder auf und konzentrierte sich nun, nachdem er in Berlin eher säkulare, moderne Plastiken geschaffen hatte, vor allem auf sakrale Kunst: Madonnen, Grabmäler oder Gedenktafeln. Er zog 1921 nach Honnef (bei Bonn), wo er sich zusätzlich in Rommersdorf am Anna-Platz ein Atelier anmietete. Dort steht noch heute mitten auf dem Platz seine sog. Anna-Säule, die auch als Wegweiser dient.[5] 1922 heiratete er dort Wilhelmine Weber (1892-1958), genannt „Mimi". Sehr bald nahm er an vielen Ausstellungen teil, so mehrfach an der „Frühjahrsausstellung der Preußischen Akademie der Künste" in Berlin (1922/ 1926/ 1927/ 1929/ 1932/ 1933), oder an den Ausstellungen im „Städtischen Museum Villa Obernier" in Bonn. In dieser Zeit schuf er u.a. in Frankfurt, in der Kirche St. Bonifatius, einen Kreuzweg, ein Grabmal für die Familie Kröhnke/ Nossack auf dem Friedhof in

Grabmal Kröhnke-Nossack, Hamburg,

Kriegerdenkmal, Poppelsdorf

Hamburg-Ohlsdorf, und in Linz am Rhein ein Brunnenrelief, das im Jahr 2020 aufgrund seines Verwitterungszustandes nachgebildet werden musste.[6]

Im Jahr 1933 wurde Terkatz für seine Monumentalplastik „Klagende Frauen“ mit dem „Rompreis“ der Preußischen Akademie der Künste ausgezeichnet. Dieser beinhaltete auch ein einjähriges Stipendium für den Studienaufenthalt in der Villa Massimo in Rom. Dort schuf er u.a. eine Pietà für das „Collegium Germanicum“. In einer Bestandsliste, die nach dem II. Weltkrieg in der Villa gefunden wurde, sind eine „liegende Bronzeplastik“ und ein „Studienkopf“ von Terkatz aufgeführt, die Werke selbst waren, wie alle anderen, jedoch verschwunden.[7] Mit je einem Werk war Terkatz in den Jahren 1938 und 1941 auf der nationalsozialistischen „Großen Deutschen Kunstausstellung“ in München vertreten. Man kann ihm aber wohl keine besondere Nähe zu den Nazis nachsagen, denn z.B. sein 1939 geschaffenes Kriegerdenkmal im Bonner Baumschulwäldchen verzichtet auf heroische Pathetik sowie jedwedes NS-Emblem und ist ein *„schlichtes, und in seiner künstlerischen Form geradezu zurückgenommenes Mahnmal“*. Es zeigt einen toten Soldaten in Uniform, der unter einer Deckplatte wie in einem Sarkophag ruht, umringt von vier Adlern. Ein weiteres Kriegerdenkmal in Bonn, auf dem Poppelsdorfer Friedhof, hatte Terkatz schon neun Jahre zuvor geschaffen. Man sieht einen im Fallen begriffenen, sterbenden jungen Soldaten.[8]

Peter Terkatz starb am 31. August 1954 in Honnef, wo ein naturbelassener Granitstein sein Grab schmückt. Er und sein Werk gerieten, wie so viele Künstler seiner Generation, in Vergessenheit. Schon vier Jahre vor seinem Tod hatte er einem Journalisten, der ihn zu seinem 70. Geburtstag (1950) besuchte, resigniert viele Kunstwerke gezeigt, die „alle noch zu haben“ seien, die aber wohl keiner haben wollte.[9] Wo sind sie geblieben, da Terkatz und seine Frau keine Kinder hatten? Seit einigen Jahren tauchen Werke von ihm bei Kunstauktionen auf, so z.B. 2015 „Badender Frauenakt“, 2017, in Berlin, die 31cm große Bronzeplastik „Kniender weiblicher Halbakt“, aus der Sammlung Gronert, die für 2.480 € einen Käufer fand, oder 2019 „Maria mit dem Kind“. Und ein Bronzeguss, der einen leidend dreinschauenden Frauenkopf darstellt, fand seinen Weg im Juli 2019 sogar in die *ZDF*-Sendung „Bares für Rares“, wo er, geschätzt auf 1.500 €, schließlich für 800 € den Besitzer wechselte.[10] (te)

Werke im öffentlichen Raum (Auswahl):[11]

Grabanlage der Familie Kaiser, Löh-Friedhof, Viersen.

Anna-Säule, Honnef-Rommersdorf.

Pietà, Collegium Germanicum, Rom.

Kreuzweg, St. Bonifatius, Frankfurt.

Portal des Prosper-Hospitals, Recklinghausen.

Plastiken am Erweiterungsbau des Vincenz-Waisenhauses, Dortmund.

Madonnenstatue und Reiterbild Karls des Großen, Diözesanbibliothek, Aachen.

Madonnenfigur aus Eiche, Michaelskirche, Opladen.

Kreuzigungsgruppe und Madonnenfigur, Marienkirche, Siegen.

Madonnenfigur am Turm der Liebfrauenkirche, Arnsberg.

Kriegerdenkmal, Bonn

Albert Vigoleis Thelen

Schriftsteller

Zeichnung: Jürgen Pankarz

„Vigo", so sein Rufname, war laut dem Dichter Ulrich Holbein ein Freigeist, Schöngeist und Weltgeist. Thelen, der über 50 Jahre im Ausland/ Exil lebte, hat viel mehr geschrieben als veröffentlicht, zu Lebzeiten hatte er nur mäßigen Erfolg als Schriftsteller, woran er nicht ganz unschuldig war.[1]

Albert Thelen wurde am 28.9.1903 in Süchteln geboren. Er war der Sohn des Buchhalters Louis Thelen und dessen Ehefrau Johanna (geb. Scheifes). Albert und seine drei Brüder wurden streng katholisch erzogen. Schon als Kind, sowohl in der Familie als auch in der Schule, empfand er sich als Fremder in der Welt. Seine Schulzeit absolvierte er an der Volksschule (1909–1913) und an der Kaiser-Wilhelm-Schule (1913–1918), den Besuch des Gymnasiums in Viersen brach Thelen, 1919, nach einem Jahr ab. Schon früh lassen ihn die Vertreter von Familie, Schule und Kirche ihre Abneigung spüren. Sein älterer Bruder verprügelt ihn regelmäßig, der Priester schlägt ihm im Kommunionunterricht schmerzhaft auf die Zunge, die den Heiland empfangen soll, die Lehrer verspotten und beschimpfen ihn. Auch seine Mitschüler hänseln ihn. Schulleiter und Lehrer des Viersener Gymnasiums, das die irreführende Bezeichnung „humanistisch" trug, weil man dort alte Sprachen lehrte, sahen in ihm einen „nationalen Dummkopf", seit er bei der Aufforderung eines Lehrers „alle Dummköpfe aufstehen" aus Jux tatsächlich aufgestanden war. Schule als Kadettenanstalt, im Hintergrund immer ein Andersdenkende verketzernder Klerus, eine um sich greifende primitive Kriegsbegeisterung, die ganze Enge des niederrheinischen Spießermilieus, das war nichts für einen jungen, weltoffenen, durch heimliche Lektüre gebildeten Geist.[2] Kein Wunder, daß Thelen von Landstümelei nichts hielt. Als er später in der Fremde jemandem aus dem Rheinland trifft, bleibt er reserviert: *„Es blieb natürlich bei dieser erdkundlichen Beschränkung, denn darüber hinaus betrachtet bin ich niemandes Landsmann, und von einem Reibkuchenpatriotismus weiß ich mich überhaupt frei. Ein 'Vaterland', was ist das schon? Wie wenig es auch denen bedeutet, die es gerne als den geweisten Ort irdischer Seligkeit hinstellen; wie schnell man es vor die Säue wirft, das haben die Ereignisse von 1933 am Beispiele des deutschen Vaterlandes gezeigt."*[3]

Von 1919 bis 1922 erlernte er in der Süchtelner Weberei Ling & Duhr den Schlosserberuf und begann danach eine Lehre als Technischer

Zeichner in der Viersener Zentrifugenfabrik Schäfer. Bereits 1923 beendete er dieses Arbeitsverhältnis und besuchte für ein Jahr die Textilfachschule in Krefeld.

Ab 1925 studierte Thelen dann mit „Kleiner Matrikel" an der Universität zu Köln Germanistik, Philosophie und Kunstgeschichte. Nach seinem Wechsel an die Universität Münster, 1926, kommen Zeitungswissenschaften und Niederländische Philologie hinzu, bis er das Studium aus Geldnot 1928 abbrechen muß. Während des Studiums nahm er den zusätzlichen Namen Vigoleis an. Es handelt sich um seine Abwandlung von Wigalois, der Hauptfigur des gleichnamigen Epos des Wirnt von Gravenbergh aus dem 13. Jahrhundert (in dem bereits das Insel-Motiv Verwendung findet), mit dem ihn Kommilitonen aus dem Germanistikseminar versehen hatten.

In den Jahren 1928-31 arbeitet er auf dem Hühnerhof seines Bruders Joseph und veröffentlicht erste literarische Texte, z.B. „Sargmacher Quirinus" in der Zeitschrift *Der Türmer*.[4] In dieser Zeit verfasst er auch das Süchtelner Stadtlied (Musik: Karl Seepe), dessen Entstehung er in „Niers und Nil. Eine Heimat-Lied-Geschichte" erzählt.[5] Denn mit seiner Heimat, dem Rheinland, Deutschland überhaupt, verband ihn eine herzliche Abneigung, aber es war eine Auftragsarbeit des damaligen Bürgermeisters Josef Steinbüchel.[6]

In Köln lernte er 1928 auf der internationalen Presseausstellung „Pressa" seine Lebensgefährtin Beatrice Bruckner kennen, die aus einer großbürgerlichen Baseler Familie stammte, und die, wie Thelens souveräner Umgang mit der Wirklichkeit es will, mütterlicherseits von den Inkas abstammte. Sie hatte ihr Zuhause mit 18 verlassen und war *„lediglich mit Fremdsprachen im Gepäck zum Weltenbummel"* gestartet.[7] Albert und Beatrice kehrten Deutschland 1931 den Rücken, um der *„Verherdung eines ganzen Volkes unter einem blökenden Leithammel"* zu entkommen, und lebten bis zum Ausbruch des Spanischen Bürgerkriegs auf Mallorca, von wo aus Nazihasser „Don Vigo", so sein Rufname, teils unter dem Pseudonym Leopold Fabrizius, gegen das Terrorregime in Deutschland zu Felde zog. 1936 mußte das Paar daher erneut flüchten, sie entkamen Francos Falangisten und den nationalsozialistischen Spitzeln mit knapper Not auf einem englischen Zerstörer, der sie in Marseille absetzte. Es begann eine Odyssee über Marseille und Basel nach Auressio im Tessin, auf der sie wiederum nur knapp der Gestapo entkamen. 1939 verließen die

Albert (links) und seine Brüder, 1913

Albert (links), 1923

beiden die Schweiz, die so neutral nicht war, und fanden Unterkunft auf dem Weingut des portugiesischen Dichters Teixeira de Pascoaes (1877-1952), den Thelen auf Mallorca für sich entdeckt und schon ins Niederländische übersetzt hatte. Nun übersetzte er von ihm weitere Werke ins Deutsche und Niederländische. Genauer gesagt handelt es sich um Nachdichtungen von hohem sprachlichen Rang, die Thelen sicher auch deswegen so meisterhaft gelangen, weil ihn mit dem portugiesischen Mystiker eine innere Gleichgestimmtheit verband, die sich mit dem nur unzulänglich zu übersetzenden Begriff der *saudade* charakterisieren ließe, einem Lebensgefühl, das mit Weltschmerz und Melancholie zu tun hat, mit Resignation und dem barocken Vanitas-Denken. Thelen hatte extra Portugiesisch gelernt, *„um nicht auf eine schlechte Übersetzung angewiesen zu sein [...].“* Gleichzeitig veröffentlichte er seinen ersten eigenen Gedichtband *Schloss Pascoaes*.[8]

Aber selbst in São João de Gatao, im Norden Portugals, sah Thelen sich bald einem Verfolgungsdruck durch das dortige faschistische Regime ausgesetzt, das ihn für einen Kommunisten hielt, und so zogen die Thelens 1947 nach Amsterdam, wo sie viele Freunde hatten. Der Verleger und Freund Geert van Oorschot war von der Erzählfreude und –kunst Thelens derart beeindruckt, daß er ihn drängte, seine Erlebnisse während des Aufenthalts auf Mallorca niederzuschreiben. So entstand in wenigen Monaten der umfangreiche „Roman“ *Die Insel des zweiten Gesichts*, der 1953 zeitgleich in den Niederlanden und, in einer Lizenzausgabe von 2.000 Exemplaren, in Deutschland erschien, und bis 1967 acht Auflagen erlebte. 1954 erhielt Thelen für das Werk den Fontane-Preis, obwohl Autoren der damals tonangebenden „Gruppe 47" seinen Roman abqualifiziert hatten (s.u.), und – es sei am Rande vermerkt – obwohl Erzählstrukturen und Sprachstil des niederrheinischen Autors mit Fontane so gar nichts gemein haben.[9]

Von 1954 an lebten die Thelens wieder in der Schweiz, die längste Zeit als Hausverwalter (Thelen: *Diebsverbeller*) auf den Gütern der reichen Mexikanerin Elita Lüttmann in Ascona und Blonay. 1973 zogen sie nach Lausanne. In dieser Zeit ließ der Autor seinen nicht sehr erfolgreichen zweiten Roman *Der schwarze Herr Bahßetup*, die Gedichtsammlungen *Tragelaph* und *Runenmund* und, 1979, die bekanntere Lyrik-Anthologie *Im Gläs der Worte* erscheinen. Hier und da veröffentlicht er kleinere Texte, so z.B. 1974/75 Gedichte in der Wochenzeitung *Die Zeit*.[10] In Lausanne bewohnten Vigo und seine Frau eine mit Büchern vollgestopfte 5-Zimmer-Wohnung. Über seinem Schreibtisch hing ein nackter Rinderschädel, und die sog. „Thelen-Maschine“, ein an die Mechanikkonstruktionen von Jean Tinguely erinnerndes Objekt, stand direkt daneben.[11]

Als 83jähriger kehrte der fast erblindete Thelen, gebrechlich und mittellos, mit seiner Frau zurück an den Niederrhein. Nachdem ihm Ehrenprofessorentitel und Bundesverdienstkreuz verliehen worden waren, folgte das Paar 1986 einer Einladung der Stadt Viersen und übersiedelte in das Dülkener

Thelen erhält den Ehrenring von Bürgermeister Gerke (1985)

Seniorenheim St. Cornelius. So wurde nicht nur ein rekordverdächtiges Leben im Exil beendet, sondern auch ein sehr gespanntes Verhältnis zwischen Thelen und seiner Heimat. Das „4. Reich", wie er das durch die Naziverbrechen weiterhin belastete Nachkriegsdeutschland nannte, sowie ein als entwürdigend empfundenes Anerkennungsverfahren als Verfolgter des Naziregimes, da er schon vor 1933 Deutschland verlassen hatte (das ihm aber schließlich die „Reichsnaziopferblutrente" einbrachte), hatten ihn eigentlich nie an eine Rückkehr denken lassen. Dazu passt, daß er mit Beatrice und im privaten Umfeld jahrelang nur Portugiesisch gesprochen und keinen deutschen Pass besessen hat.[12] In Dülken starb Albert Vigoleis Thelen am 9. April 1989, und drei Jahre später Beatrice. Dort war er übrigens 22 Jahre zuvor zum Dr. humoris causa an der Narrenakademie promoviert worden, einen Titel, den er bei einer Zeremonie zuhause in Lausanne verliehen bekam, und wie folgt kommentierte: *„Ich habe mich gefreut über die Ernennung und habe gelacht."* [13]

Das Werk - Die *Insel*

Albert Vigoleis Thelen hat, obwohl er schon früh zu schreiben begann, erst als Fünfzigjähriger eine Zeitlang Erfolg gehabt. Er hat seine Hauptwerke im Ausland geschrieben, wo er über 55 Jahre seines Lebens verbrachte. Auch nach 1945 hat er sich im Literaturbetrieb nicht recht etablieren können, seine Prosa lag quer zu allen Trends der Nachkriegsliteratur. Man wurde nicht schlau aus ihm. Die Literaturkritiker konnten ihn nicht einordnen, und selbst die Schriftstellerkollegen der Nachkriegszeit, einer Art Kahlschlagliteratur verpflichtet, hatten Schwierigkeiten mit Thelens Schreibstil. Als Vaterfigur und Zeremonienmeister der von 1947 bis 1967 sehr einflußreichen „Gruppe 47" hat Hans Werner Richter – nomen est omen, möchte man kalauern – damals als Platzanweiser der deutschen Nachkriegsliteratur fungierend, Thelen abgelehnt. Dieter Wellershoff beurteilt im Rückblick die folgenreichen Selektionsmethoden der Gruppe so: *"Autoren, die bei Gruppenlesungen gut abschnitten, waren gleichsam mit einem Qualitätssiegel versehen und wurden überall beachtet, gefördert und nach oben getragen, für viele Leute ein nachträgliches und nachdrückliches Zeichen, daß die Beurteilung durch die Gruppe richtig gewesen war. Entsprechend funktionierte im Falle des Misserfolges der umgekehrte Beweis."*[14]

Dazu kam: *publish or perish*, Thelen hielt sich auch an dieses – das oberste – Gebot für den erfolgreichen Schriftsteller nicht, und so geriet er schon wenige Jahre nach Erscheinen der *Insel* beim Publikum wieder in Vergessenheit. Auch weil er nach dem kommerziellen Misserfolg seines zweiten Romans *Der schwarze Herr Bahßetup* (1956) keine Prosa mehr schreiben wollte. Sein am 1. Mai 1959 fertiggestelltes Manuskript *Glis-Glis*, das zunächst keinen Verleger fand, schenkte er deshalb dem befreundeten Hildesheimer Verleger Walter Georg Olms, der es erst 1967 veröffentlichte.

Thelen hat bedeutend mehr geschrieben als publiziert. Auch gutwillige Nachlassverwalter sehen sich vor gewissen Komplikationen, hat der öffentlichkeitsscheue Autor doch testamentarisch verfügt, den allergrößten Teil seiner Manuskripte zu vernichten. So geschehen mit dem Manuskript der Fortsetzung der *Insel*, das aber erfreulicherweise als Tonaufnahme gerettet und veröffentlicht werden konnte.[15] Inwieweit man seinem Wunsch sonst nachgekommen ist, mag die Forschung klären. Das wird nicht leicht sein. Einmal wegen Thelens ungewöhnlicher

Existenzweise, häufig in eremitenhafter Zurückgezogenheit, und wegen seiner ständigen Ortswechsel. Einige Texte liegen wohl unter Verschluss in den USA und den Niederlanden.[16] Zum anderen herrscht Unklarheit hinsichtlich seiner Hinterlassenschaft, weil er sich dem Kulturbetrieb verschloß und Verlegerinteressen mißachtete. Der größte Teil seines Nachlasses befindet sich im Viersener Stadtarchiv.[17]

Was ein gesichertes Wissen über Person und Werk betrifft, so hat auch der große Mystifikator Thelen dem Publikum eher Fragen als Gewißheiten hinterlassen. *Die Insel des zweiten Gesichts* gilt unter Literaturinteressierten, die nicht nur Bestseller lesen, als ein beachtenswertes Stück Dichtung, vielen als Weltliteratur, doch weiß offenbar niemand, warum. Die Begründungen gehen weit auseinander und schließen häufig einander aus. Befürworter und Gegner einer wild wuchernden Schreibe von barocker Sprachgewalt meldeten sich zu Wort. Andererseits muß die Frage erlaubt sein, ob die Ablehnung durch die „Gruppe 47", die Thelen sehr getroffen hat, so ganz unberechtigt war. Ein Meister der kunstvoll arrangierten Digression sei da am Werk, loben heute die einen, ein epischer Collagist von haarsträubenden Klatsch- und Tratschgeschichten ohne jeden inneren Zusammenhang werfen die anderen dem pikarohaften Fabulierer vom Niederrhein vor.

Zu letzterem sei bemerkt: Auf Mallorca lebten die Thelens in einem ständigen Kampf gegen Armut, Hunger und Obdachlosigkeit. Ein spärliches Einkommen sicherten ihnen Jobs als Übersetzer, Sprachlehrer, Schreibhilfe und Fremdenführer. Sie hausten in Schmugglerhöhlen, Bordells und einem heruntergekommenen Adelshaus am Rande der sehr gemischten Inselgesellschaft, die sich auf einen Bürgerkrieg zu bewegte. Diese historischen und räumlichen Eingrenzungen, eine Insel in einem Moment gewaltiger sozialer Umwälzungen (zu denen auch der beginnende Massentourismus gehört), bilden den Rahmen für eine fast unüberschaubare Fülle von Begegnungen mit Huren, Hochstaplern und Diplomaten, Schmugglern und Adligen, Touristen, Flüchtlingen und Künstlern jeder Fasson, allesamt originelle Gestalten, bizarr und skurril, deren Schicksale reich kommentiert und deren Eigenarten witzig karikiert werden, wobei der Autor nie zögert, auch sich selbst vor den Zerrspiegel auf dem Jahrmarkt der Eitelkeiten zu stellen, ja sich zur Hauptkarikatur seiner *angewandten Erinnerungen* (so der Untertitel) zu machen, sich, den *Unglücksvogel* und *Erzweltschmerzler*, den *Doppelgänger seiner selbst* und *linkischen Lungerer an der Menschheit*, der, von den Verlegern nicht beachtet, einen großen Teil dessen, was er schreibt, in den Ofen schmeißt. Was alle auf der Insel mit dem Autor gemeinsam haben: *Jeder auf der Insel hatte sein eigenes zweites Gesicht.*[18]

Die Hauptzielrichtung der Spottlust in den kritischen Beschreibungen ist dabei die gleiche wie schon in der katholischen Heimat: *Priester, Generäle und Huren sind seit eh und je die großen Kraft- und Animierquellen aller südlichen Länder, deren Geschichte nie geschrieben werden kann, ohne daß man sich eingehend mit dieser Trinität befaßt. Wir besorgten das auch ausgiebig während unserer Mehlsackstunden.*[19] Um die Begegnungsfülle zu arrangieren, eine gewisse Ordnung in das stoffliche Chaos zu bringen, klammert der Autor die Figuren unter die Großmetapher des zweiten Gesichts und zentriert sie auf die Spiegelfläche eines ungehemmt erzählenden Ichs, das seinerseits gespalten ist: in einen vorgeblich autobiographisch orientierten Berichterstatter und sein Alter Ego Vigoleis, in erste und dritte

Person. Das ermöglicht dem Erzähler eine ironische Distanz zu sich selbst. Immer wenn es allzu komisch oder peinlich wird, z.B. in burlesken Szenen mit der Hure Pilar und ihrem Töchterlein, dann muß Vigoleis ran. Einer der erzählerischen Glanzpunkte, die am häufigsten zitierte Szene aus der *Insel*, ist das lange Kapitel, in dem der Erzähler als erfindungsreicher Fremdenführer deutschen Reisenden die damals noch recht schlichten touristischen Angebote schönredet. Erschreckend an dieser bitterbösen Satire auf den Führerkult und durchaus nicht inaktuell, was die Damen und Herren aus Deutschland so absondern, wenn sie die Bewußtseinszustände des gleichgeschalteten zeitgenössischen „man" in ihren Sprachschablonen präsentieren und den eloquenten Hilfsanimateur Vigoleis fast in den Wahnsinn treiben. Seine Reaktion: *„Er ging nach Hause, dunkelte das Schlafzimmer ab und warf sich auf die Pilarière, verbrannt, zerschunden an Leib und Seele, gerädert, von Ekel erfüllt über den Mensch der Herde. Heine, Nietzsche, Schopenhauer, jeder hatte seine bittere und beißende Wahrheit über die Deutschen gesagt. Wie hätten sie wohl vom Leder gezogen, wenn sie einmal einen ganzen Tag Deutschenführer auf Mallorca hätten spielen müssen? Spielen? Und doch, mein erstes Führererlebnis war nichts, verglichen mit den Führungen jener Horden, die auf Kraft-durch-Freude-Schiffen kamen und die Insel heimsuchten.*" [20]

Es sind die erzähltechnischen Eigenheiten seines Werkes, die heute zwar nicht das große literarische Publikum, wohl aber die Germanistik anziehen. Gattungspoetische Problemfälle sind Leckerbissen vor allem für Doktoranden. Was seine Wortschöpfungen betrifft, steht Thelen dem ebenfalls literarisch kaum einzuordnenden Jean Paul in nichts nach. Auch dessen herrliche Neubildungen wie *Seelenkeuchsucht, schaubesoffen, Winkelsinn, Gehirn-Uterus, Ichling* und *Notlaster* befremdeten konservative Zeitgenossen und ergötzten diejenigen, die Sprachgefühl hatten. Und die hätten wohl auch ihre helle Freude gehabt an des niederrheinischen Wortjongleurs wunderbaren Anarchismen und Neologismen wie *Spillmage und Schwuchtelbruder* (Schwager Zwingli), *Seelenkärgling* (sein Vater), *Garstvogel, Schlunte, geile Schindkracke, Stanniolnutte* (Pilar), *schwüle Duse, linkshändige Seele, buhlflüchtig, auswälgen, abkörren, Besage, Gebrest, Küpe, Sponde, Plaute, Plotz und Pracherer.* Leider ist manches von dem, was der erlauchte Sprachspinner in seiner uferlosen Fabulierfreude erfand, *in die Rapuse gegangen.*[21] Nach bisherigen Berechnungen liegt die Zahl der von ihm erfundenen Wörter bei 3.000-5.000. Wie heißt es doch im Nachwort zur aktuellen Ausgabe der *Insel*: *„In der Manege der Wörter war Thelen Jongleur, Clown und Hochseilartist zugleich.*"[22] Eine ganze Reihe der archaisch anmutenden Thelenschen Neologismen wurzelt durchaus auch in der Heimatmundart, im Niederfränkischen. Alles in allem: Nicht nur im Vergleich zur Hundezucht- und Idiotensprache der Nazis, aber möglicherweise auch als Reaktion darauf, ist Thelen zu einem der sprachkreativsten Autoren seines Jahrhunderts geworden. "*sprache ist weder eine kinderbewahrschule noch ein altersheim*", zitiert Jürgen Pütz aus einem Thelen-Brief. [23]

Thelen selbst hat seine ab- und ausschweifende Erzählweise trotzig verteidigt. In der *Insel* erklärt er: *„Es gibt Autoren, die mit vielen Worten wenig, andere, die mit wenigen viel, und wieder andere, die seltenen, die mit einem Wort alles sagen. Der Leser möge entscheiden, zu welcher Klasse Vigoleis gehört, da ich selber es nicht ausmachen kann. Eines aber steht für mich fest: dieses eine Wort werde ich nie schreiben. Ich* *umschreibe es.*"[24] Als „Kaktusstil" hat er seine Wortkunst schmunzelnd bezeichnet, bei dem sich unverhofft Ableger bildeten, „*ins Wilde hinein*" schossen, und da drängt sich natürlich der Vergleich mit seinem Leben auf: Thelen, einer der letzten Literaten, der seine Schreibe auch lebte, Quijote und Pansa und Cervantes in einer Figur, nicht Schriftsteller, sondern Poet, letzter Poet vielleicht, einer, der das Schreiben nicht im Literaturseminar gelernt hat und seine Texte nicht nach sorgfältiger Planung marktgängig produzierte: „*Mit ein paar erklärenden Worten beginne ich, entwerfe in raschen Schritten die Situation, Land, Leute stelle ich vor, wobei ich schon vom Hundertsten ins Tausendste komme, während ich noch das Feld abstecke, in dem ich mich zu bewegen gedenke. Da kann es geschehen, daß eine Beiläufigkeit zur Hauptsache wird, weil mich plötzlich ein vorher wenig beachteter Zug selbst so fesselt, daß ich ihn stark herausarbeite und zur geschlossenen Erzählung runde.*"[25] Noch deutlicher bekennt Thelen im *Bahßetup*: „*So wie wir nicht wissen, was uns morgen blüht, weiß ich nicht, was im nächsten Kapitel geschieht, und ich komme doch ans Ziel.*"[26]

Daß seine Schreibe die Philologen irritiert, erfreute den Sprachmeister: „*Viele meiner Figuranten haben mich und meinen Vigoleis übertölpelt, wir sind ihnen aufgesessen, zur Bereicherung übrigens meines Lebens, und, nachgehends, auch der meiner Erinnerungen. Dichtung und Wahrheit, 'bizarre Mystifikation' und Realität, - ich treibe mein Spiel mit dem wirklich Erlebten, zur wissenschaftlichen Beschwernis der Erforscher des Schelmenromans, die das Fiktive meiner 'Angewandten' betonen und somit die Wege des Unwahren beschreiten müssen.*"[27] Zu Thelens chronischem Hang zum abschweifenden Erzählen merkt ein Literaturwissenschaftler, der auch den Mut zu urteilen hat, in einer im Sprachgestus seines Metiers gehaltenen Laudatio an: „*Das phänomenologisch vorherrschende Merkmal der Großraumbücher von Albert Vigoleis Thelen ist der degressive Charakter, der von realismusbetäubten Leser oft als Lesehindernis empfunden wird. Diese Leser haben keinen Blick für den Modus ihrer eigenen Erfahrungen und Wahrnehmungen. Sonst müßten sie wissen, daß der Realismus nicht die Abbildung von Wirklichkeit ist, sondern deren ideologische Verfälschung (in der Regel: Verkleinerung, Harmonisierung, 'Verschubladung'). [...] Thelens Willkür ist Aufklärung, sein tragelaphisches Welttheater verweigert sich dem Täuschungsgeschäft, das die 'Realisten' so begierig betreiben, Thelens Disziplinlosigkeit mißachtet eine Ordnung, die sich (nicht nur in Deutschland) verabsolutiert hat, Thelens Bücher kennen den Unterschied zwischen kreativer und beflissener Sekundärtugend. [...] Albert Vigoleis Thelen ist ein Chaosbaumeister, seine Bücher sind Weltmaschinen. Gleichwohl/deshalb sind Modifikationen erkennbar. In der 'Insel' sind die Digressionen eher der Handlung untergeordnet, im 'Bahßetup' ist die Handlung eher den Digressionen untergeordnet.*"[28]

Thelen ist einer von den Autoren, die auf ihr Tun reflektieren. Immer wieder kommentiert er seine Schreibe, immer wieder fällt er sich auch selbst ins Wort, rückt umständlich das Gesagte zurecht, liefert, um möglichst genau zu sein, Ausdrucksvarianten, stellt komplizierte Verflechtungen her mit bereits Erzähltem oder noch Kommendem. Das fordert vom Leser eine stärkere Konzentration als ein unreflektierter Erzählfluß, vor allem, wenn er, durch das Textgewebe navigierend, nach Realitätsbezügen späht. Thelen schafft einen Flickenteppich von Erinnerungen und ihm Zugetragenen, Gelesenen und Gelebten, kruder Realität und phantastischen Spinnereien. Seine Freunde loben, solch phantasiereicher Wildwuchs erfreue sie, seine Kritiker werfen ihm vor, er nerve sie mit all seinen jean-paulschen Digressiönchen und Anekdötlein. Letztere behaupten, es sei keine wirkliche Dramatik in den Ereignissen, die den Leser mitrisse, die Figuren entfalteten sich überdies nicht zu Charakteren.

Wie vielleicht jeder lesenswerte Autor, ist Thelen „umstritten". Mit ihm verhält es sich wie mit Beuys. Die Erwähnung ihrer Namen ist für viele Niederrhein-Intellektuelle nur in einem hagiographischen Kontext vorstellbar. Ähnlich empfindlich wie ältere Oberstudienräte, die vor Weimarer Kulturdenkmälern in eine Art Bildungsstarrkrampf verfallen, auf Kritik reagieren, zeigen sich auch die Verehrer der heimischen Ikonen, wenn z.B. nicht zur Thelen-Fan-Gemeinde gehörende Literaturinteressierte kritisch anmerken, die *Insel* sei für junge Leser uninteressant. Zu kompliziert sei der mäandrierende Erzählfluß, zu verkopft der Anspielungshorizont. Auch gekonnte Digression in kunstvollen Hypotaxen wirke auf die Dauer langweilig, vor allem, wenn sie keine sonderlich aufregenden Inhalte transportiere. Aber auch unter Lesern der älteren Generation hat es Kritiker gegeben. Am häufigsten wird vorgebracht, es handle sich in Thelens Romanen doch um sehr private Gedanken- und Wortspielereien, die sich an Belanglosigkeiten entzündeten, aber eine enorme Belesenheit zu ihrem Verständnis voraussetzten. In der Tat behauptet Vigoleis ja seine verschrobene Besonderheit durch ein ständiges Sich-Absetzen von allen und allem, nicht zuletzt von sich selbst. Seine herbeiphantasierten Abenteuer bestehen meist daraus, daß er etwas erzählt, was ihm *nicht* geschieht, das aber gestaltet er mit den wildesten Ausschmückungen und Übertreibungen. *Beinahe* hätten die Polizisten, Falangisten, Ganoven etc. ihn erwischt, die Huren ihn verführt. Auch daß er übertreibe, wird ihm vorgeworfen: Da hätten andere zu seiner Zeit anderes erleben und leiden müssen, auch wenn man an einige reale Gefährdungen denkt.

Es wird weiterhin kritisiert, daß er gern mit seiner Weltfremdheit und Zerstreutheit kokettiere, mit seinem ständigen Schweben in höheren philosophischen Sphären, das ihn zum Beispiel ohne Brot von einem Gang zum Bäcker zurückkommen läßt. Für die banalen Dinge des Alltags hat der Dichter, dem *des Lebens Untüchte wie ein Zeichen auf der Stirn stand*, in der Tat immer Helfer gefunden, vor allem Beatrice, die ihn ein Leben lang umhegte (eine Gedichtwidmung lautet*: „für Beatrice, dich mich seit 52 Jahren am Wort begleitet"*). Immer wieder sieht der Erzähler sich als verkanntes Genie, und so wird er ja auch in vielen Rezensionen und Kommentaren vorgestellt. Wie jeder Autor möchte auch Thelen gern gelesen werden, pflegt aber gleichzeitig die Attitüde des literarischen Einzelgängers, der nicht daran denkt, dem Leser oder gar dem Literaturbetrieb entgegenzukommen.

Andererseits: wenn man ihm seine intellektuelle Eitelkeit vorhält, muß man auch darauf hinweisen, daß es Thelen immer gelingt, in seinen Grundgestus der Selbstironie zurückzufinden. Und was die häufig kritisierte Spärlichkeit des Plots in seinen Romanen betrifft, so dient dieser eben hauptsächlich – warum nicht - als Vehikel, um die Prosa-Produktion in Gang zu halten, diese Webmaschine, die auf hohen Touren läuft, aber keineswegs Serielles auswirft, sondern Seite für Seite neue originelle Texturen. Und überdies sei auf Siegfried Lenz' Kommentar zur Insel verwiesen, in dem er empfiehlt, von kleinlicher Kritik abzusehen *: „Man muß sich wirklich weit umtun, um ein Buch zu finden, das mit diesem vergleichbar wäre. Man denkt unwillkürlich an* *de Coster oder Cervantes [...]. ... hier gibt es nichts zu rechten, hier gibt es was zu lesen. Wenn ein Buch wirklich verdient, ein Ereignis genannt zu werden, so dieses.* [29]

Zum Vorwurf, die *Insel* sei unpolitisch, sei angemerkt: Während sich andere deutsche Autoren seiner Zeit von der Reichsschrifttumskammer die Worte in den Mund legen ließen, wetterte Thelen gegen den faschistischen Kahlschlag der deutschen Sprache und den provinziellen Muff des Denkens. Gegen die primitive Reduktionssprache der Nazis setzte er seine blutvolle, kreative Schreibe: barock, pittoresk und pikaresk. Und diese Sprachkunst kann subversiver wirken als manch blanke Agitation; diese deutsche Sprache in all ihrer Vielfalt und Pracht, wie sie Thelen erzählt, entblößt das „deutsche Wesen" als engstirnig, grausam, hörig und ignorant. Kein Wunder, daß die Thelens sich auf der Erschießungsliste des deutschen Konsuls fanden. Autoren wie Thelen sind daheim im Exil und im Exil daheim, selbst ohne akute politische Verfolgung. Doch das Land, *aus dem ich komme und von dem ich so gerne loskommen würde,* hat ihm immerhin *ein* Zuhause gewährt: Thelens Heimat ist die Welt der Sprache, von der er sagt: *„...erst im Ausland habe ich mir, das Ohr ständig umtönt von Lauten fremder Sprachen, die eigene wirklich zu eigen gemacht, zum Entsetzen sprachschämiger Verleger.*"[30]

Scharfe Worte finden sich nicht nur gegen die faschistischen *Raubritterkreuzträger*, sondern auch gegen die opportunistische Feigheit der katholischen Kirche, die *„christliche Verlogenheit: [...] 1933 wurde Christus in Deutschland ans Hakenkreuz geschlagen unter dem tosenden Jubel von Millionen und der wortlosen Billigung von Milliarden. [...] Hätten am Tage von Hitlers Machtergreifung alle Menschen in Deutschland, die sich für Christen ausgaben, im Geiste des Christentums gehandelt, dann wäre das Ebenbild des Herrn in eine Heilanstalt gewandert und dort auf Kosten der Gesellschaft bis ans Lebensende versorgt worden. Der Führer wäre ein Fall für Hochschulprofessoren gewesen, an dem Studenten hätten lernen können. So wurde er ein Fall für die Menschheit, an dem niemand lernte. Es gab aber keine Christen mehr in Deutschland. Gott war tot, Christus war tot, es lebte nur noch der Führer. Als man aus Taumel und sturer Faste erwachte, war es zu spät: Trägheit des Herzens."* [31] Hieran ließe sich Klaus Antes' Würdigung anfügen, der über die *Insel* schreibt: *„Ein einmaliges, abenteuerliches Buch, auch politisch, aber eben nicht primär. Poetische Anamnese, Inventur der unbegrenzten Zumutbarkeiten, im narrativen Stil, mit biedermeierlichen Elementen aus den Archiven des geradezu besessenen Semantikers. Unverwechselbar, auch wenn seit seinem Erscheinen manche meinten, Thelen vergleichen zu müssen mit Cervantes, Laurence Sterne oder Jean Paul."* [32]

Thelens Bücher werden heute wieder verlegt, aber sein Ruhm und seine Bekanntheit werden begrenzt bleiben, denn *„nur eine kleine, verschworene Gemeinde von Thelen-Fans existiert, aber die ist vielleicht auch wieder viel zu begeistert von ihrem Idol, als daß sie seinen literarischen Wert angemessen beurteilen könnte, und viel zu klein, als daß der Claassen-Verlag, bei dem seine großen Prosa-Werke nun erscheinen, diese besonders gut verkaufen könnte"*, so Walter Delabar in seinem Vorwort zur *Hommage à Albert Vigoleis Thelen.*[33] Und obwohl Thelen sich thematisch nur selten und dann kritisch distanziert mit der Region befaßt hat, hat er von allen „Niederrheinschriftstellern" regional den höchsten Bekanntheitsgrad. Das hat zu Spekulationen Anlaß gegeben, daß der erklärte Weltbürger, der sich so energisch gegen jede Vereinnahmung als Heimatschriftsteller wehrte, in seiner Schreibweise doch einen Ton getroffen hat, der ihn seinen Landsleuten sympathisch vertraut macht. Vigoleis, der Dummheit und Laster als Schelm kommentiert, erzielt manches Schmunzeln dadurch, daß er sich selbst dumm stellt, hinter den Ansichten eines Clowns seine Weltweisheit verbirgt und sie so vom hochtönenden Geschwafel der offiziellen Geist-Verwalter absetzt.

Große Verdienste um die deutsche Exilliteratur hat sich Thelen als Kritiker erworben. Erhard Louven hat alle von Thelen in Niederländisch für die Tageszeitung *Het Vaderland* verfaßten Besprechungen deutscher Bücher aus der Zeit von Februar 1934 bis April 1940 ins Deutsche übersetzt und 1996 herausgegeben.[34] Und auch als Übersetzer hat er Großes geleistet, nicht nur für die Werke Teixeira des Pascoaes', sondern auch für eine Reihe niederländischer Autoren - u.a. Jan Jacob Slauerhoff, Menno ter Braak, Hendrik Marsman - wobei einige Übersetzungen nie erschienen sind.

Als Einführung in Thelens Werk sei allen, die sich selbst ein Bild machen wollen, jedoch vor der Lektüre dickleibiger Wälzer zurückschrecken, *Sie tanzte nackt auf dem Söller* empfohlen. Jürgen Pütz hat in diesem Band Texte zusammengestellt aus der *Insel*, dem *Schwarzen Herrn Bahßetup* sowie unveröffentlichten oder bereits wieder vergessenen Schriften. Für die theoretische Beschäftigung mit dem Autor bietet sich, ebenfalls von Pütz, an: *Doppelgänger seiner selbst. Der Erzähler Albert Vigoleis Thelen.* Dieses Werk enthält eine Biographie und Rezeptionsgeschichte sowie Kapitel über Thelens literarische Vielfalt, seine Zeitkritik, seine Spracheigentümlichkeiten und Überlegungen zur Gattungszugehörigkeit. Hier finden sich auch Hinweise auf noch zu wenig gewürdigte Aspekte des Thelenschen Lebenswerkes: Der Autor hat z.B. den Brief als literarisches Medium begriffen und mit seiner unermüdlichen Korrespondenz (mehr als 15.000 Briefe) eine geistreiche und witzige Lesekost geschaffen, ebenso farbig wie seine Romane, aus denen manches Motiv auftaucht. So wird die weitgehend unveröffentlichte Korrespondenz denn auch von manchen Thelen-Fans als das unbekannte zweite Hauptwerk des Autors betrachtet.[35] So ruht im Stadtarchiv Viersen u.a. der Briefwechsel zwischen Thelen und dem aus Oberkrüchten stammenden Autor Karl Otten, die sich 1957 kennen lernten, als Otten eine Bleibe in der Schweiz suchte.[36]

Wer Thelen-Portraits aus den letzten Jahren seines Lebens auf sich wirken lässt, die schweren Tränensäcke, die Jahr für Jahr tiefer nach unten gezogenen Mundwinkel, die schon in der Jugend nicht auf Heiterkeit und Leichtigkeit wiesen,[37] der wird sich nicht wundern über die Lebensbilanz des Autors:

Letzter Wille

An meinem Grabe will ich keine Tränen,
die hab' ich alle selber schon geweint,
um gegen eine Welt mich aufzulehnen,
die ich en gros, nicht en detail verneint.

Ich bin nicht, was sie nennen lebensmüde,
auch Schopenhauer ist nicht mehr mein Fall.
Ich mach aus einer Weltschmerzattitüde
kein pessimistisch' Lebensideal.

Zwar hab ich dreimal mich entleiben wollen
und ging dabei dreimal verflucht nicht drauf.
Als Todverächter leb' ich aus dem Vollen –
ich war gefeit und gab es schließlich auf.
...

Mit Seelenmessen soll man mich verschonen.
Wer Francos heiligen Krieg gesehen hat,
sieht nicht mehr Gott in Gotteshäusern wohnen...
Nun hat mein Stundenbuch ein leeres Blatt

zu all den leeren mehr. Ach Beatrice,
auch du hast seine Seiten nicht gefüllt.
Es füllt sie keiner, Buddha nicht noch Nietzsche,
bevor das große Dunkel mich umhüllt,

das nackte Nichts der schwarzen Ewigkeiten,
der vollen Schöpfung leere Gegenwelt,
die allen göttlichen Gewordenheiten
im Gegengöttlichen die Waage hält.

Natürlich werdet ihr den letzten Willen
als faulen Zauber in den Ofen tun.
Doch werde meinen ersten ich erfüllen:
von diesem Erdenirrsinn auszuruhn. [38]

Daß Thelen nicht vergessen wird, ist ein Verdienst seiner Fangemeinde, der sog. „Vigoleianer" im Umfeld der Literaturzeitschriften *die horen*, *JUNI* und *Muschelhaufen*. Nicht nur der Verein für Heimatpflege Viersen veranstaltet seit 2003 jedes Jahr eine Gedenkfeier mit Lesungen, Vorträgen etc., es gab auch verschiedene Ausstellungen zu Leben und Werk von Thelen: Nach einer kleinen Ausstellung im Jahr 1988 waren es direkt drei im Jubiläumsjahr 2003: in der Städtischen Galerie Viersen und zeitgleich in der Universitätsbibliothek Basel, sowie danach im Heinrich-Heine-Institut in Düsseldorf.[39] Im Jahr 2017 wurde dann wieder der Heimatverein aktiv, mit einer Ausstellung und Vortragsreihe, die auf DVD erhältlich sind.[40] Thelens Werke werden immer mal wieder von Kollegen gelobt: Der niederländische Schriftsteller Maarten 't Hart wählte den Longseller *Die Insel* zu seinem Jahrhundertbuch: *„Seit langem glaube ich: Das größte Buch dieses Jahrhunderts ist die Insel des zweiten Gesichts von Albert Vigoleis Thelen. Eine überraschende Wahl? Vielleicht, aber es war doch eines der Lieblingsbücher Thomas Manns. Er nannte es eines der drei größten Bücher dieses Jahrhunderts."* [41] Nach Albert Vigoleis Thelen ist seit dem Jahr 2005 die Viersener Stadtbibliothek benannt und an seinem ehemaligen Wohnhaus auf Mallorca hängt eine Gedenktafel. (pe)

Auszeichungen und Werke (Auswahl):

Fontane-Preis (1954).
Ernennung zum Professor des Landes NRW (1984).
Ehrenring der Stadt Viersen (1985).
Bundesverdienstkreuz 1. Klasse (1985).
Die Viersener Stadtbibliothek trägt seinen Namen (2005).

Schloss Pascoaes (Gedichte), Zürich 1942.
Die Insel des zweiten Gesichts. Aus den angewandten Erinnerungen des Vigoleis (Roman), Amsterdam/ Düsseldorf 1953 (auch als E-Book, 2021).
Vigolotria (Gedichte), Düsseldorf 1954.
Der Tragelaph (Gedichte), Düsseldorf 1955.
Der schwarze Herr Bahßetup (Roman), München 1956.
Glis-Glis. Eine zoo-gnostische Parabel (Erzählung), Hildesheim 1967.
Im Gläs der Worte (Gedichte), Düsseldorf 1979.
Poetische Märzkälbereien (Prosatexte), Mönchengladbach 1984.
Was wir sind (Gedichte), Viersen 1989.

Die Journalisten/Moderatoren

Elmar Theveßen, Dieter Könnes, Michael Antwerpes

Viersener finden sich nicht nur *vor* den Bildschirmen deutscher TV-Sender, sondern auch dahinter: Elmar Theveßen erklärt den Zuschauern beim *ZDF* die USA und den internationalen Terrorismus, Dieter Könnes kämpfte für den „kleinen Mann" beim *WDR*, und talkt sich nun durch „Stern- TV" bei *RTL*, und Michael Antwerpes kommentiert für die *ARD* diverse Sportveranstaltungen.

Elmar Theveßen, geboren am 3. Juni 1967, wohnte mit seiner Familie in Viersen auf der Hauptstraße, über dem Möbelhaus Gotzen. Er besuchte die Remigiusschule am Portiunkulaweg, später dann das Albertus-Magnus-Gymnasium in Dülken, blieb Viersen als Jugendlicher aber treu: *„Ich war zwar in Dülken auf der Schule, aber in der Pfarre St. Remigius war ich bei den Pfadfindern, bei der KJG und bei den Messdienern, und von denen gingen viele auf Viersener Schulen, so dass ich mit Freunden nachmittags auch mal auf dem „Monte" rumhing. Und ich hatte es immer einfach: wenn der „Monte" als Treffpunkt ausgemacht wurde, brauchte ich nur vor die Tür zu gehen."* [1]

Schon als Kind hatte Theveßen den Wunsch Journalist (aber auch Kommissar bzw. Tierarzt) zu werden. Er machte bei der Schülerzeitung mit und schrieb auch für die Zeitschrift der Pfadfinder. Nach dem Abitur, 1986, ging er zum Studium der Politischen Wissenschaft, Geschichte und Germanistik nach Bonn. Dort arbeitete er nebenher schon für das Lokalradio *Bonn/Rhein-Sieg* und lokale Zeitungen. Während des Studiums absolvierte Theveßen auch ein Praktikum in der Lokalredaktion der *Rheinischen Post* in Viersen, berichtete für den *Grenzlandkurier* über Karnevalssitzungen oder lokale Politik.[2] Auch während seiner Auslandssemester in Washington (1990/91), mit den Schwerpunkten *Foreign Policy* und Journalismus, war er freier Mitarbeiter bei verschiedenen Medien, u.a. der *Deutschen Rundfunkagentur* sowie *Channel 5 Fox*. Nach seiner Rückkehr wurde er freier Mitarbeiter des *ZDF*-Studios Bonn, zuständig für die Sendung „Bonn direkt". 1993 schloss er sein Studium mit dem Magister ab und blieb dem *ZDF* treu, für das er von 1995-2001 als Korrespondent im Studio Washington arbeitete. Somit hatte sich sein Wunsch Journalist zu werden, und eine Arbeit mit Kontakt zu Menschen und viel Recherche zu finden (auch wie ein Kommissar) erfüllt.

Theveßen vor seiner Grundschule

Sein Motto: „Geh der Sache auf den Grund!“. Während dieses ersten USA-Aufenthalts wurden zwei seiner drei Kinder geboren.
Nach seiner Rückkehr arbeitete er für das *ZDF* auf verschiedenen Positionen: er war u.a. Reporter beim investigativen Magazin „Frontal21“, Chef vom Dienst der *ZDF*-Hauptredaktion Aktuelles in Mainz, sowie stellvertretender Chefredakteur und dann Leiter der Hauptredaktion Aktuelles. Außerdem moderierte er seit 2008 bei *Phoenix* das „Kamingespräch“, wo er so unterschiedliche Gäste wie Roman Herzog oder Hans-Georg Maaßen interviewte.
Elmar Theveßen erhielt verschiedene Medienpreise, darunter 2012 den „Deutschen Fernsehpreis“ für seine zweiteilige Dokumentation „9/11“. Zu dieser Zeit hatte er sich schon einen Namen als Geheimdienst- und Terrorismusexperte gemacht, was sich auch in verschiedenen Büchern niederschlug (siehe Kasten). Durch diese Themenwahl war er natürlich auch Anfeindungen und Drohungen ausgesetzt, wollte aber trotzdem wieder „raus in den praktischen Journalismus“.[3] Sobald sich die Gelegenheit ergab, im März 2019, wechselte er von Mainz erneut nach Washington, als Leiter des *ZDF*-Studios. In seinem Büro dort steht ein VIERSEN-Schild,[4] denn seiner Heimatstadt bleibt er verbunden. Er liest immer wieder aus seinen Büchern in Viersen, diskutierte aber auch schon mit Schülerinnen und Schülern des AMG über den „Islamischen Terrorismus“, des Erasmus-von-Rotterdam-Gymnasiums über das Thema „Politischer Extremismus“ sowie an seiner ehemaligen Grundschule mit Viertklässlern über seine Arbeit.[5] Und auch bei Frank Bühlers Südstadt-Talk war er 2011 schon zu Gast (übrigens gemeinsam mit Paul Eßer).[6]

Bücher von Elmar Theveßen:

Schläfer mitten unter uns, Droemer 2002.
Die Bush-Bilanz, Droemer 2004.
Terroralarm, Rowohlt 2005.
Al-Qaida, Herder 2009.
Nine Eleven, Propyläen 2011.
Terror in Deutschland, Piper 2016.
Die Zerstörung Amerikas, Piper 2020.
Kampf der Supermächte, Piper 2022.

Können kämpft und klönt

Auch Dieter Können nahm schon auf Frank Bühlers Sofa Platz, sogar schon drei Mal.[7] Der am 30. Dezember 1971 geborene Journalist und Moderator wuchs in Süchteln auf und besuchte dort die Gemeinschaftsgrundschule. Nach dem Abitur auf dem Erasmus-von-Rotterdam-Gymnasium und dem Zivildienst, entschied er sich für eine Lehre als Umwelttechniker bei Trienekens. Im Alter von 25 Jahren jedoch vollzog er eine radikale Wende: *„Als ich einen etwas längeren Trip durch Kanada machte, musste ich für mich persönlich feststellen, dass ich beruflich doch noch etwas anderes machen wollte“*, erinnert er sich. *„Menschen, die mich nicht kannten, fragten warum ich etwas machte, das mich nicht richtig interessiert, und nicht besser das, was ich wirklich gerne machte, nämlich Sport. Nach fünf oder sechs dieser Fragen habe ich ein langes Selbstgespräch geführt und entschieden, noch mal alles auf Null zu setzen.“* So schrieb er sich nach seiner Rückkehr an der Deutschen Sporthochschule in Köln für ein Sportwissenschaft-Studium ein. Sport hatte immer schon eine große Bedeutung für ihn, beim ASV Süchteln hatte er Handball gespielt und war dann mit anderen Vereinen (u.a. Borussia Mönchengladbach) in der Regionalliga aktiv.[8]
Parallel zum Studium (1997-2000) begann er für verschiedene Medien zu arbeiten, u.a. die *Rheinische*

Post. Es folgten ein Volontariat bei *Radio 90,1* (MG) und die Arbeit als Radiomoderator bei verschiedenen Privatsendern. Im Jahr 2007 schließlich wechselte er ins *WDR*-Fernsehen und moderierte die Lokalzeit Duisburg: *„Ich hatte ein Demotape mit ein paar Fernsehversuchen von mir an eine Agentur geschickt, die hat mich dann beim WDR vorgeschlagen und ich wurde eingeladen. Das Casting lief super und ich bekam kurz darauf die Zusage.“* [9] Es folgten Moderationen beim *ARD*-Morgenmagazin und parallel beim *Deutschen Sportfernsehen* (heute *Sport1*), wo er von 2009 bis 2012 die Handball-Bundesliga kommentierte (was er wieder ab 2015 beim Pay-TV-Sender *Sky* tat). Ab November 2010 setzte der *WDR* Könnes als Radio- und TV-Moderator für die Sendung „Servicezeit“ ein. Hier entstand Ende 2012 als „Ableger“ sein bis dahin erfolgreichstes Format: „Könnes kämpft“. In 54 Folgen (bis Ende 2020) setzten sich Dieter Könnes und sein Team für Zuschauer ein, die in Konflikten mit Unternehmen und Behörden nicht mehr weiter wussten (was sehr an die Serie „Achtung Antwerpes“ erinnert, siehe S. 16). Die Bandbreite reichte vom (unlauteren) Geschäft mit Hundewelpen oder mit Diätprodukten, über die hohen Strompreise und das Vormundschaftsrecht, bis zu Problemen mit der SCHUFA oder Paketdiensten.[10] Den größten Erfolg feierten Könnes und sein Team, als sie im November 2011 eine mutmaßliche Millionenbetrügerin in den Niederlanden stellten, die später zu einer Gefängnisstrafe verurteilt wurde. Einige seiner Themen verarbeitete der „Robin Hood des *WDR*“ auch in einem Buch: *Das gierige Bündnis - wie uns Unternehmen und Behörden gemeinsam abzocken* (Eichborn, 2015).

Im Jahr 2021 wurde im *WDR* entschieden, die eigenständige 45-Minuten-Sendung einzustellen und in Form kürzerer Episoden im Rahmen der „Servicezeit“ zu präsentieren: *„Das Format war lange sehr erfolgreich, aber auch schwer zu produzieren, weil sehr aufwändig und rechercheintensiv. Wir haben dann entschieden, einen cut zu machen. Bis zu meinem Ende bei WDR, im Oktober 2022, haben wir aber noch viele kleinere Verbraucherschutzfälle gemacht.“* [11]

Aber schon bald hatte Könnes einen neuen Arbeitgeber, denn er sieht in einem negativen Ereignis immer auch eine Chance und ergreift sie: Seit dem 1.5.2022 moderiert er bei *RTL* die Primetime-Talkshow „Stern TV am Sonntag“: *„Genau das liegt mir. Was Stern-TV von den üblichen Polit-Talks der öffentlich-rechtlichen Sender unterscheidet ist: hier sitzen nicht nur Politiker und* *wissenschaftliche Experten, hier sitzen auch die Betroffenen"*, erklärte er gegenüber der *Rheinischen Post*.[12]

Nebenher arbeitet Dieter Könnes als Redner und Moderator. Vor allem in der Region um Viersen trifft man ihn bei so unterschiedlichen Veranstaltungen wie einer Heimatbuchvorstellung in Brüggen, einer Diskussionsrunde von Landtagskandidaten in Korschenbroich, oder beim Internationalen Jazzfestival in Viersen an. Privat ist er nach 14 Jahren in Kempen mit seiner Frau und seinen beiden Söhnen 2015 wieder nach Süchteln gezogen: *„Ich habe nie den Kontakt zu Süchteln verloren. Hier habe ich seit meiner frühen Jugend meine besten Freunde, so dass der Umzug zurück einfach nur eine Frage der Zeit war, [...] meine Heimat und meine Wurzeln bleiben im Grenzland. Eine gewohnte Umgebung, die dir in einer immer hektischeren Zeit das Gefühl von Sicherheit und Geborgenheit vermittelt. Ein Ort, wo du hinkommst und alles so ist wie du es kennst und schätzt, ohne dich ständig neu zu erfinden oder gar finden zu müssen. Kurz: deine Basisstation, von wo aus du in die Welt starten kannst, aber immer wieder gerne zurückkommst."*[13] Dieter Könnes setzt sich in seiner Heimatstadt bei „Könnes klönt" für das Kulturzentrum Königsburg oder seinen ehemaligen Verein ASV ein, dessen Handballmannschaft in der Landesliga er übrigens seit einigen Jahren coacht, und er ist Mitglied im Männerkegelklub „Pro Familia".[14] Im Verein ROBIN GUT e.V., dessen Mitbegründer er ist, engagiert er sich darüber hinaus für nachhaltige Projekte, z.B. Baumanpflanzungen im Ahrtal. Nach der Flutkatastrophe hat sich Könnes dort vielfältig engagiert. U.a. unternahm er eine mehrtägige Radtour entlang der Ahr und interviewte Betroffene, woraus eine Filmdokumentation entstand, die er auf seinem *youtube*-Kanal zeigte, aber auch vor Ort vorführte (inkl. Spendenaktion).[15]

Sportreporter und Quizmaster - Michael Antwerpes

Michael Antwerpes, eine Neffe zweiten Grades von Franz-Josef Antwerpes, erblickt am 21. Februar 1963 in Dülken das Licht der Welt. Als Kind bewundert er Winnetou (Mut) und Loriot (Humor).[16] Nach der Grundschule besuchte er das Städtische Neusprachliche (heute: Clara-Schumann-) Gymnasium und spielte bei der SG Dülken Handball.[17] Anschließend studierte er Publizistik, Politikwissenschaften und Anglistik an der Universität Münster.

Schon während des Studiums arbeitete er für die *Westdeutsche Zeitung*, wo er sich mit Reportagen über eine Edelpilzfarm oder den erbärmlichen Zustand öffentlicher Grünanlagen hervortat. Im Jahr 1989 startete Antwerpes seine Karriere bei Funk und Fernsehen, als Reporter beim Hörfunk des *WDR*-Landesstudios Münster. In den Jahren 1991/ 1992 absolvierte er dann ein Volontariat beim *WDR* in Köln. In dieser Zeit wurde ihm klar, dass der Sport für ihn Beruf und Berufung zugleich ist. Nach seinem Volontariat wechselte Antwerpes als Moderator zum *ZDF*-Morgenmagazin nach Berlin und moderierte von 1994 an auch die „Sportreportage" im *ZDF*. Als stellvertretender Ressortleiter Sport in Mainz entschied er sich 1998 auf den Posten des Sportschefs beim *Südwestrundfunk* zu wechseln, wo er bis 2012 blieb. Dann tauschte er seinen Schreibtisch wieder gegen den Moderatorenposten und ist seither nicht nur bei der *ARD*-Sportschau sowie bei „Sport im Dritten" zu sehen, sondern moderiert auch verstärkt sportliche Großereignisse, wie die Olympischen Spiele, Fußballweltmeisterschaften (wo er 2006 nach dem Viertelfinalspiel D-ARG Angela Merkel interviewte) oder jedes Jahr die Tour de France.[18]

Im Winter kümmert er sich u.a. um die Biathlon-Übertragungen im Ersten. Dabei kommt ihm zugute, dass er selbst gerne schwimmt, Rad und Ski fährt und beim Yoga entspannt.[19] Im Fernsehen arbeitet Michael Antwerpes aber nicht nur als Sportmoderator, seit dem Jahr 2003 ist der auch Quizmaster der *SWR*-Show „Sag die Wahrheit". Darin muss ein Rate-Team unter den Kandidaten diejenigen herausfinden, die ihre Biografie erfunden haben. Andere Aufgaben kommen immer mal wieder hinzu, so 2017 die Moderation von „So war's! Das Quiz der Jahrzehnte" (*ARD*).[20] Im Jahr 2020 besuchte er für die *SWR*-Reihe „Ohne Gewehr" ehemalige Biathletinnen und Biathleten, und berichtete über ihr Leben nach dem Sport.

Antwerpes tritt, wie viele andere TV-Moderatoren, gegen Honorar auch bei privaten Events auf, und geriet deswegen 2009 in die Kritik von Medienjournalisten. Das *NDR*-Magazin „Zapp" warf ihm und anderen vor, in Interessenkonflikte zwischen kritischer Berichterstattung und den privaten Auftraggebern zu geraten. Rechtliche oder berufliche Konsequenzen hatten diese Vorwürfe, gegen die sich Antwerpes verwahrte, allerdings nicht.[21] Völlig unverdächtig hingegen ist sein Engagement für verschiedene Sozialprojekte, u.a. den gemeinnützigen Verein „BewegtEuch", den er mit der Tübinger Notärztin Lisa Federle und dem Schauspieler Jan Josef Liefers gegründet hat, um Kindern und Jugendlichen, die sich während der Corona-Pandemie wenig bewegen konnten, zu Sport und Bewegung zu verhelfen.

Seit 2010 sitzt er auch im Kuratorium der „Deutschen Kinderkrebsnachsorge – Stiftung für das chronisch kranke Kind" und hilft dort bei Spendenaktionen: Gemeinsam mit seiner dritten Frau Carolin, die sich ebenfalls dort engagiert, und ihren beiden Kindern, kochten sie zum Beispiel in einer Rehaklinik für herz-, krebs- und mukoviszidosekranke Kinder aus Carolins Kinderkochbuch, aus dessen Verkauf Erlöse an die Klinik gingen.[22]Aus den beiden Ehen zuvor hat Antwerpes, der mit seiner Familie in Schorndorf bei Stuttgart lebt, drei weitere Kinder. Nach Viersen kommt der Italienfan - Lieblingsgericht: Penne all' arrabbiata[23] - eher selten, aber auf Frank Bühlers Sofa hat auch er schon gesessen und die Fragen der Zuhörer beantwortet.[24] (te)

Was Viersen *beatet ...*

Die Bands (Rock, Pop, Folk, Jazz ..)

Neben den Musikern, die in den Einzelbiographien vorgestellt werden, gibt und gab es in Viersen auch Bands, die ihren (überregionalen) Erfolg dem Kollektiv verdanken. Hier ein kurzer Überblick...

„Charline is on my mind,
Look at me, oh can't you see I'm blind,
Your time for a little love,
Is gonna make me see again"
...

Wallenstein im *music corner* Viersen (1979)

Dieser Refrain setzte Viersen (und Mönchengladbach) 1978/79 kurz auf die deutsche Pop-Rock-Musiklandkarte. Die Band *Wallenstein*, in Viersen gegründet - zu dieser Zeit aber schon in MG residierend - kam mit dem Titel „Charline" für 19 Wochen in die nationale Hitparade und erreichte dort Platz 17. Der Keyboarder und Sänger **Jürgen Dollase**, heute ein berühmter Gastronomiekritiker, war der Kopf der Band. Allerdings hatte sie von Beginn an keinen „echten" Viersener in ihren Reihen. Dollase lebte zwar dort und hatte sein Abitur 1967 auf dem Humanistischen Gymnasium gemacht, geboren ist er aber in Oberhausen. Die anderen Gründungsmitglieder stammten aus Hildesheim, Erkelenz, den Niederlanden und den USA. Als der Hitparadenerfolg kam, hatte die Band allerdings schon mehrere Jahre Spielerfahrung und einen grundlegenden musikalischen Wandel hinter sich: 1971 zunächst als *Blitzkrieg* gegründet, bald umbenannt in *Wallenstein*, spielten die Musiker das, was gemeinhin als „Krautrock" bezeichnet wird: psychedelische, progressive Rockmusik, oft instrumental oder mit surrealen Texten. Damit hatten sie beim deutschen Publikum mäßigen Erfolg (bei den Kritikern umso mehr), in Frankreich und einigen anderen Ländern hingegen begeisterte ihre Musik: das Album „No more love" (1977) war folgerichtig auch in Großbritannien, Frankreich, Kanada und den USA veröffentlicht worden.[1] Nach fünf

Alben aber besetzte Dollase die Gruppe 1978 komplett um, Sänger war nun Kim Merz, und schwenkte musikalisch Richtung Pop, was ihm nach „Charline“ noch einen weiteren Single-Erfolg bescherte, 1979 mit „Don't Let It Be“. Es folgten Tourneen durch Europa und ein Auftritt im *WDR-Rockpalast*. Drei Jahre später löste sich die Gruppe auf.[2]

Im selben Jahr wie „Charline“ gelangte noch eine weitere LP aus Viersen in den Handel: Die Rockgruppe *Anvil*, ebenfalls im Krautrock-Genre unterwegs, veröffentlichte ihr einziges Album „Mr. Music Man“.[3] Die Aufnahmen der beliebten Band *von Schiller* blieben hingegen unveröffentlicht, einige Mitglieder gingen später in der Neuformation von *Wallenstein* auf.

Obwohl es schon 1968 ein kleines „Rockfestival“ in Viersen gegeben hatte, mit *The Lords* - „Deutschlands Beatband Nr. 1“ aus Berlin - als Headliner, aber auch mit den *Keys* und den *Mercis* aus Viersen,[4] und später an Orten wie der Kaisermühle oder dem Marienheim immer wieder Rockkonzerte veranstaltet wurden, blieb die lokale Szene klein (woran übrigens auch das Rockfestival „Eier mit Speck“ nicht viel änderte, das von 2006 bis 2019 existierte, international bekannte Acts nach Viersen holte und selbst in der Musikszene nationale Bedeutung erlangte). Die meisten Bands, wie die Rockgruppe *Divus* (1974-84), die live sehr beliebt war, aber nur eine Single produzierte, oder die Hardrocker *Straight Stuff* in den 90ern, die eine LP herausbrachten, spielten fast nur in der Region (einzelne Auftritte irgendwo in der Welt nicht ausgeschlossen), was meistens daran lag, dass die Aktiven keine Profimusiker sein konnten oder wollten.[5]

Das gilt auch für die Bands, die auf einer Compilation-CD versammelt sind, die die „Jungen Liberalen“ 1994 veröffentlichten, u.a. *AprilMayJune*, *Unicorn* oder *Being Friends*. Über die Jahre waren es einzelne Bands, die überregionale Wahrnehmung erreichten, wie *Fail Safe*, die 1984 aus *Divus* hervorgingen. Mit ihrem Wave-Rock konnten sie das renommierte Label „Mercury/ Phonogram“ in Hamburg überzeugen und produzierten eine (Maxi)Single und eine EP.[6] Es folgten Konzerte quer durch Deutschland und Fernsehauftritte, u.a. im *WWF*-Club sowie in der *SWR*-Sendung „Glaskasten“, aber schon 1986 löste die Band sich nach internen Unstimmigkeiten auf.[7]

Rampage, 1986 gegründet, produzierten zwischen 1992 und 2019 fünf Alben mit *„solidem, handgemachtem Hardrock, der [...] auf gute Tanzbarkeit ausgerichtet ist“*.[8] Sie traten 1995 in der *RTL*-Serie „Die Wache“ auf und ihre Titel liefen in überregionalen Radiostationen. Im Jahr 2012 wurden sie in „Musikszene West“ auf *WDR2* von den Hörern zur besten Band gewählt.[9] Schon ein Jahr vor *Rampage* fanden sich die zehn Musiker der Band *Schluff Jull* zusammen (zeitweise waren es sogar 12), die ihren „Southern-Rock“ deutschlandweit den Fans präsentieren. Ihre Musik à la *Grateful Dead* oder *Allman Brothers* lebt von der Abwechslung, straighter Rock steht neben weitflächigen Improvisationen, die Bläsersektion

FAIL SAFE phonogram /86

und die Perkussion bringen Funk-, Jazz- und Latin-Rock-Elemente ein. Fünf Tonträger (1996-2010) dokumentieren das Können der Band, die Kritiker *„Deutschlands Aushängeschild in Sachen vielschichtiger Groove-Rock"* nennen.[10]

Seit dem Jahr 2016 ist die Band *BB4D* auf dem Weg bekannter zu werden. Sie spielen nach ihrer Aussage „AlternativeProgPop", die Einflüsse des Art- und Progressive-Rock aus den 70ern sowie des Hardrock sind nicht zu überhören. Interessant ist die über die „normale" Instrumentierung einer Rockband hinausgehende Ausstattung mit Geige und elektrischer Harfe, gespielt von Bandgründer **Uli Gobbers**, der seit den 70er Jahren auch schon in Bands wie *Divus* oder *Fail Safe* aktiv war.[11]

Im Jahr 2010 erreichte noch einmal eine Band aus Viersen internationale Bekanntheit: *Beat!Beat!Beat!*, zwei Jahre zuvor von vier Schulfreunden des Erasmus-von-Rotterdam-Gymnasiums gegründet. *„Wir wollten etwas Interessantes, das sich sofort einprägt, damit man nicht daran vorbeikommt. Deswegen auch die Ausrufezeichen"*, erklärten sie ihren Namen.[12] Im gleichen Jahr gewann die Band schon den YoungTalents-Wettbewerb der Stadt Viersen und konnte so auf dem „Eier mit Speck"-Festival auftreten.[13] Und ein Jahr später veröffentlichten sie ihre erste EP „Stars". Dabei wirkte ein britischer Produzent mit, denn obwohl die Band am Anfang nur ein „Spaßprojekt" war, und die Mitglieder noch ihr Abitur machen mussten, war ihnen schnell klar, dass sie die lokale/ regionale Szene schnell hinter sich lassen *„und nicht mehr irgendeine Band aus Viersen, die so rumgurkt"* sein wollten, wie Marius Lauber im *WDR* erklärte.[14] *„Ich glaube, wir haben nur vier oder fünf Shows in Viersen gespielt"*, erinnerte sich Sänger Joshua im Interview, *„wir hatten einfach Bock auf Großstädte, nicht dieses Versauern im Kaff. Deswegen waren wir ganz schnell raus aus diesem Viersener Ding."*[15]

U.a. durch den Erfolg der EP und die Aufmerksamkeit der britischen Medien - die einflussreiche Musikzeitschrift *NME* verglich sie 2009 mit der Band *Foals* - gelang es ihnen in relativ kurzer Zeit ausverkaufte Clubshows und bei größeren Festivals (z.B. „Dockville") in ganz Deutschland zu spielen, während sie gleichzeitig noch an ihrem Abitur bastelten. Sie traten mit ihrem Debutalbum „Lightmares" 2010 im *WDR-Rockpalast* und bei *arte* auf, und belegten den 2. Platz bei der *1Live*-Krone. Ein Jahr später tourten sie schon durch Europa mit Auftritten in u.a. Amsterdam, Brüssel, London oder Wien und begeisterten die Fans. Ihre Musik, die sie auf Instrumenten spielten, die sie sich selbst zusammengespart hatten, war von Bands wie *Caribou*, *Arctic Monkeys* oder *The Strokes* beeinflusst und bewegte sich zwischen Synthiepop, Gitarrenrock und Shoegazing. Das meiste hatte diese erste Generation von „internetgeprägten" Musikern auf „MySpace" gehört. Im Jahr 2012 löste sich die Band auf, weil die Interessen auseinander liefen.

Sänger und Gitarrist **Joshua Gotmanns** ging später zur Köln-Berliner Band *Oracles*, Drummer **Marius Lauber** macht seither eine Solokarriere unter dem Künstlernamen **Roosevelt**, der sich nicht vom 26. amerikanischen Präsidenten ableitet, sondern vom niederländischen Wort für „Rosenfeld".[16]

Er ist inzwischen international so erfolgreich, dass er hier auch eine Einzelbiographie verdient hätte. Lauber zog im Alter von 19 nach Köln und kam in Kontakt mit den Leuten des (Minimal)Techno-Labels „Kompakt", arbeitete als DJ und richtete sich nach und nach ein Studio ein. Die Clubkultur beeinflusste ihn stark: *„Das Projekt (oder: die Kunstfigur) Roosevelt war noch nicht geboren, da entsteht in den Clubnächten schon so etwas wie die Rohform für den kommenden Sound"*, schrieb der *Musikexpress*. Sein melancholischer Elektro-Pop mit Einflüssen von Funk, Techno, 80er-Synthie-Pop (wie *The Human League*), unterlegt mit verhaltenen Dance-Beats und Drums der 70er Jahre, klingt nie Retro, sondern eher rekombiniert. Mit dieser Mischung begeistert er Gleichaltrige wie ältere Semester gleichermaßen. *„Dass ich Schlagzeuger in der Band war, hat mir viel gebracht, u.a. für das Verständnis was ein Beat machen soll, ich starte Songs meistens noch mit einem Beat und einer bassline."*[17]

Wie mit seiner Band setzte er auch solo direkt auf die internationale Karriere und wurde noch vor Deutschland in den europäischen und US-Clubs so richtig bekannt: *„Ich habe es immer genossen, nicht unbedingt als deutscher Künstler wahrgenommen zu werden, weil das für mich keine Rolle spielt. Ich finde es interessanter, in einem Raum in Köln zu sitzen und eben nicht danach zu klingen."*[18] Das wurde ihm auch dadurch ermöglicht, dass er seine erste EP „Elliot" (2013) direkt auf einem international agierenden Label veröffentlichte und somit nicht als deutscher Act wahrgenommen wurde. Labelgründer Joe Goddard war durch die Onlineaktivitäten von Lauber, die ihm Millionen Klicks einbrachten, auf ihn aufmerksam geworden.[19] Er lässt sich Zeit für sein erstes Album, „Roosevelt" erscheint 2016 und wird von der Kritik sehr positiv aufgenommen: *„Sound und Form künden von Handwerk, Sorgfalt, Kenntnis"*.[20]

Im Jahr 2021 veröffentlichte er sein jüngstes Album „Polydans", das *„ultimative Mixtape für einen Sommerurlaub"*. „Retrofuturismus" nennt es der *Musikexpress*, Roosevelt ist zurückgekehrt zu beschränkteren Sounds, u.a. von alten Instrumenten wie einem „Juno 60" (analoger Synthesizer aus den 80ern) oder seinem Schlagzeug aus Bandzeiten. Er verzichtete weitgehend auf unendliche Presets u.ä. aus der digitalen Welt, nachdem er beim 2. Album („Young Romance") genau damit auf den internationalen Hiterfolg hingearbeitet hatte, was auch gelang. Im Studio spielt er die meisten Instrumente selbst ein, live begleiten ihn dann Musikerkollegen. Während der Produktion von „Polydans" schaute der Borussia-MG-Fan häufig Bundesliga-Spiele, was ihn zusätzlich „erdete".[21] Im Jahr 2019 war er sogar im *FohlenRadio* Co-Kommentator beim DFB-Pokalspiel gegen Dortmund.[22] Als Musiker und DJ, der auch für berühmte Kollegen Remixes erstellt, tourt Marius Lauber um die Welt: in Barcelona, Los Angeles, São Paulo und sehr gerne in Mexiko, feiert er mit dem Publikum eine gemeinsame Party. Ruhe findet er aber immer noch in Viersen: „*Ich schaue schon öfter mal vorbei. Die Ruhe ist etwas, das ich unterwegs oft vermisse. Bin dann meistens bei uns im Garten und versuche abzuschalten.*"[23] Ebenfalls in die Elektropop-Ecke kann man die Musik der vielversprechenden Viersener Gruppe *Kids in a Toy Store* um den umtriebigen Keyboarder **Hans-Peter Fassbender** einsortieren, die im *WDR* gespielt wurde, sich aber schon nach der Veröffentlichung von zwei EPs wieder auflöste.[24]

Im Bereich der Folkmusik hat Viersen die wohl „älteste Folkband vom linken Niederrhein" zu bieten: *Die Liederlichen*. Gegründet 1978 von Helmut Stauder und Peter Varevics, fand die Gruppe mit **Gitta Nolte**, die seit 2018 auch Vorsitzende des „Viersener Jazz Circles" ist, 1983 ihre heutige Trioformation. Neben Flöten, Akkordeon, Mandoline, Balalaika und Gitarre kommen auch mittelalterliche Instrumente wie ein Dulcimer zum Einsatz. Ihr Repertoire reicht von traditionellen (regionalen) Liedern über Vertonungen von Lyrik und Prosatexten (Brecht, Goethe, Heine, Novalis...) bis zu Eigenkompositionen. Ihr Programm - seit 1988 festgehalten auf acht Tonträgern - präsentieren sie in Deutschland und im benachbarten Ausland.[25]

Drei Jahre nach *Die Liederlichen* gründet sich das Gitarrenduo *Alvorada* (Lori Lorenzen/ Ottmar Nagel), und geht schon 1983 auf Deutschlandtournee inkl. eines Auftritts im *ZDF*. Bis 1988 folgen drei LP's (mit Gastmusikern), mit vorwiegend Eigenkompositionen, inspiriert von klassischer Musik, Bossa Nova, Jazz und Folk: „*technisch perfekte, ausgedehnte Improvisationen,*

feinfühlig und nuancenreich, begeisterten das Publikum". Eine europaweite Tournee führt das Duo u.a. nach Italien und Dänemark, und 1985 gewinnen sie den *WDR*-Wettbewerb „Stadtmusik", der einen Konzertmitschnitt beinhaltet. Es folgen Studioproduktionen u.a. für den *SWR* und den *HR*. Dann pausieren die Musiker als Duo rund zehn Jahre, bis sie die Konzerttätigkeit wieder aufnehmen und auch weitere Tonträger produzieren.[26]

Die Band *Kenavo* (nicht zu verwechseln mit der gleichnamigen Gruppe aus Karlsruhe), die v.a. Musik aus Irland, der Bretagne und weiteren keltischen Regionen präsentierte, war rund zehn Jahre lang hingegen nur eine regionale Größe. Geblieben sind ein Tonträger (2010) sowie einige schön animierte Comic-Videos auf *youtube*.[27]

Älter als alle zuvor genannten Bands, ist die *Schautermann Tillies Jazzband (STJ)*. 1966 in Dülken gegründet, leitet sich ihr Name einerseits vom Duke Ellington-Klassiker „Shout 'em Aunt Tillie" ab, nimmt andererseits Bezug auf das niederrheinische Wort „Schauter", das ein „Schlitzohr" meint. *Pit's Swinghouse*, die *Jazz Minstrels* oder die *Fooltown Jazzmen* waren Vorläufer der „Schautermänner" in Viersen, da ein Teil ihrer Besetzung später zu ihnen wechselte. Viele (Amateur)Musiker haben in den über 55 Jahren in der Band gespielt, so auch der o.g. Jürgen Dollase. Gründungsmitglied **Winnie Faust** ist immer noch dabei.[28] Als Vorbilder dienten den Musikern die Bands von Chris Barber oder Mister Acker Bilk. Mit ihrer Mischung aus Dixieland, Blues und Swing ist *STJ* in Jazzlokalen sowie auf Festivals in ganz Deutschland und in den Niederlanden aufgetreten. Auch Auftritte in Fernseh- und Radiosendungen machten die *STJ* überregional bekannt, wie z.B. 1982 bei „Mittwochs in Krefeld" (*WDR*). Fünf Tonträger (im Eigenverlag) hat die Band veröffentlicht, darunter zwei mit Stücken aus ihrem beliebten Weihnachtsprogramm („Nun jazzet und seid froh" I + II).[29] Auch wenn es selten ausgesprochen und wahrgenommen wird, so repräsentier(t)en alle diese Bands, auch Viersen auf den (inter)nationalen Bühnen. (te)

Produktionen von Viersener Bands (Auswahl):

Alvorada - 1981-1998 (Eigenverlag, 1998)
Alvorada - Airola (Fluxx Rec., 2017)
Anvil - Mr. Music Man (MD, 1979)
BB4D - Sanatorium (Timezone, 2020)
Beat!Beat!Beat! - Lightmares (RM Rec., 2010)
Die Liederlichen - Puppentanz (Eigenverlag, 1992)
Die Liederlichen - Tria Trom Tria (Eigenverlag, 2019)

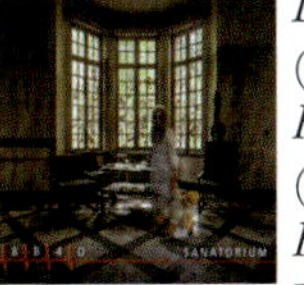

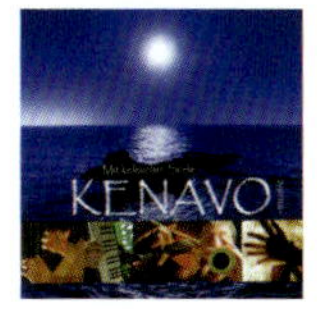

Fail Safe - In danger tonight (Mercury, 1985/ 7"/12")
Fail Safe - Live aus dem ‚Hotel Zur Post' (Mercury, 1986/ 12")
Fine - We're on the run (HDN, o.J., 7")

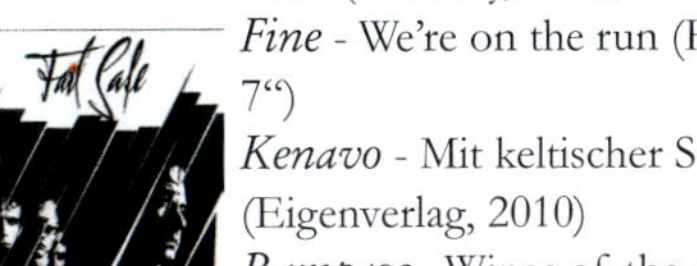

Kenavo - Mit keltischer Seele (Eigenverlag, 2010)
Rampage - Wings of the eagle (Point Music, 1995)
Rampage - Eagle's flight (Supermusic, 2019)

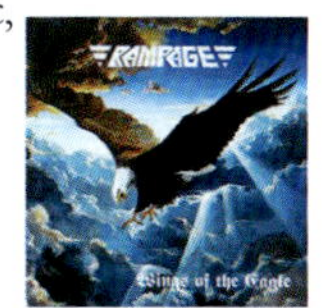

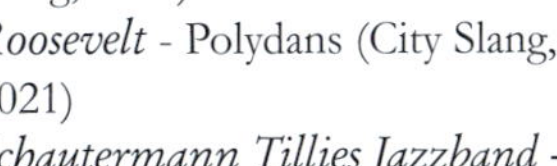

Roosevelt - Roosevelt (City Slang, 2016)
Roosevelt - Young Romance (City Slang, 2018)
Roosevelt - Polydans (City Slang, 2021)

Schautermann Tillies Jazzband - Dixieland aus Viersen (Eigenverlag, 1999)
Schautermann Tillies Jazzband - 40 Jahre (Eigenverlag, 2006)

Schluff Jull - Heartlines (Taxim, 1996)
Schluff Jull - Hang on to your dream (Taxim, 2010)

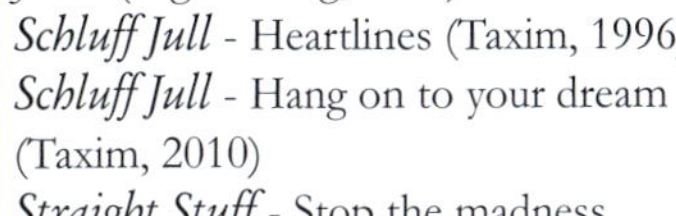

Straight Stuff - Stop the madness (1MF, 1993)
Wallenstein - Mother Universe (Pilz, 1972)

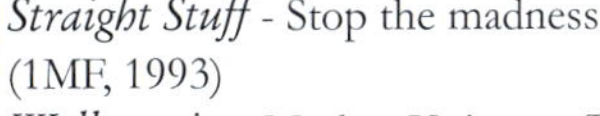

Wallenstein - Charline (RCA, 1978)
Diverse - Die Bands/ Der JuLi-Sampler (Eigenverlag, 1994).

Nachwort:

Wer ist drin, wer nicht, und warum?

„Die Menschen sind die Stadt!
Die bekannten und die unbekannten.
Diejenigen, die in der Stadt leben, und jene, die kommen und gehen.
Sie alle machen sie dynamisch und lebhaft.“
(Damijan Kracina)

Ein solches Buch wird wahrscheinlich zwei Arten von Kritikern auf den Plan rufen: diejenigen, die bemängeln, wer nicht in diesem Buch vorkommt, sowie diejenigen die das Gegenteil kritisieren. Wir könnten es kurz machen und schreiben: Wir haben das Buch gemacht und die Leute ausgesucht, die uns gefielen! Aber so einfach haben wir es uns nicht gemacht.
Heutzutage reicht ein viel geklicktes *youtube*-Video oder ein *Wikipedia*eintrag und schon ist man „berühmt“. Wenn ein Viersener in den weltweit verfügbaren sozialen Medien, *Facebook*, *Instagram* & Co. z.B. Bilder oder ein Spaßvideo hoch lädt, oder ein Musiker auf *spotify* einen Titel, kann er schnell „Berühmtheit“ von Papua-Neuguinea bis Uruguay erlangen. Diese Kriterien wollten wir nicht zugrunde legen, als es um die Auswahl „bekannter“ Viersener ging. Wir haben uns noch an die „klassischen“ Verbreitungswege aus Vor-Internetzeiten, also Bücher, Tonträger, TV, Kino, Radio, Print etc. gehalten (v.a. bei den Musikgruppen).
Unsere Auswahlkriterien für die toten und lebenden Viersener „Köpfe“ (per Geburt) haben wir wie folgt fest gelegt:

- Geschichte, Politik: wenn sie nationale Ämter/ Posten bekleidet haben (z.B. Bundesminister);
- Kunst, Kultur: wenn sie (Autoren, Musiker, Maler, Schauspieler etc.) (inter)nationale Bekanntheit erlangt haben;
- Unterhaltung: wenn sie (inter)nationale Bekanntheit erlangt haben;
- Wissenschaft: wenn sie (inter)nationale Bekanntheit erlangt haben;
- Wirtschaft: wenn sie bedeutende Unternehmer sind/ waren (keine Manager);
- Sport: wenn sie in einer Breitensportart (inter)nationale Bekanntheit erlangt haben (Nationalspieler/-in, Deutscher, Europa- oder Weltmeister/-in, Olympiasieger/-in).

Bei Nicht-Viersener Persönlichkeiten kam es auf die außerordentliche Leistung an, die sie für die Stadt/die Bürger erbracht haben (deren Bewertung bleibt teilweise natürlich subjektiv).
Im Einzelnen bedeutet das Folgendes: Lokalpolitiker, v.a. die Bürgermeister, die i.d.R. viel für ihre Stadt geleistet haben, kommen hier nicht vor, ebenso wenig Landespolitiker oder hohe Beamte (Richter), mit Ausnahme von Herrn **Antwerpes**, da er auch als Autor und „Entertainer“ in Erscheinung getreten ist. Autoren, Musiker, Regisseure etc. haben es naturgemäß einfacher unsere Kriterien zu erfüllen, da sie ihre Bücher, Kunstwerke oder Tonträger immer schon (inter)national vertrieben haben, nur lokal oder regional auftretende (Mundart)Autoren oder Sänger hingegen finden hier keine Aufnahme. Künstler sollten mehrere, mindestens überregionale Einzelausstellungen gehabt haben,

weswegen u.a. **Hanns-Josef Kaiser** und **Stefan Kaiser** nicht individuell gewürdigt werden. Und **Ruth Kaiser** wird nicht wegen ihrer (regionalen) Fotografie-Ausstellungen porträtiert, sondern wegen ihrer Bücher. Aber bei den Malern haben wir schon zwei Grenzfälle: denn für die in der Biographie von **Kornelius Feyen** genannten, überregionalen Ausstellungen gibt es keine Belege, außer für München.[1] Für uns gab sein Geburtsort den Ausschlag, denn sonst wäre Boisheim in diesem Buch nur (halb) durch **Mirja Boes** repräsentiert worden. Und **Hermann Schmitz** hat - wegen seines frühen Todes - ebenfalls nur eine Ausstellung außerhalb der Region aufzuweisen, gehört aber - nach heutiger Auffassung - zu den wichtigen Malern des Rheinischen Expressionismus. **Emil Flecken** hingegen hatte zwar auch eine Einzelausstellung in Köln, ist aber nur regional bekannt geblieben. Die in Viersen lebenden Künstler **Horst Meister**, **Emil Schult** und **Hans Brög** haben internationale Ausstellungen/ Projekte gemacht, sind aber nicht in Viersen geboren und haben wenig für die bzw. in der Stadt gemacht. Gleiches gilt für **Rut(h) Siewert**, international gefeierte Opernsängerin, oder **Dieter Speck**, bekannt durch seine Bücher und TV-Sendungen zu allgemeinpsychologischen Themen sowie als Moderator des Jazzfestivals, oder den britischen Schlagzeuger **Tony Oxley**, verehrt in der internationalen Szene der Improvisationsmusik, der seit Jahrzehnten in Viersen lebt. Die nicht in unserer Stadt geborenen Jugendfreunde **Adolf Frisé** und **Gustav René Hocke**, beides beeindruckende Journalisten und Schriftsteller, haben über ihre Zeit in Viersen (am Humanistischen Gymnasium) in ihren Lebenserinnerungen berichtet, mehr aber auch nicht. Denn Sie lebten und arbeiteten nach dem Abitur weit weg vom Niederrhein.

Was versteht man überhaupt unter Bekanntheit? In der BWL handelt es sich beim Bekanntheitsgrad um den Prozentsatz der Menschen, denen ein Produkt/eine Marke bekannt ist. Das lässt sich auf Personen übertragen, bleibt aber letztendlich immer eine (quantitativ) besser oder schlechter geschätzte Größe (auch abhängig von der Bezugsgruppe): Dass viele Deutsche **Mirja Boes** aus dem Fernsehen kennen, ist sicher, aber schon bei **Till Brönner** und noch einmal bei **Ali Haurand** werden es weniger, obwohl beide in ihrer jeweiligen Fangemeinde sehr beliebt und bekannt sind/waren. Bei vielen bekannten Menschen handelt es sich eher um eine „Nischenbekanntheit" mal größer, mal kleiner, und dort sind unsere Grenzen fließend und somit eher subjektiv zu bestimmen. Der Komponist **Wilhelm Kaiser-Lindemann** ist wahrscheinlich nur Melomanen bekannt, aber seine Arrangements/Werke erreichen über die Ensembles, die sie interpretieren, viele Menschen, weswegen wir ihn aufgenommen haben.

Manager wie **Bernd Martens** (Ex-Audi-Beschaffungsvorstand) oder **Peter Sassenfeld** (Hochtief AG, Finanzvorstand) haben wir hingegen (noch) außen vor gelassen, ebenso den international renommierten Briefmarkenauktionator **Roland Meiners** oder Hochschullehrer und Wissenschaftler wie **Andreas Dohmen** (Musik/Komposition), **Heinz Brahm** (Politologe, Historiker), **Helmut Reisen** (Ökonom), **Holger Wilhelm Henke** (Politologe) oder **Martin Kuban** (Design), die alle auf ihrem jeweiligen Gebiet sehr, vielleicht sogar weltbekannt sind, aber der großen Masse eben nicht. Das gilt auch für den Pfarrer **Matthias Büssem**, obwohl er Ehrenbürger der Stadt Steele wurde, und so Aufnahme ins Buch *Essener Köpfe* fand.[2]

Ist es gerecht, das **Agnes van Brakel**, ob ihrer guten Taten bekannt als der „Engel von Viersen", keine Aufnahme findet, weil sie nur lokal bekannt ist, **Joachim Schürmann** aber schon, obwohl er „nur" in Viersen geboren ist und nur wenige Monate hier gelebt hat? Nach unseren Kriterien lautet die Antwort Ja! Wir wollten einige Grenzen definieren (s.o.) und da „schlägt" Geburtsort plus (inter)nationaler Bekanntheit das lokale Engagement. Bewusst gegen unsere Definition von Bekanntheit (und somit eine Aufnahme ins Buch) haben wir uns bei Personen entschieden, die sie unlauteren Machenschaften verdanken oder die politisch den Rahmen des demokratischen Spektrums verlassen haben bzw. hatten: Der wegen Steuerhinterziehung und Untreue verurteilte Unternehmer **Hellmut Trienekens** erlangte in den 2000er Jahren nationale Berühmtheit in den Skandalen um die Kölner Müllverbrennungsanlage und um Spendengelder (siehe Porträt **Antwerpes**);[3] ebenso nicht porträtiert wird ein bekannter Neonazi (ehemaliger NPD-Chef) aus Viersen. Und auch nicht **Josef Bongen**, der als mehrfacher Deutscher Meister im Kugelstoßen hätte gewürdigt werden können, der aber im 2. Weltkrieg Mitglied der Waffen-SS war, am Polenfeldzug teil nahm, dort verwundet wurde, und bei dem unklar bleibt, was er im Verlauf des Krieges, u.a. in Prag, getan hat.[4]

In den Startblöcken für eine evtl. Neuauflage stehen **Diana Menschig** und **Frank Rehfeld**, zwei Fantasy- und Science Fiction-Autoren, die Erfolge verbuchen, ebenso der Dramaturg und Regisseur **Olaf Kröck** oder der international arbeitende Fotograf **Max Lautenschläger**, der u.a. Tylda Swinton, Richard von Weizäcker und Bruno Ganz porträtiert hat, die Moderatorin **Lena Kesting**, der Bassist **Max Dommers**, der international auftretende DJ **Ralf Ilgner** (alias Gardener of Delight) oder der Künstler **Garvin Dickhof**. Auch einige Viersener Architekten, die vereinzelt überregional gearbeitet haben (**Heinz Döhmen** z.B.) könnten porträtiert werden. Oder „Viersens unbekanntes Malergenie" **Heinz Henschel**, der erst posthum die Kunstszene in Erstaunen versetzte.[5] Eine Erweiterung auf den Kreis Viersen ist ebenfalls denkbar, so dass dann z.B. auch das Lebenswerk des Schriftstellers **Herbert Sleegers**, des Organisten **Stefan Engels,** der Botanikerin **Illa Martin** uvm. gewürdigt werden könnte. Mit der Aufnahme in dieses Buch oder der Länge eines Porträts ist im Übrigen keine Wertung verbunden!

Für einige der hier genannten, verstorbenen Personen liegen Artikel im Viersener Heimatbuch oder Publikationen des Vereins für Heimatpflege vor, aber eine Sammlung wie diese gibt es bisher noch nicht. Darüber hinaus wäre es wünschenswert, wenn alle der nicht mehr lebenden Persönlichkeiten eine Ehrung in Form eines Straßen- oder Platznamens erhielten, <u>bevor</u> auf überregionale Persönlichkeiten wie Willy Brandt oder Konrad Adenauer zurückgegriffen wird, denn für Letztere bleibt immer noch genügend Raum. Und wenn im Kreisarchiv/ in der Stadtbibliothek von **allen** bekannten Viersenern möglichst **alles**, wenigstens aber jeweils einige Werke vorhanden wären, wäre auch das sehr schön. Wir jedenfalls haben über die Biographien der hier vorgestellten Menschen hinaus sehr viel gelernt, über ihre Beziehungen untereinander, die Stadt und ihre Geschichte. Und wir wünschen uns, dass der ein oder andere Leser weiterführende Nachforschungen zu Personen betreibt, die ihn interessieren, oder hier sogar ihm noch „unbekannte" Viersener entdeckt.

Paul und Torsten Eßer, Viersen 2020/22

Endnoten

Vorwort

[1] vgl. „Vorwort", in: *Geschichte der Stadt Süchteln*, Viersen 1874.

[2] siehe dazu z.B.: Hausberger, Bernd. „Globalgeschichte als Lebensgeschichte(n)", in: Bernd Hausberger (Hg.). *Globale Lebensläufe. Menschen als Akteure im weltgeschichtlichen Geschehen*, Wien 2006, S. 9-28/ Speckmann, Thomas. „Die Welt als Wille und Vorstellung. Chancen und Probleme einer biografischen Geschichtsschreibung des ‚kleinen Mannes'", in: *Geschichte in Wissenschaft und Unterricht*, Jg. 53, Nr. 7/8, 2003, S. 412-426.

[3] vgl. Eßer, Paul. „Wanderer kommst Du nach Gla...", in: Eßer, Paul. *Niederrhein. Heimat*, Viersen 2020, S. 87.

[4] vgl. Schepping, Wilhelm. „Vorwort und Dank", in: Schepping, Wilhelm/ Jutta Pitzen. *Zum 100. Geburtstag von Ernst Klusen (1909-1988). Volksmusikforscher, Musikpädagoge, Komponist*, Viersen 2010, S. 6.

[5] vgl. Welzer, Harald. „Das soziale Gedächtnis", in: Welzer, Harald (Hg.). *Das soziale Gedächtnis. Geschichte, Erinnerung, Tradierung*, Hamburg 2001, S. 9-20 (hier S. 14).

Franz-Josef Antwerpes

[1] vgl. Antwerpes, Franz-Josef. *Zwischen allen Stühlen. Ungezähmte Erinnerungen eines Regierungspräsidenten* (Autobiographie), Köln 1999, S. 17.

[2] ebd., S. 18.

[3] ebd., S. 49.

[4] Interview 10/ 2019.

[5] vgl. Antwerpes (1999), S. 25.

[6] ebd., S. 99.

[7] Interview 10/ 2019.

[8] 2016 wurde Antwerpes für 60 Jahre Parteimitgliedschaft mit der Ehrennadel geehrt.

[9] vgl. Antwerpes (1999), S. 178.

[10] ebd., S. 26.

[11] Der Titel seiner Promotion lautet: „Die ökonomische Konzeption der SPD nach 1945".

[12] vgl. Antwerpes (1999), S. 107/ Interview 2019.

[13] vgl. Lieser, Stefan. „Franz-Josef Antwerpes: Kurfürst im Rheinland", *Die Zeit,* 19/ 1987.

[14] vgl. Antwerpes, Franz-Josef. *Antworten auf nicht gestellte Fragen*, Köln 1997, S. 116.

[15] vgl. Antwerpes (1999), S. 107.

[16] vgl. Antwerpes (1997), S. 15.

[17] Lieser, Stefan. „Franz-Josef Antwerpes: Kurfürst im Rheinland", *Die Zeit,* 19/ 1987.

[18] In seiner Ausgabe vom 26.11.94 zeigte der Kölner *Express* eine Fotomontage von Antwerpes in einem historischen Kurfürstengewand (siehe Antwerpes 1999, S. 216).

[19] Er schreibt, er sei kein Karnevalsjeck, aber gegen Ende seiner Amtszeit erhielt er trotzdem einige karnevalistische Auszeichnungen und trat sogar einmal bei der Stunksitzung auf (Antwerpes 1999, S. 96ff).

[20] vgl. Antwerpes (1999), S. 190-194.

[21] vgl. „Franz-Josef Antwerpes", *Der Spiegel*, 29/ 1989, S. 176.

[22] vgl. Antwerpes, Franz-Josef (Hg.). *„Sehr geehrtes Arschloch!" Briefe an den Regierungspräsidenten*, Köln 2000, S. 55.

[23] 19.01.2014.

[24] vgl. Antwerpes (2000), S. 89. Der Text ist dort abgedruckt.

[25] Nun könnte man Klüngel vermuten, aber der Auftrag stammte aus der Zeit vor Antwerpes.

[26] Lieser, Stefan. „Franz-Josef Antwerpes: Kurfürst im Rheinland", *Die Zeit,* 19/ 1987.

[27] vgl. Antwerpes (1999), S. 84-89/ „Letzte Lese auf Kölns einzigem Weinberg", *Aachener Nachrichten,* 19.10.04/ „Zwei Rote geraten sich über Rotwein in die Haare", *WAZ,* 31.7.12.

[28] vgl. Antwerpes (1999), S. 125-130/ „‚Manche hatten 140 Sachen drauf'. Autobahnsperrungen in Nordrhein-Westfalen - Patentrezept gegen Nebelunfälle?", *Der Spiegel,* 52/ 1987, S. 30-31.

[29] vgl. Antwerpes (1997), S. 18.

[30] vgl. Antwerpes (1999), S. 213-214/ „Antwerpes vs. Kelly", *FOCUS Magazin,* 15/ 1996.

[31] vgl. Antwerpes (1999), S. 273.

[32] ebd., S. 277-285.

[33] vgl. „Richtig pikant", *Der Spiegel,* 50/ 1998, S.73/ „Franz-Josef Antwerpes", *Der Spiegel,* 53/ 1998, S. 181/ *Neues Deutschland,* 6.2.99.

[34] vgl. Antwerpes (1999), S. 77.

[35] Interview 10/ 2019. Eine Liste der betroffenen CDU- und SPD-Politiker findet sich im u.g. *Spiegel*-Artikel (2002) und in: Rügemer, Werner. *Colonia Corrupta*, Münster 2012, S. 55.

[36] Das Unternehmen Steinmüller war, wie auch Trienekens, mit RWE verflochten (siehe Rügemer, S. 44ff.), einem Konzern, der in NRW sehr viel Macht hat, *„die heimlich-unheimliche Nebenregierung in NRW"* (Rügemer, S. 116). Zum engen Verhältnis von Atomkraftgegner Franz-Josef Antwerpes zum RWE siehe Rügemer, S. 116/117.

[37] vgl. „Der Müll, die Partei und das Geld", *Der Spiegel,* 11/ 2002, S. 23-24; Rügemer, S. 43 u. 50.

[38] vgl. „Grüne Weisung", *Der Spiegel,* 13/ 1996, S. 18. Diese Einschätzung war wohl richtig, denn in der Anlage

muss heute auch Müll aus anderen Städten und dem Ausland verbrannt werden, damit der Betrieb sich lohnt. Die Überdimensionierung, die auch finanzielle Nachteile (Müllgebühren!) für die Kölner Bürger hat, geschah mit Billigung von Regierungspräsident Antwerpes (vgl. Rügemer, S. 68).

[39] Am 17.4.1998.

[40] siehe dazu: „Ein Kurfürst tritt ab" (*WDR,* 1999)

[41] Das Rezept finden Sie in Antwerpes (1999) auf S. 53. Die Sendung können Sie auf *youtube* anschauen (Stand: 2.3.2020), vgl. Antwerpes 2002, S. 150.

[42] „Boulevard Bio": Familiengeflüster, *WDR,* 1999.

[43] Franz-Josef Antwerpes. *Gnadenlos genießen...*, Köln 2001.

[44] vgl. Lieser, Stefan. „Franz-Josef Antwerpes: Kurfürst im Rheinland", *Die Zeit,* 19/ 1987.

[45] Interview 10/ 2019.

[46] „NRW am Mittag": Heimreise, *WDR,* 2001.

[47] Interview 10/ 2019.

Hilde Bock

[1] vgl. Klein-Kohlhaas, Angela. „Prof. Dr. rer. pol. Teresa Bock (1927-2012) - Wegbereiterin der modernen Sozialen Arbeit", in: *Heimatbuch Kreis Viersen* Nr. 67/ 2016, S. 53-62 (hier S. 53-54.).

[2] Klein-Kohlhaas, S. 55.

[3] vgl. Bock, Teresa. „Ehrenamt in der Bürgergesellschaft - Neue Aufbrüche", in: *Jahrbuch für Christliche Sozialwissenschaften* 42/ 2000, S. 99-117 (hier S. 100).

[4] vgl. Klein-Kohlhaas, S 60-61.

[5] vgl. „Ideen für das Zusammenleben in einer digitalen Welt gesucht", *Aachener Zeitung,* 27.08.19.

[6] Diese und andere biographische Daten im Text stammen u.a. von der Website: www.euregia-frauenwege.net (Zugriff: 1/ 2020).

Mirja Boes

[1] vgl. Boes, Mirja. *Boese Tagebücher. Unaussprechlich peinlich,* Hamburg 2009, S. 53. Im Erscheinungsjahr las Mirja Boes zweimal aus ihrem Buch in Viersen: In der Generatorenhalle zugunsten des Viersener „Zonta-Frauenvereins", für den sie sich engagiert, sowie in Conny's-Come-In in Boisheim („30 Jahre Zonta - Mirja Boes feierte mit", *Westdeutsche Zeitung,* 25.1.2009/ „Mirja Boes liest in der Heimat", *Westdeutsche Zeitung,* 17.2.2009).

[2] vgl. „Wann sich Boisheim in Boesheim umbenennt", *Rheinische Post,* 22.7.2017.

[3] Boes in „Zimmer Frei" (*WDR*, 19.3.2006). Mirja Boes war dann 2012 nochmal Gast bei „Zimmer Frei". Im Jahr 1932 kreierte der Heimatdichter und Komponist Heinz Luhnen das Dülkener Stadtlied.

[4] Interview 6/ 2020.

[5] Interview 6/ 2020. Der Autor erinnert sich, Mirja mit dieser Truppe einmal auf einer Hochzeit tanzen gesehen zu haben.

[6] vgl. Boes (2009), S. 63.

[7] siehe dazu: Bonzelett, Karl-Hans. *„Dülkener Modell". Jugendsymphonieorchester am Städt. Gymnasium Dülken. Eine Dokumentation*, Viersen 2006 (http://www.schulforum-duelken.de/cms/wp-content/uploads/2008/08/chronik.pdf).

[8] Mirja Boes lernte auch Klavierspielen bei einer Lehrerin in Viersen, später in Kempen.

[9] vgl. Boes (2009), S. 179.

[10] Interview 6/ 2020.

[11] Diese schönen Ausdrücke sind nicht mir eingefallen, sondern stammen aus dem Buch von Mirja Boes!

[12] vgl. Boes (2009), S. 181.

[13] Interview 6/ 2020. Den Künstlernamen „Möhre" hat sie aus ihrer Schulzeit entlehnt, als ihre Mitschüler sie wegen ihrer Stimme nach einem Charakter in der Kinder-TV-Sendung „Rappelkiste" „Rübe" nannten, und die Mutter (oder Oma?) daraus dann „Möhre" machte, wegen des „M" in ihrem Vornamen.

[14] vgl. https://www.lokalkompass.de/duesseldorf/c-kultur/doppelfehler-in-der-komoedie-mirja-boes-und-joerg-schuettauf-verlassen-verliebt-und-verletzt_a412156 / Auf *youtube* findet sich ein Trailer zum Stück: https://www.youtube.com/watch?v=D0Ntr1WTg4w.

[15] vgl. https://www.vox.de/cms/herrlich-ehrlich-kennst-du-dein-kind-mirja-boes-erklaert-wie-die-sendung-funktioniert-4443130.html.

[16] vgl. https://wirhelfenkindern.rtl.de/cms/rtl-wir-helfen-kindern-patin-mirja-boes-in-sierra-leone-einsatz-fuer-neue-kinder-augenklinik-4126979.html (1.8.2020).

[17] vgl. „Erste Heimat ist nach wie vor Viersen", *Rheinische Post*, 30.8.2019.

[18] vgl. „Ein Phantasietier für Afrika", *Rheinische Post*, 27.9.2010/ „Ein Fest für Afrika und seine Kinder", *Rheinische Post*, 31.8.2015.

[19] Interview 6/ 2020.

[20] vgl. „Mirja Boes sorgt für eine volle Kirche in Dülken", *Rheinische Post*, 8.9.2015/ „Geschichten rund ums Weihnachtsfest", *Rheinische Post*, 12.11.2015.

[21] vgl. „Großes Familienfest für die Lebenshilfe", *Rheinische Post*, 4.9.2017.

[22] vgl. „Heimspiel für Comedian Mirja Boes", *Rheinische Post*, 2.9.2019.

[23] vgl. „Wie Köln mit mehr Grün", *Westdeutsche Zeitung*, 26.10.2010.

[24] Interview 6/ 2020.

[25] vgl. „Die Hüterin der heimischen Mundart", *Rheinische Post*, 31.3.2018.
[26] vgl. „Wie Köln mit mehr Grün", *Westdeutsche Zeitung*, 26.10.2010.
[27] vgl. „Mirja Boes plaudert auf der Bühne in ihrer alten Schule", *Rheinische Post*, 30.8.2016. Im Jahr 2009 ist Boes für die Show „Der Klassenclown" (*RTL*) mit einem TV-Team schon einmal an ihrer ehemaligen Schule gewesen. Dabei traf sie auch ehemalige Mitschüler und Lehrer und trat in der Aula vor ihnen auf.

Dieter Bongartz

[1] vgl. „Dieter Bongartz: ‚Ich musste Geschichten erzählen'", *Rheinische Post,* 25.11.2015.
[2] Auf einer DVD des Heimatvereins erzählt Bongartz, dass das Geschäft schon 1820 existierte (vgl. Heimatverein Viersen (Hg.). *Viersen,* DVD 2010).
[3] vgl. „Der Mann, der den Tod auslachte", *Kölner Stadtanzeiger*, 4.6.2016. Siehe auch EN 6.
[4] vgl. „Dieter Bongartz: ‚Ich musste Geschichten erzählen'", *Rheinische Post,* 25.11.2015.
[5] *Irrwege. Ein Psychiatrie-Buch*, Reinbek 1981; *Das Drogenbuch*, Reinbek 1981.
[6] Gespräch mit Marita Bongartz (9.6.2020). *Wie durch Scheiben siehst du dich*, Reinbek 1982; *Ich singe vom Frieden* I+II, Reinbek 1983/84.
[7] „Ich habe nicht die Feinde, die ich verdiente (Ein Gespräch mit Stephan Hermlin)", *WDR 3,* 24.2.1986.
[8] „Ich bin, ich bin ich…" *WDR,* 1989.
[9] Udo Paulus ist der Sohn des in Viersen bekannten Lehrers am Humanistischen Gymnasium, Walter Paulus.
[10] Dieter Bongartz arbeitete während und nach dem Studium in Bonn bei der „Gesellschaft für Mathematik und Datenverarbeitung" und betreute dort von 1975-1979 die Veröffentlichungen für ein Softwareprojekt (z.B. *Anwendersoftware an sozialwissenschaftlichen Instituten in der BRD: ein Programmkatalog*). Parallel dazu hatte er noch einen Nebenjob, als Dozent für Jugendliteratur an einer Schule für Kindergärtnerinnen.
[11] Im Jahr 2005 erschien eine Hörbuchfassung.
[12] Bongartz, Dieter. *Makadam. Chronik eines Mordes,* St. Gabriel Verlag, Wien 1997. Makadam ist die Bezeichnung eines Straßenbelags (auf dem die Skinheadstiefel trampeln).
[13] vgl. *„Das Hämmern der Stiefel auf dem Asphalt"*, *FAZ*, 14.10.1997.
[14] vgl. „Kahlschlag", *taz,* 16.11.1993.
[15] vgl. „Dieter Bongartz: ‚Ich musste Geschichten erzählen'", *Rheinische Post,* 25.11.2015. Der Film wurde sehr gut in Dülken aufgenommen, hundertfach als DVD in der lokalen Buchhandlung verkauft, und lief einige Monate lang im Kino in Kaldenkirchen. Das hat Dieter Bongartz sehr gefreut (vgl. Heimatverein Viersen (Hg.). *Viersen,* DVD 2010).
[16] Gespräch mit Marita Bongartz (9.6.2020).
[17] vgl. „Erfolgreiche Sanierung gebauten Elends am Kölnberg", *NZZ,* 22.1.2000.
[18] vgl. *WDR*-Archiv.
[19] vgl. „Ich weiß was", *FAZ*, 25.9.2006.
[20] Die Filme: „Das tapfere Schneiderlein" (2008)/ „Der gestiefelte Kater" (2009)/ „Der Meisterdieb" (2010)/ „Allerleirauh" (2012)/ „Vom Fischer und seiner Frau" (2013)/ „Till Eulenspiegel" (2014)/ „Hans im Glück" (2015).
[21] Gespräch mit Marita Bongartz (9.6.2020).
[22] vgl. „Jetzt weiß ich, dass jeder seine Geschichte hat", *Die Welt*, 13.7.2002.
[23] vgl. „Jetzt weiß ich, dass jeder seine Geschichte hat", *Die Welt*, 13.7.2002. Bongartz, Dieter (Hg.). *Ganz anders als du denkst: eine Generation meldet sich zu Wort*, Düsseldorf 2002. Prämiert vom Deutschlandfunk, eignet sich das Buch besonders als schulische Diskussionsgrundlage in der Oberstufe.
[24] vgl. „Eine große weiße Landkarte" und „Filmpremiere am Donnerstag in Köln", *Kölner Stadtanzeiger*, 17.5.2011. Dieser Film ist auch als DVD erhältlich. Informationen zu allen Workshops finden sich auf: www.screenagers.de.
[25] vgl. „Kurzfilme gegen die Krise", *Kölner Stadtanzeiger*, 12.1.2012.
[26] vgl. „Begegnungen wie im Film", *Kölner Stadtanzeiger*, 19.8.2013.
[27] vgl. „Der Mann, der den Tod auslachte", *Kölner Stadtanzeiger*, 4.6.2016.
[28] vgl. „Dülken trauert um Dieter Bongartz", *Rheinische Post,* 25.11.15.
[29] Gespräch mit Marita Bongartz (9.6.2020).
[30] vgl. „Dieter Bongartz: ‚Ich musste Geschichten erzählen'", *Rheinische Post,* 25.11.2015.
[31] Dieter Bongartz in der TV-Dokumentation „Nachrichten aus dem Hinterland" (*WDR,* 1987).
[32] vgl. „Dieter Bongartz: ‚Ich musste Geschichten erzählen'", *Rheinische Post,* 25.11.2015.
[33] vgl. „Der Mann, der den Tod auslachte", *Kölner Stadtanzeiger*, 4.6.2016/ „Im Palast nebenan", *Süddeutsche Zeitung*, 5.9.2003.
[34] Gespräch mit Marita Bongartz (9.6.2020).
[35] siehe Interview: https://arsenalfilm.de/dzs/pages/crew_bongartz.html (Zugriff: 1.6.2020).
[36] Nach „Die Vorstadtkrokodile" (1977) in Brüggen und Bracht (und in der Neuverfilmung 2009 u.a. in Dülken und Viersen), ist er der dritte - mir bekannte - Spielfilm, der im Kreisgebiet gedreht wurde.
[37] vgl. „Narrenakademie ehrt Dieter Bongartz", *Rheinische*

Post, 17.9.2015.

[38] vgl. „Der Mann, der den Tod auslachte", *Kölner Stadtanzeiger*, 4.6.2016.

[39] Inhaltsangaben zu vielen Filmen von Dieter Bongartz finden sich auf der Website seines Partners Wolfram Seeger: http://exit-seeger.de/filmografie/

Till Brönner

[1] vgl. „Santa Silberklang", *Der Tagesspiegel*, 26.11.2019.

[2] siehe *jazzthing* Nr. 105, 2014/ „Eine Portion Eitelkeit gehört zu einem Gentleman dazu", *GQ Magazin*, 4.5.2017 (https://www.gq-magazin.de/mode-stil/pflege/gq-care-award-preistraeger-till-broenner-eine-portion-eitelkeit-gehoert-zu-einem-gentleman-dazu).

[3] vgl. „Neue Beatles braucht der Musikmarkt. Musikhaus Pauly 50 Jahre alt", *Rheinische Post*, 23.4.1999.

[4] vgl. Brönner, Till/ Seidl, Claudius. *Talking Jazz*, Köln 2010, S. 35.

[5] vgl. Brönner/ Seidl, S. 34, 128/ „Sind Sie ein Kitschtrompeter, Herr Brönner?", *FAZ*, 17.11.2007.

[6] vgl. „Jazz geht's los", *Rheinischer Merkur*, 6.7.2006.

[7] vgl. Brönner/ Seidl, S. 90, 91. Stefan Raab veröffentlichte 1990 einige Titel auf: „The Best of Schäng and the Gäng Vol. 3".

[8] ebd., S.131.

[9] vgl. „Ich musste alles noch einmal von Neuem lernen", *ZEIT magazin* Nr. 45/ 2010, S. 62.

[10] vgl. Brönner/ Seidl, S. 29.

[11] vgl. Brönner/ Seidl, S. 53/ „Till Brönner: ‚Eigentlich bin ich Italiener'„, *Brigitte Kultur* 2/ 2004.

[12] vgl. „Danke, Lehrer", *Die Welt*, 31.12.2005.

[13] vgl. „Ich musste alles noch einmal von Neuem lernen", *ZEIT magazin* Nr. 45/ 2010, S. 62; Brönner/ Seidl, S.46-47.

[14] vgl. „Die Leere der Freiheit", *Der Spiegel*, 42/ 2010, S. 176.

[15] vgl. Brönner/ Seidl, S. 65.

[16] ebd., S. 73.

[17] vgl. „Brise vom Pazifik", *Die Welt*, 28.4.2006.

[18] Dieses Album hatte auch in Japan außergewöhnlichen Erfolg (vgl. „Lazy afternoon with Till Brönner", *Wall Street International Magazine*, 27.3.2013).

[19] vgl. Brönner/ Seidl, S. 97. „Man darf es auch Jazz nennen", *taz*, 12.4.2002.

[20] vgl. „Brise vom Pazifik", *Die Welt*, 28.4.2006.

[21] vgl. „'Jazz ist eine Sprache unabhängig von Nationalität und Herkunft'", *Westdeutsche Zeitung*, 21.11.2019.

[22] vgl. „Zuckerhut und Strandgut", *Der Tagesspiegel*, 18.9.2008.

[23] Und manchmal schaffte er es auch in die Charts der Schweiz und von Österreich.

[24] vgl. Brönner/ Seidl, S. 23-26, 28, 113, 133.

[25] vgl. „Der Glanz der Trompete", *Die Zeit*, 3.2.2011, S. 51.

[26] vgl. Brönner/ Seidl, S. 138.

[27] vgl. „'Wir bilden doch nur Lemminge aus'", *Handelsblatt*, 20.2.2015.

[28] vgl. „Spiel auf Risiko", *Süddeutsche Zeitung*, 26.5.2006.

[29] vgl. „Der Erfolgreiche erntet Häme", *FOCUS* 4/ 2015.

[30] vgl. „Till Brönner plant seinen Monat", *kulturSPIEGEL* Nr. 11/ 2010, S.4.

[31] vgl. „Herzblut steckt in allem, was ich tue", *Neue Westfälische*, 18.10.2019.

[32] vgl. „Der Jazz steht ihm so gut", *Die Zeit*, 18.5.2006.

[33] vgl. „Musik läuft immer nebenbei", *Hannoversche Allgemeine Zeitung*, 1.8.2012.

[34] vgl. „Der Glanz der Trompete", *Die Zeit*, 3.2.2011, S. 51.

[35] vgl. „Die Leere der Freiheit", *Der Spiegel*, 42/ 2010, S. 176.

[36] vgl. „In der emotionalen Echokammer", *Süddeutsche Zeitung*, 27.11.2012.

[37] vgl. „Hände hoch! Oder Du wirst brönnerisiert", *Berliner Zeitung*, 12.4.2011.

[38] vgl. „Brise vom Pazifik", *Die Welt*, 28.4.2006.

[39] Doldinger zit. in: „Musik läuft immer nebenbei", *Hannoversche Allgemeine Zeitung*, 1.8.2012.

[40] vgl. „Trompete spielen ist harte Arbeit", *Rheinische Post*, 25.3.2011.

[41] vgl. „Opulenter Minimalismus", *Süddeutsche Zeitung*, 1.2.2018.

[42] vgl. „Der Erfolgreiche erntet Häme", *FOCUS* 4/ 2015.

[43] vgl. „Und er dreht sich noch mal um", *FAS*, 30.11.2014/ „Ich bin jetzt da, wo die Musik spielt, die ich liebe", *Die Welt*, 25.10.2014.

[44] Verschiedene Videos von dem Event finden sich auf *youtube*. Brönner trat bisher viermal bei den „International Jazz Days" auf (2015-2018), in Paris, Washington, Havanna und St. Petersburg.

[45] vgl. „Till Brönners Zugabe für Obama", *Der Westen*, 18.11.2016.

[46] vgl. „Akkordarbeit", *Süddeutsche Zeitung*, 21.11.2016/ „Mauerpark Extra: House of Jazz – Licht ins Dunkel", *jazzthing online*, 27.4.2017.

[47] vgl. „Till Brönner brachte den Regierenden Bürgermeister in große Verlegenheit", *BZ*, 25. Juli 2017.

[48] vgl. „Update 2: House of Jazz Berlin", *jazzthing* Nr. 2, 2020/ „Bund plant Gelder für Brönners ‚House of Jazz' ein, *BZ*, 25.11.2020.

[49] Dieser Titel stammt von Christian Kellersmann (http://christiankellersmann.de/der-allesbroenner/).

[50] vgl. „In der emotionalen Echokammer", *Süddeutsche Zeitung*, 27.11.2012.

[51] vgl. Till Brönner. „Mark Murphy ist tot", *Süddeutsche Zeitung*, 26.10.2015.

[52] vgl. „Es fehlen lebendige Denkmäler", *Westfälische*

Nachrichten, 12.3.2011/ „Till Brönner rät von Castingshows ab“, *Hannoversche Allgemeine*, 12.11.2015.

[53] vgl. *Blickpunkt Lateinamerika* 4/ 2019, S. 23/„Musiklehrer Brönner swingt mit“, *Hannoversche Allgemeine*, 9.3.2013.

[54] vgl. „NRW-Verdienstorden für Brönner, Gerst und Overath“, *Westdeutsche Zeitung*, 9.5.2019.

[55] vgl. „Lunch mit…Till Brönner“, *Madame*, 30.7.15.

[56] vgl. „'Wir bilden doch nur Lemminge aus'“, *Handelsblatt*, 20.2.2015/ Brönner/ Seidl, S. 141.

[57] vgl. https://www.sylt.de/veranstaltungen/kampen-jazz-festival.

[58] Till Brönner. *Faces of Talent*, Kempen 2014.

[59] Smerling; Walter/ Eva Müller-Remmert (Hrsg.). *Till Brönner. Melting Pott*, Köln 2019.

[60] vgl. „Im Westen nichts Neues“, *Rheinische Post*, 3.7.2019/ „Sound des Trotzes. Till Brönner fotografiert das Ruhrgebiet“, *Süddeutsche Zeitung*, 26.8.2019/ „Till Brönner auf Streifzug im Ruhrgebiet“, *WAZ*, 11.5.2019/ „'Jazz ist eine Sprache unabhängig von Nationalität und Herkunft'“, *Westdeutsche Zeitung*, 21.11.2019.

[61] vgl. *manager magazin* 6/ 2014, S. 140/ *GQ Magazin* (siehe EN 2)/ „Als Kind wollte ich sein wie Lex Barker“, *FOCUS*, 15.11.2010.

[62] vgl. „'Wir bilden doch nur Lemminge aus'“, *Handelsblatt*, 20.2.2015.

[63] vgl. „Lunch mit…Till Brönner“, *Madame*, 30.7.15.

[64] vgl. „Jazz geht's los“, *Rheinischer Merkur*, 6.7.2006/ *WDR*, 23.3.2001.

[65] vgl. „Lunch mit…Till Brönner“, *Madame*, 30.7.15.

[66] vgl. „Trompete spielen ist harte Arbeit“, *Rheinische Post*, 25.3.2011/ „Sehr lässig, sehr gastfreundlich“, *General-Anzeiger*, 19.10.2016.

[67] vgl. Stadt Viersen (Hg.). *25 Jahre Jazzfestival Viersen*, Viersen 2011, S. 8.

[68] vgl. Heimatverein Viersen (Hg.). *Viersen,* DVD 2010.

[69] Diese und andere Szenen fielen dem Schnitt zum Opfer und wurden nicht ausgestrahlt.

Hilde Bruch

[1] vgl. http://www.familienbuch-euregio.de/genius/?person=246896

[2] vgl. Sparks, Randy. “Biography”, in: *Papers of Hilde Bruch*, Manuscript Collection No.7 of the John P. McGovern Historical Collections and Research Center Houston, Academy of Medicine (http://library.tmc.edu/mcgovern/wp-content/uploads/sites/3/2016/06/MS007-Bruch.pdf) (Zugriff 23.1.2020).

[3] vgl. *Psychoanalytikerinnen. Biografisches Lexikon.* (https://www.psychoanalytikerinnen.de/usa_biografien.html#Bruch) (Zugriff 23.1.2020).

[4] vgl. Münster-Schröer, Erika. „Der Weg einer jüdischen Kinderärztin in die USA: Dr. Hilde Bruch - Therapeutin von Magersucht und Bulimie“, in: *Journal 25. Jahrbuch des Kreises Mettmann* 2005/ 2006, S. 115-119 (hier 116).

[5] vgl. Münster-Schröer, S. 115.

[6] Münster-Schröer, S. 116.

[7] ebd., S. 116.

[8] ebd., S. 117.

[9] ebd., S. 117.

[10] ebd., S. 118.

[11] vgl. Gilman, Sander L. „Obesity, the Jews and psychoanalysis: on shaping the category of obesity“, in: *History of Psychiatry* No. 17/ 2006, S. 55-65 (hier S. 63).

[12] Freidenreich, Harriet. „Hilde Bruch 1904-1984“, in: *Jewish Women's Archive* (https://jwa.org/encyclopedia/article/bruch-hilde) (Zugriff 9.4.2020).

[13] vgl. *Psychoanalytikerinnen. Biografisches Lexikon.* (https://www.psychoanalytikerinnen.de/usa_biografien.html#Bruch) (Zugriff 23.1.2020).

[14] Dt.: Bruch, Hilde. *Der goldene Käfig. Das Rätsel der Magersucht*, Frankfurt 1998.

[15] vgl. Stierlin, Helm. „Vorwort zur deutschen Ausgabe“, in: Bruch, Hilde. *Der goldene Käfig. Das Rätsel der Magersucht*, Frankfurt 1998, S. 9-11.

[16] vgl. Lausecker, Werner. „Hilde Bruch – Der andere Weg in der Psychotherapie der Essstörungen, ‚and the person within'“, in: *Systemische Notizen* 1/2018, S. 14-24 (hier S. 17).

[17] Lausecker, S. 21.

[18] Richter, Stefanie. *Essstörung - Eine fallrekonstruktive Studie anhand erzählter Lebensgeschichten betroffener Frauen*, Bielefeld 2006, S. 48.

[19] Richter, S. 51.

[20] vgl. Gilman, S. 64.

[21] Köpp, Werner/ Sybille Kiesewetter/ Hans Christian Deter. „Zur Psychodynamik der Bulimia nervosa“, in: *Forum der Psychoanalyse* 3/ 2007, S. 268.

[22] Dt.: Bruch, Hilde. *Das verhungerte Selbst. Gespräche mit Magersüchtigen*, Frankfurt a.M. 1998, S. 23.

[23] vgl. http://www.familienbuch-euregio.de/genius/?person=246896

[24] So steht im Buch *Eßstörungen*: „Zur Erinnerung an Rudolf, Auguste und Selma, die Nazi-Verbrechen zum Opfer fielen.“

[25] vgl. Freidenreich (siehe EN 12)/ Münster-Schröer, S. 119.

[26] Hatch Bruch, Joanne. *Unlocking the golgen cage. An intimate biographie of Hilde Bruch*, Carlsbad 1996.

[27] siehe: https://www.viersen.de/de/strassennamen/hilde-bruch-strasse/

Will Brüll

[1] vgl. Krippner, Eri. *Will Brüll. Leben im Gesamtkunstwerk*, Düsseldorf 2014, S. 21.
[2] vgl. Brüll, Will. *Werkgruppen 1945-1995*, Mönchengladbach 1995, S. 26.
[3] vgl. Krippner, S. 28.
[4] ebd., S. 32-33.
[5] vgl. Brüll (1995), S. 26.
[6] Brüll zit. in Krippner, S. 38.
[7] vgl. Brüll (1995), S. 26.
[8] vgl. Klütsch, Margot. „Die frühen Bronzen von Will Brüll - vom Volumen zum Raum", in: Brüll, Will. *Die frühen Bronzen*, Mönchengladbach 1998, S. 5/ Gertz, Ulrich. „Notizen zu den frühen Plastiken von Will Brüll", in: Brüll (1995), S. 8.
[9] vgl. Klütsch, S. 7.
[10] vgl. Krippner, S. 12 u. 57.
[11] vgl. Salzmann, Siegfried. „Einführung zum Katalog 1968", in: Brüll (1995), S. 12.
[12] Frau Brüll dokumentierte alle Einladungen akribisch in einem Gästebuch.
[13] vgl. Krippner, S. 62-63.
[14] Ruhrberg, Karl. „Der Bildhauer Will Brüll", in: Brüll (1995), S. 10.
[15] Fath, Manfred. „Brüll Retrospektive 1964-1974", in: Brüll (1995), S. 14.
[16] vgl. Kulturamt der Stadt Viersen (Hg.). *Will Brüll. Skulpturen*, Viersen 1985.
[17] vgl. Pack, Angelika. „Ausstellung Städtische Galerie im Park, Viersen 1985", in: Brüll (1995), S. 18-19.
[18] vgl. Klütsch, Margot. „Anmerkungen zu den Werkgruppen II von Will Brüll", in: Brüll, Will. *Skulpturen. Werkgruppen II*, Mönchengladbach 1998, S. 4-5.
[19] siehe dazu: Jöris, Hans Herbert. *Musik und Theater in Viersen von 1848 bis 1945*, Viersen 2006.
[20] vgl. Krippner, S. 118 u. 137.

Friedrich von Diergardt

[1] vgl. Lohmann, F.W. *Geschichte der Stadt Viersen von den ältesten Zeiten bis zur Gegenwart*, Viersen 1913, S. 799-801.
[2] siehe dazu: Hantsche, Irmgard. *Atlas zur Geschichte des Niederrheins*, Duisburg 2004, S. 112-113.
[3] vgl. Feldmann, Irene. „Der Niederrhein in der ‚Franzosenzeit'", in: Dieter Geuenich (Hg.). *Der Kulturraum Niederrhein. Im 19. und 20. Jahrhundert, Band 2*, S. 49-68 (hier S. 51/65)/ Graumann, Sabine. „1794 bis 1815 - Aufbruch in die Moderne. Die ‚Franzosenzeit'", in: *Internetportal Rheinische Geschichte* (http://www.rheinische-geschichte.lvr.de/).
[4] vgl. „Auf den Spuren des Textilbarons", *Rheinische Post*, 1.12.2020.
[5] vgl. Tillmann, Walter. *Seide, Sammet und Soziales. Friedrich Freiherr von Diergardt (1795-1869). Ein Wegbereiter der wirtschaftlichen Entwicklung im Rheinland*, Viersen 2000, S. 13.
[6] vgl. Tillmann, S. 43.
[7] vgl. *IHK Niederrhein Magazin* 12/ 2012.
[8] vgl. *IHK Niederrhein Magazine* 12/ 2012; 8/ 2013; 12/ 2013; 7/ 2015.
[9] vgl. Pohl, Meinhard. „Friedrich Diergardt. Schrittmacher für die Industrialisierung des Rheinlandes", in: Wolfgang Burkhard. *Niederrheinische Unternehmer*, Duisburg 1990, S. 34-35 (hier S. 34).
[10] vgl. Höpfner, Hans-Paul. *Eisenbahnen. Ihre Geschichte am Niederrhein*, Duisburg 1986, S. 17/ 26/ „Rivalisierende Städte rangen um die Verbindung nach Venlo", *Rheinische Post*, 14.1.2016.
[11] vgl. Tillmann, S. 46.
[12] vgl. Pohl, S. 34-35/ 89. Einer der Enkel war Johannes Freiherr von Diergardt, in der ausgehenden Kaiserzeit und in der Weimarer Republik Mäzen archäologischer Forschungen und zugleich weltweit der größte private Sammler völkerwanderungszeitlicher Kunst, heute kostbarer Schatz des Römisch-Germanischen Museums in Köln.
[13] vgl. Tillmann, S. 13-14/ 68.
[14] vgl. Brophy, James M. *Capitalism, Politics, and Railroads in Prussia, 1830-1870*, Ohio State University 1998, S. 147-149.
[15] vgl. Pohl, S. 34.
[16] vgl. Tillmann, S. 45-46.
[17] ebd., S. 100.
[18] ebd., S. 8.
[19] vgl. Reckwitz, Andreas. „Kampf um das Bürgerliche", in: *Der Spiegel* 8/ 2020, S. 116.
[20] vgl. Tillmann, S. 100.
[21] vgl. Pohl, S. 35.

Joseph Dommers-Vehling

[1] vgl. Ostendorf, Berndt. „Von der hohen Kunst des Kochens in der neuen Welt: Die amerikanische Karriere von Joseph Dommers Vehling aus Dülken", in: *Heimatbuch des Kreises Viersen*, Viersen 2010, S. 13-27 (hier S. 13).
[2] ebd., S. 15-16.
[3] zit. in Ostendorf, S. 17-18.
[4] vgl. Ostendorf, S. 18.
[5] In der Zeit von 1904-1914 befand sich in den USA die Schopenhauer- und Nietzsche-Rezeption auf ihrem Höhepunkt.

[6] Ostendorf, S. 19.
[7] zit. in: Brunner, Bernd. „Der große Aufbruch", in: *Die Zeit*, 23.8.2011.
[8] vgl. Ostendorf, S. 20.
[9] zit. bei Ostendorf, S. 21.
[10] ebd., S. 21.
[11] vgl. Starr, Frederick. „Introduction", in: J.D. Vehling. *Apicius: Cookery and Dining in Imperial Rome*, Chicago 1936, S. XV (www.gutenberg.org).
[12] zit. bei Ostendorf, S. 13.
[13] vgl. Davidson, Alan. *The Oxford Companion to food*, Oxford 2014[3], S. 26. Heute geht man eher davon aus, dass diese Sammlung von Rezepten keinen bestimmten Autor hat. Allerdings kann einer der erwähnten Feinschmecker einer der Zuträger gewesen sein oder die Sammlung wurde ihm gewidmet. Sie überlebte das Mittelalter in zwei karolingischen Abschriften des 9. Jhs., die in New York und im Vatikan verwahrt werden. Sie sind die Grundlage aller weiteren Abschriften.
[14] vgl. Starr, S. XIV.
[15] vgl. Davidson, S. 26.
[16] zit. bei Ostendorf, S. 25.

Ferdinand Emmerich

[1] vgl. Augustin, Siegfried/ Heinrich Pleticha. *Lexikon der Abenteuer- und Reiseliteratur*, Stuttgart 1999, S. 83.
[2] vgl. ebd./ Karlsson, Björn. *Koloniale Spuren am Niederrhein. Verbindungen, Verflechtungen und Erinnerungen an das Kolonialzeitalter am Beispiel der Stadt Viersen*, Berlin 2021, S. 92.
[3] Aus: „Auf den Antillen". Dieses Buch sowie einige andere, finden sich auf der Seite www.gutenberg.de
[4] vgl. Schoen, Christian. „Jenseits des Äquators - Ferdinand Emmerich 1929", 6.11.2013 (https://dasbestebuchderwelt.de/jenseits-des-aquators-ferdinand-emmerich-1929/).
[5] Aus: „Auf den Antillen".
[6] vgl. Karlsson, S. 94.
[7] vgl. Augustin/ Pleticha, S. 83.
[8] Aus: „Auf den Antillen". Antonio Guzmán Blanco war dreimal Präsident von Venezuela (1870-1877/ 1879-1884/ 1886-1887) und regierte lange Jahre mit diktatorischen Vollmachten.
[9] vgl. Katalog der Deutschen Nationalbibliothek.

Georg Ettl

[1] vgl. Ettl, Hubert. „Heimatsuche - Biographisches zum Werk von Georg Ettl", in: Gerda-Marie Voß (Hg.). *Heimat. Georg Ettl Retrospektive*, Mönchengladbach 2015, S. 9-23 (hier S. 9-11).
[2] vgl. Ettl, Hubert, S. 17.
[3] vgl. Poetter, Jochen. *Kunst im 20. Jahrhundert*, Köln 2004, S. 197.
[4] Svestka, Jiri. „Der Minimalist als Romantiker, 1990", in: Gerda-Marie Voß (Hg.). *Heimat. Georg Ettl Retrospektive*, Mönchengladbach 2015, S. 41-49 (hier S. 43).
[5] Svetska, S. 46.
[6] vgl. Drafz, Helge. „Mein rosa Flamingo im Grafikschrank", in: Gerda-Marie Voß (Hg.). *Heimat. Georg Ettl Retrospektive*, Mönchengladbach 2015, S. 83-92 (hier S. 86-87).
[7] Pitzen, Jutta. „Ettl in Viersen", in: Gerda-Marie Voß (Hg.). *Heimat. Georg Ettl Retrospektive*, Mönchengladbach 2015, S. 71-82 (hier S. 71).
[8] Mrosek, Manfred. „Filmszenen aus Georg Ettls Atelier", in: Gerda-Marie Voß (Hg.). *Heimat. Georg Ettl Retrospektive*, Mönchengladbach 2015, S. 39.
[9] Auskunft Renate Ettl.
[10] vgl. Ettl, Hubert, S. 17.
[11] vgl. „Echt Gold auf falschem Marmor", *Rheinische Post*, 3.2.1990.
[12] vgl. Pitzen 2003, S. 24.
[13] vgl. Thönnessen, Karin. „Die Untugenden des Menschen oder Aug um Aug, Zahn um Zahn", in: Stadt Viersen (Hg.). *Georg Ettl. Städtische Galerie im Park Viersen*, Viersen 2003, S. 4-17 (hier S. 4).
[14] Cladders, Johannes. „Bilderwelten - Weltbilder. Zum Werk von Georg Ettl", in: Ettl, Georg. *Heilig Geist Kirche Neuss*, Viechtach 2000, S. 7-11 (hier S. 8).
[15] vgl. https://www.georgettl.com
[16] vgl. Drafz, Helge. „Szenen aus dem Welttheater. Georg Ettls zusammengesteckte Raumbilder aus Schichtholz", in: Stadt Viersen (Hg.). *Georg Ettl. Städtische Galerie im Park Viersen*, Viersen 2003, S. 44-49 (hier S. 47).
[17] Drafz 2003, S. 49.
[18] vgl. Thönnessen, S. 6.
[19] ebd., S. 16.
[20] vgl. Kohl, Ines. „Georg Ettls Ausgestaltung der Heilig Geist Kirche in Neuss", in: Ettl, Georg. *Heilig Geist Kirche Neuss*, Viechtach 2000, S. 13-66.
[21] vgl. Eßer, Torsten. *Das Monte-Buch. Die Geschichte des „Monte Quasselino" und der Viersener Fußgängerzone (1971-1996)*, Viersen 2017, S. 55-56.
[22] Heynen, Julian. „Die Halle", in: Kulturamt der Stadt Viersen (Hg.). *Georg Ettl. Die Halle*, Viersen 1985, S. 2-5.
[23] vgl. „Der Bilder-Philosoph", *Extra-Tipp*, 4.4.2004.
[24] vgl. Heynen, S. 5.
[25] Drafz, Helge. „Der Vorsprung des Langsamen", in: Georg Ettl. *Ausstellung Kunstverein für die Rheinlande und Westfalen*, Düsseldorf 1990.

[26] vgl. Pitzen Jutta. „Altaropfer und Heiligenvita - Der Apsisentwurf für die Kirche St. Remigius in Viersen", in: Stadt Viersen (Hg.). *Georg Ettl. Städtische Galerie im Park Viersen*, Viersen 2003, S. 22-41 (hier S. 23).
[27] vgl. Pitzen 2003, S. 31.
[28] ebd., S. 39.
[29] ebd., S. 26.
[30] vgl. Dimitrijevic, Nena. „Mit dem Bild gegen das Bild", in: Kulturamt der Stadt Viersen (Hg.). *Georg Ettl. Die Halle*, Viersen 1985, S. 12-17 (hier S. 12).
[31] Pitzen 2003, S. 30.
[32] vgl. „Der Bilder-Philosoph", *Extra-Tipp*, 4.4.2004.
[33] vgl. Reiners-Maaz, Marianne. „Frau mit Armen", in: Gerda-Marie Voß (Hg.). *Heimat. Georg Ettl Retrospektive*, Mönchengladbach 2015, S. 67-70.
[34] vgl. Döhmen, Heinz. „Fragmente einer langen Freundschaft", in: Gerda-Marie Voß (Hg.). *Heimat. Georg Ettl Retrospektive*, Mönchengladbach 2015, S. 55-66 (hier S. 61).
[35] siehe http://www.rhone-alpes.culture.gouv.fr/cp/site_html/a47.htm
[36] siehe https://www.georgettl.com
[37] vgl. Döhmen, S. 63.
[38] vgl. „Die silberne Stadtplakette für Georg Ettl", *Westdeutsche Zeitung*, 1.12.2011.

Kornelius Feyen

[1] vgl. Willemsen, Eva-Maria. *Kornelius Feyen 1886—1957. Der Anrather Volksschullehrer, Maler, Musiker und Dichter*, hrsg. v. Hans Klein, Goch 2009, S. 14-17.
[2] vgl. Pauly, Albert. „Cornelius Feyen in memoriam", in: *Heimatbuch des Grenzkreises Kempen-Krefeld* 11/ 1961, S. 226-227 (hier S. 226)/ Willemsen, S. 9 u. 23.
[3] siehe: Havenstein, Helene. „Mein Vater, Kornelius Feyen", in: Verein für Heimatpflege Viersen (Hg.). *Viersen - Beiträge zu einer Stadt*, Bd. 6, Viersen 1984, S. 29.
[4] vgl. Pauly, S. 226.
[5] vgl. Willemsen, S. 44-45.
[6] ebd., S. 46-47.
[7] ebd., S. 48-51. Dort sind auch einige Gedichte und Prologe abgedruckt. In verschiedenen Bänden des *Anrather Heimatbuchs* finden sich ebenfalls Gedichte und Geschichten von Feyen (http://www.buergerverein-anrath.de/verein/register.shtml).
[8] vgl. Willemsen, S. 10.
[9] Willemsen, S. 10.
[10] ebd., S. 12 u. 80.
[11] ebd., S. 66-67 u. 71.
[12] ebd., S. 90.
[13] ebd., S. 93-94.
[14] Willemsen, S. 98.
[15] ebd., S. 104.
[16] Willemsen (http://buergerverein-anrath.de/verein/chronik/20091210feyenbuch.shtml).
[17] vgl. Willemsen, S. 12.
[18] siehe: Bayer, Gerd/ Hans Klein (Hrsg.). *Ernst und Lene Havenstein. Leben und Schaffen des Traben-Trarbacher Künstlerehepaares*, Alf/ Mosel 2006.
[19] vgl. „Hans Dampf in allen Gassen", *Rheinische Post*, 12.12.2009.

Theodor Frings

[1] vgl. Frings, Theodor. *Studien zur Dialektgeographie des Niederrheins zwischen Düsseldorf und Aachen*, Teildruck, Marburg 1910.
[2] ebd. Anhang.
[3] vgl. Morenz, Siegfried. *Theodor Frings* (Nachruf der Bayerischen Akademie der Wissenschaften), 1968 (https://badw.de/fileadmin/nachrufe/Frings%20Theodor.pdf).
[4] vgl. Aubin, Hermann/ Theodor Frings/ Josef Müller. *Kulturströmungen und Kulturprovinzen in den Rheinlanden*, Bonn 1966 [1926], S. 96.
[5] ebd.
[6] zit. in Cornelissen, Georg. „Theodor Frings (1886-1968)", in: *Heimatbuch des Kreises Viersen*, Viersen 1987, S. 15.
[7] Cornelissen, S. 13.
[8] vgl. Cornelissen, Georg/ Peter Honnen/ Fritz Langensiepen (Hg.). *Das rheinische Platt. Eine Bestandsaufnahme. Handbuch der rheinischen Mundarten*, Köln 1989.
[9] Eßer, Paul. *Jenseits der Kopfweiden. Sprache und Literatur am Niederrhein*, Düsseldorf 2002, S. 34.
[10] vgl. Cornelissen, S. 13-14.
[11] vgl. Rusinek, Bernd A. „Das Bonner Institut für Rheinische Landeskunde", in: Ulrich Pfeil. (Hg.). *Deutsch-französische Kultur- und Wissenschaftsbeziehungen im 20. Jahrhundert. Ein institutionengeschichtlicher Ansatz*, München 2007, S. 31-46 (hier S. 34)/ Goossens, J.J. „Frings, T.", in: *Bio- en bibliografisch lexicon van de neerlandistiek* (https://www.dbnl.org/tekst/anro001bioe01_01/frin002.php).
[12] Die sprachlichen Wechselbeziehungen behandelt er einerseits in „Französisch und Fränkisch" (1937), zur Etymologie germanischer Lehnwörter im Französischen, sowie in „Germania Romana" (Halle, 1932), worin er lateinische Elemente des Deutschen untersucht.
[13] vgl. Pée, Willem. „Dr. Jozef van den Heuvel", in: *Taal en Tongval*, Jaargang 19, 1967 (https://www.dbnl.org/tekst/_taa007196701_01/_taa007196701_01_0003.php).
[14] Frings, Theodor/ Jozef van den Heuvel *Die südnieder-*

ländischen Mundarten: Texte, Untersuchungen, Karten (Deutsche Dialektgeographie. 16), Marburg 1921.

[15] Frings, Theodor. *Über die neuere flämische Literatur*, Marburg 1918.

[16] Frings, Theodor/ Rudolf Kötzschke (Hg.). *Sprache und Siedlung im mitteldeutschen Osten*, Leipzig 1932.

[17] Das Material wurde bei einem Brand im Jahr 1943 komplett vernichtet. 1955 wurde die Arbeitsstelle von Frings wiederbelebt.

[17] vgl. Rusinek, S. 17.

[19] vgl. "Ein Leben unter zwei Diktaturen", *Rheinische Post*, 6.6.2018. Eine detaillierte Aufarbeitung dieser Zeit bietet: Lux, Anna. „'Eine Frage der Haltung?' Die bruchlose Karriere des Germanisten Theodor Frings im spannungsreichen 20. Jahrhundert", in: Sabine Schleiermacher/ Udo Schagen (Hg.). *Wissenschaft macht Politik. Hochschule in den politischen Systembrüchen 1933 und 1945*, Stuttgart 2009, S. 79-100.

[20] vgl. Rusinek, S. 39.

[21] vgl. Morenz (EN 3).

[22] vgl. „Der letzten Könige einer. Zum Tode des Germanisten Theodor Frings", *FAZ*, 21.6.1968.

[23] vgl. Goossens, J.J./ Der Text kann online gelesen werden: https://www.dbnl.org/tekst/veld028thfr02_01/

[24] vgl. „Ein Philologe wie kaum einer heute. Theodor Frings zum 80. Geburtstag", *FAZ*, 22.7.1966. Dieser Bericht wurde sogar 1966 noch einmal unverändert nachgedruckt.

[25] vgl. Morenz (EN 3).

[26] vgl. „Ein Philologe wie kaum einer heute. Theodor Frings zum 80. Geburtstag", *FAZ*, 22.7.1966.

[27] siehe: http://archiv.bbaw.de.

[28] vgl. „Der letzten Könige einer. Zum Tode des Germanisten Theodor Frings", *FAZ*, 21.6.1968.

[29] vgl. Cornelissen, S. 19. So z.B. das Basiswerk *Grundlegung einer Geschichte der deutschen Sprache*, Halle 1957.

[30] vgl. Eßer, S. 39 u. 43 (EN 9)/ Eßer, Paul. *Dialekt und Identität. Diglottale Sozialisation und Identitätsbildung*, Frankfurt a.M. 1983, S. 76ff.

[31] vgl. „Sprachforscher von internationalem Rang", *Rheinische Post*, 6.6.2018.

[32] vgl. https://www.saw-leipzig.de/de/ueber-die-akademie/theodor-frings-preis.

Clemens Füsers

[1] siehe: *Letzte Runde - Ein Spaziergang zu den traditionellen Berliner Eckkneipen*, Berlin; Tübingen 2009/ *Berliner Jahrhundertkneipen*, Leipzig 2011 [2016].

[2] Interview (per mail) 9/ 2020.

[3] Interview (per mail) 9/ 2020.

[4] Interview (per mail) 9/ 2020.

[5] Interview (per mail) 9/ 2020.

[6] siehe z.B.: „Der Stachel des Skorpions", *NZZ*, 1987/ „Die Seele des Kindes", *NZZ*, 1989/ „Der Segen des Fortschritts", *NZZ*, 1990.

[7] vgl. „Die Themen liegen auf der Straße - die Kinder auch", *NZZ*, 15.2.2002.

[8] siehe z.B.: „In Konkurrenz vereint", *Der Tagesspiegel*, 25.4.1991/ „Dick Tracy, Van Gogh und eine Hand voll Reis: Kinderfilme auf der Berlinale", in: *Film und Fernsehen* 19/ 1991, S. 19-21.

[9] vgl. z.B. „Halbschwergewichtiger Held vieler Knockouts", *Berliner Morgenpost*, 6.12.2004.

[10] Interview (per mail) 9/ 2020.

[11] Eine ausführliche Liste seiner Arbeiten findet sich unter https://liton.nrw/person/fuesers-clemens.

[12] vgl. „Tanz ums goldene Hauptstadtkalb", *General-Anzeiger*, 18.11.2003.

[13] Veröffentlicht auch in: *Signum. Blätter für Literatur und Kritik* 1/ 2006, S. 58-62.

[14] So z.B. über den Raumfahrtpionier Ernst Karl Janke (2007), den Maler Lutz Brandt (2011) oder zur Geschichte der Nachkriegscomics in Ost und West (2008).

[15] siehe: „Amors Irrtum", in: *Muschelhaufen* Nr. 38/ 1998, S. 7-23.

[16] Interview (per mail) 9/ 2020.

[17] Interview (per mail) 9/ 2020.

Elmar Goerden

[1] Interview (per mail) 10/ 2021.

[2] Interview (per mail) 10/ 2021.

[3] Interview (per mail) 10/ 2021.

[4] vgl. „Starrkrampf des Herzens", *Der Spiegel*, 1.12.1996.

[5] Das Berliner Theatertreffen ist seit 1964 die wichtigste Veranstaltung für Theatermacher im deutschsprachigen Raum. Jährlich werden von sieben Theaterkritikern, zehn „bemerkenswerte" Inszenierungen der Saison ausgewählt und nach Berlin eingeladen. Innerhalb des rund zweiwöchigen Festivals werden vier Preise vergeben, und es gibt weitere Veranstaltungen zur Förderung der Szene.

[6] vgl. „Rettet die Spinner!", *Die Zeit*, 25.2.1999.

[7] Auch erschienen als Buch, inkl. Materialien: Goerden, Elmar. *Lessings Traum von Nathan dem Weisen*, Suhrkamp, Frankfurt a.M. 2002.

[8] Über Shylock hat Goerden nicht nur seine Masterarbeit geschrieben, sondern auch einen Text zu einem Ausstellungskatalog beigetragen: Goerden, Elmar/ Michaela Krützen. „Shylocks Bart", in: Elmar Buck (Hg.). *Vom Himmel durch die Welt zur Hölle. Ausstellungsspektakel in zehn Stationen*, Köln 1989, S. 118-123.

[9] vgl. „Diener zu vieler Frauen“, *Die Zeit*, 20.10.2005.
[10] vgl. „Die Lust des Torsos“, *taz*, 18.4.2006.
[11] vgl. „Ein Song, ein Tanz, ein Kuss“, *Süddeutsche Zeitung*, 29.9.2006/ „Veränderung bis in den Tod“, *taz*, 25.9.2006.
[12] vgl. „Großbrand vernichtet Lager des Bochumer Schauspielhauses“, *Rheinische Post*, 12.9.2006.
[13] Kritiken zu einigen Aufführungen finden sich unter: https://nachtkritik.de/index.php?option=com_seoglossary&view=glossary&catid=78&id=53&Itemid=67
[14] vgl. „Elmar Goerden: ‚Mein Weg ist das nicht mehr‘“, *der westen*, 22.6.2010 (https://www.derwesten.de/kultur/elmar-goerden-mein-weg-ist-das-nicht-mehr-id3342737.html).
[15] vgl. Elmar Goerden. „Wie es ist!“ (https://nachtkritik.de/index.php?option=com_content&view=article&id=1426&Itemid=83).
[16] ebd.
[17] vgl. „Tür zu, ganz leise“, *Süddeutsche Zeitung*, 7.6.2010/ „Das Ende einer verkorksten Intendanz“, *Frankfurter Rundschau*, 3.7.2010.
[18] vgl. „Elmar Goerden: ‚Mein Weg ist das nicht mehr‘“, *der westen*, 22.6.2010 (https://www.derwesten.de/kultur/elmar-goerden-mein-weg-ist-das-nicht-mehr-id3342737.html).
[19] vgl. „Muttergottes Zorn“, *Der Tagesspiegel*, 24.10.2019.
[20] vgl. „Das Theater, die kleine Polis“, *Die Zeit*, 6.5.2004.
[21] vgl. Rakow, Christian. „Ich bin kein Siegelwahrer“, 5.11.2008 (https://nachtkritik.de/index.php?view=article&id=1987:interview-mit-dem-bochumer-intendanten-elmar-goerden&option=com_content&Itemid=84)/ „Windschiefe Romantikreste“, *taz*, 31.5.1997.
[22] vgl. „Ente gut“, *Süddeutsche Zeitung*, 29.3.2014.
[23] vgl. „Wie man die verfluchten Erzeuger los wird, Teil III“, *Süddeutsche Zeitung*, 2.3.2016.
[24] vgl. „Nun spricht sie“, *NZZ*, 27.2.2017.
[25] vgl. „Würden Sie einen Ithaker heiraten?“, *NZZ*, 7.11.2017.
[26] vgl. „Plattgebügelt wird nichts“, *Der Bund*, 24.1.2019 (https://www.derbund.ch/kultur/berner-woche/plattgebuegelt-wird-nichts/story/24050709).
[27] vgl. „Die Stuttgarter Wildente“, *Stuttgarter Nachrichten*, 17.2.19/ „Diese Muttergottes will keine Statistin mehr sein“, *Der Tagesspiegel* 24.10.2019/ Silvia Matras (https://www.silviamatras-reisen.at/joseph-roth-radetzkymarsch-theater-in-der-josefstadt/)/ „Josefstadt: Roths Radetzkymarsch erwacht nicht zum Leben“, *Der Standard*, 17.5.2019.
[28] vgl. Rakow, Christian. „Ich bin kein Siegelwahrer“, 5.11.2008 (https://nachtkritik.de/index.php?view=article&id=1987:interview-mit-dem-bochumer-intendanten-elmar-goerden&option=com_content&Itemid=84)/ „Elmar Goerden ‚outet‘ sich als Künstler“, *WAZ*, 2.7.2010.
[29] Interview (per mail) 10/ 2021.
[30] Interview (per mail) 10/ 2021.

Ali Haurand

[1] Eine Biographie zu Alfred Haurand und zum Jazz in Viersen ist in Arbeit.
[2] Interview Alfred Haurand 05/ 2005; Interview Mercedes Eßer (geb. Haurand) 11/ 2017. „Bäcker“, weil er viel in der Bäckerei spielte, „Automann“, weil er oft in den Auslieferungswagen saß und fahren übte.
[3] Interview Alfred Haurand 05/ 2005.
[4] Interview Alfred Haurand 05/ 2005.
[5] Interview Britta Hasemanns 2/ 2018; Interview Helmuth Jennrich 2/ 2018.
[6] Interview Herbert Pauen 5/ 2019.
[7] Jahre später wurde Konrad Budde wegen diverser Betrügereien vom Mönchengladbacher Landgericht zu einer Haftstrafe verurteilt. Interview Herbert Pauen 5/ 2019.
[8] vgl. „Trotz Beat-Welle: Ein Erfolg“, *Rheinische Post*, 26.4.1966/ Interview Herbert Pauen 5/ 2019.
[9] vgl. de Brouwer, Ludger. *50 Jahre Amateur-Jazzszene. Mönchengladbach, Korschenbroich, Viersen, Dülken, Süchteln*, Eigenverlag, Mainz 2007.
[10] vgl. „Jazz über Viersener Backstube“, *Rheinische Post*, 13.11.1965/ Interview Karl-Heinz Becker 6/ 2018.
[11] Ali Haurand in: „Der Bassist“, *WDR* 1993.
[12] vgl. „Schlagzeuger im Wettbewerb“, *Rheinische Post*, o.D. Es spielte u.a. das *Ali Haurand Trio* mit Jochen Kreutzer (sax) und Peter Schmidt (dr).
[13] vgl. Interview Alfred Haurand 2005/ Interview Jochem Bruysten 10/ 2018/ Torquemada, Jesús. *Jazzaldia 50*, San Sebastian 2015.
[14] vgl. „Beim Festival in Roermond“, *Rheinische Post*, August 1967/ Interview Karl-Heinz Becker 6/ 2018.
[15] vgl. de Brouwer, S. 471ff.
[16] vgl. Kirchhoff, Peter K. *Downtown Düsseldorf. Jazz am Rhein*, Düsseldorf 2017, S. 74, 99.
[17] vgl. Kunzler, Martin. *Jazz Lexikon*, 2002, Bd. 1, S. 523.
[18] Interview (per mail) Jan Huydts 10/ 2018. Der Name stammt von Leo de Ruiter, der sich mit indischen Chakras beschäftigte.
[19] vgl. „Jazz bis spät nach Mitternacht“, *Westdeutsche Zeitung*, 24.2.1967.
[20] vgl. „Jazz-Festival mit hohem Niveau“, *Westdeutsche Zeitung*, 15.1.1969.
[21] vgl. Holthoff, Günter/ Mojo Mendiola. *50 Jahre Jazzkeller Krefeld (1958-2008)*, Krefeld 2008, S. 68.
[22] Insgesamt ist Ali Haurand auf über 60 Tonträgern von

sich und anderen zu hören.

[23] vgl. „RIP: Ali Haurand“, *Jazz Thing*, 31.05.2018.

[24] vgl. z.B. „25 Jahre European Jazz Ensemble. Die musikalische Verwirklichung eines gemeinsamen Europas“, *Jazz Podium* Nr. 50/ 2001.

[25] vgl. „So klingt Europa - 30 Jahre European Jazz Ensemble“, *Jazz Podium* Nr. 3/ 2006.

[26] siehe entsprechende Ausgaben des *Jazz Forum Magazine*.

[27] vgl. „Wort-Ton-Collage fesselte Zuhörer“, *Rheinische Post*, 20.9.1993.

[28] vgl. z.B. „Festival nicht gerettet“, *report*, 25.9.1993.

[29] vgl. Stadt Viersen (Hg.). *25 Jahre Jazzfestival Viersen*, Viersen 2011.

[30] Interview Dieter Hens 11/ 2019/ „Mach's gut Ali“, *Rheinische Post*, 31.5.2018.

[31] vgl. „Der Keller trägt jetzt Ali Haurands Namen“, *Rheinische Post*, 17.9.2016.

Oliver Hilmes

[1] vgl. Hilmes, Oliver. „Mit Gustav Mahler in Viersen“, in: Elke Heidenreich (Hg.). *Ein Traum von Musik. 46 Liebeserklärungen*, München 2010, S. 162-167.

[2] Interview (per Mail) 3/ 2020.

[3] *Im Fadenkreuz. Politische Gustav-Mahler-Rezeption 1919–1945. Eine Studie über den Zusammenhang von Antisemitismus und Kritik an der Moderne*, Frankfurt am Main 2003.

[4] Interview (per Mail) 3/ 2020.

[5] vgl. „Von Wahnfried nach Walhalla“, *Die Welt*, 2.6.2007.

[6] vgl. „Witwe im Wahn“, *Der Spiegel*, 27.5.2002/ „Meine Männer müssen heller werden“, *Der Tagesspiegel*, 25.7.2004.

[7] vgl. „Lebensspenderin, liderlich“, *Süddeutsche Zeitung*, 30.11.2004/ „Das Werk, ces't moi!“, *FAZ*, 22.4.2005.

[8] vgl. „Von Wahnfried nach Walhalla“, *Die Welt*, 2.6.2007.

[9] vgl. „Als kühle Managerin des Wagner-Kults war sie ein echter Familienmensch“, *FAZ*, 23.7.2007/ „Managerin des Wagner-Kultes“, *NZZ*, 25.7.2007.

[10] vgl. „Die Herrin des Hügels“, *Frankfurter Rundschau*, 17.7.2007.

[11] vgl. „Unter der Wolke des Unglücks“, *Süddeutsche Zeitung*, 24.7.2009.

[12] vgl. „Gespenstisches Flämmchen“, *Die Zeit*, 5.5.2011/ „Der Pianist, der aus der Zukunft kam“, *FAS*, 13.3.2011/ „Le concert c'est moi!“, *Die Welt*, 30.4.2011.

[13] vgl. „Er hat den Charakter seines Landes veredelt“, *FAZ*, 24.10.2013/ „König Kitsch“, *Die Welt*, 2.11.2013.

[14] Interview (per Mail) 3/ 2020.

[15] zit. in: „Von Wahnfried nach Walhalla“, *Die Welt*, 2.6.2007.

[16] vgl. „Ich wollte hinter die Kulissen schauen“, *Deutschlandfunk* 16.5.2016 (https://www.deutschlandfunk.de/buch-ueber-olympia-1936-ich-wollte-hinter-die-kulissen.694.de.html?dram:article_id=354234) (Zugriff: 14.6.2020).

[17] vgl. „Nazideutschland fraß Kreise“, *Frankfurter Rundschau*, 28.7.2016/ „Als die Nazis 16 Tage Weltoffenheit spielten“, *Die Welt*, 30.7.2016/ „Blut und Champagner“, *Süddeutsche Zeitung*, 22.6.2016.

[18] vgl. „Blick auf Olympische Spiele in Berlin“, *Neuss-Grevenbroicher Zeitung*, 13.6.2016.

[19] U.a. den „Prix des Muses“ (Prix spécial du jury) 2013/ „The Sporting Club General Outstanding Book of the Year“ 2019.

[20] Interview (per Mail) 3/ 2020.

Irmgard von Süchteln

[1] vgl. „500 Gläubige pilgern zum Fest“, *Rheinische Post*, 12.9.2017/ „Mit Irmgardis zur inneren Ruhe“, *Rheinische Post*, 7.9.2017.

[2] vgl. Nabrings, Arie. „Irmgardis von Süchteln“, in: *Internetportal Rheinische Geschichte* (http://www.rheinische-geschichte.lvr.de/Persoenlichkeiten/irmgardis-von-suechteln-/DE-2086/lido/57c92a62ed6513.28658346).

[3] vgl. „Süchteln feiert Irmgardis“, *Rheinische Post*, 5.9.2012.

[4] vgl. Nabrings.

[5] ebd.

[6] vgl. Kleinermanns, Joseph. *Die h. Irmgardis von Aspel und ihre Beziehungen zu Rees, Süchteln und Köln*, Köln 1900, S. 3.

[7] vgl. Nabrings/ „Aspel - Wer war die Stifterin der Burg?“, *NRZ - der Westen*, 21.4.2015.

[8] vgl. https://www.heiligenlexikon.de/BiographienI/Irmtrud_von_Koeln.html

[9] vgl. Nabrings.

[10] vgl. „Auf Irmgardis‘ Spuren“, *Rheinische Post*, 3.9.2004.

[11] Überliefert durch Frau L. Kox aus Süchteln-Dornbusch vor 1910 (http://www.soetele.de/irmgard/irmgard.html).

Yvon Jansen

[1] siehe dazu: Eßer, Torsten. *Das Monte-Buch. Die Geschichte des „Monte Quasselino“ und der Viersener Fußgängerzone (1971-1996)*, Viersen 2017, S. 84-85.

[2] Interview (per mail) 7/ 2021.

[3] Interview (per mail) 7/ 2021.

[4] vgl. „Viel Lärm um nichts - Leander Haußmann“,

Sonntagsnachrichten Herne (https://sn-herne.de/7119/).

[5] vgl. „Der gute Mensch von Sezuan“, *DLF* 15.11.2002 (https://www.deutschlandfunk.de/der-gute-mensch-von-sezuan.691.de.html?dram:article_id=46762).

[6] vgl. „(K)ein Bambi - Yvon Jansen zwischen Brocki und Bühne“, *Neue Züricher Zeitung*, 22.1.2005.

[7] vgl. „Andromache“, *The Guardian*, 18.8.2004 (https://www.theguardian.com/stage/2004/aug/18/theatre.edinburghfestival20046).

[8] vgl. „Pseudoattitüden der No-Go-Generation“, *nachtkritik.de*, 13.6.2008 (https://nachtkritik.de/index.php?option=com_content&view=article&id=1494&Itemid=100190).

[9] vgl. „Mit Plüsch und Trash ins finstere Herz des Krieges“, *nachtkritik.de*, 25.9.2010 (https://nachtkritik.de/index.php?option=com_content&view=article&id=4715&catid=89&Itemid=100190)/ Interview (per mail) 7/ 2021.

[10] vgl. „Sehenswerter ‚Kaufmann von Venedig‘“, *Kölner Stadtanzeiger,* 24.2.2014/ „Kälter als der Tod“, *nachtkritik.de*, 14.10.2017 (https://www.nachtkritik.de/index.php?option=com_content&view=article&id=14516:romeo-und-julia-pinar-karabulut-startet-die-saison-am-schauspiel-koeln-sensationell-mit-shakespeare&catid=84&Itemid=60).

[11] vgl. „‘Hedda Gabler‘ im Schauspiel Köln. Die Hexe ist tot, es lebe die Hexe“, *Kölner Stadtanzeiger*, 7.11.2014/ „Monster am Klavier“, *nachtkritik.de*, 6.11.2014 (https://nachtkritik.de/index.php?option=com_content&view=article&id=10191:2014-11-07-07-08-48&catid=84&Itemid=100190).

[12] vgl. „Goethes ‚Faust‘ als Spiel von Puppen und Menschen“, *Generalanzeiger Bonn*, 13.2.2017.

[13] Interview (per mail) 7/ 2021.

[14] vgl. „Hochamüsanter Theaterabend. Yvon Jansen und Rafael Sanchez im Geschlechterkampf“, *Kölner Stadtanzeiger,* 8.4.2019.

[15] vgl. „Review Jamaica“, *Ox Fanzine*, Nr. 73/ 2007 (https://www.ox-fanzine.de/review/jamaica-cd-56929).

[16] vgl. „Das ist jetzt Punk oder was?“, *Die Zeit online,* 2.6.2010 (https://blog.zeit.de/tontraeger/2010/06/02/kommando-sonnenmilch_5523?wt_ref=https%3A%2F%2Fde.wikipedia.org%2F&wt_time=1628263008970).

[17] Andere Gelegenheiten zum Singen ergaben sich z.B. am Theater Neumarkt, bei einem Liederabend, bei dem sie Stücke von Neil Young interpretierte (vgl. „Neil Young, ein Liederabend“, *Neue Züricher Zeitung*, 18.10.2009).

[18] vgl. *Musikexpress* Nr. 10, 2019/ „Auch Marco strahlt“, *Berliner Zeitung*, 22.10.2019. Das Video zu „Nikotina Turner“ findet sich bei *youtube* unter: https://youtu.be/g8Y-Ci-9HTs.

Josef Kaiser

[1] https://www.kaisers-rr.de (Zugriff 24.11.20).

[2] vgl. Pesch, Martin. „Josef Kaiser“, in: *Internetportal Rheinische Geschichte* (http://www.rheinische-geschichte.lvr.de/Persoenlichkeiten/josef-kaiser/DE-2086/lido/5804af6ccba943.94794817) (Zugriff, 25.11.2020).

[3] Zum Stammbaum siehe: Spies, Britta. *Kaiser's Kaffee und Kommerzienrat Josef Kaiser*, Viersen 2017, S. 17.

[4] vgl. Deilmann, Josef. „Kommerzienrat Kaiser“, in: *Heimatbuch Viersen*, 1951, S. 70-72 (hier S. 70)/ Pesch a.a.O.

[5] Kaiser war nicht der erste, der diese Idee hatte, aber er setzte sie am konsequentesten um. Vgl. Spies, S. 173.

[6] vgl. Löhr, Wolfgang. *Viersen, so wie es war*, Düsseldorf 1979, S. 47.

[7] vgl. Pesch a.a.O.

[8] Kaiser, Josef. *Bilder und Erinnerungen. Eine Reise nach Brasilien, dem Hauptkaffeeland der Welt*, Düsseldorf 1926.

[9] vgl. Pesch a.a.O.

[10] In Viersen, Berlin-Spandau (seit 1897), Heilbronn (1898), Breslau (1899) und Basel (1904), insgesamt damals der größte Kaffeeröstereiverbund in Europa.

[11] vgl. Kaiser's Kaffeegeschäft AG (Hg.). *1880-1980. 100 Jahre Kaiser‘s*, Viersen 1980, S. 11-13.

[12] vgl. Schulte, Günter. „Kommerzienrat Josef Kaiser (1862-1950)“, in: Spies, Britta. *Kaiser's Kaffee und Kommerzienrat Josef Kaiser*, Viersen 2017, S. 13-42 (hier S. 22)/ Spies, S. 174.

[13] vgl. Schulte S. 14/ 22.

[14] vgl. Pesch a.a.O./ Löhr, S. 50.

[15] vgl. Pesch a.a.O.

[16] vgl. Kaiser's Kaffeegeschäft AG, S. 18.

[17] vgl. Schulte, S. 18.

[18] Deilmann, Josef, S. 70.

[19] Auch die Inneneinrichtung war einheitlich und wurde in der eigenen Schreinerei gefertigt.

[20] vgl. Löhr, S. 49/ Spies, S. 172/ 190.

[21] vgl. Spies, S. 193/ 199/ 201-214/ Kaiser's Kaffeegeschäft AG, S. 15/ „Wie der Kaffee in jede Tasse kam“, *Rheinische Post*, 15.3.2017.

[22] Heutzutage würde der Zusammenhang von Amt, Spenden und Stiftungen zumindest hinterfragt werden.

[23] vgl. Stadtarchiv Viersen (Hg.). *Findbuch der Stadt Viersen 1815-1969*, Viersen 2016, S. 64/ 65/ 114/ 122/ 124.

[24] Dann wurde sie von der Siemens Betriebskrankenkasse übernommen.

[25] vgl. Löhr, S. 52/ Deilmann, S. 72/ Spies, S. 21/ Schulte, S. 23/ „Kommerzienrat Kaiser 80 Jahre“, *Kölnische Zeitung*, 20.10.1942.

[26] vgl. „Kommerzienrat Josef Kaiser 75 Jahre alt", *Deutsche Bergwerks-Zeitung*, 20.10.1937.

[27] vgl. Wenderoth, Hans. „Der Kommerzienrat aus dem Kaffeeladen blieb seiner Heimat treu", *Niederrheinische Blätter* Nr. 4/ 1997, S. 38.

[28] vgl. Löhr, S. 47.

[29] vgl. Stadtarchiv Viersen (Hg.). *Findbuch der Stadt Viersen 1815-1969*, Viersen 2016, S 114.

[30] vgl. Schulte, S. 30/ Spies, S. 32-33/ „Das Haus Clee des Josef Kaiser", *Rheinische Post*, 30.11.2018.

[31] vgl. Deilmann, S. 71.

[32] vgl. Kaiser's Kaffeegeschäft AG, S. 32/ Deilmann, S. 72.

[33] vgl. Kaiser's Kaffeegeschäft AG, S. 34/ Deilmann, S. 72.

[34] vgl. „Vom Haus Kaiserbad zum Venekotensee", *Rheinische Post*, 21.9.2010. Das Bad wurde 1988 geschlossen.

[35] vgl. Spies, S. 9-12.

[36] vgl. Schulte, S. 31/ Deilmann, S. 71-72.

[37] vgl. Schulte, S. 35-36.

[38] vgl. Kaiser's Kaffeegeschäft AG, S. 42/ 46.

[39] vgl. „Kaiser's Kaffee. Sprung zum Drugstore", *Der Spiegel* Nr. 30/ 1969, S. 49.

[40] vgl. „Wer ist Kaiser bei Kaiser's?", *Die Zeit*, 11.6.1970/ „Neuer Kaiser", *Der Spiegel* Nr. 22/ 1971, S. 70-71.

[41] Der komplette Abriss dieses „Stadtviertels", denn neben den denkmalgeschützten Fabriken wurden auch weitere Gebäude, darunter eine Kapelle, zerstört, und der Bau des defizitären und inzwischen ungeliebten Rathausmarktes an dieser Stelle, sind aus heutiger Sicht eine kommunalpolitische Fehlentscheidung ersten Ranges.

[42] vgl. „Ein ‚Kaiser-Reich' wird hundert Jahre alt", *FAZ*, 16.9.1980/ „Großzügige Angebote zum 100. Bestehen", *Handelsblatt*, 22.9.1980/ Schulte, S. 40.

[43] vgl. Wenderoth a.a.O.

[44] vgl. „Wer will einen Kaiser's kaufen?", *Rheinische Post*, 19.10.2016/ „Heimatverein erinnert an Kindergarten", *Rheinische Post*, 23.1.2017.

[45] vgl. „Der Abschied von Kaiser's Tengelmann", *Wirtschaftswoche*, 2.12.2017.

[46] vgl. Karsten, Jürgen. „25 Jahre Gedenkmedaillen des Kreises Viersen", in: *Heimatbuch des Kreises Viersen* 1993, S. 45-52.

Reinhard Kaiser

[1] Kaiser, Reinhard. „Der Übersetzer und seine Neugier", in: *Jahrbuch der Bayerischen Akademie der Schönen Künste*, 1999, S. 682-688 (http://www.reinhardkaiser.com/LesesaalNeu/VerstreuteWerke/uebersetzerneugier.html).

[2] vgl. Kaiser, Reinhard. *Kindskopf*, Frankfurt 2007, S. 9/ S. 89/ S. 95-96.

[3] vgl. „Hamster und Handgranate", *Süddeutsche Zeitung*, 8.5.2007.

[4] Die Rezensentin der *Süddeutschen Zeitung* sieht den Wert des Buches *„im Dokumentarischen, im Festhalten von Randphänomenen einer Epoche und in den Rückschlüssen, die ein geschichtsbewusster Autor daraus zu ziehen vermag"* (8.5.2007).

[5] Interview (per Mail) 11/ 2020.

[6] vgl. Kaiser, Reinhard. *Kindskopf*, S. 141ff.

[7] Interview (per Mail) 11/ 2020.

[8] Kaiser, Reinhard. „Der Übersetzer und Seine Neugier…", a.a.O.

[9] z.B. Global 2000. *Der Bericht an den Präsidenten*, Frankfurt: Zweitausendeins 1980/ Neil Postman, *Das Verschwinden der Kindheit*, Frankfurt: S. Fischer 1983/ Peter Burke, *Die Renaissance in Italien*, Berlin: Wagenbach 1984/ Richard Sennett, *Autorität*, Frankfurt: S. Fischer 1985/ Robert K. Merton, *Entwicklung und Wandel von Forschungsinteressen. Aufsätze zur Wissenschaftssoziologie*, Frankfurt: Suhrkamp 1985.

[10] Kaiser zit. in: „Hier ist ein Weltbuch wiederzuentdecken", *Die Welt*, 27.8.2009.

[11] Kaiser, Reinhard. Der Übersetzer und Seine Neugier…, a.a.O.

[12] vgl. Interview (per Mail) 11/ 2020/ „Ein Freund der Fabeln", *FAZ*, 6.3.2020.

[13] vgl. „Von einem Deutsch ins andere", *FAZ*, 15.8.2009.

[14] Kaiser zit. in: „Hier ist ein Weltbuch wiederzuentdecken", *Die Welt*, 27.8.2009.

[15] vgl. „Wo steckt sie bloß, die glückliche, süße Gleichheit?", *FAZ*, 7.9.2019.

[16] Kaiser, Reinhard. *Übersetzer - Verräter. Dankrede anläßlich der Verleihung des Heinrich Maria Ledig-Rowohlt-Übersetzerpreises*, Oktober 1993 (http://www.reinhardkaiser.com/LesesaalNeu/VerstreuteWerke/uebersez.htm).

[17] Kaiser, Reinhard. „Mein privates Kunstmodell", in: Jochen Arlt/ Irmgard Bernrieder (Hg.). *‚Teil meiner selbst'. Niederrhein-Lesebuch*, Pulheim 1992 (http://www.reinhardkaiser.com/LesesaalNeu/VerstreuteWerke/kunstmod.htm).

[18] vgl. Eßer, Paul. „Der Poet in der Pförtnerloge. Reinhard Kaiser", in: Eßer, Paul. *Jenseits der Kopfweiden. Sprache und Literatur am Niederrhein*, Düsseldorf 2002, S. 154-158 (hier S. 157).

[19] Kaiser, Reinhard. „Interview mit Achim Nuber", in: *Deutsche Bücher. Forum für Literatur,* Heft 1/ 1998 (http://www.reinhardkaiser.com/LesesaalNeu/inter.htm).

[20] Interview (per Mail) 11/ 2020.

[21] vgl. Eßer, a.a.O., S. 157.

[22] ebd., S. 154.

[23] vgl. Nuber (EN 19).

[24] vgl. „Mit Raubkunst kann man ein Spitzenmuseum

füllen“, *FAZ*, 12.3.2016.

[25] vgl. Nuber (EN 19).

[26] siehe z.B.: Kaiser, Reinhard. „Versiegelte Geschichte. Erinnerungsgesetze helfen nicht“, *FAZ*, 2.8.2007/ „Verbieten verboten. Darf man Hitler und Bush, Holocaust und stalinistischen Terror vergleichen?“, *FAS*, 12.12.2004.

[27] So in *Viermal Kaiser* sowie den Text: „Der Laden, die Kunst, das Leben“, in: Verein für Heimatpflege e.V. Viersen (Hg.). *Ein Land der Bilder, in dem wir uns heimisch fühlen können. Ruth und Hanns-Josef Kaiser. Arbeiten aus vierzig Jahren*, Viersen 1990.

[28] Kaiser, Reinhard. „Plan und Zufall beim Bildermachen“, in: Verein für Heimatpflege e.V. Viersen (Hg.). *Viermal Kaiser*, Viersen 2009, S. 32-33.

[29] vgl. „Kaiser eröffnen die Saison“, *Rheinische Post*, 25.8.2009.

Ruth Kaiser

[1] vgl. Verein für Heimatpflege e.V. Viersen (Hg.). *Viermal Kaiser*, Viersen 2009, S. 6.

[2] vgl. Kaiser, Reinhard. *Kindskopf*, Frankfurt 2007, S. 110.

[3] Kaiser, Reinhard, zit. in: „Kaiser eröffnen die Saison“, *Rheinische Post*, 25.8.2009.

[4] vgl. Kaiser, Reinhard. *Kindskopf*, S. 53.

[5] vgl. Kulturamt der Stadt Viersen (Hg.). *Was bietet Viersen. Kulturstadt im Grenzland*, Viersen 1960, S. 22.

[6] vgl. Hanns-Josef Kaiser. „Selbstbildnis als Familienbild“, in: Verein für Heimatpflege e.V. Viersen (Hg.). *Viermal Kaiser*, Viersen 2009, S. 12.

[7] zit. in: Kaiser, Ruth. *Schloß Rheydt und andere Orte*, Mönchengladbach 1996.

[8] siehe: Kulturamt d. Stadt Viersen (Hg.). *Ruth Kaiser: Photographien: Landschaft, Architektur und andere Bilder*, Städt. Galerie im Park Viersen, 25.9.-30.10.1988.

[9] vgl. „Geschichte einer Stadt in Bildern“, *Rheinische Post*, 15.11.1990. Verein für Heimatpflege e.V. Viersen (Hg.). *Ein Land der Bilder, in dem wir uns heimisch fühlen können. Ruth und Hanns-Josef Kaiser, Arbeiten aus vierzig Jahren*, Viersen 1990.

[10] siehe: Kaiser, Reinhard/ Elena Balzamo. *Warum der Schnee weiß ist. Märchenhafte Welterklärungen*, Frankfurt a.M. 2005, S. 51-52.

Wilhelm Kaiser-Lindemann

[1] siehe: Théâtre des Bouffes du Nord (Paris), 5.6.2015 (https://www.youtube.com/watch?v=ln7ZPVQWG2c)/ The 12 Cellists, Opus (https://www.youtube.com/watch?v=-gqTAo_BU20) (Zugriff: 20.6.2020).

[2] Er hängte den Nachnamen seiner ersten Frau, Brigitte Lindemann, an (Information von Renata Asmussen-Kaiser, 2. Ehefrau).

[3] Erst seit 1960 heißt die Stadt Mönchengladbach.

[4] Information von Oliver Kaiser (Sohn).

[5] Oliver Kaiser (Sohn).

[6] Während eines Symphoniekonzerts kugelte sein Kiefergelenk so aus, dass er berufsunfähig wurde, was ihm sehr gelegen kam (Information von Renata Asmussen-Kaiser, 2. Ehefrau).

[7] Spirituelle indische Gesänge. Es existiert von dieser Symphonie nur eine Synthesizer-Einspielung.

[8] vgl. Beiheft zu „Bajan-Symphony“/ Information von Oliver Kaiser und Renata Asmussen-Kaiser.

[9] vgl. „Das EBG-Orchester spielte Kaiser-Lindemanns ‚Schleswig-Holstein-Bilder‘“, *Kieler Nachrichten*, 14.6.2006 (http://www.barlach-orchester.de/86-aus-der-arbeit/rezensionen).

[10] Eine Liste seiner Kompositionen und Arrangements findet sich unter: https://de.wikipedia.org/wiki/Wilhelm_Kaiser-Lindemann

[11] vgl. https://buergernetzwerk-sbl.de/orchester.html

[12] vgl. https://euthentic.eu/31017

[13] vgl. Distler, Jed. „Hommage to Mandela/ Naxos“, *ClassicsToday.com*, May 2000/ „Verzicht nach Triumph“, *Kölnische Rundschau*, 26.6.1999.

[14] vgl. „Im Klanghimmel der Engel“, *NZZ*, 7.9.2006.

[15] vgl. Best, Holger. „Im Urwald der Notenköpfe“, *neue musikzeitung* 7/ 2001.

[16] vgl. Beiheft zu „Die 12 Cellisten. South American Getaway“, EMI 2000, S. 6. Das Stück steht auch im Jahr 2022 noch auf ihrem Programm.

[17] vgl. https://www.die12cellisten.de/de/Wir-trauern-um-Wilhelm-Kaiser-Lindemann

[18] vgl. Staatsbibliothek zu Berlin, *Monatsbericht Juli 2013* (https://staatsbibliothek-berlin.de/fileadmin/user_upload/zentrale_Seiten/ueber_uns/pdf/monatsberichte/13_07.pdf).

Thomas Kessler

[1] Interview (per mail) 5/ 2021.

[2] Interview 10/ 2018.

[3] Ein Titel dieser Band ist auf folgender LP zu hören: Kreismusikschule Viersen. *Klingender Jahresbericht 1982*.

[4] vgl. „Ali Haurand war zufrieden“, *Rheinische Post*, 4.6.85.

[5] U.a. Tony Oxley, Rob van den Broeck, Eddy Marron, Wilton Gaynair. vgl. „Eine Woche nur Jazz“, *Rheinische Post*, 22.6.1979.

[6] Interview (per mail) 5/ 2021.

[7] z.B. „Pop-Konzert begeisterte“, *Rheinische Post*, 24.9.1980/ „Auf Erfolgskurs“, *Rheinische Post*, 9.3.1983/ „Hampel Galaxie Dream Band/ Third Eye“, *Jazzpodium* 7/ 1983.

[8] vgl. „Keyboard-Clinics“, *Rheinische Post*, 12.8.1981.

[9] Interview (per mail) 5/ 2021.

[10] Interview (per mail) 5/ 2021.

[11] vgl. „Im Westen was Neues. Thomas Kessler Group“, *Jazzpodium* 4/ 1988.

[12] vgl. *Jazzpodium* 7/ 1990; *stereoplay* 5/ 1990; „Landschaften in Tönen“, *Rheinische Post*, 4.4.1990.

[13] vgl. „Faszinierende Musik“, *Rheinische Post*, 4.4.1992/ „Trio schwelgt in Klangfarben“, *Westdeutsche Zeitung*, 4.4.1992.

[14] Interview (per mail) 5/ 2021.

[15] vgl. „Musik der Welten, Welt der Musiken“, *Wiesbadener Kurier*, 1.4.1998.

[16] vgl. „Drei Freunde sollt Ihr sein“, *Keyboards* 5/ 2008; Interview (per mail) 5/ 2021.

[17] vgl. „Intuitiv-Komponist Thomas Kessler: ‚Wiegenlieder für Menschen jeden Alters‘“, *Rheinische Post*, 30.4.2021; Interview (per mail) 5/ 2021.

[18] Interview (per mail) 5/ 2021.

[19] vgl. *Jazzpodium* 12/ 1995; *Keyboards* 12/ 1995.

[20] vgl. „Intuitiv-Komponist Thomas Kessler: ‚Wiegenlieder für Menschen jeden Alters‘“, *Rheinische Post*, 30.4.2021.

[21] vgl. „Klang-Architektur: Thomas Kessler“, *Jazzthetik* 9/ 1997.

[22] vgl. „Intuitiv-Komponist Thomas Kessler: ‚Wiegenlieder für Menschen jeden Alters‘“, *Rheinische Post*, 30.4.2021.

Ernst Klusen

[1] vgl. Schepping, Wilhelm. „Ernst Klusen - in und nach einem Jahrhundert: Leben, Wirken und Facetten seiner Persönlichkeit in Fakten, Erinnerungen und Dokumenten“, in: Schepping, Wilhelm/ Jutta Pitzen. *Zum 100. Geburtstag von Ernst Klusen (1909-1988). Volksmusikforscher, Musikpädagoge, Komponist*, Viersen 2010, S. 9.

[2] vgl. Schepping, S. 12.

[3] vgl. Klusen, Ernst. *Das Volkslied im niederrheinischen Dorf*, Potsdam 1941, S. 8.

[4] vgl. Schepping, S. 16-18.

[5] Klusen war offen für Neues und unterstützte eine Gruppe von Schülern aus dem Schulorchester - das „Collegium Jazzicum“ - bei ihren ersten Gehversuchen im Jazz. Interview Lothar Fliescher 6/ 2018.

[6] vgl. „Gedenken an Ernst Klusen“, *Rheinische Post*, 10.10.2009.

[7] Klusen, der kein Nazi-Sympathisant war, rechtfertigte den Eintritt mit dem Schutz seiner Familie. Nach dem Krieg gab er an, von seiner Mitgliedschaft überrascht gewesen zu sein, da er nie eine Antwort auf seinen Brief an die NSDAP-Leitung erhalten habe. Das erscheint zumindest merkwürdig… vgl. Menzel, Thomas. *Ende des Beschweigens. Humanistisches Gymnasium Viersen in der Zeit des Nationalsozialismus und nach Kriegsende (1933-1950)*, Mönchengladbach 2021, S. 145-148.

[8] vgl. Schepping, S. 21-22. 1965 folgte *Klipper Klapper Ringelke. Volkslieder aus dem Mönchengladbacher Raum*, 1966 dann *Das Mühlrad. Ein Liederbuch der Heimat*.

[9] siehe Vos, Jozef. „De oprichting van de Raad voor de Nederlandse Volkszang en de volksliedstudie“, in: *Volkskundig Bulletin* 20/3 1994, S. 394-413.

[10] vgl. Giesen, Peter. *Erinnerungen an einen Freund*, zit bei Schepping, S. 31.

[11] Schepping, S. 42.

[12] vgl. Krippner, Eri. *Will Brüll. Leben im Gesamtkunstwerk*, Düsseldorf 2014, S. 130/ „Treffen 75 Jahre nach dem Abitur“, *Rheinische Post*, 18.03.2016.

[13] vgl. Schepping, S. 28 und 42.

[14] vgl. Noll, Günther. „Der Musikpädagoge Ernst Klusen“, in: Schepping, Wilhelm/ Jutta Pitzen. *Zum 100. Geburtstag von Ernst Klusen (1909-1988). Volksmusikforscher, Musikpädagoge, Komponist*, Viersen 2010, S. 64-65.

[15] Klusen, Ernst. „Volksliedpflege in unserer Zeit“, *Rheinische Post*, 23.10.1958.

[16] vgl. Noll, S. 58. Diese Auseinandersetzung griff Klusen später noch einmal auf: Klusen, Ernst. „Adorno und das Singen“, in: *Zeitschrift für Musikpädagogik* Nr. 46/ 1988, S. 18-22.

[17] Informationen aus dem *WDR*-Schallarchiv.

[18] vgl. „Volkslieder im neuen Gewand“, *Kölnische Rundschau*, 19.12.1968.

[19] *„All mein Gedanken die ich hab“. Volkslieder aus 4 Jahrhunderten in Sätzen von Ernst Klusen*, Aulos-Schallplatten, Viersen 1982. „Aulos“ war übrigens ein 1971 in Viersen gegründetes Label für hauptsächlich Klassische Musik.

[20] vgl. Schepping, S. 33.

[21] vgl. Noll, Günther. „Ernst Klusen - 70 Jahre“, in: *ad marginem* 14/ 1979.

[22] vgl. „Swissness in Tönen“, *Neue Züricher Zeitung*, 27.05.2016.

[23] vgl. Schepping, S. 46 u. 52.

[24] vgl. Klusen, Ernst. „An den Rand geschrieben“, in: *ad marginem* 1/ 1965, und „Musikalische Volkskunde?“, in: *ad marginem* 2/ 1965.

[25] vgl. Klusen, Ernst. „Diskussion um den Martinszug“, in: *ad marginem* 9/ 1967. Ein Beitrag, der für Dülkener interessant sein könnte, die immerhin einen der ältesten Umzüge im Rheinland (seit 1867) durchführen.

[26] vgl. Noll 2010, S. 54.
[27] vgl. Schepping, S. 35. Im Anhang des Buches findet sich eine Auflistung aller bekannten Werke.
[28] Informationen aus dem *WDR*-Schallarchiv.
[29] vgl. Schepping. Im Anhang des Buches findet sich eine Auflistung aller bekannten Veröffentlichungen. Einige Werke und Einleitungen von *ad marginem* sind digital auf den Seiten des „Instituts für Europäische Musikethnologie" (https://www.hf.uni-koeln.de/34463) abrufbar.

Franz Wilhelm Koenigs

[1] Ein Rietmacher fertigte die Rietblätter und -kämme für Webstühle.
[2] vgl. Eyll, Klara van. „Franz Wilhelm Koenigs (1819-1882)", in: Historische Kommission für Westfalen et al. (Hg.). *Rheinisch-Westfälische Wirtschaftsbiographien Band 13*, Münster 1986, S. 154-170 (hier S. 154-155).
[3] vgl. „Rivalisierende Städte rangen um die Verbindung nach Venlo", *Rheinische Post*, 14.1.2016. Einen guten Überblick über die verschiedenen Eisenbahnen im Rheinland zu dieser Zeit und die ausufernden Diskussionen bis zu ihrem Bau gibt: Höpfner, Hans-Paul. *Eisenbahnen. Ihre Geschichte am Niederrhein*, Duisburg 1986.
[4] Im Jahr 1871 wurde die Firma in Dülken in eine AG umgewandelt.
[5] vgl. Eyll (1986), S. 158-159.
[6] vgl. Eyll, Klara van. „Gustav von Mevissen. 1815-1899", in: Quarg, Gunter. *Gustav von Mevissen (1815-1899) und seine Bibliothek. Katalog der Ausstellung in der Universitäts- und Stadtbibliothek Köln*, Köln 1999, S. 9-45 (hier S. 33-34).
[7] vgl. Eyll (1986), S. 161.
[8] Koenigs Sohn Ernst war seit 1873 (bis 1904) Direktor bei Schaaffhausen.
[9] vgl. Eyll (1986), S. 168.
[10] vgl. Curtius, Theodor. „Wilhelm Koenigs", in: *Berichte der Deutschen Chemischen Gesellschaft*, Jahrgang XXXXV/ 1912, S. 3781-3783.

Wilhelm Koenigs

[1] vgl. Curtius, Theodor. „Wilhelm Koenigs", in: *Berichte der Deutschen Chemischen Gesellschaft*, Jahrgang XXXXV/ 1912, S. 3781-3783 (hier S. 3781).
[2] vgl. Curtius, S. 3781.
[3] vgl. Eyll, Klara van. „Gustav von Mevissen. 1815-1899", in: Quarg, Gunter. *Gustav von Mevissen (1815-1899) und seine Bibliothek. Katalog der Ausstellung in der Universitäts- und Stadtbibliothek Köln*, Köln 1999, S. 9-45 (hier S. 33-34).
[4] vgl. Curtius, S. 3782-83.
[5] Freytag, Gustav. *Die Ahnen, Bd. 6 (Aus einer kleinen Stadt)*, Leipzig 1880 (https://www.projekt-gutenberg.org/freytag/ahnen6/ahn7102.html).
[6] vgl. Curtius, S. 3783-84.
[7] vgl. W. Koenigs/ E. Knorr. „Ueber einige Derivate des Traubenzuckers und der Galactose", in: *Berichte der Deutschen Chemischen Gesellschaft* Nr. 34/ 1901, S. 957-981 (https://gallica.bnf.fr/ark:/12148/bpt6k907582/f1075.image.r=Berichte%20der%20Deutschen%20chemischen%20Gesellschaft.langDE).
[8] vgl. Curtius, S. 3786/ 3788.
[9] ebd., S. 3789.
[10] ebd., S. 3791-92.
[11] Curtius, S. 3786.

Ernst Küppers

[1] Küppers, zit in: „Wie ich Europameister wurde", *Emsländische Rundschau,* 9.7.1954.
[2] vgl. „Wie ich Europameister wurde", *Emsländische Rundschau,* 9.7.1954.
[3] Küppers, zit in: „Pech auf der Olympiade in Los Angeles", *Emsländische Rundschau*, 12.7.1954.
[4] vgl. „Pech auf der Olympiade in Los Angeles", *Emsländische Rundschau*, 12.7.1954.
[5] vgl. „Schwimmer-Familie Küppers", *Rheinische Post,* 17.12.1963.
[6] vgl. „1,97m: Ernst Joachim Küppers. Schwimmer mit Erbmasse", *Kölner Stadtanzeiger*, 2.10.1964.
[7] vgl. „Nur turnen kann er nicht…", *Rheinische Post*, 18.12.1963.
[8] Mail vom 30.01.2020.

Monika Linges

[1] vgl. Speck, Dieter. „Monika Linges. Deutschlands Jazz-Sängerin Nr.1?", in: *Juni. Magazin für Kultur & Politik am Niederrhein*, Nr. 0/ 1986, S. 28-30.
[2] Telefoninterview 2/ 2020.
[3] vgl. Speck, S. 28.
[4] Telefoninterview 2/ 2020.
[5] vgl. „Die neue Schallplatte", *Die Zeit*, 28.1.1983.
[6] vgl. „Für den Schulchor ungeeignet", *Rheinische Post*, 15.3.85.
[7] vgl. „Monika Linges und Ali Haurand. Viersens Jazzer im Rundfunk", *Rheinische Post*, 21.6.85.
[8] zit. in Speck, S. 29.
[9] Telefoninterview 2/ 2020.

[10] Telefoninterview 2/ 2020.
[11] Telefoninterview 2/ 2020.
[12] siehe www.nabelrecords.de.

Gustav von Mevissen

[1] vgl. van Eyll, Klara. „Gustav von Mevissen. 1815-1899“, in: Quarg, Gunter. *Gustav von Mevissen (1815-1899) und seine Bibliothek. Katalog der Ausstellung in der Universitäts- und Stadtbibliothek Köln*, Köln 1999, S. 9-45 (hier S. 11-12).
[2] vgl. van Eyll, S. 13/ Loose-Weis, Erika. „Gustav von Mevissen“, in: Provinzialinstitut für westfälische Landes- und Volkskunde et al. (Hg.). *Rheinisch-Westfälische Wirtschaftsbiographien*, Münster 1937, S. 17-45 (hier S. 18-19).
[3] vgl. Schumacher, Martin. „Gustav Mevissen und die englische Industrie“, in: *Heimatbuch des Kreises Viersen* 21/ 1970, S. 100-104.
[4] vgl. van Eyll, S. 14-15.
[5] ebd., S. 16/ „Gustav von Mevissen - ein schöpferischer Unternehmer“, *markt und wirtschaft* Nr. 4/ 2003, S. 27.
[6] vgl. „Marx und Markt“, *Kölner Stadtanzeiger*, 28.3.2007 (https://www.ksta.de/marx-und-markt-13179028)/ Herres, Jürgen. „Karl Marx“, in: *Internetportal Rheinische Geschichte* (http://www.rheinische-geschichte.lvr.de/Persoenlichkeiten/karl-marx/DE-2086/lido/57c948ac14dc61.79983187).
[7] vgl. Loose-Weis, S. 18 u. 21/ Kuske, Bruno. „Gustav Mevissens Stellung in der Wirtschaftsentwicklung“, in: *Heimatbuch des Kreises Viersen* 18/ 1967 [1921], S. 162-168 (hier S. 167-168).
[8] Eine Rückversicherung versichert Versicherungen gegen allzu große Schadensersatzzahlungen, um deren Bilanzen zu entlasten, vereinfacht ausgedrückt.
[9] 1845 wurde Mevissen Aktionär der „Colonia“.
[10] vgl. van Eyll, S. 25/ „Männer von Verdienst und Vermögen“, *FAZ*, 16.7.1988.
[11] vgl. Höpfner, Hans-Paul. *Eisenbahnen. Ihre Geschichte am Niederrhein*, Duisburg 1986, S. 15/ van Eyll, S. 16-22.
[12] vgl. „Rivalisierende Städte rangen um die Verbindung nach Venlo“, *Rheinische Post*, 14.1.2016. Einen guten Überblick über die verschiedenen Eisenbahnen im Rheinland zu dieser Zeit und die ausufernden Diskussionen bis zu ihrem Bau gibt: Höpfner, S. 57-60.
[13] vgl. Höpfner, S. 17/ 26/ 55/ 61.
[14] Davon zeugt auch die umfangreiche Literatur zum Thema in seiner Bibliothek (vgl. Quarg, Gunter. *Gustav von Mevissen (1815-1899) und seine Bibliothek. Katalog der Ausstellung in der Universitäts- und Stadtbibliothek Köln*, Köln 1999, S. 67ff.).
[15] vgl. „Mauern gegen die Konkurrenz. Friedrich List: Das nationale System der politischen Ökonomie“, *Die Zeit*, 24.6.1999.
[16] vgl. van Eyll, S. 23.
[17] vgl. Quarg, S. 62.
[18] vgl. van Eyll, S. 28.
[19] vgl. Brophy, James M. *Capitalism, Politics, and Railroads in Prussia, 1830-1870*, Ohio State University 1998, S. 92.
[20] vgl. Schumacher, S.101-102.
[21] vgl. van Eyll, S. 26 u. 30/ Loose-Weis, S. 28-29.
[22] vgl. Quarg, S. 66/ Tillmann, Walter. *Seide, Sammet und Soziales. Friedrich Freiherr von Diergardt (1795-1869). Ein Wegbereiter der wirtschaftlichen Entwicklung im Rheinland*, Viersen 2000, S. 14-15.
[23] vgl. Siemann, Wolfram. *Die deutsche Revolution von 1848/49*, Darmstadt 1985, S. 71.
[24] vgl. Herdepe, Klaus. *Die preußische Verfassungsfrage 1848*, Neuried 2002, S. 101.
[25] vgl. Boch, Rudolf. „David Hansemann: Das Kind der Industrie“, in: Sabine Freitag (Hrsg.). *Die Achtundvierziger. Lebensbilder aus der deutschen Revolution 1848/49*, München 1998, S. 181.
[26] vgl. Tillmann, S. 69.
[27] vgl. Brophy, S. 147-149.
[28] vgl. Siemann, S. 24.
[29] zit. bei: Herres, Jürgen/ Bärbel Holz. „Rheinland und Westfalen als preußische Provinzen (1814-1888)“, in: G. Mölich/ V. Veltzke/ B. Walter (Hrsg.). *Rheinland, Westfalen und Preußen. Eine Beziehungsgeschichte*, Münster 2011, S. 152.
[30] Im Jahr 1847 hielt er vor dem Vereinigten Landtag in Berlin zwei Reden zur Judengesetzvorlage (vgl. Quarg, S. 82).
[31] vgl. Obermann, Karl. „Gustav Mevissen. Aufstieg, machtpolitische Verzichte und wirtschaftlicher Erfolg eines rheinischen Liberalen“, in: Helmut Bleiber u. a (Hrsg.). *Männer der Revolution von 1848. Band 2*, Berlin 1987, S. 397.
[32] ebd., S. 401.
[33] vgl. Hansen, Joseph. *Gustav von Mevissen. Ein rheinisches Lebensbild 1815-1890. Band 2,* Berlin 1906, S. 363.
[34] vgl. Obermann, S. 407-409.
[35] ebd., S. 415.
[36] vgl. Wehler, Hans-Ulrich. *Deutsche Gesellschaftsgeschichte. Band 3*, München 1989, S. 92.
[37] vgl. van Eyll, S. 40.
[38] Der „Kulturkampf“ war eine politische Auseinandersetzung (1871-1878) zwischen Bismarck und der Katholischen Kirche, bei der es um die Trennung des Staates von der Kirche ging, sowie um den Einfluss der organisierten katholischen Minderheit im Deutschen Reich.

[39] vgl. Brophy, S. 160-164/ Quarg, S. 87.
[40] vgl. Loose-Weis, S. 39.
[41] vgl. van Eyll, S. 36/ Quarg, S. 91-95.
[42] vgl. Quarg, S. 97-100/ 117.
[43] ebd., S.49.
[44] ebd., S. 49/ 98.
[45] Quarg, S. 50.
[46] Gustav von Mevissens Tochter Mathilde wurde später bekannt, weil sie sich für die Gleichberechtigung der Frau einsetzte und den „Kölner Fortbildungsverein" gründete, sowie 1902 das erste Mädchengymnasium der Stadt.
[47] vgl. Quarg, S. 50-51.
[48] vgl. van Eyll, S. 33-34 u. 41/ van Eyll, Klara, „Mevissen, Gustav von" in: *Neue Deutsche Biographie 17/* 1994, S. 277-281 (https://www.deutsche-biographie.de/sfz62533.html).
[49] vgl. Quarg, S. 59.
[50] van Eyll, S. 41.
[51] vgl. Reckwitz, Andreas. „Kampf um das Bürgerliche", *Der Spiegel* Nr. 8/ 2020, S. 116-119.
[52] vgl. van Eyll, S. 41.

Heinrich Mostertz

[1] vgl. „Ein Stück Afrika: Heinrich Mostertz", *Rheinische Post*, 11.10.2009/ Karlsson, Björn. *Koloniale Spuren am Niederrhein. Verbindungen, Verflechtungen und Erinnerungen an das Kolonialzeitalter am Beispiel der Stadt Viersen*, Berlin 2021, S. 83-84.
[2] vgl. *Spiegel Geschichte* (Der deutsche Kolonialismus) Nr. 2/ 2021, S. 93/ Insgesamt lebten 1913 ca. 5.300 Weiße in DOA. Vgl. Karlsson, S. 84.
[3] vgl. Karlsson, S. 86.
[4] vgl. Wilms, Irmgard (Hrsg.). *Heinrich Mostertz. Plaudereien in Dölker Plott 1942-1966*, Viersen 2014, S. 7.
[5] vgl. https://www.die-narrenmuehle.de/museum/ / Heimatverein Viersen. *Heinrich Mostertz* (Mostertz_Biografie.pdf)/ Karlsson, S. 90-91.
[6] vgl. Wilms, S. 7/ https://de.wikipedia.org/wiki/Wilhelm_Müller-Schönefeld
[7] vgl. Mostertz, Heinrich. „Am Krater des Kibo (Kilimandjaro)", in: *Zeitschrift für Vulkanologie* Band XII/ 1930, S. 299-304.
[8] vgl. Schmidt, Marlies. *Die „Große Deutsche Kunstausstellung 1937 im Haus der Deutschen Kunst zu München". Rekonstruktion und Analyse*, Halle (Saale) 2012, S. 618.
[9] vgl. Mostertz, Heinrich. *Seestern und Safarihorn. Bwana Mustas' Erleben in Ostafrika*, Dülken 1950, S. 35/ 46.
[10] ebd. S. 159. Die Bezeichnung „Boy" gilt heute natürlich als abwertend und rassistisch, vgl. Karlsson, S. 84.
[11] vgl. Mostertz, Heinrich. „Ostafrika im Zeichen von Eisenbahn und Auto", in: *Deutsche Kolonialzeitung* 1934, S. 144-145.
[12] vgl. Mostertz, Heinrich. „Erfahrungen aus Ostafrika", in: *Die Christliche Kunst*, Nr. 32/ 1935-36, S. 216-219.
[13] vgl. Wilms, S. 7.
[14] vgl. Mostertz, Heinrich. *Seestern und Safarihorn. Bwana Mustas' Erleben in Ostafrika*, Dülken 1950, u.a. S. 116/ 211.
[15] Viele dieser Artikel sind in Wilms (2014) abgedruckt (leider ohne Datumsangabe), z.B. „Rikk si-en koss Jeld" oder „Von Ambs weaje".
[16] vgl. Wilms, S. 23.
[17] vgl. Heimatverein Viersen. *Heinrich Mostertz* (Mostertz_Biografie.pdf).
[18] vgl. Kieser, Marco. „Revitalisierung des historischen Ortskerns von Dülken - ein Jahr voran", in: *Denkmalpflege im Rheinland* Nr. 1/ 2010, S. 15-16/ „Ein Stück Afrika: Heinrich Mostertz", *Rheinische Post*, 11.10.2009.

Max Nonnenbruch

[1] vgl. Becker, Felix/ Erich Haenel. *Spemanns goldenes Buch der Kunst*, Stuttgart 1901 (Eintrag 1509)/ Seine Studiennachweise sind online abrufbar.
[2] vgl. „Ätherischer Münchener Symbolismus von Max Nonnenbruch", *Hessen-Depeche*, 27.6.2016 (https://hessendepesche.de/medien.html).
[3] Nonnenbruch, Max. „Moderne Kunst und Robert Fowler", in: *Die Kunst unserer Zeit* Nr. 1/ 1896, S. 55-64.
[4] vgl. https://de.wikipedia.org/wiki/Max_Nonnenbruch.
[5] vgl. Hirte, Chris/ Conrad Piens (Hg.) *Erich Mühsam. Tagebücher, Band 3: 1912-1914*, Berlin 2011-2019.
[6] vgl. „Ätherischer Münchener Symbolismus von Max Nonnenbruch", *Hessen-Depeche*, 27.6.2016 (https://hessendepesche.de/medien.html).
[7] vgl. Becker, Felix/ Erich Haenel. *Spemanns goldenes Buch der Kunst*, Stuttgart 1901 (Eintrag 1509).
[8] vgl. ebd./ „Ätherischer Münchener Symbolismus von Max Nonnenbruch", *Hessen-Depeche*, 27.6.2016 (https://hessendepesche.de/medien.html).
[9] vgl. „'Meerwinde' in Öl von Max Nonnenbruch", *Die Welt*, 23.11.2000/ „Mit Jünglingen", *FAZ*, 20.11.2004/ „Bamberg öffnet seine Schatztruhen", *FAZ*, 6.8.2016.
[10] https://www.kollerauktionen.ch/en/home.htm
[11] vgl. Hirte, Chris/ Conrad Piens (Hg.) *Erich Mühsam. Tagebücher, Band 10: 1922*, Berlin 2011-2019.

Peter Norrenberg

[1] vgl. Löhr, Wolfgang. „Ein vielseitiges Talent. Der katholische Geistliche Peter Norrenberg (1847–1894)", in: *Annalen des Historischen Vereins für den Niederrhein*, Nr. 223/ 2020, S. 196, 198.
[2] ebd., S. 200.
[3] ebd., S. 199.
[4] vgl. Norrenberg, Peter. *Geschichte der Stadt Süchteln*, Viersen 1874.
[5] vgl. Löhr, S. 209.
[6] vgl. Norrenberg, Peter. *Aus dem alten Viersen*, Viersen 1962 [1873], S. 4.
[7] vgl. Zurmühlen, Dr. Hans (Hg.). *Des Dülkener Fiedlers Liederbuch* von 1875, Neuauflage, Krefeld 1963, S. 110.
[8] vgl. Löhr, S. 200-201.
[9] vgl. Föhl, Hildegard. „Peter Norrenberg als Schriftsteller", in: *Heimatbuch des Kreises Viersen* Nr. 13/ 1962, S. 213.
[10] vgl. Löhr, S. 203-211.
[11] vgl. Föhl, S. 215.
[12] vgl. „Einsatz für junge Arbeiterinnen in Viersen", *Rheinische Post*, 21.2.2020/ Föhl, S. 214-215.
[13] vgl. Löhr, S. 215-216.
[14] *Die Dilettantenbühne.* Sammlung von Theaterstücken für Gesellenvereine, 7 Hefte, Düsseldorf 1877/ 78.
[15] vgl. „Auf Augenhöhe mit Adolph Kolping", *Rheinische Post*, 14.10.2017. Das Festbuch ist im Stadtarchiv Mönchengladbach erhalten.
[16] Bezogen auf Deutschland versteht man unter dem Begriff „Kulturkampf„ die Auseinandersetzung zwischen Preußen bzw. dem Deutschen Kaiserreich unter Reichskanzler Otto von Bismarck und der Katholischen Kirche zwischen 1871-78/87. Dabei ging es in erster Linie um die Trennung des Staates von der Kirche in rechtlichen und politischen Fragen. Otto von Bismarck ging mit scharfen Mitteln gegen die katholische Geistlichkeit vor, wofür er schließlich sogar von Protestanten und Liberalen kritisiert wurde. Ab 1878 kam es wieder zu einer Annäherung zwischen Staat und Kirche.
[17] vgl. „Auf Augenhöhe mit Adolph Kolping", *Rheinische Post*, 14.10.2017/ Löhr, S. 199, 202.
[18] vgl. Löhr, S. 206.
[19] vgl. „Der ‚Dülkener Fiedler' sang ihm 150 Lieder vor", *Niederrheinische Blätter* Juli 1997, S. 22.
[20] Vor der kommunalen Neuordnung waren sogar zwei Straßen nach ihm benannt, je eine in Süchteln und Viersen, vgl. Löhr, S. 195.

Markus Orths

[1] vgl. Orths, Markus. „Geborgenheit riecht nach Hühnersuppe", *Rheinische Post*, 7.4.2018.
[2] ebd.
[3] vgl. Orths, Markus. *Luftpiraten*, Berlin 2020, S. 14.
[4] vgl. „Ich hatte Glück, viel zu erleben", *Extra-Tipp*, 3.4.2005.
[5] Interview (per mail) 2/ 2020.
[6] Interview (per mail) 2/ 2020.
[7] vgl. „Ich hatte Glück, viel zu erleben", *Extra-Tipp*, 3.4.2005.
[8] Die einzige Biografie des Vierseners Heinz R. Schmitz (1936-1982) findet sich in: Herbert Hartl. *Christliche Weisheit und neues Mensch-Sein: Leben und Werk des Kleinen Bruders Heinz R. Schmitz. Auf den Spuren Charles de Foucaulds und Jacques Maritains*, Echter édition, Würzburg 2013: Die Studie stellt einen Ordensmann vor, dessen philosophisches und theologisches Werk im deutschen Sprachraum bis heute unbekannt ist, denn seine Bücher sind in verschiedenen Sprachen erschienen, nicht aber auf Deutsch. In seinem Werk konfrontiert Schmitz das christliche, von der Weisheit des Evangeliums geprägte Menschenbild mit jenem, das aus dem „deutschen Denken" von Martin Luther an über Jakob Böhme bis hin zu Martin Heidegger und Ernst Bloch hervorgegangen ist.
[9] vgl. Lesekreismaterial Markus Orths: Picknick im Dunkeln, 2020, S. 3-4 (https://www.hanser-literaturverlage.de/files/orths_lkm_a4_1.pdf).
[10] vgl. „Ich hatte Glück, viel zu erleben", *Extra-Tipp*, 3.4.2005.
[11] vgl. „Interview: Die Tarnkappe", Salzburg 2011 (http://www.markusorths.de/autor/interviews/die-tarnkappe).
[12] vgl. „Begegnungen mit Markus Orths' Alpha & Omega", in: *Zeitschrift für Fantastikforschung* Nr. 1, 2015, S. 8.
[13] vgl. „Am Schreibtisch liege ich unter dem Bett der Menschen" Interview mit der Online-Zeitschrift *Schau ins Blau*, 2008 (https://www.schauinsblau.de/am-schreibtisch-liege-ich-unter-dem-bett-der-menschen/).
[14] Der *Muschelhaufen* von Herausgeber und Autor Erik Martin (1936-2017) erschien mit Unterbrechungen von 1969-2007. Mehrfach veröffentliche Orths dort Texte (z.B. „Der Nichtsnutz", Nr. 47/48, 2007).
[15] vgl. „Ich hatte Glück, viel zu erleben", *Extra-Tipp*, 3.4.2005.
[16] vgl. Orths, Markus. „Abschied vom Muschelhaufen", in: *Am Erker. Zeitschrift für Literatur*, Nr. 53/ 2007.
[17] Markus Orths. *Schreibsand*. Erzählungen, edition sisyphos, Köln 1999.
[18] siehe: „Pater noster", in: *Trollblumen*, 2001/ „Von einem, der aufhörte", in: *Vom Fisch bespuckt,* 2002.
[19] vgl. Orths, Markus. „Geborgenheit riecht nach Hühnersuppe", *Rheinische Post*, 7.4.2018.
[20] Orths blieb aber noch einige Jahre „beurlaubter Beamter", so dass er in den Schuldienst hätte zurückkehren können (Interview (per mail) 10/ 2021).

[21] *Wer geht wo hinterm Sarg?*, Erzählungen, Frankfurt am Main 2001/ *Corpus*, Frankfurt am Main 2002.
[22] vgl. „Die mystischen Leibchen Christi", *FAZ*, 31.10.2002.
[23] vgl. „'Schule ist ein absurdes Theater'", *Welt am Sonntag*, 2.2.2003/ „Mein Staatsexamen? Gefälscht!", *FAZ*, 19.3.2003.
[24] vgl. „Am Schreibtisch liege ich unter dem Bett der Menschen" Interview mit der Online-Zeitschrift *Schau ins Blau,* 2008 (https://www.schauinsblau.de/am-schreibtisch-liege-ich-unter-dem-bett-der-menschen/).
[25] vgl. Orths, Markus. „Lehrer im gefälligen Tierkostüm, Behörden im Auswertungsfieber: Die deutsche Schule wird zum Narrenhaus", in: *chrismon* 4/ 2004, S. 36-37.
[26] vgl. „Am Schreibtisch liege ich unter dem Bett der Menschen" Interview mit der Online-Zeitschrift *Schau ins Blau*, 2008 (https://www.schauinsblau.de/am-schreibtisch-liege-ich-unter-dem-bett-der-menschen/).
[27] vgl. „Wahre Begebenheit", *Die Zeit*, 17.3.2005/ „Als die Frauen noch Bärte hatten", *taz* , 2.4.2005.
[28] vgl. z.B. „Putziges Fräulein", *FAZ*, 22.8.2008/ „Alle Wege führen ins Hotel", *Süddeutsche Zeitung* , 26.8.2008/ „Putzende soll man nicht aufhalten", *Der Tagesspiegel*, 28.5.2015.
[29] vgl. Orths, Markus. „Geborgenheit riecht nach Hühnersuppe", *Rheinische Post*, 7.4.2018.
[30] vgl. *Journal Frankfurt/ Die Rheinpfalz* (http://www.markusorths.de/humor/hirngespinste).
[31] vgl. „Das kann man so nicht sehen", *FAZ*, 31.5.2011.
[32] vgl. „Begegnungen mit Markus Orths' Alpha & Omega", in: *Zeitschrift für Fantastikforschung* Nr. 1, 2015, S. 5/ *Interview: Die Tarnkappe*, 2011 (http://www.markusorths.de/autor/interviews/die-tarnkappe).
[33] vgl. „Eine Collage in Worten", *Kölner Stadtanzeiger*, 1.2.2014.
[34] vgl. *WDR5* 31.8.2017/ *MDR Kultur* 7.11.2017/ *Deutschlandfunk* 14.12.2017 (http://www.markusorths.de/buecher/max).
[35] vgl. „Allegorien des Trash", *NZZ*, 30.9.2014. Die Jahreszahl 2525 ist vom gleichnamigen Song von *Zager & Evans* inspiriert.
[36] vgl. „Begegnungen mit Markus Orths' Alpha & Omega", in: *Zeitschrift für Fantastikforschung* Nr. 1, 2015, S. 2 u. 9.
[37] ebd., S. 4-5.
[38] Interview (per mail) 2/ 2020.
[39] vgl. „Begegnungen mit Markus Orths' Alpha & Omega", in: *Zeitschrift für Fantastikforschung* Nr. 1/ 2015, S. 5.
[40] Interview (per mail) 2/ 2020.
[41] vgl. Orths, Markus. *Aber sonst geht es mir gut. Humoresken*, Cadolzburg 2018, S. 110-111.
[42] ebd., S. 18.
[43] vgl. „Totengespräche mit Stan und Tommy", *FAZ*, 13.2.2020/ „Slapstick mit Erzscholastiker", *Süddeutsche Zeitung* , 2.4.2020/ „Wie Thomas von Aquin von Stan Laurel das Lachen lernte", *Tages-Anzeiger* (CH), 16.2.2020/ *Deutschlandfunk* 16.3.2020.
[44] vgl. Orths, Markus. „Lehrer im gefälligen Tierkostüm, Behörden im Auswertungsfieber: Die deutsche Schule wird zum Narrenhaus", in: *chrismon* 4/ 2004, S. 36-37.
[45] vgl. Orths, Markus. „Ein schraubenförmig zerdrilltes Feld", *Die Zeit*, 12.10.2006.
[46] vgl. Orths, Markus. „Das Kampfschein in mir", *Die Welt*, 6.7.2008.
[47] vgl. Orths, Markus. „Literatur als existenzielle Kommunikation", in: Stephanie Waldow (Hg.). *Ethik im Gespräch. Autorinnen und Autoren über das Verhältnis von Literatur und Ethik heute*, Bielefeld 2011, S. 1-2.
[48] ebd. S. 5.
[49] vgl. http://www.markusorths.de/autor/gedanken.
[50] vgl. „Workshop mit Schriftsteller Markus Orths", *Rheinische Post*, 15.2.2018 (an der VHS in Moers).
[51] vgl. „Zum Abschluss: Ein Fest der Abschweifung. Gespräch mit Markus Orths", in: *Rezensöhnchen. Zeitschrift für Literaturkritik* Nr. 62/ 2018, S. 347-348. Die „Poetik-Erzählung" wurde veröffentlicht: Orths, Markus. *Der bescheidenste Autor der Welt*, Würzburg 2019.
[52] vgl. Lesekreismaterial Markus Orths: Max, S. 4 (https://www.hanser-literaturverlage.de/files/lkm_orths_final.pdf).
[53] vgl. Andrea Bartl/ Sebastian Zilles (Hg.). *Von der ganz normalen Verrücktheit der Welt: Studien zum Werk von Markus Orths*, Würzburg 2020.
[54] vgl. „Zum Abschluss: Ein Fest der Abschweifung. Gespräch mit Markus Orths", in: *Rezensöhnchen. Zeitschrift für Literaturkritik* Nr. 62/ 2018, S. 345-46.
[55] vgl. „Abenteuer im Murmeltierland", *Rheinische Post*, 20.2.2015.
[56] vgl. Jugendkinderbuchzentrum Südtirol (http://www.markusorths.de/kinderbuecher/ab-9-jahren/luftpiraten-1).
[57] vgl. „Auf Lesereise in Viersen", *Rheinische Post*, 7.4.2005/ „Autor Markus Orths kommt beim jungen Publikum an", *Rheinische Post*, 20.11.2015.

Jakob (+ Florian) Peters-Messer

[1] vgl. Peters-Messer (sen.), Jakob. *Die Geschichte des Familienunternehmens Joh. Peters Sen.*, Viersen 2007, S. 9-12.
[2] ebd., S. 112-113.
[3] vgl. „Viersen: Fünf Millionen Euro für Gewerbepark", *Rheinische Post*, 26.10.2016.
[4] vgl. https://sammlung-peters-messer.com/about

[5] vgl. https://sammlung-peters-messer.com/about
[6] vgl. Florian Peters-Messer im Gespräch. Podcast von Daniela Steinfeld, Mai 2021 (https://open.spotify.com/episode/7ljXzsVWD3n5JlnSRbLUAS)/ Podcast Weserburg, Juli 2022 (https://open.spotify.com/show/5EiapJscrhcCkOVpPUH7zT).
[7] vgl. „Kunst hat nicht schön zu sein", *Handelsblatt*, 16.1.2019 (https://www.handelsblatt.com/arts_und_style/kunstmarkt/florian-peters-messer-kunst-hat-nicht-schoen-zu-sein/23871946.html).
[8] vgl. Florian Peters-Messer im Gespräch. Podcast von Daniela Steinfeld, Mai 2021 (https://open.spotify.com/episode/7ljXzsVWD3n5JlnSRbLUAS)/ Podcast Weserburg, Juli 2022 (https://open.spotify.com/show/5EiapJscrhcCkOVpPUH7zT).
[9] z.B.: Florian Peters-Messer. „Ein persönlicher Bericht", in: Ulrike Schulze. *Ulrike's Lied*, Katalog, Köln 2022.
[10] vgl. Stadt Viersen (Hg.). *Insight - Outsight: Die Sammlung Florian Peters-Messer*, Viersen 2012./ https://sammlung-peters-messer.com/about
[11] vgl. „Kunst hat nicht schön zu sein", *Handelsblatt*, 16.1.2019 (https://www.handelsblatt.com/arts_und_style/kunstmarkt/florian-peters-messer-kunst-hat-nicht-schoen-zu-sein/23871946.html).
[12] vgl. Heimatverein Viersen (Hg.). *Viersen, eine niederrheinische Stadt voller Geschichte, Kultur und Leben*, Film von Herbert Boox, Viersen 2010/ Interview (per mail) 8/ 2022.
[13] Interview (per mail) 8/ 2022.
[14] vgl. Marcard, Micaela von. „Grenzgänger zwischen Realität und Fiktion", in: Jakob Peters-Messer/ Bettina Stöß (Hg.). *Inszenierungen*, Leipzig 2011, S. 4-5/ https://www.peters-messer.de/inszenierungen/
[15] vgl. „Die Revolution als Revue und Lotion", *Süddeutsche Zeitung*, 27.4.1998.
[16] vgl. https://www.peters-messer.de/inszenierungen/
[17] Interview (per mail) 8/ 2022.
[18] vgl. „Ein Überlebender aus China", *FAZ*, 2.12.2009.
[19] vgl. „Im Wechselbad der Gefühle", *Westfälische Rundschau*, 5.10.2001.
[20] vgl. https://www.peters-messer.de/inszenierungen/
[21] vgl. „Ein Drama auf hoher See mitten in Sachsen - Chemnitz wagt sich an Meyerbeers ‚Afrikanerin'", *neue musikzeitung*, 4.2.2013.
[22] vgl. „Illusieloze Tristan van Reisopera", *Theaterkrant*, 23.9.2013.
[23] vgl. „Maifestspiele Wiesbaden von Stimmenfest mit Leonardo Vincis Oper ‚Il Catone in Utic' gekrönt", *neue musikzeitung*, 31.5.2015.
[24] vgl. „Die tote Stadt. Een opera als psychologische thriller", *Theaterkrant* , 9.12.2018/ „Rodenbach versus Korngold-Factory – ‚Die tote Stadt' am Theater Magdeburg", *neue musikzeitung*, 31.01.2016.
[25] vgl. „Im Dunkel der Lust", *Die Rheinpfalz*, 16.4.2018.
[26] vgl. „Oper Magdeburg eröffnet Spielzeit mit Wagners ‚Walküre'", *neue musikzeitung*, 12.9.2018.
[27] vgl. „Musikalische Glanzleistung: Dvořáks ‚Katja und der Teufel' in Dessau", *neue musikzeitung*, 3.6.2019.
[28] vgl. „'Die Sache Makropulos'" in Dessau: Triumph für Iordanka Derilova", *neue musikzeitung* , 4.2.2020/ „'Die Sache Makropulos'. Anhaltisches Theater Dessau überzeugt mit tschechischer Oper" 25.1.2020 (www.mdr.de).
[29] vgl. „Preußens Gloria in der Oper Bonn: ‚Ein Feldlager in Schlesien' gegen den Strich gebürstet", *Das Opernmagazin*, 25.4.2022.
[30] vgl. Marcard, S. 5/ Busse, Bodo. „Präzision und Poesie. Das magische Theater des Jakob Peters-Messer", in: Jakob Peters-Messer/ Bettina Stöß (Hg.). *Inszenierungen*, Leipzig 2011, S. 6-7.
[31] vgl. „Die Entwicklung der Oper in Deutschland", *Rheinische Post*, 13.1.2015/ www.heimatverein-viersen.de
[32] vgl. „Mit Orpheus in Trauer um die geliebte Eurydike", *Rheinische Post*, 7.7.2017/ „Amor dirigiert in der Unterwelt", *Rheinische Post,* 23.2.2018.
[33] Interview (per mail) 8/ 2022.

Theo Püll

[1] vgl. „o.T.", *Rheinische Post*, 7.6.1960.
[2] vgl. „Theo Püll - als ‚junger Hüpfer' bei Olympia in Rom", *Rheinische Post*, 19.7.2016.
[3] Telefonat, 21.1.2020.
[4] vgl. „Theo Pülls Rekord war das Ereignis", *Rheinische Post,* 6.10.1958.
[5] Telefonat, 21.1.2020.
[6] vgl. „Im Gespräch…", *Bunte* (?), März 1963.
[7] Telefonat, 21.1.2020.
[8] vgl. „Theo Püll - als ‚junger Hüpfer' bei Olympia in Rom", *Rheinische Post*, 19.7.2016.
[9] vgl. Heimatverein Viersen (Hg.). *Viersen, eine niederrheinische Stadt voller Geschichte, Kultur und Leben*, Film von Herbert Boox, Viersen 2010.

Gaby Reimann

[1] Interview (per Mail) 3/ 2020.
[2] vgl. „Viersen als Basis für große Karriere", *Rheinische Post*, 25.8.2016.
[3] Interview (per Mail) 3/ 2020.
[4] Interview (per Mail) 3/ 2020.
[5] vgl. Mahler, Erno. *Hockeystunden zählen doppelt!*, Norderstedt 2014, S. 19.

[6] vgl. „Viersen als Basis für große Karriere“, *Rheinische Post*, 25.8.2016.

[7] Diesen Rekord hielt sie von 1985-2000. Vgl. „Die Kleinste ist im Hockey die Größte“, *Frankfurter Rundschau*, 5.8.1988.

[8] vgl. „Gemeinsame Hockey-Erlebnisse schweißen fürs Leben zusammen. Ex-Rekordnationalspielerin Gaby Reimann über ihre Kinder und ihren Sport“ (31.5.2013) (http://www.hockey.de/VVI-web/default.asp?lokal=DHB&innen=/VVI-web/Nachrichten/Nachrichten-DE-Archiv.asp&Seite=VER&Jahr=2013&Monat=05&Auswahl=).

[9] ebd.

Hermann Schmitz

[1] vgl. Pack, Angelika. *Hermann Schmitz. Ein rheinischer Maler 1904-1931.* Viersen. Beiträge zu einer Stadt, Nr. 12, Viersen 1987, S. 6-7.

[2] Hugo Schmitz (1903-1965) geht später nach München, studiert dort an der Kunstakademie, und wird nach dem II. Weltkrieg, in dem er Zeichner in verschiedenen SS-Divisionen war, ein regional erfolgreicher Maler in seiner neuen Heimat Korntal bei Stuttgart, wo er seit ca. 1930 lebte.

[3] vgl. Pack, S. 8 u. 11.

[4] vgl. Pitzen, Jutta. *Hermann Schmitz zum 100 Geburtstag, 1904-1931.* Rede zur Ausstellungseröffnung (https://www.heimatverein-viersen.de/pdf/schriftenreihe_pdf/publikationen_schriftenreihe27.pdf).

[5] vgl. Pack, S. 6 u. 15-17/ Pitzen.

[6] Unter der Bezeichnung „Rheinische Expressionisten“ versteht man eine avantgardistische Künstlergruppe im Rheinland, die sich dem Expressionismus verwandt fühlte, einem expressiven Malstil mit leuchtenden Farben und vereinfachten Formen. Den Begriff prägte August Macke 1913.

[7] vgl. Pack, S. 18 u. 42-43/ Pitzen.

[8] Pack, S. 12.

[9] vgl. Pack, S. 22-25.

[10] ebd., S. 29.

[11] ebd., S. 35.

[12] ebd., S. 61/ Pitzen. So z.B. von Walter Kaesbach, Professor an der Düsseldorfer Kunstakademie.

[13] vgl. Pack, S. 49-52.

[14] vgl. „Einer der großen Söhne Süchtelns“, *Rheinische Post*, 3.11.15/ Pitzen.

Werner Schriefers

[1] Gespräch mit Thomas Schriefers 4/ 2022 in Köln/ Werner Schriefers. „Lebenslauf“, in: Magret Schriefers/ Thomas Schriefers (Hg.). *Werner Schriefers, ... arbeiten wie der Vogel singt*, Bramsche 2004, S. 16.

[2] Johannes Cladders (1924-2009), Journalist und Kunsthistoriker, war 17 Jahre lang Leiter des Museums Abteiberg in Mönchengladbach.

[3] vgl. Cladders, Johannes. „Bilder-Bogen. Erinnerungen und Beobachtungen anläßlich des 65. Geburtstags von Werner Schriefers“, in: Thiemann, Barbara (Hg.). *Werner Schriefers. 45 Jahre Malerei*, Köln 1991, S. 9./ Thiemann, Barbara. „Ein Gespräch mit dem Maler“, in: Thiemann (Hg.), 1991, S. 23.

[4] vgl. Thiemann, Barbara (Hg.). *Werner Schriefers. 45 Jahre Malerei*, Köln 1991, S. 121/ „Den Traum vom Malen erfüllt“, *Kölnische Rundschau*, 23.5.1996/ „Malen aus dem Geist der Aktion“, *Kölnische Rundschau*, 22.2.2003.

[5] vgl. „Arbeiten… wie der Vogel singt. Der Maler Werner Schriefers (1926-2003)“, *WT Fachjournal* 2/ 2022, S. 144-147 (hier S. 144)/ „Opern- und Operettenabend in Willich“, *Westdeutsche Zeitung*, 17.2.1950.

[6] vgl. „Erinnerung an die Künstlergruppe 45“, *Rheinische Post*, 20.11.2015.

[7] vgl. Brock, Bazon. „Schwermütige Heiterkeit“, in: Thiemann (Hg.), 1991, S. 15/ siehe: „From basic to graphic design at Wuppertal“, in: Herbert Spencer (Ed.). *The Penrose Annual* Vol. 59/ 1966.

[8] vgl. Thiemann, S. 121-122.

[9] Gespräch mit Thomas Schriefers 4/ 2022 in Köln. Alleine, aber auch gemeinsam mit ihrem Mann, stellte sie ihre Arbeiten im In- und Ausland aus. Siehe dazu: Margret Schriefers-Imhof. *work in progress. living machines und andere sonderbare wesen*, Bramsche 2008, S. 99ff.

[10] vgl. „Koffer für Köln schon gepackt“, *NRZ*, 20.2.1965/ „Kölner Werkschulen haben neuen Leiter“, *Kölnische Rundschau*, 12.10.1965.

[11] vgl. „Brücke ins Jetzt“, *Kölner Stadt-Anzeiger*, 12.1.2019.

[12] vgl. Brock, S. 14/ „Malen aus dem Geist der Aktion“, *Kölnische Rundschau*, 22.2.2003.

[13] vgl. Interview in: „Hierzulande-Heutzutage“, *WDR TV* 27.4.1972.

[14] vgl. Brock, S. 13.

[15] vgl. Cladders, S. 12/ Rohrbach, Günther. „o.T.“, in: Thiemann (Hg.), 1991, S. 19.

[16] vgl. „Wer sich treu bleibt im Wandel der Zeiten“, *Westfälische Rundschau*, 21.11.2000.

[17] vgl. Brock, S. 14/ „Malen aus dem Geist der Aktion“, *Kölnische Rundschau*, 22.2.2003.

[18] vgl. „Arbeiten… wie der Vogel singt. Der Maler Werner Schriefers (1926-2003)“, *WT Fachjournal* 2/ 2022, S. 144-147 (hier S. 147).

[19] vgl. „Wie Form und Farbe miteinander sprechen“, *Kölnische Rundschau*, 18.6.1991/ „Die Kontinuität der Beunruhigung“, *Kölner Stadt-Anzeiger*, 18.6.1991/

Thiemann, in: Thiemann (Hg.), 1991, S. 26.
[20] vgl. Thiemann, in: Thiemann (Hg.), 1991, S. 23.
[21] vgl. Flemming, Klaus. „Bildnerische Deklamationen sprachloser Sprache - Notationen zum Farbkosmos von Werner Schriefers", in: Werner Schriefers. *Bilder*, Siegburg/ Viersen 1999, S. 16 u. 28-29/ „Die Kontinuität der Beunruhigung", *Kölner Stadt-Anzeiger*, 18.6.1991/ „Anschauung innerer Bilder", *Kölner Stadt-Anzeiger*, 3.5.1988.
[22] vgl. „Arbeiten… wie der Vogel singt. Der Maler Werner Schriefers (1926-2003)", *WT Fachjournal* 2/ 2022, S. 144-147 (hier S. 144). Gespräch mit Thomas Schriefers 4/ 2022 in Köln.
[23] „Informel", Kurzform für „Informelle Kunst", ist ein Sammelbegriff für verschiedene Stilrichtungen der abstrakten Kunst. Er entstand im Paris der 1940er/50er Jahre für Werke gegenstandsloser, nicht geometrischer Malerei. Bezeichnend ist das „Prinzip der Formlosigkeit" im Spannungsfeld von Formauflösung und Formwerdung, ebenso die Spontaneität bei der künstlerischen Produktion. Der Arbeitsprozess folgt Prozessen des Unbewussten. vgl. Kammerlohr, Otto. *Epochen der Kunst Bd. 5: 20. Jahrhundert*, S. 199ff.
[24] vgl. Thiemann, in: Thiemann (Hg.), 1991, S. 24.
[25] vgl. „Arbeiten… wie der Vogel singt. Der Maler Werner Schriefers (1926-2003)", *WT Fachjournal* 2/ 2022, S. 144-147 (hier S. 145).
[26] vgl. Interview in: „Aktuelle Stunde", *WDR TV* 17.12.1987.
[27] vgl. Cladders, S. 10-11.
[28] vgl. Interview in: „Hierzulande-Heutzutage", *WDR TV* 27.4.1972.
[29] vgl. Cladders, S. 10.
[30] Bilder von Werner Schriefers kosteten 1999 4.000-30.000 DM. Vgl. Beiheft zu Schriefers, Werner 1999 (siehe EN 21).
[31] vgl. Rohrbach, S. 19.
[32] vgl. Interview in: „Aktuelle Stunde", *WDR TV* 20.12.1990.
[33] vgl. Interview in: „Aktuelle Stunde", *WDR TV* 17.12.1987.
[34] vgl. Brock, S. 14.
[35] vgl. „Wer sich treu bleibt im Wandel der Zeiten", *Westfälische Rundschau*, 21.11.2000.
[36] vgl. Kraus, Stefan. „Von der notwendigen Schönheit der Dinge", in: Joachim M. Plotzek u.a. (Hrsg.). *Werk- und Formensammlung Werner Schriefers*, Kolumba Werkhefte Bd.24, Köln 2006, S. 21.
[37] vgl. Interview in: „Aktuelle Stunde", *WDR TV* 17.12.1987.
[38] vgl. Interview in: „KuK", *WDR TV* 22.4.1994.
[39] vgl. „Die Sammlung Schriefers bei Kolumba in Köln", *General-Anzeiger*, 25.11.2006.

Joachim Schürmann

[1] Interview (per mail) 8/ 2020.
[2] vgl. Sack, Manfred. „Vortrag", in: Spengler, Birgit (Hg.). *ein werk blick*, Katalog zur Ausstellung, Köln 2007, S. 10. Unter „zweiter Moderne" versteht man die Nachkriegsmoderne, die mit verschiedenen Phasen, von 1945 bis Ende der 1970er Jahre dauerte. Schürmanns Prägung erfolgte in der Phase der „Ersten Nachkriegsmoderne; siehe: Roman Hillmann. *Die Erste Nachkriegsmoderne. Ästhetik und Wahrnehmung der westdeutschen Architektur 1945–63*, Petersberg 2011.
[3] vgl. BDA. „Joachim Schürmann zum 95. Geburtstag" (https://www.bda-bund.de/2021/09/joachim-schuermann-zum-95-geburtstag/).
[4] vgl. Schürmann, Joachim. „Einführung", in: Spengler, S.5 (siehe EN 2).
[5] ebd. S.4.
[6] vgl. Flagge, Ingeborg. „Über die Einfachheit", in: Flagge, Ingeborg u.a. *Schürmann. Bauten und Entwürfe*, Tübingen, 1997, S. 102.
[7] vgl. „Von Giebelhäusern und Hobbits", Sonderbeilage „*Wohnen & Leben*" der Kölner Zeitungsgruppe, 8/ 2009.
[8] vgl. Sack, S. 10-11 (siehe EN 2).
[9] Interview (per mail) 8/ 2020.
[10] vgl. „Ein Bauherreneklat: Der skandalöse Umgang mit dem ‚Schürmannbau': Weg damit?", *Die Zeit*, 2.9.1994.
[11] ebd./ „Ruine am Rhein", *Der Spiegel* 42/ 1996.
[12] vgl. „Der Fluch über dem Schürmannbau ist gebrochen", *FAZ*, 27.6.2002.
[13] siehe EN 2.
[14] vgl. Flagge, S. 102 (siehe EN 6).
[15] vgl. Sack, S. 11 (siehe EN 2).
[16] vgl. Schürmann, Joachim. „Deutscher Architekturpreis 1991, Rede auf der Wartburg", in: Flagge, S. 156 (siehe EN 6).
[17] vgl. Sack, S. 12 (siehe EN 2).
[18] vgl. Pehnt, Wolfgang. „On Schürmann", in: Flagge, S. 348 (siehe EN 6).
[19] vgl. „Soziale Pflicht zur Ästhetik. Großer BDA-Preis an Joachim und Margot Schürmann", *BauNetz*, 9.6.2008 (https://www.baunetz.de).

Peter Terkatz

[1] vgl. Niesen, Josef. „Peter Terkatz", in: *Internetportal Rheinische Geschichte* (http://rheinische-geschichte.lvr.de/Persoenlichkeiten/peter-terkatz/DE-2086/lido/57c93acda13043.92640220).
[2] vgl. Pauly, Albert. „Peter Terkatz (1880-1954). Ein

‚rheinischer‘ Bildhauer aus Viersen“, in: *Heimatbuch des Kreises Viersen* 59/ 2008, S. 54.

[3] vgl. „Festhallen-Reliefs werden feierlich übergeben“, *Rheinische Post*, 20.8.2009. Rund 550 D-Mark musste die Stadt Viersen 1957 dafür bezahlen, dass die Ornamente an der Viersener Festhalle abgestemmt wurden. Mehr als 50 Jahre später musste der Viersener Heimatverein 34.000 Euro aufbringen, damit Nachbildungen dieser Ornamente vom Bildhauer Burkhard Klöter wieder an den Giebeln der beiden Treppentürme angebracht werden konnten. vgl. „Pläne für neue Ornamente“, *Rheinische Post*, 14.5.2008.

[4] vgl. Pauly, S. 53.

[5] vgl. Niesen.

[6] vgl. „Relief ‚Himmelreich-Totenborn‘ wird nachgebaut“, *NR-Kurier*, 26.9.2019.

[7] vgl. Knigge, Jobst C. *Die Villa Massimo in Rom 1933-1943. Kampf um künstlerische Unabhängigkeit*, Berlin 2013, S. 78, 276.

[8] vgl. Niesen.

[9] vgl. „Auf den Spuren von Werken eines in Vergessenheit geratenen Künstlers“, *General-Anzeiger*, 20.7.1989.

[10] siehe Video: https://www.youtube.com/watch?v=ETk0AFBHV_Q.

[11] vgl. Pauly, S. 60-61. Siehe für mehr: Verein für Heimatpflege e.V. Viersen. *Jahreskarte 2006: Peter Terkatz.*

Albert Vigoleis Thelen

[1] Dieser Artikel ist eine aktualisierte Fassung des Beitrags: Eßer, Paul. „Landstreicherei im Barocken. Albert Vigoleis Thelen“, in: Eßer, Paul. *Jenseits der Kopfweiden. Sprache und Literatur am Niederrhein,* Düsseldorf 2002, S. 109-126.

[2] vgl. Pütz, Jürgen. „Gelobt, gescholten und vergessen. Über den niederrheinischen Schriftsteller Albert Vigoleis Thelen“, in: *JUNI* Nr. 0/ 1986, S.41/ Antes, Klaus. „‘Ein Merkwürden aus Prinzip‘. Erinnerungen an Albert Vigoleis Thelen und seine Beatrice“, in: *die horen. Zeitschrift für Literatur, Kunst und Kultur* Nr. 199/ 2000, S.13.

[3] vgl. Thelen, Albert Vigoleis. *Die Insel des zweiten Gesichts*, Düsseldorf 1981, S. 96.

[4] vgl. Pütz (1986), S. 41/ Delabar, Walter. „‘Holländischer Brief‘ und ‚duitsche letteren in den vreemde‘“, in: *JUNI* Nr. 29/ 1998, S.70.

[5] siehe: *die horen. Zeitschrift für Literatur, Kunst und Kultur* Nr. 199/ 2000, S. 29ff. Dort ist das Lied auch abgedruckt.

[6] vgl. Honnen, Peter. „Albert Vigoleis Thelen”, in: *Internetportal Rheinische Geschichte* (https://www.rheinische-geschichte.lvr.de/Persoenlichkeiten/albert-vigoleis-thelen/DE-2086/lido/57c93d36df7934.47566940).

[7] vgl. „‘Im Zweifelsfall für die Wahrheit‘. Zu Besuch bei Albert Vigoleis Thelen in Lausanne“, *Deutsches Allgemeines Sonntagsblatt*, 28.2.1982.

[8] vgl. „‘Es gibt Institutionen - ich traue keiner‘. Albert Vigoleis Thelen im Gespräch mit Hans Schwab-Felbach“, in: *JUNI* Nr. 3/ 1988, S. 28.

[9] vgl. „Drei Leute aus Viersen oder der Fontane-Preis“, *FAZ*, 2.4.1954/ Honnen.

[10] vgl. „Randspalten-Lyrik“, in *Die Zeit*, 4.1.74/ 8.2.74/ 12.4.74/ 28.1.75.

[11] vgl. *Deutsches Allgemeines Sonntagsblatt*, 28.2.1982 (EN 7).

[12] vgl. Morriën, Adriaan. „‘Fröhliche Weltverneinung‘ und Vitalität“, in: *die horen. Zeitschrift für Literatur, Kunst und Kultur* Nr. 199/ 2000, S. 57/ *Deutsches Allgemeines Sonntagsblatt*, 28.2.1982 (EN 7)/ Honnen.

[13] vgl. „Bericht über die Verleihung der Würde eines Dr. hum.c. an Albert Vigoleis Thelen. Vorgetragen der Narrenakademie Dülken”, in: Horst Winz (Hg.). *Hommage à Albert Vigoleis Thelen*, Juni-Verlag, Mönchengladbach 1989, S. 89-90/ „Magier des Wortes“, *Rheinische Post*, 28.9.1967/ Antes (2000), S. 19.

[14] vgl. Wellershoff, Dieter. „Ein sozialer Raum ohne Entfremdung. Rückblick auf die Gruppe 47”, in: *Das geordnete Chaos. Essays zur Literatur*, Köln 1992. S. 222.

[15] *Die Gottlosigkeit Gottes oder Das Gesicht der zweiten Insel* (Romanfragment auf CD), Bremerhaven 2000. Die beiden CDs dokumentieren eine Lesung Thelens in einem Privathaushalt in Neu-Isenburg von 1966. Vgl. „Sonore Suada. Hörbuch des Monats: Vigoleis Thelens ‚Die Gottlosigkeit Gotes‘“, *FAZ*, 23.4.2001.

[16] vgl. Schröder, Lothar. „Da steckt der Teufel drin. Auf der Suche nach literarischen Hinterlassenschaften des Dichters Albert Vigoleis Thelen in Amerika, den Niederlanden und auf Mallorca”, *Rheinische Post*, 28.11.1998.

[17] ebd.

[18] vgl. Thelen, *Die Insel...*, S. 280.

[19] ebd., S. 488.

[20] ebd., S. 431.

[21] Beispiele aus der *Insel.* Mehr Beispiele finden sich bei Hörner, Wolfgang. „‘Sprache ist weder eine Kinderbewahrschule noch ein Altersheim‘. Don Vigos Sprachschwälgereien und ihre Wurzeln bei Fischart, Jean Paul und Sterne“, in: *die horen. Zeitschrift für Literatur, Kunst und Kultur* Nr. 199/ 2000, S. 98-110.

[22] vgl. Thelen, *Die Insel...* (Claassen Verlag, 2003), S. 930 (http://www.vigoleis.de/content/woerter/index.htm).

[23] zit. nach Wallmann, Hermann. „Heilsverschlossenheit.

Albert Vigoleis Thelen und kein Ende", in: *die horen. Zeitschrift für Literatur, Kunst und Kritik* Nr. 36/ 1991, S. 171.

[24] vgl. Thelen, *Die Insel...*, S. 357.

[25] ebd., S .46.

[26] vgl. Thelen, Albert Vigoleis. *Der schwarze Herr Bahßetup*, Düsseldorf 1983, S. 193.

[27] vgl. Thelen, *Die Insel...*, S. 932.

[28] vgl. Wallmann, Hermann. „Laudatio auf Albert Vigoleis Thelen", in: Horst Winz (Hg.). *Hommage à Albert Vigoleis Thelen*, Juni-Verlag, Mönchengladbach 1989, S. 19 u. 27.

[29] vgl. *die horen. Zeitschrift für Literatur, Kunst und Kultur* Nr. 199/ 2000, S. 2/ Pütz, Jürgen. „Weltliteratur von übermorgen", in: *die horen. Zeitschrift für Literatur, Kunst und Kultur* Nr. 199/ 2000, S. 6.

[30] vgl. Morriën, Adriaan. „Zu Gast bei Albert Vigoleis Thelen", in: *die horen. Zeitschrift für Literatur, Kunst und Kultur* Nr. 37/ 1992, Heft 4, S. 23. Zu Thelens Einstellung zur Heimat in seinen mittleren Jahren: In einem Brief an seinen Bruder Ludwig vom 7.8.1947 fragt er: *„was soll ich in süchteln tun? außer einem stillen gang zu vaters grab wüßte ich nicht, dort noch irgendwelche bindungen zu haben. wirklich, es zieht mich nichts an die stätte meiner kindheit zurück."* Am 9.5.1961 schreibt er an die Familie: *„...[ich] werde das land meiner väter nicht mehr betreten."*

[31] vgl. Thelen, *Die Insel...*, S. 540.

[32] vgl. Antes, Klaus. „Albert Vigoleis Thelen. Ein aus der Zeit Gefallener", in: Peter K. Kirchhoff (Hrsg.). *Literarische Porträts. 163 Autoren aus Nordrhein-Westfalen*, Düsseldorf 1991, S. 619. Wallmann bringt in seiner oben zitierten Laudatio immerhin den Hinweis, daß Thelen ein Ohr habe *„für das etymologische Gedächtnis der Wörter"* (S. 19).

[33] Delabar, Walter. „Hommage à Albert Vigoleis Thelen", in: Horst Winz (Hg.). *Hommage à Albert Vigoleis Thelen*, Juni-Verlag, Mönchengladbach 1989, S. 9/10.

[34] vgl. Thelen, Albert Vigoleis. *Die Literatur in der Fremde. Literaturkritiken*, herausgegeben, aus dem Niederländischen übersetzt und mit einem Vorwort von Erhard Louven, Bonn 1996.

[35] siehe: Pütz, Jürgen. *Sie tanzte nackt auf dem Söller*, Hildesheim 1992/ Pütz, Jürgen. *Doppelgänger seiner selbst. Der Erzähler Albert Vigoleis Thelen*, Wiesbaden 1990. Eine Bibliographie nebst einer Auswahl wichtiger Sekundärliteratur liefert Leo Fiethen in: *die horen. Zeitschrift für Literatur, Kunst und Kultur* Nr. 199/ 2000, S. 397-411.

[36] Einige davon sind abgedruckt in: „Aus einem Briefwechsel zwischen Albert Vigoleis Thelen und Karl Otten", in: *JUNI* Nr. 3/ 1988, S. 50-57.

[37] Thelen selbst hat seinen Kopf und seine Physiognomie in einem *Selbstbildnis* genannten und im *Gläs der Worte* veröffentlichten Gedicht (S. 8) ganz uneitel beschrieben.

[38] vgl. Thelen, Albert Vigoleis. *Im Gläs der Worte*, S. 58/ 59. Dieses und ein weiteres Gedicht von Thelen wurden vertont auf der CD: Paul Eßer/ Ali Haurand/ Gerd Dudek/ Jiri Stivin. *Schinderkarren mit Buffet. Jazz & Lyrik*, Berlin 2001.

[39] vgl. „Oh, das Auge im Nachttopf sieht mich immer!", *Rheinische Post*, 30.9.2003/ „Mit Unuhr und Unsinnsmaschine", *Rheinische Post*, 14.10.2003/ „Der 118. Geburtstag des Quatschverzapfers, *Rheinische Post*, 30.9. 2021.

[40] siehe: Verein für Heimatpflege Viersen (Hg.). *Meine Heimat bin ich selbst - Ein Leben im Exil*, DVD 2017.

[41] vgl. 't Hart, Maarten. „Mein Jahrhundertbuch", *Die Zeit*, 12.5.1999.

Die Journalisten/Moderatoren

[1] vgl. Interview in: Eßer, Torsten. *Das Monte-Buch. Spirale der Freude, Spirale des Grauens*, Viersen 2017, S. 34.

[2] vgl. Video „Journalismus macht Schule - Elmar Theveßen" 26.4.2021 (https://www.youtube.com/watch?v=4B91Zb1DQOE).

[3] ebd.

[4] siehe Video: „Journalismus macht Schule - Elmar Theveßen" 26.4.2021 (https://www.youtube.com/watch?v=4B91Zb1DQOE).

[5] vgl. „Wie Unzufriedenheit zu Terror führen kann", *Rheinische Post*, 29.4.2015/ „Terrorismusexperte diskutiert mit Schülern", *Rheinische Post*, 17.2.2016/ „TV und Zeitung — wie macht ihr das?", *Rheinische Post*, 10.3.2018.

[6] vgl. „In uns'rem Veedel", *Rheinische Post*, 28.5.2011.

[7] vgl. „Stern-TV, Schweineherz und Karneval", *Rheinische Post*, 7.5.2022.

[8] vgl. „Meine Wurzeln liegen im Grenzland", *Rheinische Post*, 22.10.2016/ Interview (per mail) 10/ 2022.

[9] Interview (per mail) 10/ 2022.

[10] siehe https://www.fernsehserien.de/koennes-kaempft/episodenguide

[11] Interview (per mail) 10/ 2022.

[12] vgl. „TV-Journalist aus Viersen: Vom *WDR*-Vorabend in die *RTL*-Primetime", *Rheinische Post*, 14.5.2022.

[13] vgl. „Meine Wurzeln liegen im Grenzland", *Rheinische Post*, 22.10.2016/ Interview (per mail) 10/ 2022.

[14] vgl. „Prominenter Moderator trainiert ASV-Handballer", *Rheinische Post*, 10.1.2020.

[15] vgl. *TOP Magazin Bonn* Nr. 34/ 2022 (https://www.top-magazin.de/bonn/2022/03/21/jeder-sollte-irgendwann-mal-seinen-eigenen-kompass-neu-justieren/).

[16] vgl. *FOCUS Magazin* Nr. 28/ 2006 (Fragebogen).

[17] vgl. Schumacher, Stefan. *Vier sind Viersen*, Viersen 2020, S. 245.

[18] vgl. https://www.sportschau.de/sendung/moderation/antwerpes-sp-100.html

[19] vgl. https://www.swr.de/unternehmen/kommunikation/speaker/michael-antwerpes-2022-100.html

[20] vgl. https://www.daserste.de/specials/ueber-uns/so-wars-das-quiz-der-jahrzehnte-102.html

[21] vgl. „Nebenverdienste: Wie Fernsehmoderatoren ihre Prominenz vermarkten" (https://www.ndr.de/fernsehen/sendungen/zapp/medienpolitik/Nebenverdienste-Wie-Fernsehmoderatoren-ihre-Prominenz-vermarkten,nebenerwerb100.html) / „SWR-Sportchef: ‚Ich bin nicht käuflich'" (https://www.dwdl.de/nachrichten/21562/swrsportchef_ich_bin_nicht_kuflich/?utm_source=&utm_medium=&utm_campaign=&utm_term=).

[22] vgl. „Moderator kocht mit Kindern", *Schwarzwälder-Bote*, 24.01.2013.

[23] vgl. *FOCUS Magazin* Nr. 28/ 2006 (Fragebogen).

[24] vgl. „Südstadt-Talk: So viele Gäste wie noch nie", *Rheinische Post*, 21.5.2016.

Die Bands

[1] vgl. „Wallensteins Lager in der Rock.Musik", *Rheinische Post*, 23.4.1977/ „Mit Charline kam der Durchbruch", *Rheinische Post*, 28.4.1979/ Schnepp, Thomas. „Märchen, Kraut und Brösel - Deutsch-Rock in NRW in den 1970er Jahren", in: Christine Flender u.a. (Hg.). *„Tief im Westen..." Rock und Pop in NRW*, Köln 1999, S. 119-120.

[2] vgl. Website Harald Grosskopf (https://www.haraldgrosskopf.de/englisch/wallenstein.html). Am 13.6.1979 trat *Wallenstein* auch in der Festhalle auf.

[3] vgl. „Spaß machen soll die Musik", *Rheinische Post*, 8.8.1979. Das Album kann auf *youtube* angehört werden: https://www.youtube.com/watch?v=c94r7yDYyIo

[4] vgl. „Show im Riesenzelt", *Rheinische Post*, 9.10.1968.

[5] Es gab/ gibt in Viersen auch langlebige Bands wie *Fine*, *Ranzig* oder *Chili Coverrock*, aber sie sind hauptsächlich als Coverbands unterwegs und kamen/ kommen ebenfalls nicht über regionales Niveau hinaus.

[6] vgl. „Ein Traum wurde Wirklichkeit", *Stadtpanorama*, 21.11.1985.

[7] vgl. „Nach Flop bald top", *Stadtpanorama*, 8.2.1986/ Auskunft von Uli Gobbers.

[8] vgl. *Metal Hammer*, 8/ 2010.

[9] vgl. https://www.rampage-rock.de/

[10] vgl. https://schluffjull.bandcamp.com / Ein Video eines Auftritts in der Rockschicht findet sich hier: https://www.youtube.com/watch?v=43lQeuZz5VM

[11] vgl. „BB4D geben morgen ihr erstes Konzert", *Rheinische Post*, 7.7.2017/ Interview, *Studio Nierswelle* 20.4.2021 (https://www.nrwision.de/mediathek/music-from-here-uli-gobbers-bb4d-alternative-progpop-band-aus-viersen-210420/).

[12] vgl. laut.de Biographie (https://www.laut.de/Beat!-Beat!-Beat!).

[13] vgl. „Süchteln: Beat!Beat!Beat! gewinnt", *Westdeutsche Zeitung*, 16.6.2008.

[14] vgl. Interview, *WDR Rockpalast* 29.10.2010 (https://www1.wdr.de/mediathek/video/sendungen/rockpalast/video-beatbeatbeat---stars-100.html).

[15] vgl. „Heimat klang schon lange nicht mehr so gut!", 22.10.2010 (https://www.laut.de/Beat!-Beat!-Beat!/Alben/Lightmares-61387).

[16] vgl. „Roosevelt im Interview: ‚Ich schaue öfter in Viersen vorbei'", *Rheinische Post*, 28.9.2018.

[17] vgl. Interview in *WDR Westart* 23.2.2021 (https://www1.wdr.de/fernsehen/west-art/sendungen/roosevelt-polydans-100.html).

[18] ebd.

[19] vgl. „Roosevelt: Boy from Kölner Schule", *Musikexpress* 10/ 2016, S. 66-67.

[20] vgl. „Der rheinische Roosevelt", *Der Spiegel*, 21.08.2016.

[21] vgl. „Nostalgie für die Zukunft", *Musikexpress* 4/ 2021, S. 22.

[22] vgl. *Fohlen-Echo* 6/ 2019.

[23] vgl. „Roosevelt im Interview: ‚Ich schaue öfter in Viersen vorbei'", *Rheinische Post*, 28.9.2018.

[24] vgl. „Drei große Jungs machen Musik", *Rheinische Post*, 14.11.2019.

[25] Auskunft Gitta Nolte/ https://www.die-liederlichen.com/

[26] vgl. „Vielseitigkeit und technische Perfektion", *Oberhessische Presse*, o.J.(http://www.alvorada.biz/vita.html).

[27] siehe z.B.: https://www.youtube.com/watch?v=PPIWpTKR8RE

[28] vgl. de Brouwer, Ludger. *50 Jahre Amateur-Jazzszene. Mönchengladbach, Korschenbroich, Viersen, Dülken, Süchteln*, Eigenverlag, Mainz 2007, S. 276/ Interview Winfried Faust 1/ 2018.

[29] vgl. „40 Jahre dem Jazz verschrieben", *Westdeutsche Zeitung* (Krefeld), 25.7.2006/ de Brouwer, S. 276-277.

Nachwort

[1] vgl. Willemsen, S.12.
[2] vgl. Stadt Essen (Hg.). *Essener Köpfe*, Essen 2015, S. 69.
[3] vgl. Rügemer, Werner. *Colonia Corrupta*, Münster 2012, S. 65ff/ „Der Mann, der Müll, die Korruption", *Die Zeit*, 17.2.2005/ „Brutale Gemütlichkeit", *Wirtschaftswoche*, 30.5.2002.
[4] Josef „Jupp" Bongen, geb. am 8.5.1920 in Viersen, war im letzten Rang, 1944, SS-Untersturmführer. Beim Polenfeldzug erhielt er als Mitglied der Waffen-SS einen Beckendurchschuss, kurierte sich und trat ab 1941 wieder zum Kugelstoßen an. In der SS-Junkerschule Bad Tölz war er 1943 als Übungsleiter Kugelstoßen für Hitlerjungen tätig. Er war 3x Deutscher Meister im Kugelstoßen: 1943 für „SG Prag", 1949 für „Preußen Krefeld" und 1950 für „TSV Viersen-Rahser". Vor dem Krieg war er Juniorenmeister in dieser Disziplin. Von 1956-60 arbeitete er als Jugendtrainer bei der LGV. Vgl. *Deutsche Zeitung für die Niederlande,* 22.9.1941; 26.11.1941; 11.10.1943/ Hügen, Ludwig. *50 Jahre LG Viersen 1947 e.V.*, Viersen 1997, S. 33-34.
[5] siehe: http://heinzhenschel.de/medien/

Fotonachweis (Archive/ Fotogafen/ Zuträger):

Stadtarchiv Viersen (StA): S. 21, 51, 61, 63, 64, 65, 66, 128, 129, 130, 133, 137, 172 l., 178 l., 188, 197, 219, 248/ **Walter Strucken (StA):** S. 11, 76, 158, 164, 262/ **Torsten Eßer:** S. 7, 17, 58, 59, 83, 114, 187, 192, 244 u., 245, 299/ **Paul Eßer:** S. 82/ **Franz Josef Antwerpes:** S. 8, 9, 10 (alle), 13, 16, 19/ **Silke Klichowski:** S. 22/ **Stefan Schumacher:** S. 29, 38, 121, 212, 243, 257, 259, 260/ **Mirja Boes:** S. 26/ **Lars Laion**: S. 24/ **Marita Bongartz:** S. 30/ **Wolfram Seeger**: S. 35/ **Rainer Leigraf:** S. 37, 47, 111/ **Eri Krippner:** S. 53, 55 r./ **Brüll-Stiftung:** 55 l., 56, 57/ **Berndt Ostendorf:** S. 68/ **Historisches Archiv der Stadt Köln:** S. 165, 178 r./ **Wikipedia:** S. 48, 54, 70, 72, 90, 120, 122, 132, 168, 169, 189, 193, 194, 196, 242/ **Helmuth Jennrich:** S. 107 o./ **Karl-Heinz Becker:** S. 107 m., u./ **Clemens Füsers:** S. 94, 96/ **Elmar Goerden:** S. 98, 102, 104/ **Alfred Haurand:** S. 105, 109/ **Manfred Zimmer:** S. 106, 110/ **Maria Lehnen:** S. 112/ **Klaus J. Mühlen:** S. 115/ **Hans-Joachim Maquet:** S. 113 l./ **Franz-Heinrich Busch jun.:** S. 113 r./ **Eva-Maria Willemsen:** S. 86/ **Siedler Verlag:** S. 117/ **Herbert Grieshop:** S. 119/ **Yvon Jansen**: S. 125 l./ **Tommy Hetzel:** S. 125 r./ **Schauspiel Köln:** S. 126/ **Reinhard Kaiser:** S. 138, 140/ **Ruth Kaiser:** S. 123 (StA.), 139, 144, 145, 146 (StA.), 147/ **Oliver Kaiser:** S. 148, 149, 150/ **Thomas Kessler:** S. 152/ **Rainer Braun:** S. 153/ **Max Lautenschläger:** S. 154/ **Detlef Kinsler:** S. 155/ **Ernst-Joachim Küppers:** S. 171, 172 r., 173/ **R.M. Gillessen:** S. 174/ **Schöffling Verlag**: S. 201/ **Karin Schliffke:** S. 210/ **Jakob Peters-Messer:** S. 211, 213/ **Bettina Stöß:** S. 214, 215/ **Theo Püll:** S. 218, 220/ **Gaby Reimann:** S. 221, 222/ **Thomas Schriefers:** S. 229/ **Brigitte Stachowski:** S. 235/ **TH Köln (CICS), Till Klause:** S. 234/ **Joachim Schürmann:** S. 236, 238/ **Christoph Strupp:** S. 244 o./ **die Horen:** S. 247/ **Uli Gobbers:** S. 264/ **Joseph Strauch:** S. 265/ **Ottmar Nagel:** S. 266, 299/ **Brigitta Nolte:** S. 266/ **Winnie Faust:** S. 267/ **Renate Ettl:** S. 299.

Abbildungen/ Gemälde/ Zeichnungen:

Jürgen Pankarz: S. 4, 5, 28, 246/ **Jürgen Becker:** S. 15/ **Mirja Boes:** S. 23/ **Hanns-Josef Kaiser:** S. 62 (StA.), 160/ **Joseph Dommers-Vehling:** S. 67, 69/ **Hermann Blank:** S. 73/ **Karl Stratil:** S. 74/ **Georg Ettl:** S. 77, 78, 79, 80 (Fotografen: **Studio Hadler**)/ **Kornelius Feyen:** S. 84, 85, 87, 88 (Fotografin: **Petra J. Kiby-Menzer**)/ **Kaiser's Kaffeegeschäft AG:** S. 131 u./ **Theodor Curtius:** S. 167/ **Joseph Hansen:** S. 177, 180, 183/ **Gunter Quarg:** S. 185, 186/ **Heinrich Mostertz:** S. 192/ **Jakob Peters-Messer:** S. 211/ **Max Nonnenbruch:** S. 193, 194/ **Hermann Schmitz:** S. 225, 226, 227 (Fotografin: **Ruth Kaiser**)/ **Werner Schriefers:** S. 228, 231, 232/ **Joachim Schürmann:** S. 237, 241/ **Uli Gobbers:** S. 263/ **Jürgen Karsten:** S. 92, 276, 278, 282, 287.

Titelbild:

Entwurf/ Grafiken: **Renate Ettl**/ Idee: **Torsten Eßer**.

Es konnten nicht alle Fotografen und Rechteinhaber ausfindig gemacht werden. Bitte wenden Sie sich bei berechtigten Ansprüchen an den Verlag, um bei späteren Auflagen einen entsprechenden Hinweis einfügen zu können.

Literaturauswahl

Hier finden Sie einige übergreifende Werke sowie Biographien, zum schnellen Überblick. Spezifische und weitere genutzte Literatur etc., entnehmen Sie bitte den Endnoten.

Antwerpes, Franz-Josef. *Zwischen allen Stühlen. Ungezähmte Erinnerungen eines Regierungspräsidenten*, Köln 1999.

Boes, Mirja. *Boese Tagebücher. Unaussprechlich peinlich*, Hamburg 2009.

Brönner, Till/ **Seidl**, Claudius. *Talking Jazz*, Köln 2010.

de Brouwer, Ludger. *50 Jahre Amateur-Jazzszene. Mönchengladbach, Korschenbroich, Viersen, Dülken, Süchteln*, Eigenverlag, Mainz 2007.

Eßer, Paul. *Jenseits der Kopfweiden. Sprache und Literatur am Niederrhein*, Düsseldorf 2002.

Eßer, Torsten. *Das MONTE-Buch. Die Geschichte des „Monte Quasselino" und der Viersener Fußgängerzone (1971-1996)*, Viersen 2017.

Hansen, Joseph. *Gustav von Mevissen. Ein rheinisches Lebensbild 1815-1890. Band 1+2*, Berlin 1906.

Hantsche, Irmgard. *Atlas zur Geschichte des Niederrheins*, Duisburg 2004.

Höpfner, Hans-Paul. *Eisenbahnen. Ihre Geschichte am Niederrhein*, Duisburg 1986.

Kaiser, Reinhard. *Kindskopf*, Frankfurt 2007.

Karlsson, Björn. *Koloniale Spuren am Niederrhein. Verbindungen, Verflechtungen und Erinnerungen an das Kolonialzeitalter am Beispiel der Stadt Viersen*, Berlin 2021.

Klein-Kohlhaas, Angela. „Prof. Dr. rer. pol. Teresa Bock (1927-2012) - Wegbereiterin der modernen Sozialen Arbeit", in: *Heimatbuch Kreis Viersen* Nr. 67/ 2016, S. 53-62.

Krippner, Eri. *Will Brüll. Leben im Gesamtkunstwerk*, Düsseldorf 2014.

Lohmann, F.W. *Geschichte der Stadt Viersen von den ältesten Zeiten bis zur Gegenwart*, Viersen 1913.

Löhr, Wolfgang. *Viersen, so wie es war*, Düsseldorf 1979.

Norrenberg, Peter. *Aus dem alten Viersen*, Viersen 1962 [1873].

Ostendorf, Berndt. „Von der hohen Kunst des Kochens in der neuen Welt: Die amerikanische Karriere von Joseph Dommers Vehling aus Dülken", in: *Heimatbuch des Kreises Viersen*, Viersen 2010.

Pack, Angelika. *Hermann Schmitz. Ein rheinischer Maler 1904-1931*. Viersen. Beiträge zu einer Stadt, Nr. 12, Viersen 1987.

Peters-Messer (sen.), Jakob. *Die Geschichte des Familienunternehmens Joh. Peters Sen.*, Viersen 2007.

Schepping, Wilhelm/ **Pitzen**, Jutta. *Zum 100. Geburtstag von Ernst Klusen (1909-1988). Volksmusikforscher, Musikpädagoge, Komponist*, Viersen 2010.

Schriefers, Thomas (Hg.). *Werner Schriefers, ... arbeiten wie der Vogel singt*, Bramsche 2004.

Schumacher, Stefan. *Vier sind Viersen*, Viersen 2020.

Spies, Britta. *Kaiser's Kaffee und Kommerzienrat Josef Kaiser*, Viersen 2017.

Tillmann, Walter. *Seide, Sammet und Soziales. Friedrich Freiherr von Diergardt (1795-1869). Ein Wegbereiter der wirtschaftlichen Entwicklung im Rheinland*, Viersen 2000.

van Eyll, Klara. „Gustav von Mevissen. 1815-1899", in: Gunter Quarg. *Gustav von Mevissen (1815-1899) und seine Bibliothek. Katalog der Ausstellung in der Universitäts- und Stadtbibliothek Köln*, Köln 1999, S. 9-45.

Verein für Heimatpflege e.V. Viersen (Hg.). DVD: *Viersen, eine niederrheinische Stadt voller Geschichte, Kultur und Leben*, Film von Herbert Boox, Viersen 2010 (darin Auftritte von u.a. Mirja Boes, Dieter Bongartz, Till Brönner, Ali Haurand, Markus Orths, Jakob Peters-Messer und Elmar Thevessen).

Verein für Heimatpflege e.V. Viersen (Hg.). *Viermal Kaiser*, Viersen 2009.

Verein für Heimatpflege e.V. Viersen (Hg.). *Viersen-Dorf im Wandel der Zeiten*, Viersen 2015.

Voß, Gerda-Marie (Hg.). *Heimat. Georg Ettl Retrospektive*, Mönchengladbach 2015.

Willemsen, Eva-Maria. *Kornelius Feyen 1886—1957. Der Anrather Volksschullehrer, Maler, Musiker und Dichter*, hrsg. v. Hans Klein, Goch 2009.

Winz, Horst (Hg.). *Hommage à Albert Vigoleis Thelen*, Mönchengladbach 1989.

Autoren/ Titelbild:

(pe) Paul Eßer (*1939 - †2020), geboren in Mönchengladbach, Kindheit in Österreich und im Sauerland, machte sein Abitur in Mönchengladbach. Nach dem Studium der Germanistik, Anglistik und Pädagogik arbeitete er seit 1964 als Lehrer und Dozent am Niederrhein und in Portugal. 1983 Promotion mit einer sprachphilosophischen Arbeit zur Identitätsbildung von Dialektsprechern. Veröffentlichung von Romanen, Erzählungen, Gedichten und Essays in 17 Büchern und zahlreichen Anthologien sowie Zeitschriften wie *Muschelhaufen*. Darunter sind verschiedene Werke über den Niederrhein, für die er 2009 mit dem Rheinlandtaler des LVR ausgezeichnet wurde (www.paul-esser.de).

(te) Torsten Eßer (*1966), Redakteur beim *WDR* in Köln, Autor und freier Journalist, machte sein Abitur auf dem Humanistischen Gymnasium und saß viel am Monte Quasselino herum. Er studierte Politikwissenschaft, Geographie, Romanistik und VWL und arbeitete nebenher u.a. als DJ im „Rock Babylon" in Viersen. Er spezialisierte sich auf die Politik und Kultur/Musik Lateinamerikas und Spaniens und veröffentlicht dazu Bücher sowie Beiträge in Anthologien, Zeitschriften und im Fernsehen und Radio. Vor einigen Jahren begann er sich mit regionaler/lokaler Geschichte zu beschäftigen und veröffentlichte 2017 *Das MONTE-Buch. Die Geschichte des „Monte Quasselino" und der Viersener Fußgängerzone (1971-1996)* (www.torstenesser.de).

(bg) Burkhardt Gorissen (*1958), erlernte den Beruf des Groß- und Außenhandelskaufmanns und studierte danach BWL. Seit 1990 ist er freier Autor und Journalist für verschiedene Printmedien und Rundfunksender. Thematisch beschäftigt er sich v.a. mit Religion, Fundamentalismus, Rechtsextremismus. 1997 trat er einer Freimaurerloge bei (bis 2008) und veröffentlichte darüber das Buch *Ich war Freimaurer* (2009). Seine historischen Romane *Teufels Brüder* (2011) und *Der Viehhändler von Dülken* (2014) spielen am Niederrhein, 2020 veröffentlichte er sein neustes Werk: *Gesellschaft ohne christliche Identität*. Er lebt in Dülken.

(ot) Ottmar Nagel (*1954 in Pfalzdorf), studierte Musik auf Lehramt an der Pädagogischen Hochschule Neuss. Über den Zivildienst gelangte er nach Mönchengladbach, seit 1988 lebt er in Süchteln. 43 Jahre lang arbeitete er als Lehrer an der Musikschule des Rhein-Kreises Neuss. Daneben spielt er als Gitarrist in vielen musikalischen Projekten, u.a. im Duo *Alvorada* (siehe S. 266), und schreibt Kritiken und Rezensionen für die *Rheinische Post* (http://www.alvorada.biz/musik.html).

Renate Ettl (*1971), Tochter von Georg Ettl, lebt und arbeitet in Frankreich als Illustratorin und Grafikerin. Als rechtmäßige Nachlassverwalterin gründete sie im Jahr 2014 das „Atelier Ettl" und verwaltet seither unter diesem Namen den Nachlass ihres Vaters (www.georgettl.com/deutsch/atelier-ettl/).